高等政法院校规划教材

公务员法教程

GONG WU YUAN FA JIAO CHENG

（第三版）

司法部法学教材编辑部　编审

主　　编：张淑芳
副 主 编：张武扬
撰 稿 人：（以姓氏笔划为序）
　　　　　王志强　王霄艳　李维海
　　　　　汪　海　陈宏光　张武扬
　　　　　张淑芳　范沁芳　徐永红

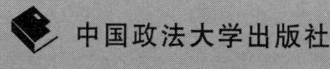

中国政法大学出版社

2022·北京

图书在版编目（ＣＩＰ）数据

公务员法教程/张淑芳主编. —3版. —北京：中国政法大学出版社，2022.1

ISBN 978-7-5764-0212-4

Ⅰ. ①公… Ⅱ. ①张… Ⅲ. ①公务员法－中国－教材 Ⅳ. ①D922.114

中国版本图书馆CIP数据核字(2021)第277264号

出　版　者	中国政法大学出版社
地　　　址	北京市海淀区西土城路 25 号
邮　　　箱	fadapress@163.com
网　　　址	http://www.cuplpress.com (网络实名：中国政法大学出版社)
电　　　话	010-58908435(第一编辑部) 58908334(邮购部)
承　　　印	保定市中画美凯印刷有限公司
开　　　本	720mm×960mm　1/16
印　　　张	21.25
字　　　数	380 千字
版　　　次	2022 年 1 月第 3 版
印　　　次	2022 年 1 月第 1 次印刷
印　　　数	1～5000 册
定　　　价	59.00 元

出版说明

　　长期以来，在司法部的领导下，法学教材编辑部认真履行为法学教育服务的职能，为满足我国不同层次法学教育发展的需要，在全国高等院校和科研院所的大力支持下，动员了包括中国社会科学院法学研究所、北京大学、清华大学、中国人民大学、浙江大学、厦门大学、中山大学、南京大学、武汉大学、吉林大学、山东大学、四川大学、苏州大学、烟台大学、上海大学、中国政法大学、西南政法大学、中南财经政法大学、华东政法学院、西北政法学院、国家行政学院、国家法官学院、国家检察官学院、中国人民公安大学、中央司法警官学院、广东商学院、山东政法管理干部学院、河南政法管理干部学院等单位的教学、科研骨干力量，组织编写了《高等政法院校法学主干课程教材》《高等政法院校法学规划教材》等多层次、多品种的法学教材。

　　这些教材的出版均经过了严格的策划、研讨、甄选、撰稿、统稿、修订等程序，由一流的教授、专家、学术带头人担纲，严把质量关，由教学科研骨干合力共著，每一本教材都系统准确地阐述了本学科的基本原理和基本理论，做到了知识性、科学性、系统性的统一，可谓"集大家之智慧，成经典之通说"。这些教材的出版对中国法学教育的发展，起了非常重要的推动作用，受到了广大读者的欢迎和法学界、法律界的高度评价。

　　教材是一定时期学术发展和教学、科研成果的系统反映，所以，随着科研的不断进步，教学实践的不断发展，必然导致教科书的不断修订。国际上许多经典的教科书，都是隔几年修订一次，一版、五版、二十版，使其与时俱进，不断成熟，日臻完善，成为经典，广为流传，这已成为教科书编写的一种规律。

　　《高等政法院校规划教材》出版至今已有十余年的时间，本套系列教材已修订多次，其中不少种教材多次荣获国家教育部、国家司法部等有关部门的各类优秀教材奖。由于其历史长久，积淀雄厚，已经形成自己独具特色的科学、系统、稳定的教材体系，在法学教育中，既保持了学术发展的连续性、传承性，又及时吸纳新的科研成果，推动了学科的发展与普及。它已成为国内目前最有影响力的一套法学本科教材。

进入 21 世纪，依法治国，建设社会主义法治国家是我国的基本方略。为了更好地适应新世纪法学教育的发展，为了迎接新时代的挑战，尤其是我国加入WTO 带来的各种新的法律问题，我们结合近年来法制建设的新发展，吸收国内外法学研究和法学教育的新成果、新经验，对这套教材再次进行了全面修订。我们相信重修之规划教材定能对广大师生提供更有效的帮助。

司法部法学教材编辑部

第三版说明

　　《公务员法教程》自 2011 年 1 月再版以来，至今已有十个年头。十多年来，我国公务员制度体系不断完善，我国公务员法配套法规逐步健全，公务员管理机制不断完善，公务员进、管、出各个环节规范化程度进一步提高。《中华人民共和国公务员法》（以下简称《公务员法》）也与时俱进，先后两次修改，具体内容发生了较大变化。2017 年修正后的《公务员法》将通过法律职业资格考试纳入部分公务员岗位的报考资格条件。2018 年全国人大常委会对《公务员法》进行了全面修订，实质性修改 49 条，个别文字修改 16 条，条文顺序调整 2 条，整体篇幅增加了 6 条。《公务员法》的修订，标志着我国公务员管理法治化、规范化、科学化进入新阶段，对于建设一支信念坚定、为民服务、勤政务实、敢于担当、清正廉洁的高素质专业化公务员队伍意义重大。作为以《公务员法》为基点的《公务员法教程》自然必须适应这种立法变化，正是基于这样的考虑，我们对教程中的相关法治实践内容作了全面修订，使之紧密结合《公务员法》的精神。同时，十多年来，公务员法学理论的研究在世界各国也是一个不断提升的过程，伴随我国公务员法律制度的不断完善，中国学者对公务员法学的理论贡献也愈发显著。对中、外学者已经形成的理论共识及时加以总结和类型化，对尚未形成共识却亟待解决的理论问题进行规范性分析，正是本教程应当作出的理论贡献。本教程一直秉承创新型教科书的功能定位，既立足于公务员立法和制度实践，试图客观反映公务员法律制度全貌；又注重理论创新，试图为读者学习公务员法律制度带来思想启迪。《公务员法教程》自 2004 年 5 月初版以来，得到了学界和实务界的高度首肯，我们也希望修订后的《公务员法教程》能够进一步得到读者的厚爱。由于作者水平有限，本书不足之处在所难免，敬请广大读者批评指正。

编　者

2021 年 11 月 9 日

第二版说明

　　公务员法学作为一门应用性极强的法律学科，其建立离不开两方面因素的支撑：一是系统的公务员法学理论，二是坚实的公务员实在法基础。而公务员法学的日益发展和日趋成熟也是围绕上述二者展开的。《公务员法教程》自 2004 年 5 月初版以来，至今已有六个年头。在这六年中，世界各国公务员制度和公务员立法都处在不断完善之中，即便是西方法治发达国家，其公务员制度有着悠久的历史和浓厚的积淀，其也在持续地追求完美。就我国而言，相比其他国家，公务员制度的起步较晚，相应地其发展空间也相对较大。正是在这样的背景之下，我国公务员立法正经历着日新月异的变化，从 1993 年《国家公务员暂行条例》的出台到 2006 年《公务员法》的问世，从立法的形式要件到立法的实质内涵，都是一个较大的飞跃。作为以《国家公务员暂行条例》为基点的《公务员法教程》自然必须适应这种变化，正是基于这样的考虑，我们对教程中的相关法治实践内容作了全面更新，使之紧密结合《公务员法》的精神。同时，公务员法学理论的研究在世界各国也是一个不断提升的过程，相比法律规范的制定而言，我国公务员法学理论的研究可以说还不太尽人意，主要表现在于学界关注该领域者甚少。再者，理论研究层面均脱离不了制度规范的框框。但无论如何，随着公务员制度在我国政治生活中的日益被重视，公务员法学理论的研究也不得不提上议事日程。在这种客观形势的促使下，理论研究多少会有所进展，这也是本教程需要及时反映的。因此，在本教程中，我们更新了诸多学界或学者们的观点，尽可能将最新、最权威的学术论点体现在本书中。《公务员法教程》是该领域难得的一部创新型教科书，其立足视角独特，体系新颖，这在其出版后的六年多中已得到学界和实务界的高度首肯就是例证。我们希望修订后的《公务员法教程》将以新的精神面貌展现在读者面前，进一步受到读者们的厚爱。

编　者

2010 年 8 月 29 日

编写说明

　　规范化的国家公务员制度，应当是通过制定法律，对政府中行使国家行政权力、执行国家公务的人员进行科学管理。我国于 1993 年颁布实施《国家公务员暂行条例》，之后又陆续出台了系列配套法规和实施办法。这些法规内容涵盖公务员职位分类、考试录用、考核、奖惩、培训、职务升降、辞职辞退、申诉控告等各个方面，基本上形成了一套管理公务员的行为规则。然而，目前管理公务员的系统化最高规则竟处在行政法规的层面上，如果以宪法为首排列的话，其仅处于三级法之地位，而公务员制度应当是一国政治制度的重要组成部分，作为政治制度当然应当由立法机关通过法律来设计。基于此，全国人民代表大会常务委员会已将公务员法列入近期立法规划，其必将为我国的行政体制注入新的要素，最终为实现政治文明开拓前景。

　　与公务员立法实践相比，公务员法的研究显得并不具有本应具有的超前性，到目前为止国内还没有一部完整的公务员法或公务员法学的教科书。传统教科书几乎都从制度层面讲授公务员制度，较少从法律层面探讨，而公务员法与公务员制度是两个不同意义的概念。本教科书着眼于"法"而不是制度的角度来阐释公务员问题。其实，无论哪一国的公务员制度都是依托于该国公务员法律规范的。公务员制度的完善必须建立在一国公务员法的基础上，没有系统的公务员法律规范，对制度的研究就会成为空中楼阁。传统教科书将研究视野局限于公务员条例范围，有的甚至是对《国家公务员暂行条例》的一个简单注解。事实上，规范公务员制度和调整公务员关系的法律规范并不仅仅是《国家公务员暂行条例》以及它的一些下位规则。例如《中华人民共和国行政监察法》《国家行政机关工作人员奖惩的暂行规定》等都是调整公务员关系的法律规范，而且其法律地位要高于《国家公务员暂行条例》，可见，只有将公务员法当成一个法群或法律体系来看，才不至于挂一漏万。本教科书着眼于对公务员法作为一个法律体系进行阐释、作为一个理想法律模式进行阐释。当然，我们在作这样阐释的同时也尽可能立足于中国公务员法律制度的现实，力争使读者们通过本教材既能了解我国公务员制度的脉络，又能对我国公务员制度的前景有所展望。

本书各章撰写人如下（以章节先后为序）：

张淑芳：第一章、第九章

陈宏光、汪海：第二章

王霄艳：第三章、第四章、第七章

李维海：第五章、第六章

范沁芳：第八章

张武扬：第十章、第十一章

王志强：第十二章

徐永红：第十三章

陈宏光：第十四章、第十五章、第十六章

全书由张淑芳构思整体框架，张淑芳、张武扬对全部书稿进行了审阅。

第一篇　公务员法理

第一章　公务员法概述

第一节　公务员法的概念

一、公务员法的定义

（一）公务员

我们在给公务员法定义之前首先必须了解什么是公务员，因为公务员是公务员法规范的对象，只有在明确了公务员的内涵和范围之后，才能有一个确切的公务员法定义。

英国是现代公务员制度的发源地，但在英国，最初是不称作公务员的，而是称为"文官"。[1]"文官"在英文里是 Civil Servant，这个词有两重含义：其一，指行政机关的文职人员，意味着与军队的武官和司法机关的法官相区别；其二，具有事务、办事的意思，而不是决定政策。

从西方国家"文官"一词的含义我们可以看出，公务员首先是在政府行政机关任职的人员，但并非所有的政府行政机关人员都是公务员，而只有政府中的事务人员即决策者以外的人员才是公务员。例如，英国的公务员就指政府中"上至常务次官，下至清洁工，不包括政务官（大臣、国务大臣、政务次官等）；不包括企业、事业文职人员；不包括地方自治人员；不包括法官，特别是不包括通过选举产生的官员。英联邦一些国家，以及新加坡等国，在文官（或公务员）的范围上，大体与英国相同。"[2]

我国与西方国家的公务员涵义存在较大差别，根据《中华人民共和国公务员法》（以下简称《公务员法》）第 2 条的规定，我国国家公务员是指"依法履行公职、纳入国家行政编制、由国家财政负担工资福利的工作人员"。具体包括：

---

[1]　在英国、美国、加拿大、澳大利亚、巴基斯坦等英联邦国家或泛美联盟成员中，政府公职管理人员一般通用"文官"一词。但在法国、德国、日本、瑞士等国则将政府公职管理人员称为"公务员"。参见周敏凯：《当代资本主义国家的文官制度》，福建人民出版社 1996 年版，第 122 页。

[2]　曹志主编：《资本主义国家公务员制度概要》，北京大学出版社 1985 年版，第 2 页。

①在各级人民代表大会常务委员会中履行公职的工作人员。②在中国共产党和各民主党派中履行公职的工作人员。③在各级行政机关中履行公职的工作人员，即在行政机关中从事公务的勤杂人员以外的工作人员。④在各级人民法院中履行公职的工作人员，包括法官、法警、书记员和其他行政人员等。⑤在各级人民检察院中履行公职的工作人员，包括检察官、法警、书记员和其他行政人员等。[1]由此可见，我国公务员的范围是大于西方国家公务员范围的，从某种意义上讲，我国公务员是一个更为广延领域的概念系统。

（二）公务员法

公务员法是在一国官僚队伍客观上发展到一定规模需要规范和调适的基础上产生和不断更新的，官僚队伍的状况同时也促进了公务员法自身的完善。从各国行政机构组成人员看，其处于日益发展壮大中，如"美国在过去曾经有段时间没有官僚制度，到现在却有了一个庞大的官僚机构，这个机构是随着美国进入帝国主义阶段而不断发展起来的。在 19 世纪初，联邦机关的公职人员总共只有 1000 多人，而现在已发展到了近 300 万人。在第二次世界大战结束的 1945 年，由于战时需要的发展，联邦文职官员曾达到 378.7 万人，当时还有在武装部队服务的人员共达 1212.3 万人。战后有所减少，在 1975 年，联邦文官人数共为 284.8 万人，其中在总统府幕僚机构工作的为 2000 人，在各部工作的为 173.7 万人，在各独立机构工作的为 110.9 万人。而在各部工作的人数中，国防部占到一半以上。1978 年，文官人数又有所上升，达到 292.9 万人。"[2]公务员人数的剧增，公务员地位的日益重要，正如马克斯·韦伯所说的"官僚机构是一个自成方圆的独立体系———一种社会组织的特殊形式，其存在便于将总体法规应用于具体情况，从而增加了政府行动的可预见性。官僚机构的成员拥有其部门的权威，享有终身职业和社会的尊重，并以独有的方式掌握着权力的操纵杆，这使官僚机构成为一种巨大的势力，一种无法抵御的势力。"[3]对此列宁也作过精辟论述。[4]由此决定了必须有相关的公务员法来对公务员队伍及其行为进行适当调控。

公务员法是对公务员组织、公务员行为进行调整和规范，并对公务员相关权益予以保障和救济等的法律规范的总称。国家公务员法是国家公务员制度法治化

---

〔1〕《法律及其配套规定》编写组编：《公务员法配套规定》，中国法制出版社 2005 年版，第 2 页。

〔2〕曾广载编著：《西方国家宪法和政府》，湖北教育出版社 1989 年版，第 218~219 页。

〔3〕〔美〕詹姆斯·Q. 威尔逊著，张海涛等译：《美国官僚政治》，中国社会科学出版社 1995 年版，第 1 页。

〔4〕列宁说："更换部长的意义是非常小的，因为实际的管理工作完全掌握在大批的官吏手中。"参见《列宁全集》（第 25 卷），人民出版社 1958 年版，第 359 页。

的基本形式，它对国家公务员制度的建立、运行和完善起着至关重要的保障作用。各国公务员法所包含的内容大致相同，主要涉及以下方面：

1. 有关公务员范围和在国家政治生活中的地位的规定。例如《法国公务员总章程》（1978 年）第 1 条规定："本法适用于在中央政府以及所属的驻外机构或公立公益机构的各级部门中正式担任专职的人员。本法不适用于议会工作人员和司法部门的法官，也不适用于军事人员以及工商业性的国家管理、公用事业和公立公益机构的人员。"第 5 条规定："对于行政部门来说，公务员具有法定的合乎章程条例的地位。"[1]

2. 有关公务员编制、职位设定、公务员职务关系产生、变更和消灭的条件及法律事实的规定。如新加坡公务员法规定，公务员被录用后，一般要有两年的试用期，试用期满，经公共服务委员会考核合格后才能成为正式公务员。试用期间，要安排不同的岗位进行锻炼，以便熟悉工作，并规定 6 个月后由其所在部门提出审核报告。如果 6 个月的工作中表现不怎么样，则要及时指出他的缺点。如果在两年内工作中，没有成绩，缺点也没有改进，则取消其公务员资格。[2]

3. 有关公务员职权行使的规范与保障的规定。如《法国公务员总章程》（1978 年）第 8 条第 1 款规定："禁止任何在职公务员以职业身份从事任何一项有利可图的私人活动。在什么条件下可以例外地不受这种禁令限制，由公共行政部门条例规定之。"[3]

4. 有关公务员责任追究的规定。如《法国公务员总章程》（1978 年）第 11 条规定："一个公务员在任中或行使职权中所犯的任何错误应受纪律制裁，必要时，按刑法论处。"[4]

5. 有关公务员权益保障及救济的规定等。例如加拿大公务员法就有比较健全发达的上诉体系，上诉机构很多，有公务员委员会、加拿大人权委员会、公务员关系委员会、官方语言委员会等。上诉的范围包括：人员配备（任用）、人身骚扰、开除、歧视、集体协议、安全审查等，不同的申诉可以找到不同的上诉机构。[5]

---

〔1〕 萧榕主编：《世界著名法典选编》（行政法卷），中国民主法制出版社 1997 年版，第 123 页。

〔2〕 中华人民共和国人事部国际交流与合作司编：《外国公务员制度》，中国人事出版社 1995 年版，第 46 页。

〔3〕 萧榕主编：《世界著名法典选编》（行政法卷），中国民主法制出版社 1997 年版，第 123 页。

〔4〕 萧榕主编：《世界著名法典选编》（行政法卷），中国民主法制出版社 1997 年版，第 124 页。

〔5〕 中华人民共和国人事部国际交流与合作司编：《外国公务员制度》，中国人事出版社 1995 年版，第 415~416 页。

二、公务员法的特点

公务员法的特点可以从不同角度观察，如果仅仅将它作为一个法律部门，它具有一般法律部门所具有的特点，即它与其他社会现象的区别在于：公务员法所表达的是社会关系的知识模型，目的在于重复适用而不是只适用一次；公务员法是通过赋予公务员权利和设定相应义务的方式来实现对公务员及相关关系的调整；公务员法规范具有普遍的约束力和国家强制性，并受社会占统治地位的道德的支持；公务员法规范由确定的要素构成：假设、处理和制裁三部分构成。然而，本节所讲的公务员法特点是指公务员法与我国其他法律部门相比的独特之处。

第一，公务员法是以公务员及其行为作为规范对象的。任何法律部门都有其特定的规范对象，比如刑法所涉及的是犯罪和刑罚的问题，民法所涉及的是公民与法人之间的财产和人身关系，而公务员法只涉及公务员和与公务员相关的法律事实。这里包含两层意思：一是要区分公务系统人员与其他国家机关、企事业单位人员、公民个人等，后几者都不属于公务员范围自然就不是公务员法要涉及的，如我国普通公民及其行为；二是要区分公务系统内部人员，如前所述，我国公务系统中的工勤人员、一些西方国家的政务类人员都不是公务员，也不是公务员法要调整的。如德意志联邦共和国"公务员"分两大类："一类是特别职位的公务员，即不适用联邦公务员法的官员，如内阁总理、国务员、部长等；另一类是一般职位公务员，即适用联邦公务员法的官员。"[1]

第二，公务员法是行政法部门的一个分支。依据法的不同调整对象，一国的法律可以分成不同的部门，如刑法、民法、经济法、行政法等。其中每一个法律部门又可以分出许多更小的部门来，尤其像经济法、行政法这样的法律部门包含的内容非常宽泛，目前行政法学界就有许多学者研究行政法中的部门行政法，如工商行政法、税务行政法、海关行政法、军事行政法、公安行政法等。公务员法在我国还没有被作为一个独立的法律部门看待，它是行政法的一个分支。在行政法大体系中，公务员法又是具有相对独立性的一个组成部分。

第三，公务员法是法典化的体系。我们说公务员法是一个体系是因为公务员法不是指单一的公务员法典，公务员法不能等同于公务员法典，公务员法典只是公务员法的一个主要组成部分，但它并没有囊括公务员法的所有内容，公务员法是一个广泛的概念系统，它是由一系列公务员法律规范组成的，这和行政法的体例有点类似。但公务员法又不同于行政法，因为行政法规范分散于不同层次的法

---

〔1〕　曹志主编：《资本主义国家公务员制度概要》，北京大学出版社 1985 年版，第 2 页。

律部门之中，无法将其汇编成统一的法律文件。而公务员法却是可以汇编成法律文件的。我们说公务员法是法典化的体系是因为公务员法有类似于宪法体系那样的内部结构。在宪法体系中，宪法是总法，宪法之下囊括了许许多多的宪法性法律，可以说它们都是宪法的组成部分，如我国的《中华人民共和国香港特别行政区基本法》（以下简称《香港特别行政区基本法》）、《中华人民共和国民族区域自治法》（以下简称《民族区域自治法》）、《中华人民共和国国旗法》（以下简称《国旗法》）、《中华人民共和国国徽法》（以下简称《国徽法》）等，它们的地位和效力低于宪法。公务员法也一样，成文法国家几乎都有一部公务员总法，在公务员总法之下有许许多多的公务员单行法，它们都是公务员法的组成部分，但它们的地位低于公务员总法。尽管有的国家公务员总法和其他单行法都处于同一法律层级，但单行法制定时是不得违背总法的原则精神的。

三、公务员法的调整对象

"科学研究的区分，就是根据科学对象所具有的特殊矛盾性。因此，对于某一现象的领域所特有的某一矛盾的研究，就构成了某一门科学的对象。"[1]说明每一门科学或学科都有其特有的调整对象，公务员法也是如此。尽管公务员法是行政法体系的一个组成部分，但公务员法的调整对象不能和行政法调整对象同日而语。"行政法作为一个独立的法律部门，它的调整对象是行政机关在行政管理过程中形成的各种社会关系。它包括三个范畴：一是政府行政部门的内部管理关系，如有关政府活动原则、行政机关行为准则、公务员权利义务的法律规定；二是政府部门的外部管理关系，如有关行政机关对相对一方当事人行使权力的法律规范，有关行政机关和管理相对人之间纠纷处理的行政法规范；三是涉及有关行政管理相对人之间的权益关系。"[2]即行政法的调整对象非常宽泛，而公务员法的调整对象比行政法的调整对象要窄得多。但公务员法的调整对象又与行政法的调整对象有极其密切的关系，可以说，公务员法的调整对象是行政法调整对象的一个组成部分，主要是行政机关与公务员之间的关系。

公务员是行政机关的构成分子，行政系统设立许多行政职务，通过行政职务把公务员和行政机关联系在一起，公务员与行政机关的劳动关系、代表行政机关行使权力的各种关系等都是行政系统内部非常重要的关系。这些关系既与行政组织法有关，也与行政编制法有关，同时对与公务员相关的其他法律也起着调整作用。

---

〔1〕 《毛泽东著作选读》（上册），人民出版社 1986 年版，第 148 页。
〔2〕 关保英：《市场经济与行政法学新视野论丛》，法律出版社 1996 年版，第 31 页。

第二节　公务员法的立法体制

一、公务员法立法体制的概念

公务员法立法体制是国家立法制度的重要组成部分，一个国家公务员立法权力体系及其行使过程通常都是通过宪法加以规定的。任何一个国家的公务员立法体制都与该国的历史及现实国情息息相关，是适应该国政治、经济、文化等发展的需要而建立和发展起来的，且会发生一定变化。对于公务员法立法体制的概念，我们可以有不同的认识：一是指公务员法立法权限的划分；二是指公务员立法权和法规创制权的国家机关体系和公务员法立法权的划分。该书立足于第二层意义来谈公务员法的立法体制。公务员法立法体制由诸要素构成。所谓要素，是指构成一特定事物的基本组成单位。构成事物现象的诸要素中包括实体性要素、程序性要素以及形式性要素。公务员法的立法体制同样包括这三个方面的要素：

第一，公务员法立法体制的实体性要素。公务员法立法体制的实体性要素即实质性要素，是在公务员立法体制中起主要作用的主体及权限。也就是说是公务员立法的主体及主体所拥有的立法权限和分工情况。立法主体是拥有公务员立法权的国家机关。各国的公务员立法主体不尽一致，有的国家的主体非常广泛，如根据我国公务员法的立法实践，行使公务员法立法权的主体有国务院、国务院的部委、某些地方政府。有的国家的主体则比较单一，如一些西方国家仅议会才有公务员法的立法权。

第二，公务员法立法体制的程序性要素。公务员法立法体制的程序性要素是指公务员法的制定、修改和废止必须遵循的步骤。它是保障公务员立法科学化、规范化的基本手段。公务员立法程序一般应由宪法、法律作出原则的规定，再由配套的法规等作出具体、周密的规定，既防止程序的任意性，又使程序有较强的可操作性，如我国目前已颁布的行政法规、规章制定的程序。[1]

第三，公务员法立法体制的形式性要素。公务员法立法体制的形式性要素是指公务员立法的外在表现形式，据此人们很容易了解某一公务员法律规范的制定机关及其效力等级和适用范围。如我国现行成文法律形式可分为三大类：第一类是宪法、法律、行政法规、地方性法规、规章，这主要是从立法主体、法律效力等级、效力范围角度所作的分类；第二类是宪法、法律、条例、决议、决定、规定、办法、实施细则等，这主要是从法律的不同名称、不同技术等角度所作的分

---

[1]　参见《行政法规制定程序条例》《规章制定程序条例》。

类；第三类是宪法、行政法、民法、婚姻法、劳动法、经济法等，这主要是从法律调整的社会关系的不同角度所作的分类。公务员法也有不同的外在表现形式，如法律、行政法规、规章、地方性法规等。

当今世界各国由于国体、政体以及历史和现实条件的不同，形成了不同的公务员法立法体制，有单一型立法体制、复合型立法体制和其他立法体制等。必须说明的是，这里的单一和复合的区分主要是就行使公务员立法权的机关性质而言的。

二、单一型立法体制

单一型立法体制是公务员法立法权由一个机关行使的一种立法体制。这种单一型立法体制我们又将其划分为单一的一级立法体制和单一的两级立法体制。

如果公务员立法权是属于中央专有，不存在中央立法和地方立法区分的情况下，可以称之为一级立法体制。这不仅指公务员立法权由中央一级的机关行使，也指由一个而不是由几个中央机关行使。实行单一的一级立法体制的国家很多，一般来说，它们的公务员立法权是赋予议会的，当然也有的国家随着公务员制度的发展和现实需要，单一的一级立法体制后来变为了多级复合型立法体制。

在公务员立法权由中央和地方根据一定的原则分掌的情况下，可以称其为单一的两级立法体制。实行单一的两级立法体制的大多是一些实行共和政体的联邦制国家，也有一些单一制国家采用此立法体制。从这些国家的中央一级公务员立法来说，有的国家由最高国家权力机关，这个机关除享有中央立法权以外，还兼有其他职能。有的国家的中央公务员立法权是以比较严格的三权分立原则为基础，由作为立法机关的议会行使。美国的联邦中央公务员立法都是来自于国会的，如1883年国会制定了第一部公务员法《彭德尔顿法》（法律草案是由参议员彭德尔顿提出的）；1923年国会讨论了一些不同的分类和工资提案后，制定了《职位分类法》；1978年又制定了《文官制度改革法》等。[1] 从这些国家的地方公务员立法来说，多数国家的地方立法权由地方议会行使。

三、复合型立法体制

复合型立法体制是公务员立法权由两个以上的机关共同行使的一种立法体制形式。在复合型立法体制下，公务员立法权不仅赋予立法机关，而且也赋予行政机关或其他机关，如我国公务员的立法就是一种复合型体制。

依据我国现行宪法，我国的立法体制是：一是全国人民代表大会及其常务委员会的立法权。《中华人民共和国宪法》（以下简称《宪法》）第62条规定：全

---

〔1〕　王名扬：《美国行政法》（上册），中国法制出版社1995年版，第201～207页。

国人民代表大会"制定和修改刑事、民事、国家机构的和其他的基本法律。"有
关公务员的基本法制定自然属于全国人大的立法范畴。二是其他国家机关的立法
权。包括国务院、地方人大、民族自治地方人大的立法权。国务院是我国最高国
家行政机关，可以根据宪法和法律，规定行政措施，制定行政法规，发布决定和
命令等。省、自治区、直辖市、设区的市的人民代表大会及其常务委员会，根据
具体情况的实际需要，在不与宪法、法律、行政法规等相抵触的情况下可以制定
地方性法规。民族自治地方的人大则可根据当地民族的政治、经济、文化特征制
定自治条例和单行条例。三是国务院部委和地方政府的立法权。国务院部委和与
上述地方人大相对应的地方政府有规章制定权。

　　这是从理论上来阐述我国公务员立法体制的。公务员立法体制的实践也表明
我国是归属于复合型立法体制的。现有的公务员立法主体有全国人大及其常务委
员会、国务院、国务院部委甚至地方人大和地方政府。如我国最高层次的公务员
立法——《公务员法》是以法律形式表现的，一些配套规定是以行政法规、部
门规章的形式表现的，例如《行政机关公务员处分条例》《公务员考试录用违纪
违规行为处理办法》等。不少地方人大或政府也有一些公务员方面的立法，例如
《合肥市市直机关公务员转任办法》《西藏自治区行政机关公务员违反政治纪律
行为处分规定（试行）》《陕西省考试录用公务员办法（试行）》《福建省国家公
务员培训规定》等。我国形成了以公务员基本法为主体，多层次立法并存的立法
体例。

第三节　公务员法的地位

一、公务员法与宪法

　　宪法是国家的根本法，在一国法律体系中居于龙头法的地位，或者说一级立
法的地位，宪法以下的立法在这里我们统称为"普通法律"。宪法与普通法律的
关系就好比"上下级"关系或"母子"关系，即其他法律都是由宪法产生出来
的，因而宪法具有最高的法律效力。宪法的这种权威地位主要体现在宪法为其他
法律的制定提供了立法依据，其他法律在制定时必须遵循宪法的原则精神，否
则，其他法律就不能发生法律效力。

　　宪法与普通法律的关系原理在公务员法与宪法的关系上同样适用，公务员法
作为一个整体来看待，它也是我国法律体系中的一个法律群，是宪法统辖下的一
级法律规范，其地位低于宪法。一方面，宪法为公务员法提供了立法原则，如我
国现行《宪法》第27条第1、2款规定："一切国家机关实行精简的原则，实行

工作责任制，实行工作人员的培训和考核制度，不断提高工作质量和工作效率，反对官僚主义。一切国家机关和国家工作人员必须依靠人民的支持，经常保持同人民的密切联系，倾听人民的意见和建议，接受人民的监督，努力为人民服务。"上述条款实际上确立了公务员立法的许多原则，如精简原则、责任制原则、效率原则、为人民服务原则以及一系列的公务员义务等。《日本宪法》（1947 年）第 15 条规定："选定和罢免公务员是国民固有的权利""一切公务员都是全体国民的服务者，而不是部分国民的服务者。"该条也确立了公务员为人民服务的精神。在进行具体的公务员立法必须以此为依据。日本就是根据宪法的类似原则，制定了以国家公务员法（1947 年）、地方公务员法（1950年）为代表的各种公务员法，并在实践中不断获得完善。[1]另一方面，公务员法使宪法的规定得以动态化和具体化。法有静态和动态之分，这在西方学者那里早有过论述，他们认为宪法相对于其他公法是更静态的法律，宪法所关注的主要是国家的结构，尽管宪法理论中涉及宪法功能，但它们都是政治性质的。其他部门公法则更多地表现为功能。[2]公务员与宪法相比就是更为动态的法律，而且公务员法的内容就是要将宪法的静态原则和精神予以贯彻，贯彻的过程同时也是动态化的过程。公务员法的动态化也说明公务员法的规定随着社会的不断发展、技术手段在公务履行中的运用，要随时补充新的内容，这样使得宪法的原则发生了相应的变迁。

二、公务员法与行政法

"在属于罗马日耳曼法系的所有国家可以看到同样的一些基本门类：宪法、行政法、国际公法、刑法、诉讼法、民法与商法、劳动法等。各国法的这种相似，对于了解某国法的人要了解其他国法，提供了极大的便利。这里或那里认可的实质规范可能不同，但在每一场合，我们立即知道牵涉的是什么问题；我们理解人们讨论的或存在的问题；不需要向我们提供说明，也不需要我们去适应某种外国心理，我们就能知道问题处于什么地位，性质如何。"[3]这是西方学者对各国部门法分类共识的一个描述。然而，在上述这些法律部门中，行政法却是一个非常特殊的法律部门，之所以说它特殊是因为西方国家的行政法和我国的行政法完全是一个形同义异的概念。

西方国家对行政法的认识是狭义的，如美国学者施瓦茨认为，"行政法是管

---

〔1〕 ［日］室井力主编，吴微译：《日本现代行政法》，中国政法大学出版社 1995 年版，第 338 页。

〔2〕 参见 ［意］米拉格利亚著，朱敏章译：《比较法哲学》，商务印书馆 1940 年版，第 200 页。

〔3〕 ［法］勒内·达维德著，漆竹生译：《当代主要法律体系》，上海译文出版社 1984 年版，第 77 页。

理政府活动的部门法，它规定行政机关可以行使的权力，确定行使这些权力的原则，对受到行政行为侵害者给予法律补偿。"[1]法国学者认为，"行政法是国内法，是调整行政活动的法律，是调整行政机关活动的公法。"[2]在我国，行政法是广义的，是诸部门法中体系最为庞大、内容最为复杂、表现形式最为多样的一个分支。有学者认为行政法是调整行政关系的法律规范的总称，是规定国家行政机关的组织、职责权限、活动原则、管理制度和工作程序，用以调整各种国家行政机关之间，以及国家行政机关同其他国家机关、企事业单位、社会团体和公民之间的行政法律关系。其由两个方面的法律规范构成，一是规定政府行为即行政机关及其工作人员行为的法律规范，如政府组成、职责、法律责任；另一是规定管理相对人一方的法律规范，如国家关于经济、文化、社会事务管理的法律规范。本节的论证是站在我国行政法的角度来谈行政法的。在规范政府行为的法律规范中又包括行政组织法、公务员法、行政编制法、行政程序法、行政诉讼法、行政赔偿法等。由此可见，公务员法是行政法体系中的重要组成部分，必须说明的是，它不限于上列与其他行政法律并列的"公务员法"，那只是狭义上的公务员法，不能涵盖我们所说的公务员法。其实，上列的行政组织法、行政编制法等也是广义公务员法的组成部分。

公务员法作为行政法的组成分子，其地位是至关重要的，然而长久以来，我们往往忽视公务员法在我国行政法中的地位，更多的是注重对行政行为的研究而忽视对行政组织、行政编制和公务员的研究，公务员在行政法学著作中仅占有很小的一部分。

三、公务员法与其他部门法

公务员法除了与宪法和行政法有密切关联外，还与其他部门法不可分割，尤其是经济法、劳动法、刑法等部门法。因为这些部门法直接或间接影响着公务员的权利义务关系、公务员的职权关系以及公务员在国家中的地位。例如，我国刑法中一些罪名的规定实际是就是公务员法关于公务员纪律规定的一个延伸。《中华人民共和国刑法》（以下简称《刑法》）第 382 条规定："国家工作人员利用职务上的便利，侵吞、窃取、骗取或者以其他手段非法占有公共财物的，是贪污罪。受国家机关、国有公司、企业、事业单位、人民团体委托管理、经营国有财产的人员，利用职务上的便利，侵吞、窃取、骗取或者以其他手段非法占有国有财物的，以贪污论。"这就是对公务员清正廉洁义务的进一步要求。而且，在有

---

〔1〕 张正钊、韩大元主编：《比较行政法》，中国人民大学出版社 1998 年版，第 9 页。
〔2〕 张正钊、韩大元主编：《比较行政法》，中国人民大学出版社 1998 年版，第 11 页。

的国家和地区，公务员法的规定直接与刑法规定衔接。如香港地区《防止贿赂条例》就对公务员的贿赂行为进行了界定。

第四节　公务员法的分类

关于法的分类，《中国大百科全书》（法学卷）是这样解释的："按照不同标准对法所划分的不同的类别。"[1]说明法的分类标准是多样化的，在公务员法的分类上也是如此。

一、公务员法的法律分类

公务员法的法律分类是指从公务员法的法治实践即公务员立法和公务员实在法的角度来进行的分类。以此为标准可以将公务员法作如下分类：

第一，依据公务员法制定主体的不同，公务员法区分为立法机关制定的公务员法和行政机关制定的公务员法。公务员法制定权也是立法权的组成部分之一，立法权在本质上讲是不能属于任何机关的，"立法权，从它的理性原则来看，只能属于人民的联合意志。因为一切权利都从这个权力产生，它的法律必须对任何人不能有不公正的做法。如果一个按照他与别人不同的意志去决定国家的事情，那么，他就可能经常对别人做坏事；但是，如果由大家决定并颁布他们自己的法律，就绝不会发生这种事情。"[2]然而，由于现代国家的状况决定了立法权不可能由人民直接行使，便产生了代议制，即让人民选出自己的代表组成立法机关来代行立法权，于是就有了立法机关。同时，由于现代立法事务的复杂性，出现了不仅仅由立法主体行使立法权的现象，许多法律的制定往往来自于别的机关。但无论如何，享有立法权的机关是特定的，而且是经过宪法予以认可的，这是我们不能否认的。因此，我们所说的公务员法制定主体不能等同于通常所说的享有公务员立法权的主体，我们不去追究它是否享有立法权，只是侧重于它形式上履行的公务员法的立法手续。

立法机关制定的公务员法是指有关公务员的法律、法规出自于一国的立法机关，或者是人民代表大会、议会。从立法权来源理论上说，由立法机关制定公务员法是天经地义的，因为一国的立法权本来就是由立法机关代替人民行使的。

---

[1]　中国大百科全书总编辑委员会编：《中国大百科全书》（法学卷），中国大百科全书出版社2002年版，第79页。

[2]　法学教材编辑部《西方法律思想史编写组》编：《西方法律思想史资料选编》，北京大学出版社1983年版，第419页。

"立法机关指一个国家的最高权力机关，它有通过立法活动制定和修改法律的职能，与行政机关和司法机关不同。行政机关的职能是执行运用法律，司法机关的职能是解释法律和依法断案。"[1]世界上公务员制度比较发达的国家的公务员法多半是由立法机关制定的，如美国1883年《文官法》是由国会制定的，《德意志联邦共和国官员法》是由联邦议院于1953年7月14日通过的，《瑞士联邦公务员法》也是由联邦议会于1924年7月18日制定的。

行政机关制定的公务员法是指有关公务员的法律、法规出自于一国的行政机关，或者是总统，或者是其他的政府部门。正如前文所述，从立法权理论上讲，行政机关不应该拥有公务员法的立法权，那行政机关为什么又可以制定公务员法律法规呢？我们认为其主要原因包括两方面：一是随着社会的发展，立法事务越来越繁忙，也越来越复杂，立法机关不得不将本应属于自己职权范围内的事项委托给别的机关尤其是行政机关，这就是所谓的委托立法；二是在有些国家，由立法机关直接制定法律的条件还成熟，因而让行政机关先以别的形式制定规范性文件，我国的公务员立法就属于该种情况。

第二，依据公务员法规制对象的不同，公务员法可区分为公务员组织法、公务员行为法和公务员责任法。法有不同规制对象，反之，不同的规制对象使得法形成了不同的部门。正如孟德斯鸠所言："作为这个大行星上的居民，人类在不同人民之间的关系上是有法律的，这就是国际法，社会是应该加以维持的；作为社会的生活者，人类在治者与被治者的关系上是有法律的，这就是政治法。此外，人类在一切公民间的关系上也有法律，这就是民法。"[2]法不仅在宏观上的分类如此，具体到每一法律部门，其微观上也是如此。就公务员法律部门而言，依其不同的规制对象，我们认为调整公务员关系的法律规范有两个部类：一个部类是有关公务员组织的法律规范，此类法律规范的侧重点是公务员的组织体系以及公务员的结构和构成等，该类规范我们将在本书第二篇作详细介绍。另一个部类是有关公务员行为的法律规范，该类规范的侧重点在于公务员的行为及其行为方式方面，我们将在本书第三篇详细介绍。另外，在广义的公务员行为法中还可以分离出狭义的公务员行为法和公务员责任法来。公务员责任法是公务员行为法大范畴的组织部分，它包容于公务员行为法中，是公务员行为法的后续规范。它与公务员一般行为法有紧密联系，是由公务员一般行为

---

[1] ［英］戴维·M.沃克著，北京社会与科技发展研究所译：《牛津法律大辞典》，光明日报出版社1988年版，第548页。

[2] ［法］孟德斯鸠著，张雁深译：《论法的精神》（上册），商务印书馆2019年版，第6页。

引申出来的后果性规范。

第三，依据公务员法效力范围的不同，公务员法可区分为中央公务员法和地方公务员法。法的效力范围即法的生效范围，广义上的效力范围指法律规范对什么人、在什么地方和什么时间发生效力。我们这里所说的效力范围是一种狭义的效力范围，即地域效力范围，即公务员法规范在什么地方发生效力。中央公务员法是指由中央国家机关制定的有关公务员的法律、法规，例如我国国务院于2007年发布的《行政机关公务员处分条例》，以及联邦制国家联邦中央制定的公务员法律法规等。依据我国目前公务员立法的实践，我国中央公务员立法的主体有国务院和国务院各部委。国务院是最高国家行政机关，享有宪法赋予和全国人民代表大会授予的行政立法权，现行绝大多数中央公务员立法都来自于国务院。另外，国务院各部委，尤其是人力资源和社会保障部也行使一定的中央公务员立法权。凡中央国家机关制定的公务员法律文件，一般在全国范围内有效，"即在国家主权管辖的全部领域内有效，包括延伸意义上的领域，如驻外使馆、领海及领空外的船舶及飞机。"[1]地方公务员法是指地方国家机关依法制定的有关公务员的法律规范。地方公务员法有两层含义：一是根据本地方的实际情况，将中央公务员立法的规定具体化，确定实施细则和执行方法，如《青岛市国家公务员职位管理规定》《青岛市国家公务员非领导职务职位设置实施办法》等。二是针对地方特定问题作出特殊规定，以调整地区性的特有的社会关系。地方公务员立法的主体很多，如西方国家的地方议会和地方政府等，我国地方立法机关、行政机关也行使公务员立法权。通常地方公务员立法只在局部地区有效。

法的地域效力尽管是一种狭义的效力范围，但由地域效力也可影射出对人的效力。我国《刑法》规定了属人管辖权和保护管辖权，一方面包括国家工作人员在内的中华人民共和国公民在中华人民共和国领域外的犯罪行为，适用该法；另一方面外国人在中华人民共和国领域外对中华人民共和国国家或者公民的犯罪行为，亦可适用该法。这种效力不仅在刑法上如此，我们认为在公务员法上也是如此，即公务员在超出地域范围之外的违法行为也要受到中央或地方公务员法的约束。

二、公务员法的理论分类

公务员法的理论分类相对于公务员法的法律分类而言是另一范畴的问题，理

---

[1] 中国大百科全书总编辑委员会编：《中国大百科全书》（法学卷），中国大百科全书出版社2002年版，第85页。

论分类仅仅是学术探讨而已，尽管这种分类没有法律效力，但对于研究公务员制度、完善公务员立法还是有一定意义的。

第一，依据公务员职务关系的不同，公务员法可区分为政务类公务员法规范和业务类公务员法规范。我们首先要说明一点，使用"政务类公务员"这样的名称是不科学的，因为前面已经提到，公务员制度起源于西方国家，当时正是为了区分行政机关工作人员中的"政务类"和"业务类"才产生了公务员。"公务员"概念的提出意味着它作为行政机关的一个特定阶层被分离出来并具有相对独立性，相应地，行政机关中的剩余人员与"公务员"名称是不相干的。然而，在少数国家，公务员概念和内涵是非常模糊和不一致的，例如在日本，公务员的名称上包含了政务类和业务类，而在公务员的管理上是不包含政务类的。我国的公务员与其他国家都不同，长久以来，人们总是将公务员这个名称既应用于"政务类人员"，也应用于"业务类人员"，对此已形成一个约定俗成的概念，我们姑且也这样称呼。

政务类公务员与业务类公务员的不同之处表现在许多方面。"①政务官负责政策的制定；文官负责政策的执行。②政务官通过选举上台；文官通过考试任用。③政务官随政党进退，走马灯式地换来换去；文官不随政党进退，只要没有重大玩忽职守的情事，就继续任职。④政务官是政党内的核心领导人物；文官则是所谓'超党派的'。"[1]其中，政务类公务员因选举而产生的特点便决定了其职务关系有年限，或者说任期的限制，是一种临时性的职务关系。而业务类公务员不与内阁共进退的特点也决定了它的职业是终身制、常任制。正如有学者所说："西方国家的政府公职人员中的文官队伍，是一个在西方政治体制中具有特殊社会职能与地位的特殊利益集团。在国家对全社会的公共事务管理中，他们发挥着举足轻重的作用。他们直接处理浩繁的政府例行的日常公务，维持国家政权机器的正常运行；他们凭借其工作经验与地位，也可对政务官发生相当大的影响，甚至直接影响着政府高级政务官的决策。由于他们的特殊地位与作用，因此有人称高级文官集团为'永不倒台的内阁'。西方政治的多元化与政党轮流执政，使政府机构中的政务官更替频繁如走马灯一般，这给国家机器的正常连续运行带来了冲击与波动。但是由于庞大的职业常任文官的影响与作用，这种冲击波被缓解，其造成的消极影响被降到最低程度。"[2]

由于公务员有政务类和业务类之分，进而规范公务员的法律也有政务类公务

---

[1] 曾广载：《西方国家宪法和政府》，湖北教育出版社1989年版，第441页。
[2] 周敏凯：《当代资本主义国家的文官制度》，福建人民出版社1996年版，第124页。

员法和业务类公务员法之分。绝大多数国家公务员制度已经标准化了，政务类公务员不是通过公务员法来规范的，而是通过宪法和其他法律来规范的，如美国公务员法中不可能涉及有关总统产生、任期、职权行使等方面的事项，这些大都表现在宪法中。即使在日本这样的国家，其公务员法仅用于规范业务类公务员，如《日本国家公务员法》第 2 条规定："国家公务员的职务分为一般职和特别职……本法规定适用于一般职的所有职务。"在笼统的公务员制度国家，公务员法既涉及了政务类公务员事项，又涉及了业务类公务员事项，如我国《公务员法》对政务类公务员和业务类公务员同样适应。当然，在我国除公务员法外，宪法和相关的组织法也对政务类公务员作出了规定。

第二，依据公务员法作用的不同，公务员法可区分为赋予公务员权利的规范和设定公务员义务的规范。公务员法规范作为一种准则，其目的和作用在于指导公务员在一定条件下能做、不能做什么或必须做什么。赋予公务员权利的规范是公务员法中大量存在的一种规范，这种规范不要求公务员作出某种行为，也不直接禁止公务员作出某种行为，而是授予公务员作出或者要求国家行政机关、他人作出或不作出某种行为的可能性。如我国《公务员法》规定，公务员有"获得工资报酬，享受福利、保险待遇"等权利。再如《法国公务员总章程》第 22 条规定："任何公务员在工作后享有包括工资、家庭负担补助、住房津贴的一份报酬。工资额或者根据本人的职称和级别决定，或者根据本人所任命的职务决定。工资内还附加有交际津贴费、加班费、繁重工作或危险工作补助、移居国外补助、服务方式津贴和其他可能的各种津贴。"[1]

设定公务员义务的规范也是公务员法中一种重要的规范。设定义务规范的特点在于告诉和要求公务员必须以积极作为的方式履行一定的义务。如《法国公务员总章程》第 9 条规定："无论哪一等级的公务员有责任执行委托给他的任务。承担一项公职的公务员，应对主管部门的行政长官负责，应保证执行行政长官交给他的旨令。公务员不能推卸他对下属所犯的责任事故的责任。"[2]从某种意义上说，设定公务员义务的规范与公务员纪律规范有较大相似性，而且从宏观上看，纪律和责任规范都是属于义务规范范畴的，但我们不能将几者等同起来，其间还是有微妙区别的。

第三，依据公务员法涉及职务范畴的不同，公务员法可区分为一般意义的公务员法规范和部门意义的公务员法规范。公务员法由一个大的体系组成，其中包

---

[1] 参见萧榕主编：《世界著名法典选编》（行政法卷），中国民主法制出版社 1997 年版，第 125 页。

[2] 参见萧榕主编：《世界著名法典选编》（行政法卷），中国民主法制出版社 1997 年版，第 124 页。

含了许多具体的法律规范。一般意义的公务员法规范是指那些适用于所有公务员职务范畴的规范，如各国公务员法中涉及公务员一般权利和一般义务的规范。如我国《公务员法》中的国家公务员必须遵守宪法、法律和法规的规定，国家行政机关实行职位分类制度的规定等都是涉及所有职务范畴的。一般而言，各国公务员总法中的绝大多数规范都属于一般意义的公务员法规范。部门意义的公务员法规范是指那些仅适用于公务员某些甚至于某一职务范畴的规范。这类规范有其自身的特点：一是适用对象的特定性，即仅适用于某些方面的事务，不具有普遍适用性。二是适用条件的限制性，即仅在特定的条件下才能予以适用。部门意义的公务员法规范有的以单个法条的形式表现，如我国《公务员法》第33条规定："录用特殊职位的公务员，经省级以上公务员主管部门批准，可以简化程序或者采用其他测评办法。"这里的"其他测评办法"是一个部门意义的公务员录用规范，仅适用于特殊职位。有的以法典形式表现，如日本的《教育公务员特例法》《外务公务员法》；[1]英国在1964年通过《工业训练法》，1973年又通过《就业与训练法》，规定新录用的未经专业训练的人员，必须进行一年以上的离职专业训练。每个大中型企业必须设立培训中心，并配备专职管理人员的技术培训人员。[2]

第四，依据公务员法社会属性的不同，公务员法可区分为内部公务员法规范和外部公务员法规范。公务员法的社会属性是指公务员法规定的事项牵涉到公务员系统之外的社会关系。内部公务员法规范就是公务员法规定的内容仅是公务员与公务员之间、公务员与所属行政系统之间的关系，如有关行政机关对公务员进行考核的规范、对公务员进行培训、奖惩等的规范。这种公务员与行政机关之间的关系是一种内部关系。外部公务员法规范就是公务员法规范所规范的法律关系是超出公务员所属行政系统之外的，如有关公务员调入、调出行政系统的规范，有关其他机关对公务员进行监控的规范等，不仅涉及公务员与所在行政机关的关系，也涉及公务员与其他机关或社会组织等之间的关系。

此外，从理论上说，公务员法还可以作许多的分类，如按照公务员法的表现形式不同，有成文的公务员法和不成文的公务员法。成文公务员法是有权制定公务员法律规范的国家机关依照法定程序制定的公务员法律文件；不成文公务员法是未经国家制定，但经国家认可并赋予其法律效力的公务员行为规则。按照公务员法的制定主体和适用范围，有国内公务员法和国外公务员法。国内公务员法是

〔1〕　曹志主编：《资本主义国家公务员制度概要》，北京大学出版社1985年版，第21页。

〔2〕　曹志主编：《资本主义国家公务员制度概要》，北京大学出版社1985年版，第67页。

由本国制定在本国疆域内发生法律效力的公务员法；国外公务员法则是本国以外的其他国家制定和适用的公务员法。依公务员法涉及事项的宽泛程度，有公务员总法和公务员单行法。公务员总法是系统规定一国公务员制度的法律规范；公务员单行法则是涉及公务员某一方面或某几方面具体制度的法律规范。依公务员法的内容，有实体公务员法和程序公务员法。实体公务员法是指规定公务员具体权利义务关系的法律规范；程序公务员法是规定实现实体权利义务的步骤的法律规范等。

第二章　公务员法的法律渊源

第一节　公务员法法律渊源的概念

一、公务员法法律渊源的含义

公务员法是行政法的重要组成部分，行政法的法律渊源决定和支配着公务员法的法律渊源。行政法的法律渊源，又称为行政法源，是指行政法的法律规范的外在表现形式，它着重于从行政法的外在意义上把握行政法的各种表现形式。依据法存在形式的不同，有成文法和不成文法之分。成文法主要指国家机关根据法定程序制定发布的规范性文件，不成文法包括习惯、惯例、判例、学说等。成文法的特点是明确清晰，易于了解和执行；局限性是易致僵化、呆板，难以适应变化多端的社会现实。原则上，成文法是我国行政法的主要法律渊源。但是民间习惯、行政机关的行政惯例、人民法院的司法裁判以及学者的理论学说不能成为我国行政主体实施行政管理活动的法律依据，也不能成为评价行政行为合法性的准则。不同国家，行政法源有所区别。如在日本，行政法源包括成文法和不成文法，"成文法源的形式有宪法、条约、法律、条例和命令"。[1]我国属于成文法国家，因此，行政法源只能是由国家有权部门制定的成文规范。由于行政法调整的社会关系广泛且复杂，因而行政法规范以其多种、多样和多量的形态散见于宪法、法律、法规和规章等各种规范性法律文件之中。

公务员法是行政法的重要内容，相应地，公务员法的法律渊源也必然同行政法的法律渊源有着紧密的法律联系。所谓公务员法的法律渊源，又称为公务员法的法源，或公务员法的法律规范形式，是指公务员法来源于哪些法以及应该由哪些法律规范和规则构成，即公务员法效力作用和意义的外在表现形式和载体。公务员法的法律渊源同公务员法的内容是辩证统一的，法律渊源反映了其内容的广泛性，内容又决定和体现了其法律渊源的主要形式。虽然世界各国公务员法的法律渊源各不相同，但是一般来说，公务员法的法律渊源应当包含具有国家公务员

---

[1]　［日］盐野宏著，杨建顺译：《行政法》，北京大学出版社1999年版，第39页。

法的性质及其内容的法律规范的总和，有正式法源与非正式法源之分。在正式法源中，例如宪法、法律、行政法规、地方性法规、行政规章、自治条例和单行条例、法律解释以及有关国际条约和协定等具有法律意义的规范性文件之中所包含的公务员法的内容。在非正式法源中，有些国家的国家公务员法的法律规范体系中，有关公务员法的一般原则、判例，甚至包括行政活动的惯例也是公务员法的渊源。它们在公务员法的发展中同样发挥着重要的或者不可替代的作用。由于公务员组织管理活动的特殊性和公务员法的历史相对较短，不能完全排斥法的一般原则、判例、惯例的作用。我国公务员法的法律实践中，公务员法的非正式渊源一般包括党的文件、行政习惯、行政道德和行政伦理。

二、公务员法渊源的特点

（一）内容的广泛性

公务员法涵盖了国家公务员的职位分类、录用、考核、奖惩、任免、培训、监控和权利保障等多项内容，涉及国家公务员法律管理的各个方面。同时，在行政法的法律规范体系中，公务员法与行政法的其他领域必然发生法律规范上的交叉联系。因此，公务员法的渊源不仅包括一般意义上的法源，如在立法性法律规范之中存在的具有国家公务员性质与内容的法律渊源，还包括在法律解释、国际条约与协定、行政规范性文件以及执政党的方针政策等非立法性文件之中所包含的，对国家公务员实施法律调整的特殊意义上的法源。世界各国公务员法的渊源各不相同，在我国，依据是否以正式的法律规定，公务员法渊源可划分为正式渊源和非正式渊源。正式渊源即"可以从体现为权威性法律文件的明确条文形式中得到的渊源"，[1]如宪法、法律、行政法规、规章、自治条例和单行条例等的有关公务员的法律规定，非正式渊源在行政实践中一般包括执行党的文件、行政习惯、行政道德和行政伦理等有关公务员制度的指导性文件。

（二）制度的差异性

由于各国或地区在政治、经济和文化发展方面存在着不平衡，同时各民族的传统和历史的差异性、受思想流派的影响以及所处国际环境中的角色地位不同，都直接或者间接地造就了其公务员法律制度具有其各自鲜明特色和不同内容。如我国港澳台地区的公务员法就与我国公务员法在法律渊源体系上就有着很大不同。再如英美法系国家的公务员法的法律渊源中存在着习惯法和判例的成分，而大陆法系国家公务员法的法律渊源是以制定法为主，一般以法典形式存在。如法

---

〔1〕 ［美］E·博登海默著，邓正来译：《法理学——法律哲学与法律方法》，中国政法大学出版社 2017 年版，第 430 页。

国在二战后改革旧官吏制度的基础上，1946 年 10 月由议会通过了政府拟订的
《公务员总章程》，1959 年 2 月颁布了新的公务员法取代了《公务员总章程》，
1978 年又对其作了修订。我国公务员法的法律渊源以制定法为基础，以相关方
针、政策为补充，法院裁判中涉及公务员法的案例则不是国家公务员法的法律
渊源。

（三）地位的依属性

公务员法属于行政法部门的分支，属于内部行政法的范畴并在行政法的法律
体系中占重要的地位。如果从行政权力运行过程的角度来看，行政法是规定国家
行政职能及各种行政关系的法律规范。因此行政法主要包括三个方面的法律规
范：一是规范行政权力的载体或者行政职能的实施者，即关于国家行政机关及其
工作人员的法律规范；二是规范行政权力的运行或者行政职能的实现活动，即关
于国家行政机关及其工作人员实现行政职能的行政行为的法律规范；三是规范对
行政权力的控制或者对行政职能的监督，即关于国家行政机关及其工作人员监督
方面的法律规范。审视国家公务员法的内容，它主要是关于国家公务员的录用、
培训、考核、任免、晋升、奖惩、回避、交流、监察、工资福利、退休退职、辞
职辞退、分类管理等方面的法律规范的总和，实际上是规定行政权力的载体（主
要指行政机关及其公务员）内部运行机制的法律规范。因此，从行政法的结构上
看，行政法有内部行政法和外部行政法之分，国家公务员法则是行政法规范体系
之中的一个组成部分。

公务员法依属于行政法范畴，不仅在法律体系上从属于行政法，而且公务员
法的许多内容也都体现了行政法的原则和特点。同样，公务员法的法律渊源形式
也从属于行政法的法律渊源，两者在法律渊源的性质上是主从关系；在法律渊源
的形式上是补充关系；在法律渊源的内容上是重合关系。公务员法的法律渊源和
行政法的法律渊源之间实质上既相互交叉也互为补充。如我国《宪法》第 27 条
不仅是公务员法渊源的重要内容，也是行政法的法律渊源体现。

（四）体系的独立性

公务员法的法律渊源体系，是组成国家公务员法律制度的有机联系、和谐统
一的法律规范系统。国家公务法的法律渊源体系，在表现形式上大体有统一式和
零散式两种。所谓统一式，是指由国家公务员法法典以及与之相配套和补充的各
种公务员法规范所构成的部门性的法律系统。在我国公务员法的法律渊源体系之
中，《公务员法》是一部起着引领作用的法典，起到了很好的统帅作用；所谓零散
式，是指公务员法的法律渊源的表现形式散见于各种单行的法律规范之中。英国
就没有一部完整系统的公务员法典，而是由诸多的单行法规构成，但其作为公务

员制度的基础，公务员法的法律体系在行政法的王国里仍旧有其一席之地，是一个相对独立的法律规范系统。

第二节　公务员法的正式渊源

公务员法的渊源是指公务员法来源于哪些法以及应该由哪些法律规范和规则构成。我国是成文法的国家，因而所谓公务员法的正式渊源，是指我国公务员法的成文法法律渊源，它体现在以下各种法律规范中有关规定。

一、宪法中的公务员法律制度

宪法与国家公务员法的关系十分密切。在宪法规范中存在着大量的规范国家公务员活动的基本内容，宪法规范之中主要规定公务员管理的基本原则和制度，有关公务员法律规范的制定就是以宪法为根据的。宪法是国家的根本大法，它规定了国家的根本制度和根本任务等涉及国家全局的根本问题以及公民的基本权利和义务，它具有最高的法律效力，是其他法律的立法依据。宪法中确认了一系列行政法规范和原则，因而它也是公务员法的根本渊源。例如，我国《宪法》第27条明确规定："一切国家机关实行精简的原则，实行工作责任制，实行工作人员的培训和考核制度，不断提高工作质量和工作效率，反对官僚主义。一切国家机关和国家工作人员必须依靠人民的支持，经常保持同人民的密切联系，倾听人民的意见和建议，接受人民的监督，努力为人民服务。"《宪法》第86条规定："国务院由下列人员组成：总理，副总理若干人，国务委员若干人，各部部长，各委员会主任，审计长，秘书长。国务院实行总理负责制。各部、各委员会实行部长、主任负责制。"《宪法》第114条规定"自治区主席、自治州州长、自治县县长由实行区域自治的民族的公民担任。"我国《宪法》的这些规定，既是制定公务员法的基本依据，又是对公务员管理的基本要求。它们是我国公务员法律制度的重要组成部分。

有的学者认为，宪法不应该成为公务员法的法律渊源。因为宪法是独立的部门法，如果各部门法都将宪法作为其法律渊源，那么宪法作为部门法的意义则不复存在；宪法虽是国家的根本大法，具有最高法律效力，但宪法不具有任何适用性，它通常要通过法律加以具体化，因而确认宪法作为公务员法无实质意义。这种认识存在偏差。宪法作为国家公务员法的法律渊源，是指宪法规范之中具有公务员法性质和内容的法律规定及其所包含的法律制度，而不是作为部门法的宪法本身或者全部的宪法法典。

二、法律中的公务员法制度

法律是国家最高权力机关制定的规定性文件，包括全国人民代表大会制定的基本法律和全国人民代表大会常务委员会制定的一般法律。狭义观念上理解的法律是指由全国人民代表大会及其常委会依照法定程序和法定权限制定并通过的规范性文件，它是仅次于宪法的具有很高法律效力的规范性文件，一切行政法规、规章等都不得同法律相抵触。全国人民代表大会及其常委会制定的有关公务员管理的专门法律和其他法律文件中涉及公务员管理的一些规定，都是公务员法的渊源。

法律作为国家公务员法的渊源有三种表现形式：一是从整体上具有公务员法律规范性质和内容的法律，即行政法律，如《公务员法》。二是部分具有行政法规范性质和内容的法律，即一个规范性文件中含有公务员法规范，也有其他法律规范，如《中华人民共和国国务院组织法》（以下简称《国务院组织法》）、《中华人民共和国地方各级人民代表大会和地方各级人民政府组织方法》（以下简称《地方各级人民代表大会和地方各级人民政府组织方法》）等有关政府组成人员的产生与任免规定。《国务院组织法》第 9 条第 1 款规定："各部设部长一人，副部长二至四人。各委员会设主任一人，副主任二至四人，委员五至十人。"《地方各级人民代表大会和地方各级人民政府组织法》第 57 条规定："新的一届人民政府领导人员依法选举产生后，应当在两个月内提请本级人民代表大会常务委员会任命人民政府秘书长、厅长、局长、委员会主任、科长。"三是非行政性法律。凡是对国家公务员管理起规范作用的法律规范都是国家公务员法规范的存在形式。我国《公务员法》的制定与颁布成为我国公务员法律渊源重要的法律基础。许多国家的公务员法及其配套法规都是以法律的形式表现出来的。例如，《美国文官法》《法国公务员总章程》《联邦德国官员法》《瑞士联邦公务员法》和《日本国家公务员法》等。我们不能把所有法律都当作公务员法的法律渊源，只有其中有关涉及公务员法规范的部分，才属于公务员法的范畴。法律中所包含的公务员法规范的效力低于宪法所确认的公务员法规范，但高于其他形式的行政法规范。法律是我国常见的公务员法的渊源。

三、行政法规中的公务员法制度

行政法规是国务院依据行政立法权制定和发布的规范性文件的总称。国务院是最高国家行政机关，制定行政法规是其领导全国行政工作的重要手段之一。因此，行政法规更集中地规定和表现了行政法和国家公务员法的内容。国务院根据宪法和法律，在其职权范围内制定关于国家公务员管理的规范性文件。国务院制定的有关公务员管理的专门行政法规和其他行政法规中涉及的公务员管理的一些规定都是公务员法的重要组成部分。例如《工伤保险条例》（2010 年）、《行政机关公务员处分条例》（2007 年）、《职工带薪年休假条例》（2007 年）、《国务院关于职工探亲待遇的规定》（1981 年）等，还有已经失效的例如《国家公务员被辞退后有关问题的暂行办法》（1996 年）、《国家公务员申诉控告暂行规定》（1995 年）、《国家公务员暂行条例》（1993 年）等。

四、地方性法规中的公务员法制度

地方性法规是特定的国家权力机关制定和颁布的规范性文件。我国地方性法规的制定主体众多，一来省、自治区、直辖市的人大及其常委会可以根据本行政区域的具体情况和实际需要，在不同宪法、法律、行政法规相抵触的前提下制定地方性法规；二来 2015 年修订的《中华人民共和国立法法》（以下简称《立法法》）扩大了地方性法规制定主体的范围，赋予了所有设区的市的人大及其常委会根据本市具体情况和实际需要，在不同宪法、法律、行政法规和本省、自治区的地方性法规相抵触的前提下，可以对城乡建设与管理、环境保护、历史文化保护等方面的事项制定地方性法规的权利。地方性法规涉及地方行政管理的诸多方面，也包含大量的关于国家公务员法的规范，它们是国家公务员法重要的法律形式。

在中央与地方公务员的法律调整的关系上，各国有共性亦有差异。有些国家的国家公务员法和地方公务员的相关法规是统一的。如法国，除乡镇自治人员外，地方公务员一律适用中央公务员法。有的国家，如日本，中央和地方公务员各有自己遵守的法律法规，但两级法律规范的内容大体相同。有些国家虽然存在地方公务员法规，实际上仍遵循着中央公务员法。有些联邦制国家，如英、美等，中央公务员法和地方公务法差异则很大。我国是单一制国家，地方性法规不得同宪法、法律和行政法规相抵触，地方性法规中有关公务员管理的法律规定，都是公务员法的渊源。

五、行政规章中的公务员法制度

行政规章是指特定的行政机关制定的具有法律效力的规范性文件。行政规章有部门规章和地方政府规章之分。部门规章是国务院各部、委员会、中国人民银行、审计署和具有行政管理职能的直属机构制定的具有法律效力的规范性文件。地方政府规章是省、自治区、直辖市和设区的市、自治州的人民政府制定的具有法律效力的规范性文件。从内容上看，行政规章主要规范行政活动，其中涉及国家公务员法的规范，因此它也是国家公务员法的表现形式。有关公务员管理的行政规章，或者行政规章中涉及公务员管理的规定，都是公务员法的重要组成部分和渊源。例如《公务员考试录用违纪违规行为处理办法》（2016 年）、《国家环境保护总局公务员职务升降暂行办法》（1998 年）、《税务系统国家公务员培训考评工作暂行办法》（1999 年）、《国家税务局系统国家公务员职务升降暂行规定》（1997 年）等，还有已经失效的例如《国家公务员任职回避和公务回避暂行办法》（1996 年）、《国家公务员职务升降暂行规定》（1996 年）、《国家公务员申诉控告暂行规定》（1995 年）、《国家公务员职务任免暂行规定》（1995 年）、《国家公务员辞职辞退暂行规定》（1995 年）、《国家公务员职位分类工作实施办法》（1994 年）、《国家公务员考核暂行规定》（1994 年）、《国家公务员录用暂行规定》（1994 年）等。地方人民政府制定的行政规章有：《西藏自治区行政机关公务员违反政治纪律行为处分规定（试行）》（2015 年）、《成都市行政机关公务员行政过错行为行政处分规定》（2008 年）、《福建省国家公务员培训规定》（2002 年）、《广东省国家公务员录用实施办法》（1997 年）、《江西省国家公务员录用考核实施细则》（1997 年）等，已经失效的例如《江西省国家公务员录用规定》（2002 年）、《湖南省国家公务员录用办法》（2002 年）、《河北省国家公务员培训规定》（2002 年）。上述行政规章一般都是为实施国家公务员法律制度而制定的具体办法。这些具体规定构成了我国公务员法渊源的实质性内容。

六、自治条例和单行条例中的公务员法制度

自治条例和单行条例直接规定了我国民族自治地方国家公务员法律制度的内容，它们也是我国国家公务员法的法律规范的存在形式。依据《宪法》《民族区域自治法》的规定，民族自治地方的人民代表大会，有权依照当地的政治经济和文化的特点，制定自治条例和单行条例。自治条例是民族自治地方的人民代表大会，依据法定的权限，结合本地的特点制定的管理行政事务的一种规范性文件。单行条例是民族自治地方的人民代表大会及其常务委员会，依据《宪法》和有关法律规定制定的调整某个方面的社会关系的法律规范。自治条例和单行条例中涉及管理公务员制度的，也是国家公务员法的法律渊源。例如《甘肃省积石山保安族东乡族撒拉族自治县自治条例》（2012 年）第 17 条第 2、3、4 款规定："自治县的自治机关、事业单位的编制总额、机构设置、领导职数，报请上级国家机关从民族地区的实际考虑从宽核定。自治县的机关、事业单位在招考公务员、聘用工作人员时，逐步做到合理配备自治民族和其他少数民族人员。自治县内的企业、事业单位录用、聘用工作人员时，在同等条件下优先录用、聘用少数民族人员，对自治民族和其他少数民族人员适当放宽条件。"该条例第 18 条规定："自治县的国家机关和工作人员，必须依法办事，忠于职守，廉洁奉公，遵纪守法，保持同人民群众的密切联系，自觉接受人民监督，全心全意为人民服务。反对官僚主义、形式主义和弄虚作假、以权谋私、铺张浪费等不良作风和行为。自治机

关根据国家公务员法的规定，在任职时间和级别达到规定条件后，经考核合格的公务员可以享受上一级职务层次非领导职务的相关待遇。"

七、法律解释中的公务员法制度

法律解释是指适用法律过程中有权机关对法律含义和界限的阐释和补充说明。"根据《关于加强法律解释工作的决议》《立法法》《行政法规制定程序条例》《规章制定程序条例》等规定，可以认为，作为行政法法律渊源的法律解释包括：全国人大常委会对法律作出的解释；国务院对行政法规作出的解释；最高人民法院和最高人民检察院对司法工作中具体应用法律问题所作的解释；地方性法规制定机关对其制定的地方性法规作出的解释；规章制定机关对其制定的行政规章作出的解释。"[1]在法律解释之中，凡是涉及调整国家职务关系内容的，都是国家公务员法的存在形式。换言之，法律解释在这里指有权机关就法律规范在具体适用过程中，为进一步明确界限或补充，以及如何具体运用所作的解释，即有权解释，不包括学理解释等无权解释。这些解释常常涉及对公务员管理有关的法律规范适用问题，具有规范性和指导性，它们都是公务员法的补充渊源。另外，有些国务院和其他部门联合发布的文件，国家行政机关和社会组织联合发布的文件等，也属于公务员法的法律渊源或者法律规范的表现形式。

八、国际条约、国际惯例

国际条约是国家之间缔结的规定各自权利和义务的协议。我国与外国缔结或者参加的国际条约，对我国具有约束力。涉及调整国家公务员为内容的条约则是我国公务员法的法律渊源。随着国际法的发展，国际行政法规范也不断增多。国际行政法是行政法的一个特殊渊源。我国加入了WTO以后，伴随国际交往的越来越多，国际条约、惯例往往会涉及一个国家国内的行政管理，成为调整该国行政机关与公民、组织及外国人、外国组织之间关系的行为准则。其中不可避免地会关系到我国的公务员管理制度，国际条约一经我国承认，便成为我国行政法的一个渊源，也理所当然地是我国公务员法的渊源之一。当然，凡是我国承认时予以保留的条款，都不能成为我国公务员法规范的组成部分。

九、行政规范性文件中的公务员法制度

行政规范性文件是指国家行政机关为执行法律、法规和规章，对社会实施管理，依法定权限和法定程序发布的规范公民、法人和其他组织行为的具有普遍约束力的政令。行政法规、规章以外的规范性文件在我国行政管理中具有非常重要的地位。我国国家行政机关中有权发布行政法规、规章的只占少数，而有权发布

规范性文件的则为大多数，包括各级人民政府和政府的多数工作部门。在公务员法渊源中，更常见的、更大量的则是这些规范性文件中所涉及的有关公务员管理的专门规定。如国家环境保护总局发布的《国家环境保护总局公务员培训管理规定》（2001年）、国家广播电影电视总局发布的《国家广播电影电视总局关于广播影视行政部门公务员在广播影视节目中署名的暂行规定》（2000年）、广东省发展改革委员会发布的《广东省公务员录用、调任人选社会信用记录查询工作指引（试行）》（2020年）、银川市民政局发布的《银川市民政局公务员考核办法》（2020年）、中共宁夏回族自治区生态环境厅党组发布的《自治区生态环境厅公务员平时考核工作实施方案（试行）》（2020年）、平凉市人民政府办公室发布的《平凉市公务员医疗补助管理办法》（2019年）、无锡市供销合作总社发布的《无锡市供销合作总社公务员绩效考核办法》（2018年）等。

第三节　公务员法的非正式渊源

在我国，上节所述几种为公务员法渊源的成文形式，即正式渊源。除此以外，在很多国家，法的一般原则、判例，甚至包括行政活动的惯例也是公务员法的渊源。这些不成文的形式在公务员法的发展中起着重要的作用。由于行政活动的复杂性，以及公务员法相对较短的历史，不能完全排斥法的一般原则、判例、惯例的作用。在我国的实践中，公务员法的这些非成文的渊源我们称之为非正式渊源，它们一般包括党的文件、行政习惯、行政道德和行政伦理。它们的存在更有利于实现公务活动的有序性，因此，在我国公务员法的渊源中，非正式渊源尤其值得考虑和重视。

一、党的文件

党的文件是党的路线、方针、政策的集中体现，也是我们党对社会主义国家实现高效公正管理的重要手段。认真执行党的文件，是保证党的路线、方针、政策得到正确实施的基本保障，也是对各级国家机关及其工作人员的基本要求。虽然西方公务员制度强调所谓政治中立，要求公务员不得以公务员身份参加党派活动，在公务活动中不得带有党派的政治倾向等，但我国的公务员法制度始终坚持党的基本路线。《公务员法》第4条规定："公务员制度坚持中国共产党领导，坚持以马克思列宁主义、毛泽东思想、邓小平理论、'三个代表'重要思想、科学发展观、习近平新时代中国特色社会主义思想为指导，贯彻社会主义初级阶段的基本路线，贯彻新时代中国共产党的组织路线，坚持党管干部原则。"概言之，坚持党管干部是建立国家公务员制度的根本指导原则。国家公务员必须执行党的路线、方针、政策，其中的共产党员必须参加党的组织生活，执行党的决议，遵守党的纪律，发挥党员的模范带头作用。由此可以看出，党的文件也是公务员法的非正式渊源之一。随着党内法规制度的完善，国家法律与党内法规在公务员管理中的职权范围得以明晰，许多应当由党内法规加以规制的领域，相关党内法规立法逐步完善。我们看到，大量与公务员管理相关的党内法规得以制定，原先由法规、规章、行政规范性文件加以规制的规范被废止。

中国特色社会主义进入新时代，我国制定、修改了大量有关公务员管理的党内法规。仅中共中央组织部在 2020 年就发布了《公务员考核规定》《公务员奖励规定》《公务员转任规定》《公务员辞退规定》《公务员辞去公职规定》《公务员回避规定》《公务员职务、职级与级别管理办法》《参照〈中华人民共和国公务员法〉管理的单位审批办法》《公务员登记办法》《公务员范围规定》等党内法规，在 2019 年发布了《公务员录用规定》《公务员平时考核办法（试行）》《公务员培训规定》《公务员调任规定》等党内法规。其他党内机关也发布了一些事关公务员管理的党内法规，例如中共中央办公厅于 2019 年发布了《公务员职务与职级并行规定》等。此外，还有一些党内法规与行政机关联合发布的规范性文件，例如中共中央办公厅、国务院办公厅于 2017 年联合发布的《聘任制公务员管理规定（试行）》、于 2016 年联合发布的《专业技术类公务员管理规定（试行）》、于 2016 年联合发布的《行政执法类公务员管理规定（试行）》，中共中央组织部、人力资源社会保障部、国家公务员局于 2015 年联合发布的《公务员录用面试组织管理办法（试行）》，中共中央组织部和人力资源和社会保障部于 2013 年联合发布的《公务员公开遴选办法（试行）》、于 2008 年联合发布的《新录用公务员任职定级规定》、于 2008 年联合发布的《公务员申诉规定（试行）》，中共中央组织部和原人事部于 2008 年发布的《公务员职务任免与职务升降规定（试行）》、于 2006 年发布的《综合管理类公务员非领导职务设置管理办法》等。

我国的国家公务员制度是党的干部制度的一个组成部分，因而各项具体管理制度是按照党的干部路线、方针、政策来制定的。各级政府组成人员和其他重要干部由各级党委管理，他们的任免由党委组织部门考察，党委讨论决定，依法由各级人大及其常委会选举任命产生或由政府任命。各级政府的工作人员按照党的文件的要求严格履行职责，服务于人民，服务于社会。和西方公务员制度的不同，我国国家公务员不存在"政务官"与"事务官"的划分。在西方国家，"特别强调事务类公务员保持政治中立，即必须忠于政府，不得带有党派倾向和其他政治倾向，不得参与党派活动，同时其管理也不受政党干预。"〔1〕如《日本国家公务员法》第 102 条规定："公务员不得为政党和政治目的谋求或接受捐款及其他利益，或以任何方法参与这些行为，除行使选举权外，不得从事人事院规则禁忌的政治行为。公务员不得成为公选的公职候选人。公务员不得成为政党及其他政治团体的官员、政治顾问以及其他具有相同作用的成员。"〔2〕而我国不搞多党制和政治中立，要求所有国家公务员在政治上与党中央保持一致，因而我国公务员就没有政务官和事务官的截然分别。

政党对公务员法实施的领导是由我国的国家政治制度决定的。我国《宪法》序言规定："中国各族人民将继续在中国共产党领导下，在马克思列宁主义、毛泽东思想、邓小平理论、'三个代表'重要思想、科学发展观、习近平新时代中国特色社会主义思想指引下，坚持人民民主专政，坚持社会主义道路，坚持改革开放，不断完善社会主义的各项制度，发展社会主义市场经济，发展社会主义民主，健全社会主义法治，贯彻新发展理念，自力更生，艰苦奋斗，逐步实现工业、农业、国防和科学技术的现代化，推动物质文明、政治文明、精神文明、社会文明、生态文明协调发展，把我国建设成为富强民主文明和谐美丽的社会主义现代化强国，实现中华民族伟大复兴。"毫无疑问，我国公务员法不仅是要严格遵循党中央的干部人事方针政策而制定，同时更要在党的各级组织领导下去贯彻实施，按照党的战略部署去安排公务员法的实施部署和要求。当然，公务员法既然是按照党的干部人事方针政策指导下制定的，贯彻了党的干部人事方针政策的要求，各级党的组织就有责任推动它的实施；有责任号召和要求自己的党员在实施公务员法中起模范带头作用，同时也有责任对违背公务员法律和规章的行为进行监督和批评。公务员法的实施同其他法律一样，离开了党的领导，离开了各级党组织的保证作用是根本不行的。这个问题是我国公务员法与其他国家公务员法在实施中的根本区别。

二、行政习惯

"特定的行为虽然没有采取明示的高权表达方式，但参加人出于对法治要求或者保障的确信，长期、稳定和普遍实施，以至于其偏离即构成违反平等要求的习惯。"〔3〕遵循习惯是一种实施行为时对某种常规的认可与模仿。在很多情况

〔1〕 关保英主编：《公务员法学》，法律出版社 2007 年版，第 11 页。

〔2〕 孔昌生主编，中组部研究室（政策法规局）、人事部政策法规司编：《外国公务员法选编》，中国政法大学出版社 2003 年版，第 320 页。

〔3〕 ［德］汉斯·J. 沃尔夫、［德］奥托·巴霍夫、［德］罗尔夫·施托贝尔著，高家伟译，《行政法》（第一卷），商务印书馆 2002 年版，第 260 页。

下，影响他人与受他人影响之间的关系，正是在这种模仿结构中进行的。与任意法相比习惯法更有可能接近理性。其原因是"利益驱动会产生合理考虑的愿望，保障习惯与习惯法不再被推翻，于是，就明确地将它置于实施机制的保障之下，这样，习惯就演变为制定法了。"〔1〕在行政法领域，习惯与惯例演变为制定法，存在这两种情况：对顺应社会需要、符合统治阶级意志、符合立法者偏好的习惯与惯例，通过成文法或判例给予肯定，成为授权性规范，作为行政主体与相对人的法定权利（力）；相反的则以禁止性法律规范予以否定。

中国有着遵循习惯法渊的传统，例如，清朝在少数民族地区制定了不同于内地的法律，这些法则承认一般民刑案件由各民族自己依据其所处的不同社会进程，不同的"法文化圈"适用本民族、本地区的习惯法进行审理。再例如，由于历史地理交通等原因，西南各民族处于相对封闭的状态，各民族有自己的语言生活习惯宗教道德观念典章制度等，各民族文化差异较大，新中国成立前期，当地还不同程度地保留着人类历史活动的各种社会形态和文化现象。

实际上，习惯的法渊作用主要表现在有关少数民族的婚姻、继承等方面以及某些涉外遵从国际惯例等方面。譬如，《宪法》第 4 条第 4 款规定，各民族"都有保持或者改革自己的风俗习惯的自由"。《中华人民共和国民法典》（以下简称《民法典》）第 1015 条第 2 款规定："少数民族自然人的姓氏可以遵从本民族的文化传统和风俗习惯。"这些皆可视为我国确认习惯为法的渊源的规范依据。我国的行政法并未直接否认习惯的法渊性。譬如，将国际惯例作为行政法的特殊渊源之一。在司法适用中，亦以体现地方习惯的自治条例与单行条例作为裁判依据。但是，行政法在少数民族的具体实施适用过程中所存在着的制定法与习惯法之间的冲突，应当引起行政法学、民族法学以及立法学的关注。

虽然习惯法在各国的行政法源中都程度不等地拥有一席之地，不过，正如阿伦（C. K. ALLEN）所言："随着法律规则的制定变得越来越明确，而且立法和执法建立了日趋精平地机构，习惯的有效范围也随之缩小了"。〔2〕习惯在很大程度上已被纳入立法性法律和司法性裁判之中，因此，习惯与惯例在当今社会之行政法源功用已日渐式微。然而，这并不否认习惯与惯例仍常常以间接的方式渗入不同的法律领域，影响着公众的行为，并在规则创制行政执法与司法审查中，展示出不可小视的隐形或显性的影响。

---

〔1〕 ［德］马克斯·韦伯著，［英］埃德华·希尔斯、［英］马克斯·莱因斯坦英、张乃根译：《论经济与社会中的法律》，中国大百科全书出版社 1998 年版，第 23 页。

〔2〕 宋功德：《行政法哲学》，法律出版社 2000 年版，第 171 页。

三、行政道德

道德准则是国家行政机关及其公务人员在履行公务活动中必须把握和遵循的规则，同时也是指国家公务员在其特定职业实践中形成和表现出来的道德传统、道德心理意识和道德品质等。它是在国家公务员的行政实践活动中形成的，是行政这一特定职业的职业义务和职业责任的价值表达。它不仅与一般社会道德和其他行业的职业道德相联系，而且有其不同于一般社会道德和其他职业道德的内容要求和特点。我们可以对国家公务员道德作出这样一个界定：公务员道德是表达公务员职业责任、体现公务员职业特征、调控公务员职业行为，具有善恶意义的原则规范、心理意识和行为活动的有机统一。[1]

国家公务员道德的基本原则或准则是为解决公务员道德的核心问题而确立的。那么，什么是公务员道德的核心或根本问题呢？我们可以说：公务员运用职权为谁服务，是为自己和小集团的利益服务，还是为人民利益服务的问题就是其核心问题。从伦理学角度看，这一"为谁服务"的问题实际上就是道德的中心问题（即个人与人、个人与社会的利益问题）在公务员职业活动中的集中体现。

毛泽东同志提出的"全心全意为人民服务"的原则是我们社会主义国家公务员道德的基本准则，是用以指导公务员选择其职业行为方向的基本原则。在此我们必须明确，"为人民服务"作为公务员道德的基本原则，并不是在不同性质的国家普遍适用的道德原则，而是社会主义国家公务员道德的基本原则。这是由社会主义国家的基本性质所决定的。

（1）行政组织和行政职业的人民性。我国《宪法》规定：中华人民共和国是工人阶级领导的、以工农联盟为基础的人民民主专政的社会主义国家。这实际上就决定了我国行政组织的基本性质：它作为国家意志的执行机关不再是凌驾于社会之上的压迫机关，而是对社会、对人民负责并执行和体现人民的集中意志的权利执行机关，即我们通常所说的"人民政府"。我国行政组织的这一基本性质实际上也就决定了我国公务员所从事的行政职业的人民性，即代表人民行使国家权力、履行国家义务、进行社会公共事务管理，并为人民的公共利益服务。

（2）行政权力的人民性。我国各级政府所拥有的行政权力以及公务员手中所掌握的行政职权，从根本上说都来自人民，因为我国《宪法》明确规定："中华人民共和国的一切权力属于人民。"这具体体现在以下两个权力产生的环节上：一是在我国，全国人民代表大会和地方各级人民代表大会是人民行使国家权力的机关，各级人民政府是国家权力的执行机关，它由人民代表大会产生并被赋予一

---

[1] 参见张松业、杨桂安等编著：《国家公务员道德概论》，国家行政学院出版社 1999 年版，第 62 页。

定的行政职权；二是我国公务员的权力也来自人民的授予和认可。人民群众通过人民代表大会把国家行政权力交付给政府机关，政府机关又根据体现人民意志的行政法规将各种行政职权授予和分配给各级公务员。这不仅说明公务员的权力来自人民，而且也说明公务员的权力实际上是一种委托权力，体现的是一种权力委托关系。

（3）公务员和人民的关系。这是由我国的国家性质以及行政组织、行政职业和行政权力的性质所决定：人民是国家的主人和国家权力的所有者，而国家公务员的职业身份则是接受人民委托的"人民公仆"。公务员和人民的关系本质上是"公仆"与"主人"的关系。因而"为人民服务"就理当成为指导国家公务员职业活动的基本道德准则。

四、行政伦理

（一）行政伦理的基本内涵

从主体性的角度分析，行政伦理包括两个层次的内涵。在国家公务员个体作为行政伦理主体的意义上，行政伦理是指国家公务人员的行政伦理意识、行政伦理活动以及行政伦理规范现象的总和；在政府行政机关群体作为行政伦理主体意义上，行政伦理是指政治体制、行政体制、行政领导集团以及行政机关或执行行政职能的其他部门，在从事诸如各种公共行政领导、决策、管理、协调、监督、控制、服务等事务中所应遵循的法律道德与伦理的总和。

从体系性的角度分析，行政伦理是包括行政理想、行政态度、行政义务、行政技能、行政纪律、行政良心、行政荣誉、行政作风八个主要范畴的行政伦理范畴体系。[1]从广义上看，所谓行政伦理范畴，就是反映和概括行政伦理现象及其特征关系方面等的本质的基本概念。从狭义上看，在行政伦理学中作为专门问题纳入行政伦理范畴体系加以系统研究的伦理范畴，只是上述广义伦理范畴中具有特殊含义的一部分。具体地说，它需要同时具备三个基本特征：其一，它们必须是反映社会中最本质、最普遍、最主要的行政伦理关系的基本概念；其二，它们的规定性必须体现社会对公共行政的基本伦理要求，显示人们认识和掌握行政伦理现象的一定发展阶段；其三，它们应该是作为一种信念存在于公务人员的内心，并能时时指导或制约公务人员的行政行为。因此，准确地讲，所谓行政伦理范畴，就是指那些概括和反映行政伦理主要本质体现特定社会整体的行政伦理要求，并成为公共行政主体特别是广大公务人员的普遍信念而对公共行政行为发挥重要影响的基本概念。

---

[1]　参见王伟：《行政伦理概述》，人民出版社 2001 年版，第 64 页。

现在，我们具体看看行政伦理的八大范畴：

第一，行政理想。行政理想作为特定的道德理想和伦理理想以及特定的政治理想和社会理想，是行政理想的灵魂，在行政实践中表现出理想的力量。其核心内涵，就是主张各级政府行政机关和其他公共行政主体以及全体公务人员都要努力做好公共行政工作，全心全意为人民服务。

第二，行政态度。从本质上讲，行政态度就是工作态度，是各级政府行政机关和其他公共行政主体以及全体公务人员对社会、对人民履行各项公共行政义务的基础。行政态度具有政治学经济学和伦理学的意义，它不仅揭示各种公共行政群体和全体公务人员在公共行政活动中的地位和参与公共行政工作的方式，同时也反映其主观态度。政府行政机关和公务人员在自己的行政态度中，应该把服务社会放在首位。为此，必须大力倡导以忠于职守、认真负责、公正公平为基本内容的行政态度。

第三，行政义务。行政义务就是行政责任，包括各级政府各类行政机关的群体责任与公务员的个体责任两大部分。行政义务作为行政责任，首先是"应该做的"，但是这种应该做的行政责任，只有被公务员认识之后才能自觉去履行。因此，作为行政伦理基本范畴的行政义务，不是一般的行政责任，而是自觉意识到的行政责任。

第四，行政技能。行政技能是履行行政义务的基本保证，也是行政理想和行政态度的具体体现。公共行政工作责任重大，对象特殊，面对各行各业的人、财、物，涉及社会生活各方面的方针、政策和战略，从根本上是使社会得以健康有序地运行所必须的领导、管理、协调、服务等精神性活动。基于这些职业特点，行政技能不但在公共行政实践中具有极其重要的伦理价值，而且必然成为行政伦理体系中不可缺少的基本范畴。

第五，行政纪律。行政纪律是公共行政工作顺利进行的制度保证。一般地说，行政纪律就是行政行为规范，它要求行政机关和公务人员遵守秩序、执行命令、依法行政，是调节党政机关和公务员与社会与人民群众以及公共行政领域中局部与全局关系的重要方式。具体地说，行政纪律是行政机关和公务人员在利益信念目标基本一致的基础上所形成的高度自觉的新型纪律。这种自觉的纪律是社会主义法规性与道德性的统一，成为行政伦理的重要方面。

第六，行政良心。行政良心是对行政义务的自觉意识。行政良心在公共行政生活中有着巨大作用，它贯穿于公共行政过程的各个阶段，左右着党政机关和公务人员行政行为的方方面面，成为公共行政工作的重要精神支柱。它不但成为公务人员行为规范的本质内容之一，而且是行政行为选择的基本动因之一。

　　第七，行政荣誉。行政荣誉是党政机关和公务人员在模范地履行了自己的行政义务与行政责任后所获得的社会的肯定性的评价以及自己内心中善的价值认同，它是党政机关和公务人员的行政义务和行政良心的价值尺度。行政伦理之所以重视行政荣誉，主要目的在于把社会和人民对于行政行为的外在评价通过行政荣誉转化为党政机关和公务人员的自我评价，从而使其更好地履行行政伦理的各种职责。

　　第八，行政作风。所谓行政作风，是指党政机关和公务人员在长期的政治生活中所表现出来的一贯态度。它是上述七个范畴相互作用所结出的硕果。好的行政作风作为一种习惯势力，具有积极的潜移默化的教育作用，它好比一个大熔炉，能把新的成员迅速地培养成为合格的公务人员，是老的公务人员继续保持优良行政品质。一个行政机关一旦形成优良的行政作风，就可以互相教育、互相监督、互相促进。

　　（二）行政伦理规范

　　在行政伦理建设过程中，建立与行政法规相配套的行政伦理规范具有重要的意义。行政伦理规范是国家公务员制度的重要组成部分，它在引导和制约公务员行政行为，形成高效、廉洁、公正的国家行政系统，从而卓有成效地管理国家各项行政事务的过程中发挥着不可或缺的作用。

　　行政伦理规范，从广义上说，是指国家公务员在任职期间必须遵循的从政指导思想和执行公务时必须遵循的基本准则，是国家维公务员规定的活动原则工作程序办事规则言行标准和行政纪律等。这些准则既是公务员进行职业行为选择的价值依据，也是对公务员职业行为进行善恶评价的标准，国家公务员无论官职大小地位高低，都要认真对待严格遵守。从狭义上说，行政伦理规范也既是行政道德规范，是指行政人员在执行公务活动中应当遵循的行为规范和道德要求。

　　行政伦理规范作为一种伦理行为规范，除了具有一般伦理行为规范的特点以外，还有其自身的独特性，这种独特性表现在它具有强烈的政治性、高度的强制性、广泛的示范性和较强的可操作性。

　　行政伦理规范作为对公务员行政行为的道德要求，是公务员个体行政活动所必须遵循的道德准则。从规范的存在形式来看，行政伦理规范有这样三类：一是国家权力机关制定的法律；二是政府制定的有关公务员行为标准和活动的政令、政策、条例、制度、规定、规则、守则等，这些都具有行政效力，具有行为规范的性质；三是长期存在于社会活动中并被大家公认的每一个公务员内心认可的纪律、习惯、规矩等。前两类规范是成文的，并且是以国家强制力为后盾，采取法律手段和行政手段强制执行的，违者要追究责任，受到处分处罚，甚至要依法惩办；第三类大多是不成文的，也有成文的，是在公务员制度和行政法规中规定的规范，但大多不是附有制裁措施的强制性规定，主要通过公众舆论，习惯约束，内心信念等形式保证实施。[1]

---

〔1〕　参见王伟：《行政伦理概述》，人民出版社 2001 年版，第 109 ~ 110 页。

第三章　公务员法律关系

第一节　公务员法律关系的概念

一、公务员法律关系的定义

公务员法律关系指受公务员法律法规调控的，因权力的行使而形成的公务员与立法机关、行政机关和监察机关之间的权利义务关系。不少学者用职务关系来代替公务员法律关系。[1]笔者认为，公务员法律关系概括了公务员与各类国家机关之间的关系，能全面体现行政法治的内涵。

准确理解公务员法律关系，必须掌握以下几点：①公务员法律关系是受公务员法调整的社会关系，它既包括将已有的公务员关系，也就是事实关系纳入公务员法调整的范围；也包括通过法律促成新的法律关系的形成，不受法律调整的社会关系只是事实关系。②权力是公务员法律关系的出发点和目的。公务员是执行行政法的基本主体，国家机关基于权力管理和监督公务员形成公务员法律关系，是为了更好地管理公务员，服务于行使行政权的目的，公务员法律关系是权力性关系。③公务员法律关系既包括因管理产生的法律关系和因监督产生的法律关系，也包括公务员为维护自身权益与国家机关形成的法律关系，如公务员不服行政机关的处分决定提起申诉而与国家机关形成的法律关系。

二、公务员法律关系的特点

公务员法律关系具有法律关系的一般特点，如以相应的法律规定为前提，以权利义务为内容，由国家强制力保证实现。公务员法律关系还具有自身的特点。一般来说，公务员法律关系主要具有以下特点：

第一，公务员法律关系的主体是恒定的。在公务员法律关系中，一方必为公务员，没有公务员就没有公务员法律关系的存在，另一方必为国家机关，国家机关包括立法机关、行政机关和监察机关。其他任何组织和个人不能作为行政法律

---

〔1〕　参见胡建淼：《行政法学》，法律出版社 2003 年版，第 118 页；徐银华等编著：《公务员法要论》，北京大学出版社 2003 年版，第 37 页。

关系的主体。

第二，公务员法律关系的内容是法定的。公务员法律关系的内容是由公务员法律规范预先设定的，当事人没有自由选择的余地。国家机关的权责是法律规定的，公务员的权利义务也是法律规定的。双方不能随便约定权利，国家机关也不能为公务员随意设定义务。

第三，国家机关的权责是一致的，公务员的权利义务是统一的。国家机关对公务员享有管理监督的权力和责任，是一种权力关系或者权力性关系。公务员法律关系的权力性具体表现为两个方面：一是行使权力而形成的公务员法律关系，二是基于权力而发生的公务员法律关系。权力性法律关系的特点是权力具有法定性和不可放弃性，权责一致。作为公务员既享有权利也承担义务，权利义务具有不可分割性，没有权利就没有义务，没有义务也不可能实现权利。

第四，公务员和行政机关之间的法律关系，是一种内部行政法律关系。公务员以行政机关的名义实施行政管理，和行政管理相对人形成外部行政法律关系，由行政机关承担公务员公务行为产生的法律后果。行政相对人对行政行为不服的，有权根据《中华人民共和国行政诉讼法》（以下简称《行政诉讼法》）以行政机关为被告向人民法院提起行政诉讼。行政机关对公务员的录用、考核、奖惩、升降和任免进行管理形成的法律关系，属于内部行政法律关系，这种法律关系是公务员法律关系最主要的内容。在我国，公务员对行政决定不服，只能向行政机关申诉，通过行政程序解决，而不能提起行政诉讼。有学者认为这种做法的理由是公务员和行政机关之间的关系属于特别权力关系。[1]

第五，在公务员法律关系中，既有实体法律关系，也有程序法律关系。如根据《公务员法》第15条，公务员有"获得履行职责应当具有的工作条件"，这是一项实体权利，在公务员和国家机关间是实体法律关系。《公务员法》第23条规定："录用担任一级主任科员以下及其他相当职级层次的公务员，采取公开考

---

[1] 在日本及我国台湾地区，传统学说往往将行政权力关系分为一般权力关系和特别权力关系。一般权力关系是指自然人服从国家或者公共团体的一般统治权而形成的一般统治关系，即行政法上的一般权力关系；特别权力关系，即非依据一般统治关系而产生的权力关系。它是根据特别的法律原因而发生的特别权利义务关系，它表现为一方有命令强制的权利而他方有服从义务的支配性法律关系。公务员的任职关系属于特别权力关系，其特色是司法审查不介入为维护内部纪律而采取的行政处分。特别权力关系是19世纪末德意志立宪君主国的理论产物，特别权力关系的理论后来受到特别的批判，认为应解体特别权力关系而将其作为一般权力关系看待，法治原则应同样适用于该原则。参见张载宇：《行政法要论》，台北汉林出版社1977年版，第76页；[日]室井力主编，吴微译：《日本现代行政法》，中国政法大学出版社1995年版，第39页；应松年主编：《行政法学新论》，中国方正出版社1999年版，第61~62页。

试、严格考察、平等竞争、择优录取的办法。"这是主管人事部门的程序性义务，对公务员来讲是程序性权利，因此存在一种程序法律关系。

第六，公务员法律关系包括主体、客体和内容三个要素。公务员法律关系的主体是指享有公务员法规定权利承担公务员法规定的义务的组织和人，包括行政机关、立法机关、监察机关和公务员。公务员法律关系的客体是指主体的权利义务指向的对象，主要指行为、物和精神财富。公务员法律关系的内容是主体享有的权利和承担的义务。

三、公务员法律关系的产生、变更和消灭

公务员法律关系是法律确认和保障的社会关系，具有相对的稳定性。然而由于社会生活本身是不断变化发展的，公务员法律关系不能不具有某种变动性，从而表现为公务员法律关系的产生、变更和消灭。

（一）公务员法律关系产生、变更和消灭的条件

公务员法律关系的产生、变更和消灭必须符合两方面的条件：一是法律规范条件，这是抽象的条件，是公务员法律关系产生、变更和消灭的前提和依据，如法律规定新录用公务员试用期满合格的，应当予以任职。二是法律事实的存在，这是具体的条件，公务员法规定了各种情况，只要有法律规定的一种情况发生，就会引起公务员法律关系的产生、变更和消灭。如公务员试用期满合格这一法律事实就在公务员和行政机关间产生了权利义务。行政机关有任用公务员的义务，不得以其他理由拒绝任用，公务员有正式任职的权利。法律规定为公务员法律关系的产生、变更和消灭提供了可能性，法律事实是公务员法律关系产生的必要条件。简单地说，法律规定的法律事实是公务员法律关系产生、变更和消灭的条件。

法律事实是公务员法规定的能够引起公务员法律关系产生、变更和消灭的各种事实的总称。和一般的事实不同，法律事实是法律规定的客观存在的情况，具有法律上的意义。公务员晋升是一种法律事实，这一种行为导致权利义务关系的变化，公务员清扫办公室的行为是一般的事实行为，在法律上没有意义。法律事实必然引起法律后果，法律事实的出现引起公务员法律关系的产生、变更和消灭，当事人享有权利，并受到相应义务的约束。

按照法律事实是否和当事人的意志有关，可以把公务员法律事实分为法律事件和法律行为。法律事件是指与当事人意志无关的，能引起公务员法律关系产生、变更和消灭的事实。公务员法最典型的事件就是公务员的死亡。法律行为是指与当事人意志有关的能引起公务员法律关系产生、变更和消灭的行为，包括作为和不作为。报考公务员是作为的法律行为，公务员保守国家秘密是不作为的法律行为。法律行为和法律事件的不同之处在于当事人的主观原因是引发法律事实

的原因。当事人无主观故意而是由于不可抗力发生的法律事实不应视为法律行为，但可以作为法律事件。法律行为必须符合与意志有关和有法律意义两个要素，与意志有关但无法律意义、与意志无关但有法律意义都不是法律行为。

（二）公务员法律关系的产生

公务员法律关系的产生是指公务员通过法定程序担任行政职务而与国家机关形成权利义务关系。公务员法律关系通过法律行为产生，通常包括选任、委任、考任和聘任四种方式产生。

（1）选任。它是指通过选民或人大代表选举产生而任职，任期和本级人大一样。根据《宪法》和《中华人民共和国全国人民代表大会组织法》（以下简称《组织法》），我国县级以上的地方政府正副职领导由选举产生。其中，县级以下政府正副职领导由选民直接选举产生，省级和市级领导由同级人大代表选举产生。

（2）委任。它是指通过立法机关或行政机关任命。立法机关任命国务院总理和各级政府工作部门正职领导。行政机关任命主要指行政机关有权任命政府工作部门的副职领导。

（3）考任。它是指国家人事部门根据统一标准，按照公开考试、择优录用的程序任用国家公务员的形式。首先测试考生的知识和能力，再对考试合格者进行政治思想、道德品质、工作能力等方面的考核。新录用的公务员试用期为一年，试用期满合格，正式任职。对于主任科员以下的非领导职务，我国采取考任的办法。

（4）聘任。它是指行政机关通过招聘而吸收工作人员。通过签订合同明确双方的权利义务，合同期满解聘，也可经双方协商续聘。主要适用于非政府组成人员。

（三）公务员法律关系的变更

公务员法律关系的变更是指在公务员任职期间，因特定法律事实的出现而发生权利义务的变化，其公务员身份并不改变。引起公务员法律关系变更的主要是升职、降职和转任，都属于法律行为。

升职是指公务员职务的升迁。职务的变化引起自身权力、责任、待遇等的变化。

降职是指公务员职务的下降。如担任主任科员以上职务的公务员不胜任现任职务或者考核不合格降职的，会引起权利义务的变化。

转任是指公务员因工作需要或者其他正当理由在国家行政机关内部的平级调动。公务员不再承担原来的工作，享有的权利和承担的义务会发生相应的变化。

（四）公务员法律关系的消灭

公务员法律关系的消灭是指公务员丧失公务员身份而导致公务员权利义务关系的消灭。公务员法律关系消灭的原因主要有：辞职、辞退、退休、罢免、开除、死亡、丧失国籍和受到刑事处罚或劳动教养等。

第二节　公务员法律关系的主体

公务员法律关系主体包括立法机关、行政机关、公务员和监察机关。公务员分别与立法机关、行政机关和监察机关形成权利义务关系。

一、行政机关

行政机关是指依法设立，代表国家行使行政管理权，组织和管理行政事务和社会事务的国家机关。在美国，联邦行政机关是总统领导的政府，在英国和日本，行政机关包括内阁为首的各级政府。在我国行政机关是国务院领导的各级人民政府。各国公务员的管理机关不同。

英国长期以来财政部掌握全国文官人事权，以便控制文官的编制和经费支出。1968 年，英国成立文官部，将原来的财政部并入，直接受首相的指挥监督。1981 年将文官部改组为管理和人事部，将原来主管的人事规划、待遇和退休金等职责，交还财政部管辖。管理和人事部主管各机关管理制度和措施的策划，人员的录用、培训、考核、退休等事务。管理和人事部下设文官委员会负责文官的录用，设文官学院负责管理培训事宜。英国 1917 年设劳资关系调整委员会（1919 年改称惠德利协议会），由官方代表与文官工会协商文官的工作条件、工作时间、晋升、待遇、奖惩、训练等事项。英国还设文官上诉委员会和行政法庭以及文官仲裁法院处理文官和政府发生的纠纷。此外，政府各部人事机构管理各部和所属单位的人事工作。[1]

根据 1978 年《文官制度改革法》，美国主要设人事管理局、功绩制保护委员会、联邦劳工关系局三个机关管理公务员事务。人事管理局不属于任何部，是行政部门内部的一个独立机构。局长和副局长由总统提名，经参议院同意后任命。人事管理局就文官管理事务的实施和监督有权制定法规，并积极实施人事管理。功绩制保护委员会是一个独立的控制机构，不受总统的控制，委员由总统提名，经参议院同意后任命。委员会具有听证和裁决权，可以受理文官对于纪律处分或

---

〔1〕　参见傅肃良编：《各国人事制度》，台北三民书局 1984 年版，第 17～20 页；王名扬：《英国行政法》，中国政法大学出版社 1987 年版，第 40～43 页。

其他不利的行政决定的申诉，以及违反文官法律和法规的争端。联邦劳工关系局是一个独立的机构，委员经总统提名参议院同意后任命，负责处理行政机关职员和机关之间的劳动关系。[1]

根据日本公务员法，日本的人事管理机关有人事院、事务总局、内阁总理大臣及人事局等。人事院隶属于内阁，但具有较大的独立性，除一般行政职权外，尚有制定人事院规则的准立法权以及审查裁定公务员不利益处分的准司法权。事务总局是人事院的执行机关，下设管理局、任用局、俸给局、公平局、职员局、公务员训练所、公平委员会、苦情审查委员会、灾害补偿审查委员会、职员团体登记委员会、地方事务所及办事处等机构。内阁总理大臣及人事局掌管中央公务员制度的调查、研究、计划，人事方针的调整，效率、退休以及俸给等事项。[2]

我国公务员的管理权属于国务院及地方政府人事部门。

二、立法机关

立法机关，在西方称为国会、议会，我国的立法机关是人民代表大会，不同的国家立法机关和公务员的法律关系不同。在实行总统制的美国，作为政府首脑的总统是选民选举产生的，国会和政府的关系表现为监察关系。在议会内阁制的英国、日本，内阁首脑是由议会中多数党领袖担任，对议会负责，受议会监督。我国是工人阶级领导的、以工农联盟为基础的人民民主专政的国家，一切权力属于人民。人民代表大会是我国立法机关。行政机关由人大产生，执行人大制定的法律，对人大负责、受人大监督。人大和公务员之间的关系比较密切。

我国政府领导由立法机关选举，符合民主集中制的组织原则。政府领导由选举产生，国家权力以人民的支持为基础，体现了民主；行政机关集中统一行使行政权力，实行首长负责制，体现了集中。但这也并不是说现行制度就十全十美，我国直接选举限制在县级以下，只有县级以下行政首长由选民直接选举产生，而市级和省级领导由人大代表间接选举产生。多层次间接选举模糊了代表和选民的关系，淡化了官员和民众的联系。完善选举制度，逐步扩大直接选举的范围，对行政首长的产生是非常有意义的。

三、公务员

行政机关对社会的管理是通过公务员的行为实现的，公务员是公务员法律关系中最重要的主体。公务员以行政机关的名义对外实施行政权，承担行政责任，

---

[1]　参见王名扬：《美国行政法》（上册），中国法制出版社1995年版，第208～210、217页。
[2]　傅肃良编：《各国人事制度》，台北三民书局1984年版，第275～282页。

形成了行政机关和行政相对人之间的外部法律关系。公务员具备权利能力和行为能力，所以能实施公务行为并成为监督法律关系的主体，选任和委任的公务员还对人大和任命机关享有权利承担义务。

（一）公务员的权利能力和行为能力

公务员的权利能力是指公务员依照公务员法律法规享有权利承担义务的资格。公务员的行为能力是指公务员能以自己的行为享受权利和承担义务的能力。可以简单地把前者理解为任职资格，把后者理解为任职能力。权利能力和行为能力是同时取得的，国家机关是在考查公务员的行为能力的基础上任用公务员的。公民任职的同时，其权利能力和行为能力也得到了确认。

（二）获得权利能力的基本条件

首先，就普遍性规定而言，各国法律对担任公务员的条件作了普遍性的规定，适用于所有公务员。大部分国家规定具有本国国籍的公民才能担任公务员。但有些国家也有变通。如《美国文官细则与具体规定》文官细则之二的各项具体规定第 3 条："除非暂缺有资格的公民，除非本人是美国公民或承认效忠美国，任何人不准被吸收参加竞争性考试，也不得给以任用。"意味着不具备任职资格时，可以任用非本国公民。大多数国家对担任公务员的品行和身体条件也有规定，如美国、日本和法国均不允许犯罪、违纪、身体和精神不合格者担任公务员。

其次，就具体规定而言，各国对不同职位也规定了具体的条件。例如，日本人事院规定参加公务员考试的资格条件为：Ⅰ种考试（高级职务）的人，年龄必须在 22～33 岁，本科毕业或具有同等学力，懂得法律；Ⅱ种考试（中级职务）的人，年龄必须在 22～39 岁，短期大学毕业程度，或同等学力，懂得法律；Ⅲ种考试（初级职务）的人，年龄必须在 18～23 岁，高级中学毕业程度。这是为了满足不同职位对公务员能力的要求。我国《公务员法》第 13 条规定了报考公务员的基本条件，即具有中华人民共和国国籍；年满 18 周岁；拥护中华人民共和国宪法，拥护中国共产党领导和社会主义制度；具有良好的政治素质和道德品行；具有正常履行职责的身体条件和心理素质；具有符合职位要求的文化程度和工作能力等。

（三）权利能力和行为能力的关系

不同职位的公务员可以具有不同的权利能力和行为能力，但任何公务员的权利能力和行为能力都是同时取得的，权利能力是行为能力的前提，没有权利能力就谈不上行为能力。如根据我国《公务员录用规定》，35 周岁以下的公民才能报考我国公务员，超过 35 岁的人不符合条件，没有权利能力，自然不具备行为能力。行为能力的变化导致权利能力的变化。公务员不能胜任一定行政职位引起降级、降职，公务员表现突出职务升迁，均会导致权利能力的变化。在新的职位，公务员有资格承担该职位的权利义务。权利能力可以和行为能力同时消失，如退休。也可能在公务员任职的过程中，权利能力一直存在，但是由于疾病或者失去人身自由而丧失行为能力。行为能力丧失后应尽快通过法定程序免去权利能力，以免影响行政工作。

四、监察机关

任何行政机关都有自己的目的和运作程序，行政机关和公务员在日常的活动中应当符合法律的要求。然而由于主客观因素的影响，行政活动有可能偏离正常的轨道。监察机关是指对国家行政机关及其人员执行法律、法规、政策和决定、命令的情况以及违法、犯罪、违纪行为进行监督的机关。监察机关保证了国家法律、法规、方针和政策的贯彻执行，维护了国家法治的统一；通过对违法、犯罪、违纪行为处理，维护了国家法律、行政纪律，促进了廉政建设，通过对行政机关及公务员的行政效能的检查，促进行政机关提高行政效率。

英国议会行使对行政机关和文官的监察，主要通过弹劾对大臣违法失职行为进行监督。19世纪中期以后，英国司法制度逐渐完备，1805年以后，议会便不再行使弹劾权。[1]但弹劾制度为许多国家采用。英国于1967年仿效瑞典，设置监察专员制度，初设议会行政监察专员，并通过《议会监察专员法》，随后又设地方行政监察专员，1973年又设卫生行政监察专员。[2]这三个监察机构，负责监督政府官员。

美国是属于总统制的国家，美国总统由选民直接选举产生，总统对选民负责不对国会负责。在这种情况下，国会对行政机关及其公务员的监督对保持国家权力的平衡有着非比寻常的意义。正如美国加利福尼亚州民主党议员杰里·沃勒斯所言："国会应担负起它作为政府一个协调部门的充分和恰当的职责"，他提出的决议开头部分要人们注意已经赋予行政机关的巨大权力，注意国会有责任使这些权力真正用于立法目的，既不被这些机关滥用，也不被擅用……国会应随时了解行政机关履行职务的情况。[3]美国国会一般通过设置常设委员会和临时委员会来行使监察权。常设委员会是专门的委员会，每一委员会的设置都和政府部门的活动有关。临时委员会是为处理临时发生的或专门性问题而设置的。除各种常设

---

〔1〕 参见刘宋斌等：《人事监察》，中国劳动出版社1988年版，第1140页。
〔2〕 参见刘明波编：《外国监察制度》，人民出版社1994年版，第60～64页。
〔3〕 ［美］查尔斯·比尔德著，朱曾汶译：《美国政府与政治》（上册），商务印书馆1987年版，第247页。

委员会和临时委员会外还有一些重要的辅助机构帮助国会行使控制权力。其中最重要的辅助机构有总审计署，国会预算处、技术评判局。[1]

日本国会设常设委员会负责审议有关监察案。对弹劾案，由两院组成的追诉委员和弹劾裁判所调查审理。日本的行政综合管理机构是行政管理厅，日本政府在行政管理厅下设监察局，由内阁总理大臣从有学识和富有经验的人士中选择任命监察委员。行政管理厅在全国范围内，设置派出机构——8个管区行政监察局和41个地方行政监察局，形成了全国规模的行政监察组织。[2]日本还设行政审议会，以吸引民间人士参加行政监察工作，行政审议会对监察部门的监察结果进行审议，提供咨询。

瑞典国会设监察专员公署，由国会选举4个专员组成，任期4年，连选得连任，受理一切控告国家机关及其工作人员的申诉案件，有进行调查、视察、批评建议以至提起公诉的权力。[3]

根据我国《中华人民共和国监察法》（以下简称《监察法》）第15条第1款，中国共产党机关、人民代表大会及其常务委员会机关、人民政府、监察委员会、人民法院、人民检察院、中国人民政治协商会议各级委员会机关、民主党派机关和工商业联合会机关的公务员，以及参照《公务员法》管理的人员都属于我国监察机关监察的对象。我国各级监察委员会是行使国家监察职能的专责机关，对所有行使公权力的公职人员进行监察，调查职务违法和职务犯罪，开展廉政建设和反腐败工作，维护宪法和法律的尊严。

第三节 公务员法律关系的内容

公务员法律关系的内容包括法律关系主体享有的权利或权力，以及需要承担的义务。法律权利，是指法律关系主体依法享有的某种权能或利益，它表现为权利享有者可以自己作出一定的行为，也可以要求他人作出或不作出一定的行为。法律义务是与法律权利相对称的概念，是指法律关系主体依法承担的某种必须履行的责任，它表现为必须作出或不作出一定的行为。[4]法律权力是相对于国家机关而言的，在享有权力的同时也需要履行相应的义务。公务员法律关系的内容具

---

[1] 参见王名扬：《美国行政法》（下册），中国法制出版社1995年版，第896页。

[2] 参见〔日〕行政教育研究会编：《行政监察》，文理书院1970年版，第26页。

[3] 参见刘宋斌等：《人事监察》，中国劳动出版社1988年版，第1094页。

[4] 参见沈宗灵主编：《法学基础理论》，北京大学出版社1987年版，第412、414页。

体包括公务员的权利和义务、行政机关的权力和义务、立法机关的权力和义务以及监察机关的权力和义务。

一、公务员的权利和义务

公务员的权利义务在公务员法中占有重要的地位，具有重要的作用，是公务员制度必不可少的组成部分。公务员的权利义务反映公务员和国家或者政府之间的法律关系。法律关系是统治阶级意志的体现，具体到公务员法，由于各国社会政治制度和历史条件的不同，各国对公务员和国家之间的关系有不同的规定。普通法国家如英国、美国，公务员和国家之间的关系被认为是一种劳资关系或雇佣关系。〔1〕从我国《公务员法》所规定的公务员的权利义务来看，我国公务员的权利义务是事先规定的，受公法调整。公务员和政府的关系不是劳资关系或者合同关系。但是公务员也不是完全被动的，如公民有报考或不报考公务员的权利，公务员有辞职权，都反映了一定程度的自主权。公务员和国家的关系的实质是以公务员同意为条件的单方行为〔2〕，这是对我国公务员与国家或政府的关系的客观概括。

公务员权利义务为公务员履行职务提供了身份保障、权力保障和物质保障，从而保证国家行政管理的正常进行。公务员的权利义务直接有效地规范着公务员的行为，也为行政机关、社会和公民管理和监督公务员提供了标准。可以说公务员权利义务是公务员法的最重要的组成部分之一。

二、行政机关的权力和义务

（一）权力

1. 提名和任命权。法律一般赋予政府首脑提名和任命部分政府官员的权力。这是因为各国政府实行首长负责制，行政效率是行政管理的最主要目标之一，由政府首脑任命官员更容易进行合作，提高行政效率。在我国，全国人民代表大会根据国务院总理的提名，决定国务院副总理、国务委员、各部部长、各委员会主任、审计长、秘书长的人选。国务院总理有权任命部委副职、直属机构的正副局长和办公室正副主任等。县级以上的地方各级人民代表大会常务委员会根据省

---

〔1〕 如美国1947年《关于修改文官细则规定联邦人事管理的第9830号行政命令》第1条规定："人事管理是一切计划、指导与监督联邦雇员工作的人员的一项基本任务。作为一个统一的雇主，政府采取的人事管理办法应具有连贯性的，同时为了适应联邦工作人员的各种各样的情况，它的人事管理办法也应该十分灵活的。"参见萧榕主编：《世界著名法典选编》（行政法卷），中国民主法制出版社1997年版，第31页。

〔2〕 关于公务员和国家关系的性质，理论上有三种学说：国家单方行为说、国家与公务员双方行为说和以公务员同意为条件的单方行为说。

长、自治区主席、市长、州长、县长、区长的提名，决定本级人民政府秘书长、厅长、局长、委员会主任、科长的任免。

2. 考试录用权。考试录用是指行政机关按照法定程序，采取公开考试、择优录用的办法，将不具有公务员身份的人员录用为公务员。我国只有对主任科员以下非领导职务的公务员才能采用考试录用的办法。在录用的过程中要贯彻公开、平等、竞争和择优的原则。国务院人事部门和省级人民政府享有考试录用权。

3. 考核权。考核是指国家行政机关有权根据有关法律法规，按照法定程序，对公务员的思想品德、工作能力、工作态度和工作成绩进行考察并作出客观公正的评价，以此作为对公务员进行奖惩、任用、培训、晋升、降级、辞退和增薪等的依据。考核的对象是全体公务员。公务员的考核包括平时考核和年度考核。

4. 培训权。国家行政机关根据政治、经济和社会发展的需要，按照职位的要求，对公务员进行有计划、有组织、有针对性的培养和训练，以提高政治思想水平、专业知识水平和管理水平，更新知识结构，促进公务员队伍的优化。培训是提高公务员素质的根本措施，也是行政管理科学化的有效途径。

5. 交流权。国家行政机关按照工作需要和公务员的愿望，通过调任、转任、转换和挂职锻炼等形式改变公务员的工作岗位。国家公务员可以在国家行政机关内部交流，也可以与其他机关以及企、事业单位的工作人员进行交流。调任适用于国家行政机关与其他机关、企事业单位之间的交流，转任和转换适用于行政机关内部公务员之间的交流，挂职锻炼既适用于行政机关和非行政机关之间的交流，又适用于行政机关内部的交流。

6. 任免权。任免是指行政机关根据法律规定，在其职权范围内，通过法定程序任命或免除公务员担任某一职务。任免权是行政机关的重要权能，公务员的录用、晋升、降职、调任、转任、轮换和退休等必须通过职务任免来实现。合理的任免，能不断调整各个职位上公务员的数量、知识结构和年龄结构，使人尽其才，调动公务员的积极性，提高行政效率。

7. 奖励权。国家行政机关根据公务员法律法规，对在工作中表现突出，有显著成绩和突出贡献的公务员给予物质奖励或精神奖励。行政奖励能调动国家公务员的积极性和创造性，鼓励和引导国家公务员忠于职守，廉洁从政。

8. 行政处分权。国家行政机关对有违反行政纪律但尚未构成犯罪的，或者虽然构成犯罪但是依法不追究刑事责任的公务员有权给予行政处分。行政处分分为：警告、记过、记大过、降级、撤职、开除。受撤职处分的，同时降低级别和职务工资。对国家公务员的处分，应当事实清楚、证据确凿、定性准确、处理恰当、手续完备。

9. 辞退权。国家行政机关对不适合继续任职的公务员，依照法律规定的条件和程序，在法定权限范围内解除双方的职务关系。辞退不是惩戒性的行政行为，不同于行政处分，是行政机关享有的一项重要人事权。

（二）义务

1. 行政机关应当为公务员提供职务保障。公务员是国家行政权力的执行者，行政机关应根据不同职位的要求，为公务员提供履行职务必要的权力，并且确保公务员行政权的实现。行政机关应提供必要的工作场所，交通工具和办公用品。为适应社会的发展，更好地履行职责，行政机关应当对公务员进行政治理论培训和业务知识培训。我国公务员政治理论的培训主要是指建设中国特色社会主义理论、法律法规和政策、市场经济知识、科学技术知识、公共行政管理知识和国家公务员行为规范等。业务知识的培训主要包括根据相关业务工作的需要而设置的专业知识和技术科目。

2. 行政机关应当为公务员提供经济保障。公务员为国家服务，付出了一定的劳动，就应该得到相应的劳动报酬。公务员的劳动报酬数额由国家规定，来源于国家的财政收入。国家根据国民经济的发展和生活费用价格指数的变动，有计划地提高公务员的工资标准，使国家公务员的实际工资水平不断提高。公务员的保险福利是指公务员本人或家庭成员在生、老、病、死等特殊情况时，以及在退休、医疗、伤残等方面享有的保险福利待遇。经济有了保障，公务员就没有后顾之忧，才能全心全意地投入工作，保证国家行政机关的正常运转及社会的稳定。

3. 行政机关应当为公务员提供身份保障。公务员是行政管理的主体，能否合法有效地执行公务，直接关系到国家和人民的利益。然而在公务员执行公务的过程中，必然触及一些个人或集团的利益，有可能受到来自行政机关内外的压力，为了保障公务员公正履行职责，不受外界的干扰，行政机关应为公务员提供身份保障。非因法定事由和非经法定程序，不得给予公务员免职、降职、辞退或者行政处分。这是公务员的权利，对行政机关来说，就是一项必须履行的义务。对于公务员免职、降职、辞退或者行政处分的条件和程序，法律作了明确的规定，排除了在这些问题上主观任意的行为。行政机关依法为公务员提供身份保障是公务员管理法治化的表现，一方面能促使公务员果断大胆地执行公务，另一方面也能保证公务员队伍的稳定性，保持行政管理的连续性。对于公务员主动提出辞职，或者达到法定年龄退休的，行政机关也应尊重公务员个人的意愿，按照法定程序给予办理。

4. 行政机关应尊重公务员的政治权利。各国公务员法规定公务员行使权利的限制，如不得散布有损政府声誉的言论，不得组织或者参加非法组织或者旨在反对政府的集会、游行、示威、罢工等活动。除此之外，公务员享有普通公民享有的选举权和被选举权，言论、出版、集会、结社、游行、示威、宗教信仰权、人身自由权、人格权、住宅权、通信权、劳动权、休息权、获得社会帮助权、受教育权等，行政机关应尊重公务员的政治权利。

5. 行政机关有义务择优录用公务员。录用是公务员管理中的重要环节，录用什么人直接关系到公务员队伍的质量，影响到行政管理的效率。择优录用，优胜劣汰，给人们提供了平等的机会，有助于鼓励人们勤奋学习，积极进取。

6. 行政机关考核和晋升公务员应坚持客观公正原则。考核是对公务员的思想品德、工作能力、工作态度和工作成绩进行考察并作出评价，晋升是公务员职务的升迁。坚持客观公正的原则就是实事求是地评价公务员的工作实绩，不带个人的主观倾向，根据公务员的德才情况和工作实绩晋升公务员，而不受个人感情的左右。坚持公正的原则，能调动公务员工作的积极性，激励公务员认真工作，勇于创新。

7. 行政机关应充分听取公务员的批评和建议。公务员在行政机关工作，有权对与自己工作、权益有关的问题提出批评和建议。也可以针对行政机关的工作程序、工作内容、领导人的工作方式和工作态度提出批评建议。可以采用书面的形式，也可采取口头形式。公务员提出批评和建议体现了公务员的责任感和主动性，针对性也较强。行政机关应提供机会让公务员表达自己对工作中存在的问题的看法，对于公务员提出批评和建议，行政机关要认真对待，定期答复，不可敷衍了事，更不能借机报复。

8. 受理并处理公务员的申诉和控告。在行政机关和公务员的管理和被管理关系中，双方地位不对等，公务员处于弱势，为了保护公务员的权益，法律赋予公务员申诉和控告的权利。我国公务员对涉及本人的行政决定不服的向原处理机关申请复核，或者向同级人民政府人事部门申诉，也可以向上级行政机关提出控告。行政机关应受理公务员的申诉和控告，并依照法定程序，在法定期限内处理，不可压制和打击报复。申诉和控告既是公务员的一项重要权利，又是公务员实现自身权利的保障。

三、立法机关的权力和义务

立法机关是国家制定法律的机关，各国政体不同，立法机关在国家中的地位也不一样。美国是实行三权分立的国家，立法、司法和行政机关不分高下，总统为首的行政系统享有较大的权力。英国实行议会至上，议会的权力比较大。在我国，立法机关是最高国家权力机关，和西方资本主义国家相比，立法机关对公务员享有更大的权力。立法机关对公务员享有如下权力和义务。

（一）立法机关的权力

1. 选举权。我国各级政府的正副职领导人是由选举产生的。首先由党组织推荐，由大会主席团根据党组织的建议提名，经过酝酿，确定正式候选人，最后进行投票，过半数通过。发挥立法机关在选举行政领导中的作用，应当完善提名制度。党委应全面考察干部，由提名人全面介绍候选人，这样才能使人大代表了解情况，使受群众爱戴的干部脱颖而出。为了严肃提名制度，有学者主张强化提名人的责任，要求提名人对被提名人负一定的连带责任。[1]

2. 任命权。全国人民代表大会根据中华人民共和国主席的提名，决定国务院总理的人选；根据国务院总理的提名，决定国务院副总理、国务委员、各部部长、各委员会主任、审计长、秘书长的人选。人大常委会有权根据省长、自治区主席、市长、州长、县长、区长的提名，决定本级人民政府秘书长、厅长、局长、委员会主任、科长的任免，报上一级人民政府备案。县级以上的地方各级人民代表大会常务委员会在本级人民代表大会闭会期间，决定副省长、自治区副主席、副市长、副州长、副县长、副区长的个别任免。中国共产党是执政党，这一点体现在任命国务院总理的过程中。由党经过同各民主党派协商并咨询有关人士的意见，决定人选，再由提名人提出。根据党的决定提名国务院组成乃是我国政治生活中历来遵循的宪法惯例。[2]国务院实行总理负责制，所以国务院的其他组成人员由总理挑选，配合总理工作。

3. 罢免权。罢免是指立法机关免去违法失职或不能很好地履行职务的行政机关组成人员的职务。罢免的程序如下：

（1）提出罢免案。全国人民代表大会 3 个以上的代表团或者 1/10 以上的代表，可以提出对国务院的组成人员；对县级以上的地方各级人民代表大会举行会议的时候，主席团、常务委员会或者 1/10 以上代表联名，可以提出对人民政府组成人员罢免案，乡、民族乡、镇的人民代表大会举行会议的时候，主席团或者 1/5 以上代表联名，可以提出对乡长、副乡长，镇长、副镇长的罢免案，罢免案应当写明罢免理由。

（2）由主席团提请大会审议。由主席团提请大会审议。被提出罢免的人员有权在主席团会议或者大会全体会议上提出申辩意见，或者书面提出申辩意见。

---

[1] 参见蔡定剑：《中国人大制度》，社会科学文献出版社 1992 年版，第 311 页。
[2] 参见许崇德主编：《宪法学（中国部分）》，高等教育出版社 2000 年版，第 446 页。

在主席团会议上提出的申辩意见或者书面提出的申辩意见，由主席团印发会议。

（3）表决。由主席团交会议审议后，提请全体会议表决；或者由主席团提议，经全体会议决定，组织调查委员会，由本级人民代表大会下次会议根据调查委员会的报告审议决定。

4. 免职权。免职是对任命职务的去职。任命职务是根据有权提请人的提请任命，免职也只能根据有权提请人的要求而免职。根据本级政府领导人的提名，可免除本级政府部门领导人的职务。

5. 撤职权。撤职是指地方各级人民代表大会撤销违法失职或有严重错误的国家机关组成人员。地方各级人大常委会在人大闭会期间，有权撤销本级政府个别副职领导人的职务；有权撤销由它任命的本级政府其他组成人员职务。

6. 接受辞职。人大有权接受由它选举和任命的行政机关领导人主动辞去职务的请求。国务院组成人员，县级以上的各级人民政府领导人员，可以向本级人民代表大会提出辞职，由大会决定是否接受辞职；大会闭会期间，可以向本级人民代表大会常务委员会提出辞职，由常务委员会决定是否接受辞职。常务委员会决定接受辞职后，报本级人民代表大会备案。乡、民族乡、镇的乡长、副乡长、镇长、副镇长，可以向本级人民代表大会提出辞职，由大会决定是否接受辞职。

（二）立法机关的义务

主要包括如下两项义务：①与党委协商确定候选人。共产党是我国的执政党，党向国家机关推荐领导干部，体现了党对国家事务的领导。人大应重视党委的推荐意见，当代表对党委推荐的人有不同意见时，人大应通过党组和党委沟通。②依法行使监督权。人大的监督权包括人大对它选举和任命的行政领导的罢免权和撤职权。人大应严格按照法律的规定行使罢免权，根据各级人大的权力，按照法定程序进行罢免。在罢免的过程中，要组织代表认真听取申辩，必要时组织调查委员会。

四、监察机关的权力和义务

根据《监察法》第11条，我国监察委员会履行监督、调查、处置职责，具体而言：对公职人员开展廉政教育，对其依法履职、秉公用权、廉洁从政从业以及道德操守情况进行监督检查；对涉嫌贪污贿赂、滥用职权、玩忽职守、权力寻租、利益输送、徇私舞弊以及浪费国家资财等职务违法和职务犯罪进行调查；对违法的公职人员依法作出政务处分决定；对履行职责不力、失职失责的领导人员进行问责；对涉嫌职务犯罪的，将调查结果移送人民检察院依法审查、提起公诉；向监察对象所在单位提出监察建议。监察机关的职责既体现了监察机关的权力也体现了监察机关的义务，例如，"当监察机关发现监察对象所在单位或者组织存在廉政风险问题之时，其既有权力又有义务向监察对象所在单位或者组织提出有针对性的监察建议，继而推动整改问题，完善制度，以治标促进治本，发挥标本兼治的综合效应。"[1]

第四节　公务员法律关系的客体

公务员法律关系的客体是指公务员法律关系主体权利（权力）义务所指向的对象。公务员法律关系的客体包括物、行为和精神财富。

一、物

物是指具有使用价值和价值的物质资料。根据公务员法，作为物的客体包括以下几项：

（一）工资

国家公务员的工资制度贯彻按劳分配的原则，实行职级工资制。国家公务员的工资主要由职务工资、级别工资、基础工资和工龄工资构成。

（二）津贴

公务员的津贴分为两大类，地区津贴和岗位津贴。地区津贴主要是根据不同地区自然、地理环境的差异和不同地区经济发展水平确定。岗位津贴是根据公务员的岗位性质及工作条件确定。

（三）保险费

公务员的保险费是指公务员出现生、老、病、死、伤残等保险事项时所应享受的待遇。主要包括生育保险费、养老保险费、疾病保险费、伤残保险费、死亡保险费和待业保险费。生育保险费是国家对女性公务员在怀孕和分娩时所给予的照顾和物质帮助；养老保险费指公务员退休后享受的养老保险金和其他各项待遇；疾病保险费是指公务员在患有疾病时所应享有的保险待遇，主要表现为公费医疗；伤残保险费指公务员受伤或残废时所应享受的保险待遇；死亡保险费是公务员因职死亡后国家为其办理丧事以及为其生前所供养的亲属提供物质帮助；待业保险费是指公务员被辞退或因其他情况失业所享受的保险。《公务员法》第90条第2款规定："被辞退的公务员，可以领取辞退费或者根据国家有关规定享受失业保险。"

（四）福利

福利是国家行政机关为提高公务员的生活水平，满足公务员的物质文化生活

---

[1]　张云霄："《监察法》实施中的若干问题与完善建议"，载《法学杂志》2020年第1期。

的需要而提供的待遇。包括福利费、探亲费、冬季取暖费、交通费等。福利费是指国家为解决公务员的生活困难问题给予的补助；探亲费是解决公务员与分居两地的配偶和父母团聚而提供的费用；冬季取暖费是国家为寒冷地区的公务员住房取暖所提供的补助；交通费是国家为减轻公务员负担而补贴的上下班交通费用。

（五）奖金

奖金是指国家依法给予公务员的物质奖励，奖金属于公务员工资范畴。《公务员法》第 53 条规定："奖励分为：嘉奖、记三等功、记二等功、记一等功、授予称号。对受奖励的公务员或者公务员集体予以表彰，并对受奖励的个人给予一次性奖金或者其他待遇。"第 80 条第 4 款规定："公务员在定期考核中被确定为优秀、称职的，按照国家规定享受年终奖金。"

（六）赔偿费

公务员有权对行政机关人事处理提出申诉和控告。行政机关对公务员的处理决定有错误的，应当及时予以纠正，造成经济损失的，应当负赔偿责任。

二、行为

作为公务员法律关系客体的行为，是指公务员法律关系主体立法机关、行政机关、公务员和监察机关依法作出或不作出某种行为。如行政机关发布招考公告，进行资格审查和公开考试是作为，公务员保守国家秘密和工作秘密的行为是不作为。根据行为的性质，可以大体分为委托行为、管理行为、职务行为和监督行为。

（一）委托行为

我国各级政府组成人员由同级人大及其常委会任命。政府其他公务员由政府任命。法律赋予行政机关一定的职权，行政机关作为一个抽象的法人是无法具体行使行政权进行行政管理的，行政机关必须将其行政职权进行再次分配，将其分配到每一个职位。立法机关和行政机关的任命行为是一种法律行为，也是委托行为。公务员经任命后占据具体的行政职位，享有相应的权力，履行一定的职责。公务员接受委托后依法行使行政职权，但这些行为都不是以公务员个人的名义作出，而必须按行政机关的意志，以其所属行政机关的名义作出，并且公务员所做的行政管理行为，也由行政机关承担责任，即其行为所产生的法律效力及责任后果都归属于公务员所属的行政机关。如行政相对人对公务员执行公务的行为有异议，而提起行政复议或诉讼，行政机关是被申请人或者被告，对当事人进行行政赔偿时，也由国家机关先行支付赔偿费。

（二）管理行为

管理行为是指行政机关为了更好地实现行政目标，提高行政效率，依法对公务员进行管理的行为。行政职能的实现离不开管理行为，行政行为贯穿了从公民进入公务员队伍到离开公务员队伍的每一个环节。管理行为包括以下方面：行政机关通过组织公开考试，择优录用公务员，为行政机关选拔合格的人才；对在职公务员，通过实行职位分类或其他分类办法，明确其职责和地位；进行制度化的考核，了解公务员的业务表现；对符合条件的公务员实行晋升，对有突出表现的给予奖励，对不合格者降职，对违反法律和行政纪律的公务员给予行政处分；根据需要调动公务员到别的岗位；合理确定其工资标准；依法保障公务员的合法权利；对公务员进行培训，提高公务员的素质和业务水平；对达到退休年龄的公务员，按规定办理退休；对要求辞职者加以审查，对符合条件的批准辞职；对不适宜继续担任公务员职务的依法辞退等。

管理行为是公务员法律关系的最主要的客体。《公务员法》和相关配套规定中的大部分条款都是规定管理行为的，具体包括了实施管理行为的主体、条件、形式和程序等内容。行政机关通过实施管理行为，能保证行政机关工作的有序化和高效率。有必要进一步完善公务员法，确定管理行为的范围并为管理行为提供更明确的法律依据。对公务员的管理要依法进行，这是依法行政的要求。

（三）职务行为

《公务员法》第 10 条规定："公务员依法履行职责的行为，受法律保护。"职务行为是公务员代行政机关行使行政权承担相应职责的行为。从宏观方面来讲，行政机关享有制定行政规范，发布行政许可，作出行政处罚、行政强制措施、行政委托、行政复议决定，实施行政奖励、行政指导，签订行政合同，进行行政征收、征用等权力，并承担行政补偿、行政赔偿等职责。但是每一项权力、义务的实现又要借助许多的具体行为，如实施行政处罚一般需要立案、调查、制作笔录、决定处理、制作处罚决定书、说明理由并告知权利，当事人陈述和申辩，处罚决定书的送达，符合法定条件的还要举行听证程序。这些工作都是由公务员来完成的。可以说没有公务员的职务行为，行政机关就无法运行。公务员以行政机关的名义实施行政行为，并由行政机关承担相应的法律后果。

公民具有公务员的身份，并不丧失其公民资格，在这种情况下，有双重身份的情况就出现了。当他行使行政权，以行政机关的名义实施行为时，他的行为是公务行为，如果不行使行政权，而是以自己的名义实施行为时，则是个人行为。一般情况下是否是公务行为是容易区别的，但现实中也存在较难区分的情况。例如，一名交警在下班后发现有人违规驾驶，处以罚款，司机不服提出申诉和行政诉讼。处罚行为是否为职务行为？一般来讲，判别个人行为的标准有四条：①行为的实施者必须是公务员；②行为实施者在执行职务时表明了身份，说明了代表哪一个机关实施行为，表明身份的方法可以是着装、证件和执勤标志；③该行为在职权范围内；④行为实施者必须出于执行公务的目的和动机。处罚行为符合这四条，所以应认定为职务行为。[1]

行政机关只能对职务行为进行监督管理和承担责任，相对人只能就职务行为申请行政复议、提起行政诉讼和请求行政赔偿。区分职务行为有很重要的实践意义。

（四）监督行为

监督行为包括立法机关的监督行为、行政机关的监督行为和监察机关的监督行为。立法机关的监督主要是指罢免和撤职。我国的政府组成人员是由立法机关选举和任命的，宪法和组织法规定立法机关有权罢免和撤销政府组成人员的职务。罢免和撤职影响到当事人的重大权利，罢免和撤职应依法进行，应进一步完善相关的法律法规，对罢免的条件、程序、后果和救济作明确的规定。

行政监督主要包括国务院对所属各部委和各级政府的公务员实行监督；地方各级人民政府的上级机关对下级机关的公务员实行监督；政府各部门在业务往来的过程中互相监督；下级政府通过批评、建议甚至申诉、控告对上级部门公务员进行监督。

监察机关的监督行为包括：监督检查、调查、问责、移送检察院审查或提起公诉、提出监察建议、调取、查封、扣押等。[2]

公民、法人或者其他组织可以通过申诉、控告对公务员进行监督，也可以通过新闻媒体发表对公务员的看法、意见，但是不能实施对公务员具有直接法律效力的行为。

作为公务员法律关系客体的行为大部分包括在上述四种行为之中。除此之外，公民报考、辞职、休假、提起申诉的行为、监督机关违法侵害他人的赔偿行为、行政机关对处理错误的公务员恢复名誉、消除影响、赔礼道歉和赔偿等行为都是公务员法律关系的客体。

三、精神财富

精神财富是指和人身相联系的非物质财富。国家行政机关对在工作中表现突出，有显著成绩和贡献的以及有其他突出事迹的公务员应当给予精神奖励。《公务员法》规定的精神奖励包括：嘉奖、记三等功、记二等功、记一等功、授予称号，精神奖励属于精神财富。

---

[1]　参见胡锦光主编：《以案说法（行政法篇）》，中国人民大学出版社 1998 年版，第 39 页。
[2]　参见《监察法》第 11、25 条。

公务员法规定的精神奖励有如下两个特点：一是这种利益是公务员基于独立的人格和身份所享有的；二是这种利益具有非财产性，是一种不能以货币价值直接衡量的利益。精神奖励具有属于和人身不可分割的权益，属于人身权。人的身体不能作为法律关系的客体，精神财富是与人身有关的利益，是公务员法律关系的客体。

第四章 公务员法原则

第一节 公务员法原则的概念

一、公务员法原则的定义

公务员法的原则是指在制定和实施公务员法的过程中必须遵守的基本准则。公务员法不是凭空产生的，它必然符合一国的政治发展水平，并受到当时经济条件和文化传统的制约。公务员法的基本原则集中反映上述情况，规定或者体现在公务员法中，并指导公务员法的实施。

公务员法的原则不同于公务员法律规范。法律规范是公务员法的最小组成单位，它的制定和实施必须与公务员法的原则相一致，法律规范的内容必须体现法律原则的基本精神，原则与规范是统率与被统率的关系。公务员法律原则又离不开法律规范，没有法律规范，法律原则就无法被反映出来，但是，法的原则并不总是被法律规范直接表达出来，常常隐藏在法律规范的背后。如我国公务员法并没有直接规定职业保障原则，但是，很多法律规范都体现了职业保障原则，如：非因法定事由和非经法定程序不被免职、降职、辞退或者行政处分；国家公务员的工资制度贯彻按劳分配的原则；公务员实行定期增资制度；公务员有权提出申诉和控告等，都是职业保障原则的体现。研究公务员法律原则有助于理解法律条文和适用法律，在没有法律条文具体规定的情况下，还可以直接适用法律原则。

二、公务员法原则的特点

（一）客观性

公务员法原则是客观存在，不以人的意志为转移的。公务员法是具有普遍约束力的强制性规范，规定行政机关和公务员应当做什么、可以做什么，禁止做什么，保护什么，惩罚什么，因此法律规范是明确的，但是，公务员管理的情况错综复杂，加之社会日益处于变革中，我国各地的发展又很不平衡，要使公务员法行得通，保持法律的统一性和稳定性，离不开公务员法的原则。此外公务员法不管规定得多么详细，也不可能面面俱到，在没有法律规定的情况下，可以直接适用公务员法原则，公务员法原则对于制定和实施公务员法是非常必要的。

（二）特殊性

法律调整的社会关系不同，形成了部门法，不同的部门法有不同的法律原则。公务员法调整的是公务员管理关系，调整对象的特殊性决定了它的原则的特殊性。公务员法原则不仅不同于民法的平等、等价有偿等原则和刑法的罪刑法定原则，也不同于行政法具体部门法的原则。作为行政法的一个部门法，公务员法必须遵循行政合法、公开、公正等行政法原则，同时，也表现出特殊性，如它的择优录用原则明显和行政处罚的一事不再罚原则不同。

（三）抽象性

公务员法原则是人们在公务员管理实践的基础上归纳、总结出来的，是人们抽象思维的结果，对它的表述也是非常概括的。一些原则并不由法明确规定，而是寓于规范之中。原则相对于规范而言，更为抽象、概括，它既没有规定一般的条件，也没有规定一般的权利义务，同时也不涉及某一确定的法律后果，只是提供了某一方面的普遍性标准。例如，功绩制是各国公务员法的普遍原则，与之相对应的就是在考核、升降、奖惩时，要根据公务员的日常表现和工作实绩决定。正是在这个意义上，也可以说法律原则是法的精神、法的灵魂和法的活动的出发点。

（四）补充性

公务员法调整的社会关系本身比较复杂，再说社会不断发展，新的社会关系不断涌现，和所有法律一样，公务员法具有滞后性，公务员法难以囊括各种关系。客观的社会生活要求公务员法对法律没有明文规定的社会关系进行调整，用什么来调整公务员的行为呢？公务员法的基本原则能提供管理和规范公务员行为的准则，能在很大程度上弥补法律的不足。

三、公务员法原则的效力

公务员法的原则是指导公务员法的制定和实施的一系列准则，当然具有法律效力。公务员法原则的效力表现在：①公务员法基本原则是解释、理解公务员法的准绳，任何法律适用都离不开对法律的解释、理解，这种解释和理解是否准确、合法，都要用基本原则来衡量。②基本原则是行政机关从事公务员管理活动的基本准则，从事公务员管理活动不能违背公务员法原则，违背公务员法原则也就是违反公务员法的行为，公务员法原则也是公务员应遵循的行为准则。③对公务员提出的申诉、控告案件，行政机关和检察机关可以根据公务员法原则来解决。

第二节 公务员法的立法原则

立法原则是指一国在立法活动中起指导作用的思想和具有基础或本源意义的稳定的法律原理和准则；它集中体现了一国立法的基本性质、内容和价值取向；它是人们从长期的立法实践中概括出来的，是一国法律原则的重要组成部分。[1]公务员法的立法原则就是制定公务员法遵循的原则，它指导各个层次公务员法律规范的制定，包括法律、法规和规章等。《公务员法》和配套的规章都是依照公务员法的立法原则制定的。

一、择优录用原则

择优录用原则是公务员制度最重要的原则，也是现代公务员制度得以确立的根本标志之一。

（一）考试录用原则的确立

公务员制度最早形成于英国，现代的考试录用原则也形成于英国。英国资产阶级胜利以后，政府官员的任用实行的是恩赐官职制。任用官员依据的是出身、地位和感情的亲疏，政府官职成了徇私的工具。18 世界初，英国出现两党制政治，并逐渐形成责任内阁，内阁由选举中获得多数席位的政党组织。每次国会大选后，多数党执政，把官职作为战利品进行"分赃"，政党分赃制取代了恩赐官职制。[2]社会化大生产使得政府管理的事务增加，政府不但管理治安、财政、国防、税收等传统事务，而且逐渐管理经济、文化等社会事务。内阁的更迭常引起政府工作人员的大规模换班，破坏了政府工作的连续性。政局动荡，贪污腐化，效率低下，影响了社会的安定，阻碍了经济的发展，引起了公众的不满，促进了现代文官制度的建立。

英国公务员择优录用原则的确立经过了两个阶段：①政务官和事务官的区分。早在 1694 年为改革吏治，英国政府就颁布法律限制印花税局的业务人员任国会议员，1699 年将这种限制应用于其他机关的文官，1700 年英国通过《吏治澄清法》对此作了明确规定，英国文官开始有政务官与业务官的区分。②考任制的建立。1813 年，英国政府成立了培养行政官员的行政学校，入学者必须通过竞争考试。1833 年国会通过法案，规定政府各部每有一官员出缺，必须在四名候补者中经过公开竞争考试择优录用。这是英国第一次从法律上确认公开考试，

---

〔1〕 朱力宇、张曙光主编：《立法学》，中国人民大学出版社 2001 年版，第 61 页。
〔2〕 参见金伟峰：《国家公务员法比较研究》，杭州大学出版社 1994 年版，第 2 页。

择优录用。1853 年议员麦考莱提出了改革人事考选制度的议案，即《麦考莱提案》，重申公开竞考的原则，同时，提出了通才教育的原则。1854 年《诺斯科特—屈维廉报告》（即《关于建立英国常任文官制度的报告》）发表，建议设立考试委员会负责统一选拔官员，采取公开考试择优录用的方法招收文官。1855 年英国政府成立了三人文官事务委员会，独立主持公开竞考。1870 年英国枢密院法令明确规定了公开竞考择优录用文官的原则，这一法令标志着英国现代文官制度的建立。[1]

美国是实行总统制的国家，总统经国会的建议或授权组织政府。1840 年议会提出创建公务员分级考试制度，并在 1853 年和 1855 年模仿英国文官制度，规定了公务员考试录用原则，1871 年美国成立了第一个文官机构——三人文官委员会，1883 年国会通过《彭德尔顿法》，规定由文官委员会负责，主管考试录用，确立了公开考试和择优录用原则，奠定了美国现代公务员制度的基础。[2]

继英国、美国后，考试录用制度相继为世界许多国家采用。我国古代就有通过考试任用官员的制度，称为科举制。科举制为知识分子通过努力参与国家行政管理提供了可能，是中国文官制度发展史上的一大创举。通过公开考试、优胜劣汰，有效吸收了有才之士进入统治阶级管理国家，现代西方文官制度就是在借鉴中国科举制的基础上发展起来的。但到明清时期，我国科举制最终发展成以死记硬背为主的八股文，束缚了知识分子的创新精神。我国从北洋军阀时期开始学习西方，建立现代任官制度。中华人民共和国成立以后，中国建立了高度集中的干部管理制度。在市场经济体制建立之前的特定时期，这套人事制度发挥了一定的作用。改革开放以后，随着政治经济改革的深入，我国干部人事制度存在的问题日益暴露出来。计划经济下许多行政人员是任命的，在用人问题上存在严重的任人唯亲现象。为适应社会主义政治经济的发展，促进政治体制的改革，党中央决定进行干部人事制度改革，1993 年，国务院审议并通过了《国家公务员暂行条例》，该条例规定了考试录用的办法、录用公务员的报考条件、录用标准程序、主管机关等，体现了择优录用的用人原则。2006 年 1 月 1 日起施行的《公务员法》对该原则作了进一步的完善，2018 年修订的该法进一步加以完善。

（二）择优录用原则的范围和标准

1. 就择优录用的范围而言。英国常务次官以下的官员需经过考试任用，包括常务次官以下的所有在政府工作的人员，民选的政治任命的官员除外；美国通

〔1〕　赵锦良、鲁仁等编：《世界各国公务员制度》，中国广播电视出版社 1988 年版，第 37 页。
〔2〕　赵锦良、鲁仁等编：《世界各国公务员制度》，中国广播电视出版社 1988 年版，第 215 页。

过考试选任的是一般的事务官，事务官中又区分竞争职位和除外职位。前者非经考试不得录用，后者不经考试也可以录用。政府中哪些职位属于事务官，由立法加以规定。政务官、民选官员和专家都不通过考试录用。目前美国通过考试选任的公务员已超过90%。[1]在我国对担任主任科员以下的非领导职务采取考试录用的办法。

2. 就择优录用的标准而言。英国早在《麦考莱提案》中提出了通才教育的原则，主张文官考试应着重一般的基础知识和适应能力，而不应以应用技术和专门知识为考试内容。二战后，政府加强了对经济与社会生活的干预，迫切需要改变以通才为主体的文官队伍结构，起用专门人才，1968年《富尔顿报告》的中心内容就是实现文官队伍的专业化。美国在考试录用时，注重候选人的专门知识和技能，强调实用性，着眼于被选拔者能否马上适应本职工作。日本对公务员的选拔，以能力为标准，主要检验其完成工作的能力和报考者的发展潜能。我国录用公务员坚持德才兼备的标准。

二、职业保障原则

英国资产阶级革命胜利以后，新兴资产阶级逐步控制了议会，但由于英国资产阶级革命的不彻底性，封建贵族仍把持着许多重要的中高级职位。1701年英国议会通过《王位继承法》规定：凡接受皇家薪俸及年金的管理人员，除各部大臣及国务大臣外不得为下院议员。1710年议会禁止邮政、财政、税务官员参加政治活动，开文官政治中立的先河。到19世纪，以政党分肥的任官制度盛行，每次选举后，获胜党把官职当战利品分赃，换掉一批熟悉业务的公务员，破坏了行政工作的连续性。1854年《诺斯科特—屈维廉报告》（即《关于建立英国常任文官制度的报告》）建议通过考试选拔文官，文官在政治上保持中立，设立常任文官制度。可以说，英国文官常任制度的确立是在两官分途，即政务官和事务官的区分，和采取考任制的基础上形成的。美国常任制的建立，经过了类似的过程。值得一提的是，美国国会1883年通过了《彭德尔顿法》，主张取消分赃制，强调考试录用原则，禁止文官参加政治活动或捐助政党费用。政务类公务员或由民选产生，或由政府首脑任命，业务类公务员实行考试录用，一旦被录用，其身份就受到法律保障，任期内不因政府的更换受影响，无过错长期任职，直至退休。我国实行的是领导职务和非领导职务的区分，领导职务根据宪法由选举或任命产生，非领导职务由考试或聘任产生。我国对公务员实行职业保障原则。

---

[1]　谭健主编：《二十国人事制度》，辽宁人民出版社1987年版，第186页。

（一）公务员职业保障的内容

1. 身份保障。身份保障是指公务员无过错长期任职，也称常任制。各国都非常重视公务员的身份保障，对公务员的撤职、免职、开除等的条件和程序作了明确规定。《日本国家公务员法》第 75 条规定："除法律或人事院所定事由外，对职员不得违反其意愿，强行降职、休职或免职。"我国《公务员法》规定，国家公务员非因法定事由和法定程序不被免职、降职、辞退或者行政处分。身份保障是公务员享有的最基本的权利，也是享有其他权利的前提，但是，公务员如果不享有其他权利，公务员的身份保障就失去意义了。

2. 物质保障。主要是指工资、保险和福利等待遇。

（1）工资。确定公务员的工资遵循以下几个原则：①分级评价。大多数国家采取职位或品位分类对公务员进行管理，公务员的工资是结合职位或品位，分级确定的。②遵循平衡比较的原则。平衡比较原则最先由英国政府提出。二战前，英国文官的工资水平一直高于私营企业人员的工资水平，但是战后，由于经济的飞速发展，私营企业工作人员的工资水平增长很快。1955 年英国议会的皇家委员会在一份报告中提出：文官报酬制度的首要原则，是在与从事基本上类似工作的外部人员现时报酬数额相比较时，应当公平合理。随后各国纷纷仿效。美国 1962 年《联邦政府工资改革法》规定，政府文官的工资与私营企业职员的工资相对应；《日本国家公务员法》的"报酬准则"里规定，公务员的工资依据，一是生活费用的情况，二是私营企业的报酬情况。③定期增薪原则。指定期增加公务员的工资。美国、日本、德国的公务员法都有定期增资规定。我国也实行定期增资制度。④物价补偿原则。即"国家根据国民经济的发展和生活费用价格指数的变动，有计划地提高公务员的工资标准，使公务员实际工资水平不断提高。"[1]各国都十分重视物价指数的变化，并根据物价变化调整公务员的工资，使工资增长率大于物价增长率。我国《公务员法》第 81 条规定："公务员的工资水平应当与国民经济发展相协调、与社会进步相适应。国家实行工资调查制度，定期进行公务员和企业相当人员工资水平的调查比较，并将工资调查比较结果作为调整公务员工资水平的依据。"

（2）保险和福利。保险是指国家对因生、老、病、死等原因暂时或永久失去劳动能力的公务员给予的物质保障。实行公务员制度的国家，普遍建立了公务员保险制度。主要包括生育保险、疾病保险、伤残保险、死亡保险、待业保险、养老保险等。福利是指行政机关为改善和提高公务员的物质文化水平而提供的待

---

〔1〕 关保英主编：《行政法与行政诉讼法》，中国政法大学出版社 2007 年版，第 183 页。

遇。在西方，与其他阶层相比，公务员是最早享受福利的阶层。如英国文官的健康保险、伤残保障和抚恤遗属制度在 20 世纪初已经相当健全，到 20 世纪中叶，这些保障措施才扩大到国民阶层。现在发达国家规定公务员享受有种类很多的福利，我国的福利主要有福利费、取暖补贴、探亲、休假等。

（3）权利救济保障。为保障公务员的合法权利，各国一般都在公务员法中明确规定公务员的权利和义务，并设立专门的机构受理侵犯公务员权利的事宜，如美国设有"功绩制保护委员会"，日本设有"公平审查委员会"，法国设有"对等委员会"等。此外，许多西方国家还建立了公务员工会，工会是公务员的利益代言人，就公务员的权益问题与政府谈判，如美国、加拿大都有公务员工会组织。西方国家通过这种权利保障制度，有效地防止了行政长官滥用职权处分公务员的行为，维护了公务员的合法权利。我国规定了公务员对行政处分不服，有权向政府部门和监察机关提出申诉和控告。

（4）业务能力保障。业务能力保障主要指的是培训。培训就是对公务员培养训练。培训有助于提高公务员的能力，开发公务员的潜能。培训是公务员的权利和义务。德国《联邦公务员资历条例》第 42 条规定："公务员有义务关心有助于保持和提高自己工作能力的业务进修措施，同时还应关心资历变动时以适应新的情况为目的的培训措施；公务员有义务通过自己的进修达到资历要求，只要这样有助于适应提高了的和变化了的要求。"我国《公务员法》把培训规定为一种权利。通过培训，公务员的业务素质得以提高，更能胜任所从事的工作。

（二）职业保障的意义

第一，公务员的职业保障有助于吸引优秀人才。公务员的素质和能力是行政管理工作成败的关键，各国努力提高公务员的工资水平，并提供保险和福利，这样就保持了公务员队伍的吸引力，使公务员不至于流向企业。

第二，公务员的职业保障，保证公务员安心工作，无后顾之忧。除非违法、犯罪、违纪，公务员不用担心被解雇，排除了行政首长用人上的随意性。公务员享受的待遇能保持自己和家人过比较好的生活，除工资福利保险外，有的国家和地区还提供买房、购车、子女入学等优惠。公务员有绝对的安全感，就能安心为国家工作，竭诚为公众服务。

第三，公务员的职业保障能保证行政工作的连续性。西方公务员实行职务常任制，不与政党共进退，职务的变动仅限于政务官范围内，这就维持了政局的稳定，最终有利于维护国家行政机器的正常运转。职务常任制适应了资本主义经济发展日益复杂化、专业化的需要。我国虽不实行两党制和多党制，职务常任也是公务员制度的一项基本原则。

第四，公务员的职业保障能使公务员不断提高工作能力，更好地履行职务。现代国家把培训当作一项投入少、收效大的一项工作，并提出终身培训的口号。培训能提高公务员的素质和能力，开发公务员的潜能，不断提高业务水平和工作效率。

三、功绩制原则

功绩制起源于英国，起初，英国文官不论工作好坏，按照资历、随着年龄的增长而晋级加薪，导致冗员充斥，效率低下。为对人事制度进行综合改革，1848年英国政府成立以诺斯科特和屈维廉二人为首的调查委员会，研究文官的录用和使用情况。1854 年他们提出《诺斯科特—屈维廉报告》，报告建议对文官严加考核，根据工作成绩晋升。美国模仿英国建立了功绩制。1883 年美国国会通过《彭德尔顿法》，主张建立功绩制。《彭德尔顿法》的内容包括公务员的考核、奖惩、升降应与工作业绩挂钩，逐步实行功绩薪俸制。国家公务员制度建立后，英美等西方又进行了一系列的改革，英国 1966～1969 年实行富尔顿改革。1950 年美国实行考绩法，1978 年卡特政府签署了《文官制度改革法》，推行以功绩制为核心的联邦人事制度改革，确立了联邦政府人事制度应遵循的 9 条功绩制原则，包括公开竞争、公平对待、同工同酬、保持公德、效率原则、奖优罚劣、注重培训、政治中立、职业保障。[1]

功绩制是公务员制度的一项重要内容，功绩制原则，就是以工作实绩作为评价国家公务员的主要依据。功绩制强调的是实实在在的工作成绩，而不是年资高低、亲疏关系、党派关系等其他因素。公务员的职务升降、考核、任免、奖励等，都以其在工作中的功绩为主要依据。现代各国公务员法都规定了功绩制原则。美国《文官制度改革法》规定："工作成绩良好者继续任职，工作成绩不好者必须改进，工作达不到标准者予以解职"。德国《公务员资历条例》规定："公务员的录用、任用、授职、提职、晋升，只能依据公务员的资格、胜任工作的能力和工作成绩来决定""工作成绩就是按照工作要求对公务员的劳动成果所作的评定"。《日本国家公务员法》规定："一切公务员的任用，依照本法和人事院规则的规定，根据考试成绩、工作成绩或者其他能力的考核结果进行""政府机关首长必须对所属公务员的工作进行定期评定，并根据评定结果采取适当措施"。我国《公务员法》规定："公务员的考核应当按照管理权限，全面考核公务员的德、能、勤、绩、廉，重点考核政治素质和工作实绩。""对工作表现突出，有显著成绩和贡献，或者有其他突出事迹的公务员或者公务员集体，给予奖

---

[1]　谭健主编：《二十国人事制度》，辽宁人民出版社 1987 年版，第 188 页。

励。"这些规定都体现了功绩制原则。

功绩制是资本主义经济发展引起政府职能扩大的产物。19世纪中叶以后，资本主义国家相继完成工业革命，经济的发展导致政府主管事务的增多，政府除了管理传统的治安、国防、财政、税收外，日益增强了对社会经济、文化的管理，政府从消极的政府变成了积极的政府，资产阶级要求改革旧的官吏制度，提高政府部门的效能。功绩制也是功利主义原则在用人制度上的体现，在19世纪上半期，英国哲学家边沁主张以实际功效或利益作为道德的标准，这一原则一提出就成为资产阶级衡量政治生活的准则，为功绩制的建立提供了思想基础和理论依据。

功绩制为人们提供了平等竞争的机会，体现了"任人唯能"和"奖优罚劣"的思想，从而能激励国家公务员努力工作，提高政府工作效率；另一方面强化了国家公务员制度中的竞争机制，促进国家公务员积极进取，创造业绩。

四、公务技术化原则

二战后，以计算机、软件、微电子和网络为核心的信息技术飞速发展，计算机与通信技术相互交融，将人类社会带入了前所未有的信息时代。如今，所有的文字、声音、影像都可以瞬间转化成数字形式，并突破时空限制，经由网络为全球共享。互联网的发展，进一步拓宽了信息技术革命的深度和广度。信息技术不仅极大地促进了经济的发展，推动了全球化的进程，而且还诱发了生产关系的调整乃至上层建筑的变革。

以韦伯的科层制[1]理论为基础建立的政府管理模式与当时集中管理的大工业及高度集中的权力结构相适应，随着时代的发展，这种结构赖以存在的基础发生了变化，弊病也日益明显。20世纪80年代末到90年代，世界上许多国家都开始了持续的公共管理部门的变革运动，以克服旧制度只注重结构和过程而忽视效果、权力高度集中、等级组织结构僵化的弊端。新的公共管理方法主要有如下特点：政府采用磋商、谈判、解释、说服的方式，致力于政府与市场、政府与社会、政府与企业、政府与公民之间的良性互动；政府行政运营从公营向私营化发展，如鼓励私营企业投资公共事业，政府采取承包合同方式，把政府部分事务，交给社会法人团体管理，以期提高效率；改变行政集权，实行权力下放，使行政机构能对社会变化迅速作出反应；对公务员实行绩效评估。与此相适应，政府管

---

〔1〕 德国学者马克斯·韦伯创立的理论，明确指出机关是根据完整的法律制度而设定的一种组织形态，是井然有序的权责体系，法律明文规定人员的任用、升迁、奖惩和薪俸。科层制侧重研究组织形式和法律制度对行政效率的影响，属于封闭的、静态的研究方法。

理必须由传统的垂直结构的金字塔模式走向错综复杂的水平网络模式，这样才能减少管理层次，通过网络以各种形式与企业和民众建立直接的联系。为此，许多国家将电子政务看作改造政府形态的必要途径，希望通过不断的摸索和实践，最终构造出一个与信息时代相适应的政府形态。

电子政务，是指运用现代计算机和通信网络技术，在对传统政府的组织结构进行重组和流程再造的基础上，将政府部门的内部管理职能和外部服务职能放到网络上完成。电子政府是适应信息时代政府工作和管理方式的一次全新变革。电子政务主要包括以下几个方面：其一，政府间的电子政务（Government to Government，即 G to G）。G to G 是各级各地政府、不同政府部门之间的电子政务，包括电子法规政策系统、电子公文系统、电子司法档案系统、电子财政管理系统、电子办公系统、电子培训系统、业绩评价系统。其二，政府对企业的电子政务（Government to Business，即 G to B）。G to B 是指政府通过电子网络系统进行电子采购与招标，方便快捷地为企业提供各种信息服务，促进企业发展，包括电子采购与招标、电子税务、电子证照办理、信息咨询服务、中小企业电子服务。其三，政府对公民的电子政务（Government to Citizen，即 G to C）。G to C 是指政府通过电子网络系统为公民提供的各种服务，包括教育培训服务、就业服务、电子医疗服务、社会保险网络服务、公民信息服务、交通管理服务、公民电子税务、电子证件服务。电子政务主要包括三个组成部分：政府部门内部的信息化和网络化办公；政府部门之间通过计算机网络而进行的信息共享和实时通信；政府部门通过网络与企业和大众之间进行的双向信息互动。

电子政务能促进政府职能的转变、节约成本、提高效率、增加政府管理服务透明度、提高反腐倡廉的能力，同时电子政务也对行政机关和公务员提出了很高的要求。因为，电子政务必须借助于电子信息和数字网络技术，况且电子政务并不是简单地将传统的政府管理事务原封不动地搬到互联网上，而是要对其进行组织结构的重组和业务流程的再造。遵循公务化原则，行政机关不仅应实行物的现代化，而且必须不断提高公务员的素质，尤其应重视对公务员进行网络知识的培训，公务员只有不断地参加学习，努力掌握网络知识，熟练运用计算机工作，才能满足现代行政管理的要求。

第三节 公务员法的行为原则

公务员法的行为原则是指公务员实施职务行为应当遵循的原则，公务员法的行为原则包括行为定量原则、行为法治原则、效率原则和公正原则。

一、行为定量原则

行为定量是指把人的行为量化，并以此作为评价的依据。公务员的行为定量就是把公务员的行为分解为诸多要素，并给每个要素确定等级和标准，形成结构化的指标体系，在此基础上，运用数学方法对公务员的行为进行评价。公务员法讨论的行为定量有其特殊性。首先公务员是个体的人，公务员行为定量只考虑个体，不包括组织；其次公务员行为是行使权力，承担相应责任的行为，是在确定权力和职责的基础上进行的行为定量。

公务员的行为定量和功绩制有着密切的关系。功绩制就是以工作实绩作为评价国家公务员的主要依据。一方面，功绩制是采用行为定量的最重要的前提条件，不确立功绩制，公务员的行为定量就失去了意义；另一方面，运用定量方法能客观评价公务员的工作实绩，行为定量是实行功绩制的有效途径。但是行为定量和功绩制又有所不同，行政机关除了对公务员的业绩进行定量，还要对公务员的工作能力进行评价，对公务员的知识、态度、潜力等作出确认，行为定量能全面反映公务员的情况。

英国文官除考勤外，把考核指标分成十项：包括工作知识、人格性情、判断力、责任心、创造力、可靠性、机敏适应性、监督能力、热心情形、行为道德。考核结果分为特别优异者、甚为良好者、满意者、普通者、不良。[1]法国的考核内容分为 14 个指标，分别为身体的适应性、专门的知识、守时执勤情况、整洁与装饰情况、工作能力、合作精神、服务精神、积极性、工作速度、工作方法、洞察力、组织力、指挥监督力、考察力，考核结果分为非常优良者、优良者、合格者、低劣者、非常低劣者。美国主要考察工作数量、工作质量和工作适应能力，具体包括已完成了可以接受的工作份数、尽职的程度、达到的工作期限、努力的效果、其他涉及时效的因素、工作的准确性、工作的表现性和可接受性、工作的美观性、合乎工作规定的程度、在完成工作上所表现的技巧与能力、决定或判断的健全性、其他有关工作质量的努力、与上司及同事的合作性、对新工作的学习能力及意愿、遵守法规的能力、适应工作环境的能力等。[2]每项指标分别规定总分，每项得分相加为个人成绩。考核结果分为不满意、最低满意、完全成功、特别成功和特优。我国公务员考核内容包括德、能、勤、绩四个方面，重点考核工作实绩，考核结果分为优秀、称职、不称职三个等次。

这些考核指标包括了公务员行为的大部分要素，是对公务员进行行为定量的

---

〔1〕　傅肃良：《各国人事制度》，台北三民书局 1984 年版，第 29 页。

〔2〕　谭健主编：《二十国人事制度》，辽宁人民出版社 1987 年版，第 204 页。

标准。科学地进行行为定量必须把握好三个问题：一是标准不能定得太粗，也不能定得太细，如果把指标定得太粗，公务员相互之间不好比较，也不好划分等次，指标定得太细，则繁琐不好操作，且需要大量的人力物力和时间；二是每项指标的分数额的确定要科学，重要指标占的分数比例应当高，次要指标占的分数额比例应相对较低；三是评价标准要进行书面说明。在众多指标中，工作实绩这一指标最重要，可以将其细化，确定比较的得分数额，对如何评价工作实绩作出书面说明。例如，工作的份数怎样确定，工作的尽职程度怎样确定。

行为定量有重要的意义。首先，行为定量指标对公务员有规范意义。制度化的行为标准为公务员执行职务提供了一个参照系，使公务员对自己的行为有了预见性，当公务员明确了什么样的行为是受鼓励并将得到肯定的，什么样的行为是不受鼓励并将被否定的，公务员就会尽量选择好的行为。其次，行为定量为公务员的管理提供了科学依据。行为定量有标准统一、一视同仁，评价客观、价值中立的特点，行为定量又能对每个人进行全方位的评价，评价的后果又易于进行比较，根据量化的结果对公务员进行管理，使行为量化和考核、奖惩、升降挂钩，必将能收到好的效果。我国以往对公务员管理，基本上是以经验判断或少数领导人的主观意志为依据的，这就造成人事考核中的许多弊病，如标准不统一、评价不全面、受领导人的经验与情绪影响，主观随意性大等。行为量化体现了公务员管理的科学性。再次，行为定量便于计算机处理。计算机是现代化的管理手段，运用计算机处理数据，速度快，准确性高，大大提高了效率。

二、行为法治原则

依法行政是现代国家普遍遵循的一项法治原则。依法治国，建立社会主义法治国的决策，已载入《中华人民共和国宪法》，成为我国基本治国方略和政治体制改革的目标。依法行政是依法治国最重要的组成部分，对依法治国基本方略的实行具有决定性意义。

依法行政具体到公务员身上就是行为法治，不实行行为法治，依法行政就不可能实现。《全面推进依法行政实施纲要》指出："行政机关实施行政管理，应当依照法律、法规、规章的规定进行；没有法律、法规、规章的规定，行政机关不得作出影响公民、法人和其他组织合法权益或者增加公民、法人和其他组织义务的决定。"行为法治就是公务员依法实施职务行为，具体来讲就是公务员执行公务应依照法律的授权，遵循法定程序，并对行为后果承担责任。不论内部行政行为，还是外部行政行为，都应遵循行为法治的原则。

行为法治原则包括如下具体内容：

1. 权力合法，即具有相应的职权。职权，就是宪法、法律授予行政机关管理经济和管理社会的权力，公务员以行政机关名义行使职权，应当有合法的权力来源，并在权力范围内行使职权。根据《宪法》和《组织法》，国务院和地方各级人民政府以及它们的工作部门是权力机关的执行机关，享有对社会进行广泛的行政管理的权力。这些权力具有和机关或部门一一对应的性质，如治安行政机关享有维护社会治安的权力，教育行政机关享有教育管理的权力。权力合法主要包括以下两方面内容：一是公务员只能在所属行政机关的权力范围内行使权力，越权则构成违法，行使权力也不能超出法律规定的手段和范围。《中华人民共和国治安管理处罚法》（以下简称《治安管理处罚法》）规定了治安管理处罚的种类：警告、罚款、行政拘留、吊销许可证等，进而治安管理处罚不得超越上述处罚种类，采取诸如扣押等措施，否则就属于违法行为。二是公务员行使权力必须符合立法目的，违背立法目的的行为，构成滥用职权，例如，某工商管理人员因与张某有隙，借张某申请执照之机刁难，就属于滥用职权。此外，权力合法还意味着权力的不可放弃性，行政权既是权力，也是职责和义务，放弃职责是失职的表现，再如，警察发现有人在吸毒而置之不理就属失职。

2. 程序合法。行政程序是指公务员行使行政权必须遵守的步骤、方式和期限的总称。规定行政程序不仅能提高行政效率，而且程序还具有保障权利的功能，例如，在处罚前给予当事人申辩的机会，就能使行政人员充分了解情况，这样作出的行政决定就更合理。我国目前还没有统一的行政程序法，但是在一些部门法中，规定了较为详细的程序。例如《治安管理处罚法》第四章规定了调查、决定、执行等治安管理处罚程序，公安机关作出治安管理处罚的，应当严格遵守该等程序性规定。该法与《中华人民共和国行政处罚法》（以下简称《行政处罚法》）属于特别法与一般法的关系，如果该法相关规定与《行政处罚法》相冲突，按照《立法法》确立下来的"特别法优于一般法"的冲突处理规则，应当优先适用《治安管理处罚法》。但该法未作规定而《行政处罚法》已经作出程序性规定的，基于《行政处罚法》处于一般法的地位，应当适用《行政处罚法》。

3. 行为后果法定。行为后果法定是指公务员应承担其行政行为造成的后果。公务员的职务行为会产生一定的后果，对外，这一后果是由行政机关来承担，对公务员的职务行为不服，当事人可以行政机关为被申请人或被告提起行政复议、行政诉讼和行政赔偿。但作为公务员的管理者，行政机关对外承担责任的同时，保留对公务员的权力，例如，公务员的违法行为引起行政赔偿的，行政机关对当事人赔偿后有权向公务员追偿。行政机关享有对公务员的职务行为评价的权力，公务员工作成绩怎么样，态度怎么样，行政机关会在考核中作出评价，这些评价将会影响到公务员的任免、升迁和奖惩。除了法律规定公务员实施行政行为应合法、遵守程序外，法律明文规定了公务员应当严格遵守的行政纪律，公务员必须对违纪行为承担法律责任。

遵循行为法治的原则，对于我国这样一个人治传统根深蒂固、缺乏法治传统的国家具有划时代的意义，它反映了社会从人治向法治转变的历史进程。人治与主观随意性相联系，权力的行使由个人意志决定，行为法治强调依法而不是依行政长官的意志行事，这样就能保证法律意志的实现，人民意志的实现。行为法治原则体现为公务员平等地受到法律的约束，体现了执法上的人人平等，大大加强了国家行政活动的统一性、连续性和稳定性。行为法治原则也为社会和公民监督公务员提供了统一的标准。

为了遵循行为法治原则，必须从以下几个方面着手：首先，要完善立法。尽管改革开放以来，我国的行政立法已经取得了很大的成就，但是在一些行政领域还存在立法空白，不能适应中国政治经济飞速发展的需要，无法可依常常使得行为法治成为一句空话。其次，对公务员进行执法培训，树立法治观念。法律的实施是所有国家机关的任务，但最重要的还是行政机关。大量的法律，包括涉及国家政治、经济、文化的发展，以及和人民利益密切相关的法律都要靠行政机关去执行。公务员是依法行政最基本的主体，公务员法律意识和执法能力的高低，直接影响我国依法治国、依法行政的进程，必须把执法培训当作一件重要的工作来抓。再次，引导公务员合理实施自由裁量权。自由裁量权是公务员执行职务享有的一定程度上的自主权，法律规定是有限的，社会情况却是纷繁复杂的，法律规定得再详细也不可能穷尽所有现实情况，公务员享有自由裁量权一方面有助于更好地管理社会，另一方面也为滥用权力提供了可能，行政机关应引导公务员合理行使自由裁量权，在法律规定不完善的地方，执行职务应尽量符合立法的目的。最后，加强对公务员执法行为的监督。我国目前享有监督权的主体主要包括立法机关、行政机关、监察机关、司法机关，事实上，公务员最经常接触的是社会，公务员是否依法行政，公民最了解，鼓励公民通过舆论监督公务员的执法行为，能起到良好的效果。

三、效率原则

行政效率是指"在行政管理工作中投入的工作量和所取得的行政成果之间的比率，是人们在单位时间和空间内开展行政活动，并获得改造客观世界和主观世界的社会效果，同时必须承担一定的消耗"。[1]行政效率是政府管理的核心问题，是影响社会全部活动的最重要的因素。一国能否迎接世界科技发展的挑战，

---

[1]　贾湛、彭剑锋主编：《行政管理学大辞典》，中国社会科学出版社1989年版，第230页。

抓住这个机遇，利用国际先进科技，促进国家发展，提高国家在国际上的地位，很大的程度上取决于行政效率的高低。世界各国都非常重视行政效率，我国更是通过立法确立了行政效率原则，如《宪法》第 27 条规定："一切国家机关实行精简的原则，实行工作责任制，实行工作人员的培训和考核制度，不断提高工作质量和工作效率，反对官僚主义。"《公务员法》第 1 条规定："为了规范公务员的管理，保障公务员的合法权益，加强对公务员的监督，促进公务员正确履职尽责，建设信念坚定、为民服务、勤政务实、敢于担当、清正廉洁的高素质专业化公务员队伍，根据宪法，制定本法。"

行政管理是由公务员进行的，公务员是行政管理中最基本的主体，因为公务员具有能动性，所以公务员是否具有效率观念，是否有提高行政效率的能力，直接关系到行政效率的高低。要提高行政效率，必须从下面几个方面着手：

1. 公务员要树立正确的效率观念。效率研究是从管理学发端的，管理学以企业为研究对象，所以传统行政效率观念体现了企业的特点。传统的效率研究关注的是提高效率的原则和途径，多半涉及领导、决策、组织和执行，而忽视了行政效率的公共性。20 世纪 70 年代末以来，随着政府再造工程的实施和行政改革的实践，行政效率的研究进入了一个新阶段。当代行政效率的特点是公共性的凸显，效率的绝对优位受到质疑，取而代之的是多元价值的权衡，不同部门的效率测定受到关注，服务理念逐渐兴起。[1]公务员应树立正确的效率观念，根据社会的发展，结合自己的部门特点，理解行政效率的内涵。现代社会行政权扩张，行政机关取得委任立法权和行政司法权，委任立法权、行政司法权与传统行政权不同，对这三种权力当然会有不同的效率要求。委任立法民主性强一些，而行政司法对公正性的要求比较高，但同属行政权，三者都应遵循行政效率原则。

2. 提高公务员的工作能力。随着科技的发展，现代行政管理越来越朝着知识化、专业化、技术化方面发展。行政各部门都有自己的专业化要求，只有具备一定知识结构的人才能够胜任，这就要求公务员必须具备一定的管理知识和业务技术，并不断提高自身的业务水平。公务员的工作能力提高了，行政效率才有可能得到相应的提高，公务员的业务水平停滞不前，不仅不能提高行政效率，甚至有可能难以胜任工作。只有建立公务员培训制度，对公务员进行定期的、有针对性的业务训练，才能使公务员掌握相应的专业知识。为提高公务员，行政机关必须加大投入，建立培训网络，并且把集中培训和日常生活中的学习结合起来，才能受到良好的效果。

---

〔1〕　参见周志忍："行政效率研究的三个发展趋势"，载《中国行政管理》2000 年第 1 期。

3. 培养公务员的团队精神。公务员具备了效率观念和业务技能，行政效率也不一定就能提高。公务员作为行政机关的一员，在执行职务时，必然会和领导、同事发生业务上的领导和合作关系，冲突甚至对立的情况也难免发生，如果每个公务员只顾提高自己的行政效率，就会产生很大的内耗，反而影响了整体效率的提高。公务员必须树立集体观念，把自己的业务和其他公务员的业务以及行政机关的整体目标联系起来考虑。统一指挥，分头行动，互相配合，主动协调，行政机关的整体效率才能提高。任何个人主义，小团体利益的思想，都是和提高行政效率相背离的。为了提高自己的效率损害别人的利益更是不可取的。

4. 实行绩效评估，促进工作效率的提高。绩效，是指业绩和效益，最早用于投资项目的管理方面，20 世纪 70 年代以来，随着政治成本意识观念的强化和公众对政府监督意识的加强，对政府和公务员的绩效评估逐渐发展起来。公务员的绩效评估，是一种对公务员的考核方式，就是以成绩和效率为最主要标准进行考核，并把绩效作为公务员任免、奖惩、升降和培训的依据，有些国家还实行绩效工资制。绩效评估能促使公务员能形成竞争机制，激发公务员的潜能，极大提高行政效率。我国目前在绩效评估中还存在很多弊端，如标准不明确，程序不公开，形式主义严重等，必须借鉴西方发达国家的经验，结合我国对公务员考核的规定，逐步完善公务员绩效评估制度。

5. 采用现代化管理工具。科技的发展既为行政管理提出了挑战，也为行政机关提供了先进的管理工具。旧的管理手段、管理工具，主要依靠人脑思考和手写的方法，已经不能适应现代社会管理的需要，更无法与国际接轨。为提高行政效率，行政机关应采用先进的管理工具，如使用电脑，利用网络与国际国内、上级下级、与公务员和社会达到良好的沟通。只有及时获取信息，尽快加工处理，对各方面的情况作出及时的反馈，才谈得上行政效率的提高。办公现代化是国际社会的趋势，也是行政机关不能回避的问题，国家应加大投资，早投资，早受益。因此，行政效率的提高离不开现代化的管理工具。

四、公正原则

行政公正是指公务员在执行职务时应当正直，没有偏私。行政公正不仅是行政机关应遵循的道德准则，也是现代国家对行政机关的法律要求。行政公正有非常现实的社会意义。在古代社会，人们就认识到公正对社会的价值，孔子说过："政者正也，子帅以正，孰敢不正？"[1]战国末年的大思想家荀况说："上公正则

---

〔1〕　钱穆：《论语新解》，巴蜀书社 1985 年版，第 292 页。

下易直矣。"〔1〕行政公正为人们树立了统一的价值标准，能增强人们对政府的认同感，进而自觉守法，保持社会的稳定和安全。在市场经济条件下，行政公正的意义更加重大，市场经济要求公平竞争，反对一切特权。坚持公正执法原则，有利于维持一个良好的市场秩序，促进国家经济的发展。

公正原则对公务员的具体要求包括：

1. 同等情况同样对待。任何人在法律面前没有特权，公务员应该公正地对待每一个人，不应考虑对方的地位、权势、和自己的关系等因素。不管是对公务员的管理还是对社会进行管理都应遵守公正原则。在选拔录用公务员的过程中，公正表现为机会均等；在考核、任免、奖惩公务员时，应当首先对公务员作出客观的评价，对所有公务员一视同仁，没有偏袒与偏私，最后作出决定，这样的决定才能得到公众的认可，才能调动公务员的积极性，努力工作，而不是挖空心思走后门，拉关系。坚持公正原则，要求公务员严格按照法律的要求对社会进行管理，以实现行政目标为唯一目的，不利用职权谋私利，不厚此薄彼。这样才能树立行政机关的权威。

2. 公务员不能做自己的法官。这是指公务员不能对与自己的利益有关的事情作出评价。公务员在进行内部管理时，需要对自己的行为进行评价，如人事处长在进行人事考核时会发现需要对自己的德、能、勤、绩等情况作出评价。公务员在对社会进行管理时，有时会遇到需要对自己的或者近亲属的事情作出行政决定，例如，工商人员发现销售假冒伪劣产品的竟然是自己的子女。在上述情况下，公务员应当向领导反映情况，由领导安排交给别人处理。

3. 作出对当事人不利的决定时，应听取申辩。公务员代表行政机关作出行政决定是一种权力行为，公务员是行政权力的支配者，居于强势；而行政管理相对人则处于被管理者的地位，受行政权力的支配，居于弱势。为了防止公务员随意处置权力，侵犯当事人的权益，应当赋予当事人申辩的权利，并认真听取。不管是对公务员进行行政处分，还是对当事人行政处罚，行政强制，在作出决定前都应当听取当事人的申辩，这样就防止了公务员的主观性，也给了当事人一个维护自己权益的机会。

4. 告知当事人处理结果和法律救济途径。作出对当事人不利的决定后，应当及时通知当事人。公务员运用行政权作出处理决定，存在侵害当事人权益的可能性，必须告知当事人通过什么样的法律途径获得救济，并告知提起申诉、复议和诉讼的期限。在现实生活中，有的公务员作出行政处理决定后，不通知当事

〔1〕 王先谦：《荀子集解》，中华书局 1988 年版，第 321 页。

人，有的虽然通知当事人，但是不告知救济的途径。结果延误时间，导致当事人丧失诉权。公务员履行职务是为社会提供服务，应时时处处为当事人着想，和当事人相比，公务员熟悉法律规定，告知处理结果和经济途径是公务员的义务。

公正是人们追求的一种道德价值和社会理想，要使行政公正落到实处，必须建立和完善下列制度：

第一，回避制度。我国《公务员法》第74~78条规定了回避制度。公务员的回避可以分为任职回避和公务回避两种，任职回避指的是任用公务员时有法定情况的公务员应当回避，公务回避是指公务员执行职务时，有法定情况的应当回避。

第二，听证制度。听证是指行政机关在作出影响当事人权益的行政决定时，应当举行听证会，听取当事人的意见。我国1996年颁布实行的《行政处罚法》首次规定了听证制度。目前在价格领域也实行了听证制度。目前我国的听证制度适用的领域比较少，今后，在影响公民重大权益的行政领域都应实行行政听证。

第三，公开制度。公开是指作出行政行为的依据、过程等的公开。《行政处罚法》规定，行政处罚遵循公开原则，而且还特别强调对违法行为给予行政处罚的规定必须公布，未经公布的，不得作为行政处罚的依据。《行政复议法》也规定了公开原则。遵循公开原则，不仅能使公民了解法律规定的内容，而且能把行政决定的过程暴露在人们眼前，这样人们才能了解行政行为是否公正，对行政机关进行监督。

第四，救济制度。我国目前对行政行为的救济制度包括行政申诉制度、行政复议制度、行政诉讼制度和行政赔偿制度。虽然这些制度没有把不公开直接作为提起申诉、复议、诉讼和赔偿的理由，但行政公开是行政法治的题中应有之义。不公开的行为直接违反了行政法的原则，理应承担相应的法律责任。

第二篇 公务员组织法

第五章 公务员组织法概述

马克斯·韦伯在他的不朽名著《经济与社会》中写道："行政管理任务在量上和质上的发展，从长远看无疑有利于至少有一部分干部在实际上的持续性，因为愈来愈明显地令人感到，训练和经验才能确立在处理事务中的技术优势。因此，总是存在着一个特别持久的社会机构，其目的是进行行政管理，而这同时意味着：为了实施统治。"[1]公务员依国家法律、为共同目的结合起来，形成了这个"特别持久的社会机构"，这个机构是国家和社会的精英阶层。明代学者方孝孺曾言："欲天下之治，而不修为治之法，治不可дос也。欲行为治之法，而不得行法之人，法不可行也。"[2]如何持久保持这个社会阶层的"精英"性，更好地实现行政目的，关键因素是"行法之人"。在由现代公务员构成的行政组织中，如何使"行法之人""进得来、出得去、盘得活、尽其才、保其权、维其利"，这便是公务员组织法研究的重点。

第一节 公务员组织法的概念

一、公务员组织法的定义

一般来说，公务员组织法是指政府机关为完成其使命和任务，对其需要的公务员的职位构成、职位确定和职位变迁等人事行政制度规范的总称。公务员组织法主要的调整对象是涉及公务员职位中的人事行政。那么什么是人事行政关系呢？而人事行政的具体含义又是什么呢？

魏劳毕（W. F. Willlughby）认为："人事行政是指用以选用并保持最有效能的公务员办理公务时，所需要的各种程序和方法，及对他们所实施的有效管理与指导的制度。"[3]

---

[1] ［德］马克斯·韦伯著，林荣远译：《经济与社会》，商务印书馆1997年版，第275页。

[2] （明）方孝孺：《逊志斋集》（卷三），宁波出版社2000年版。

[3] W. F. Willoughby, *The Principles of Public administration*, The Bookings Institution, Washington, D. C., 1927, p. 221.

赛蒙（H. A. Simon）认为："广义上讲，一切行政都是人事行政，因为行政所研究者，就是人的关系与行为；而狭义上讲，是指组织中工作人员的选用、升迁、调转、降免、退休、训练、薪资、卫生、安全及福利诸事宜。"[1]

狄马克（M. E. Dimock）认为："人事行政就是机关的人事功能，其工作是与招募、任用、激励、与人员的训练有关的事务，目的在增进人员的士气与有效性。"[2]

赖格罗（F. Nigro）说："人事行政是新进人员的选拔与原有人员的运用的一种艺术，因此可使机关人员工作的质与量达到的境界。"[3]

史陶尔（O. Glenn Stahl）说："人事行政是组织中与人的资源有关的一切事务的总体。"[4]

台湾地区学者张金鉴认为："人事行政就是一个团体或机关为完成既定使命，对其工作人员作最适切最有效的选拔、使用、养育、维护时代所需的有关知识方法与实施，其目的是在使'人尽其才'，即人的内在潜能的最高发挥与利用，使'事竟其功'，即以最经济的手段获得最大的效果。"[5]

综合上述观点，我们可以看出人事行政的含义至少有以下五层意思：

第一，人事行政主要是指行政机关中与公务员有关的各种制度、政策及管理方法。

第二，人事行政涉及公务员的心理状况，要既讲科学，又讲艺术。

第三，人事行政是研究如何发挥行政机关中公务员的人力资源以达到最高利用率的一种知识。

第四，人事行政是行政机关完成使命和任务的前提条件。

第五，人事行政追求"人尽其才"和"事尽其功"的境界。

由此可见人事行政是政府行政机关为完成其任务与使命，对其所需的人员按照国家法律、法规对其所作的选拔、任用、培育与管理的一套完整的制度。人事行政可以包括职位人事行政和管理人事行政两大类。职位人事行政主要包括：公务员的职位构成、职位确定和职位变迁，具体包括：公务员的职位分类；公务员的考选、任用、升迁、调转、退休与离职；公务员的培训等内容。管理人事行政

---

〔1〕 H. A. Simon, D. W. Smithburg, &V. A. Thompson, *Public Administration*, Knoof, N. Y. 1950, p. 342.

〔2〕 M. E. Dimock & G. O. Dimock, *Public Administration*, 4th ed., Rinehart, N. Y. 1969, p. 216.

〔3〕 Felix Nigro, *Public Personnel Administration*, Holt, Rinehart J. Winston, N. Y. 1959, p. 36.

〔4〕 O. G. Stahl, *Public Personnel Administration*, 5th ed., Harper J. Row, N. Y. 1962, p. 15.

〔5〕 参见张金鉴：《行政学典范》（修正版），台北中国行政学会1979年版，第422页。

主要包括：公务员的薪资与待遇（财务管理）和公务员的日常管理与奖惩（行为管理）等内容。

公务员组织法就是对公务员职位人事行政制度的法制化、规范化，主要包括公务员选拔、任用、培育等方面。职位人事行政关系就是公务员在选拔、任用、培育过程中与国家、行政组织和其他公务员形成的各种关系。按照调整的关系不同，公务员组织法又可分为公务员与国家关系法、公务员与行政组织关系法以及公务员分子关系法三个子系统。

二、公务员组织法的特点

（一）政治性与法律性的结合

从公务员组织法的发展历史上看，英国从 17 世纪到 19 世纪实行"恩赐官职制"，后来随着议会和政党制的发展产生"政党分肥制"，再后来是 1805 年，采纳了"政务官"和"事务官"的区分。正如 1820 年自美国总统安德鲁·杰克逊提出的"敌人的赃物应当属于胜利者，官职应当属于选举的胜利者"的口号，到以后的五十多年里，美国一直实行的是"政党分赃制"。即在重新组织政府时，凡与政党关系密切者，纵然是无能之辈，也能被执政党领袖任命为重要职位，执政党领袖利用重新组阁与任命官员的权力，培植自己的亲信，排斥异己，巩固自己的执政地位。[1]日本在 1885 年之前，一直实行的是带浓厚封建色彩的太政官政，二战前文官制度中则认为官吏，其身份属于天皇，作为一个官吏，对天皇及天皇政府必须绝对效忠，并以天皇的名义来支配和统治人民。所以各国早期的公务员组织法具有极强的政治色彩，是统治集团实施统治的有效工具。

尽管现代公务员制度的形成和发展，充分体现了民主、平等、公开等法律原则，也标榜公务员应"政治中立"，但是其目的无非是在多党激烈竞争的政治环境中，避免由政党更替所造成的工作混乱和官员队伍的动荡不稳，使业务类公务员不卷入党派斗争之中，以保证政策的连续、政府的稳定和提高工作效率。但实际上，无论哪个国家的公务员都必须绝对效忠政府，全心全意为政府服务，况且公务员，特别是高级公务员是国家机器的一个重要组成部分，如：政务官随政党共进退的制度保持至今，说明了作为调整公务员职位的构成、确定和变迁的各国公务员组织法，为了本国统治集团利益，具有很强的政治色彩。

法治化是国家公务员组织制度的重要特征之一，各国在建立和健全公务员组织制度的过程中，先后制定了一系列的法律、法规，但各国的立法模式又不尽相同。一种是既有以公务员总法为支撑，辅之以各种有关公务员组织法的补充法

---

〔1〕 参见应松年主编：《公务员法》，法律出版社 2010 年版，第 7 页。

规、条例与实施细则，大多数国家采纳此立法模式，如美国、法国、日本和德国等。另外一种是没有公务员总法，但是由若干公务员组织法的单行法规构成，比较典型的是英国。我国属于第一种立法模式，除了有公务员总法外，在职位分类、确定和变迁等方面，我国都出台了一系列法规和规章予以规范。

（二）程序性与实体性的结合

公务员组织法既包含程序性内容，也包含实体性内容。如在公务员的录用中公务员招收的条件、原则、考试的资格、考试的种类和主考机关等是实体法范畴，而考试的方法则是程序法范畴；职位分类中规定公务员职位的分类是实体法范畴，职位分类的程序则是程序法范畴；公务员培训中有关培训的条件和原则是实体法范畴，如何实施培训则是程序法范畴；在公务员的升迁、调转和离退职中，各种情况的条件和法律后果属于实体法范畴，而职位变化的程序则是程序法范畴。

（三）静态性与动态性的结合

法律的最主要特征是可预期性，法律存在的价值也便是它的稳定性。一部朝令夕改的公务员组织法，不利于形成一个精干、高效的公务员构成的精英阶层。

从世界范围看，经济全球化趋势继续发展，科技进步日新月异，综合国力竞争日趋激烈。自 20 世纪 80 年代以来，西方发达国家先后开始了"新公共管理"运动，重塑政府，改进服务，已成为世界性的潮流。在管理思路上，引入市场机制和企业管理经验，坚持顾客导向，突出绩效，坚持以人为本，关注职业发展等等。从国内看，我国已全面建成小康社会，实现第一个百年奋斗目标，已经开启全面建设社会主义现代化国家新征程，向第二个百年奋斗目标进军的新的发展阶段。社会主义市场经济体制逐步完善，民主法制建设不断深入，人民群众对政府服务的期望增强，特别是加入世界贸易组织以后，对我国政府管理工作提出了新挑战，对公务员队伍素质提出了新要求，对公务员管理提出了新课题，对健全和完善一部开放、先进的公务员组织法也带来了前所未有的困难。

我国在实行国家公务员制度以来，总结的一条基本经验是：坚持符合实际的公务员制度推行方法，使公务员组织制度建设稳中求进。在推行中正确把握改革、发展、稳定的关系，在保持稳定的前提下，采取整体推进，突出重点，分步到位的方法，根据各项改革的难易程度和基础条件，针对人民群众关心的重点难点问题，一年一个突破口，逐步达到目标，使推行工作有计划有节奏平稳地进行。这条经验必须一以贯之，才能在健全国家公务员组织法的过程中，做到动静结合，与时俱进。

（四）科学性与艺术性的结合

离开了公务员，行政无法展开。随着科技的发展，行政管理愈来愈专业化、技术化程度日趋加强，技术性问题也越来越多，如产品质量鉴定、环境监测、公共工程验收以及信息资料处理等。行政专业化、技术性程度的提高，也对职位人事行政管理提出了许多新问题。比如如何进行科学的职位分类；如何选拔一些专家性公务员；如何科学创新考录工作机制，积极探索党政机关考录紧缺急需的高层次人才的新途径；如何加强基础建设，提高考试水平，增强考试的科学性，保证考录工作更加公正；如何加强考试录用的专家队伍建设，开发人才测评的先进技术和方法，增加考试录用的技术含量等，都要求公务员组织法作出科学的规范。

公务员组织法是一门研究如何"求才、用才、育才和留才"的学问，涉及公务员的心理、信仰以及行为科学的诸多方面。现代公务员组织法具有很强的艺术性：首先，在职位确定上，要考虑选用的公务员既不能过多，也不能过少，要做到人人有定事，事事有定人；其次，要保持公务员与国家、政府的合理关系及和谐的精神与情绪；最后，要坚持以人为本，消除公务员在涉及自己职位上，身心所遭遇的不良与不适待遇，以使其才智得到最大的发挥和利用。正如马克斯·韦伯所言："属于那种统治实体的人员圈子，对于被统治的'群众'拥有统治的地位，这种地位在其存在之中是建立在最近称之为所谓的'少数人的优越性'的基础之上的。"[1]在保持公务员这种"少数人优越性"的意义上讲，公务员组织法是一门艺术性很强的学问。

三、公务员组织法的地位

（一）在公务员法中的地位

公务员组织法是公务员法的组成部分之一，在公务员法体系中占有重要地位。

1. 公务员组织法是行政法，尤其是公务员法的基本组成部分。公务员法主要是调整公务员职务关系的法律规范，从行政的过程看，行政可分为对行政的组织阶段和行政权的运作两个部分，这两部分中作为直接行使行政权的人——公务员是最积极的因素。如何根据行政需要设定职位分类，如何选拔、使用和培训公务员，如何规范公务员的职务升迁、调转和离退职，都需要法律的规范。另外，公务员在行政过程中如何对其职务行为进行考核、考评和定责，如何保证公务员对行政权的正当使用，同样需要公务员行为法和监控法来规范。因此，公务员法

---

〔1〕〔德〕马克斯·韦伯著，林荣远译：《经济与社会》（下册），商务印书馆1997年版，第275页。

包含三大部门，即公务员组织法、公务员行为法和监控法。公务员组织法是公务员法的基本组成部分。

2. 公务员组织法是公务员行为法和监控法的前提和基础。公务员组织法的缺位，往往会造成行为法和监控法的紧张。举例来说："吏治腐败"是当前各国最大的腐败，是其他形式腐败的催化剂，如果没有按公务员组织法对公务员职位的取得、确定和变迁严格规范，很可能人民的公仆就会变成恶奴，即使公务员行为法和监控法能正常实施，也往往超过其负荷量，尤其会造成监控法的异度紧张。

3. 公务员行为法和监控法往往会对公务员组织法产生影响。近年来，国家出台了一系列关于公务员纪律和行政处分方面的规定，加强了对公务员的有效监督。据统计，2007 年 11 月至 2012 年 6 月，全国各级纪检监察机关 5 年累计共接受信访举报 660.6 万余件（次），立案 64.3 万余件，结案 63.9 万余件，给予党纪政纪处分 66.8 万余人。[1]通过按照行为法和监控法处理违纪公务员，落实了有关组织法中有关职位变迁的规定，强化了制度约束，规范了公务员的行为。同时，为严肃行政纪律，保证国家公务员遵纪守法，依法行政，恪尽职守，勤政廉政，颁布实施了《国家公务员行为规范》，明确规定了公务员应该做什么，不应该做什么；提倡什么，禁止什么。结合公务员行为法的有关规定，进一步推进和规范竞争上岗，真正把那些思想政治素质好、有能力、肯吃苦的人选拔到公务员队伍的重要岗位上来，把那些不胜任现职的公务员从这些职位上调整下来，这样就有利于提高选人质量，践行公务员组织法的宗旨。

（二）在推行公务员法实践中的作用

公务员组织法在推行公务员法，在实施行政法治中起着重要作用。实践深刻表明，我国的公务员组织法适应社会主义市场经济需要，符合社会主义政治文明的发展方向，既体现优良传统，又具有时代特征。公务员管理逐步步入了法治化、规范化和科学化的轨道，政府机关人事管理工作实现了由适应计划经济的管理体制到适应社会主义市场经济体制的跨越。

1. 竞争激励机制运行良好得益于科学的公务员职位确定法。"凡进必考"的考录工作全面铺开。在"进口"处，坚持"凡进必考""统勺统配"的用人方式逐步成为历史。各地在考录实践中，坚持公开、平等、竞争、择优，打破身份、地域限制，坚持德才兼备、以德为先，坚持五湖四海、任人唯贤，坚持事业为

---

〔1〕　参见 http：//www. sxworker. com/e/wap1/show. php？ classid＝12&id＝20356，最后访问日期 2021 年 6 月 28 日。

上、公道正派，突出政治标准，注重工作实绩；坚持公开考录政策、录用计划、资格条件、考试成绩和录用结果，人们形象地把"五公开"称为"玻璃房子里的竞争"。

2. 新陈代谢机制平稳运行。畅通"出口"是人事制度改革的一个重要问题，也是一个难点问题，它主要解决"能进不能出"的问题。只有不断有新人进得来，不适合的人出得去，机关才有活力，才能引入管理学上的"鲶鱼效应"，否则就会死气沉沉。畅通"出口"是通过辞职、辞退、退休等公务员职位变迁法的推行来保障的。如此一来，既尊重了个人选择职业的权利，又强调了严格管理，促进了人才资源的合理配置，而且形成了行政机关新陈代谢的良性循环。

3. 职业开发机制成效明显。实践证明，市场经济越发达，知识经济越发展，国际竞争越激烈，公务员培训工作就越重要。公务员是重要的人才资本，公务员培训是对政府工作最有效的长期投资，是建设高素质、专业化公务员队伍的有效途径，是优化公务员队伍知识结构和学历结构的重要手段。目前，已基本建立专门的公务员培训机构对公务员进行分类分级培训，培训内容以初任培训、任职培训、专门业务培训、更新知识培训和专门业务培训为主要形式。公务员培训的基础建设逐步完备，公务员培训规模明显扩大，公务员培训服务于政府中心工作的作用不断增强。

第二节　公务员组织法的功能

一、确立公务员与国家关系的功能

公务员组织法通过规范公务员职位的构成、确定和变迁，建立起公务员与国家的关系，公务员在国家中的地位、公务员对国家的基本义务、国家对公务员基本权益的保障等几个方面的内容。其中最重要的是公务员的忠诚义务制度，这项制度在不同的国家有不同的内涵。

第一，忠诚义务的性质。德国学者威克特·伊能堡（Victor Ehrenberg）早在19世纪中叶时就指出，忠诚是指二个人间所产生的关系，一个人负有义务，以其最好的智、能，以言、行来增益他方。这个忠诚的义务，即可产生积极及消极之作为，也就是说，依义务人之见，一切有利于被效忠者的行为，义务人皆应去完成；反之，如果一切有害于被效忠者的行为，义务人即负有不作为的义务。[1]一般而言，公务员的忠诚义务，实质上是服从义务，也是忠实地履行职务的义

---

〔1〕　参见陈新民：《德国公法学基础理论》（上），山东人民出版社 2001 年版，第 216 页。

务。那么这项忠诚义务，属于什么性质呢？是一项道德义务呢？还是一项法律义务？德国学者雷恩（Hermann Rehm）认为公务员的义务只负有三种"纯粹的法律义务"，即职务义务、保守职务秘密的义务和保持品位的义务，忠诚义务，仅是良知义务，而非法律义务，所以不能对公务员产生法律上的拘束效果。[1]另一公法学者拉班德（Paul Laband）认为，公务员的忠诚义务，是具有一个"强烈的伦理性质"。但德国法律实务界却认为：公务员的义务，不只是在诚挚地执行勤务，即在职务内外，为保持品位的行为，而是每位公务员皆负有特别的服从及忠诚义务。这种义务，是自一任命之后即产生，无须待其他法律的明白规定，这种义务当然是法律义务。

第二，公务员忠诚的对象。在德意志帝国时代，公务员只是对国王（国家元首）的个人负有效忠及服从义务，而对于国家的宪法，只负有竭诚尊重的义务；在魏玛宪法时代，自由主义的忠诚理念得以确立，但是宪法条文未明确公务员的忠诚义务，到后来希特勒上台以后，1937 年的公务员法规定公务员的忠诚义务只针对元首一人；二战后，德国确立的基本法和公务员基准法，规定了民主时代的公务员只对宪法尽忠诚义务。《日本国家公务员法》第 96 条和《地方公务员法》第 30 条规定：公务员作为全体国民的服务员，为公共利益执行勤务，在推行职务时，必须倾其全力专念于该职务。可见日本的公务员忠诚于全体国民。我国在 1954 年《宪法》第 18 条中规定："一切国家机关工作人员必须效忠人民民主制度，服从宪法和法律，努力为人民服务。"我国 1982 年《宪法》第 27 条也要求"一切国家机关和国家工作人员必须依靠人民的支持，经常保持同人民的密切联系，倾听人民的意见和建议，接受人民监督，努力为人民服务。"《公务员法》第 14 条第 1～4 项也规定了公务员的忠诚义务，明确了其忠诚的对象："（一）忠于宪法，模范遵守、自觉维护宪法和法律，自觉接受中国共产党领导；（二）忠于国家，维护国家的安全、荣誉和利益；（三）忠于人民，全心全意为人民服务，接受人民监督；（四）忠于职守，勤勉尽责，服从和执行上级依法作出的决定和命令，按照规定的权限和程序履行职责，努力提高工作质量和效率"。

第三，公务员忠诚义务的形式表示——誓词。誓词往往是初获职位的公务员表达忠诚义务的重要形式，当然在以后的职位变迁中，往往也会通过誓词表示对国家宪法和人民的忠诚。誓词有无产生法律义务的效力呢？在德国魏玛宪法时代，一般认为联邦总统颁布的誓词是合宪的，是可产生法律效力的。日本

---

[1]　参见陈新民：《德国公法学基础理论》（上），山东人民出版社 2001 年版，第 218 页。

在二战后引进服务宣誓制度，宣誓的方式由政令或条例规定，宣誓是新成为公务员者进行的，但其没有宣誓，对任命行为并没有直接的影响。[1] 2016 年，我国人力资源社会保障部、国家公务员局在《"十三五"行政机关公务员培训纲要》中提及要制定实施初任培训大纲，规范新录用公务员宣誓工作。2018 年修订后的《公务员法》明确了宣誓制度，其第 9 条规定："公务员就职时应当依照法律规定公开进行宪法宣誓。"这意味着如何建立和完善我国的公务员宣誓制度，增强公务员的使命感、责任感和荣誉感，已经成为我国公务员制度的重要命题之一。

第四，公务员忠诚义务的实质内容——执行职务时的行政中立和执行职务以外的克制原则。行政中立（administrative neutrality），西方学者在使用这一名词时，未明确其定义，一般来说是指政府文官体系中的行政人员，对于政党政治运作采取中立的立场。行政中立是在美国分赃制度的背景下产生的，学术界则是起源于威尔逊（Woodrow Wilson）对于政治与行政的二分理论。因此，行政中立的基本观点认为政务官是政策决定者，并随政党轮替而起伏；而应对政党或政策保持中立立场者，则仅是负责忠实地执行政策的行政事务官。所以行政中立亦指文官体系中行政人员在其执行职务时，在政治上保持中立的态度与立场。

一般说来，对于行政中立较为现代的界定认为负责执行层面的常任文官，基于为全体国民的服务者，处理公务自应公正平衡，不得偏袒。所以，行政中立系指行政人员于执行公务时对政治团体或政治活动、利益团体、个人价值理念的中立。由于公务员必须对政治团体或政治活动中立，遂产生所谓公务员政治中立的问题。

因此，严格而论，行政人员执行职务时的政治中立，必符合行政中立的范畴，但若谓行政中立，则并不必然就等于政治中立。

经常有人认为，正因为目前行政中立只是一个学理名词，故公务员只有依法行政的原则要遵守。并且，公务人员只要严守依法行政原则，便自然符合行政中立的原则。然而，依法行政只能算是行政中立的内涵或要素之一，因为只是依法行政，未必就是行政中立。

简单来说，依法行政是从民主的法治原则所导引出的结论，而行政中立则是在政党政治与民意政治下，涉及政党竞争是否公平与人民自由意志是否能充分表达等情形。更进一步来说，依法行政强调的是依照民主程序所制定的法律来行政，涉及的是行政权力行使是否具备合法性（legality）的层次。而行政中立则是

---

[1]　参见［日］盐野宏著，杨建顺译：《行政法》，法律出版社 1999 年版，第 722 页。

在政党政治与民意政治前提下，为了促进民主之实践与民意政治之体现，而强调政党竞争是否公平及民意是否招致官僚体系所扭曲，以至于影响政权正当性（legitimacy）之层次问题。

公务员要对国家宪法和人民尽忠诚义务，在现代政党制度中，公务员必须不对任何政党"偏私"，因此，公务员是对上忠诚，对外（内）中立。所谓对外，系对公务员体系以外的各个政党，一视同仁；所谓对内中立，也意味着行政部门对内应对各个政党的价值，作中立的判断。这种公务员的不偏性，在一般事务类公务员较易实现，但在政务官中就存在着重重困难。[1]法国公务员法认为：在执行职务时，公务员没有表达自由，不能发表和政府相反的意见。因为行政组织是一个层级结构，为了公务的顺利实施不能破坏组织系统。公务员不应当利用自己的职位作为宣传某种观点的工具。公务员必须在各种不同观点之中保持中立态度，忠实地执行政府所规定的政策，不掺杂自己的爱好。公务员不能作任何行为，包括其言论，使人怀疑他对现行政制的忠诚。[2]

同西方的文官制度相比，中国实行的是共产党领导的多党合作和政治协商制度。中国共产党和各民主党派长期共存、互相监督、肝胆相照、荣辱与共，各民主党派都是参政党，在国家重大事务上，共产党与各民主党派平等协商，共议大政，不存在相互斗争，因而公务员没有必要搞"政治中立"。公务员在公务活动中，要认真执行党的路线方针政策，在政治上、思想上与党中央保持一致。公务员不仅可以参加政党及政治活动，而且应该积极关心和参与国家的政治生活。我国的公务员组织法在规定公务员与国家的关系上具有以下鲜明特征：一是坚持四项基本原则，坚持党的基本路线，而非政治中立；二是坚持党管干部的原则，而非超越党派；三是坚持德才兼备的用人标准，并把政治素质放在首位，而非仅强调个人能力；四是坚持为人民服务的宗旨，而非特殊利益集团；五是坚持统一管理，强调公务员是一个整体，没有"政务官"与"事务官"的划分。

公务员在执行职务以外，在原则上享有表达自由的权利，可以用文字、语言或其他身体行为发表自己的意见，可以作为政党的会员和干部。但公务员的表达自由不能和一般公民完全相同，公务员在执行职务以外也要保持一定限度的克制态度，不能用激烈的言词攻击政府和自己的主管上司，要受到公务员的品位原则（即要注意自己国家公务员的形象和可信赖利益的保持）的限制。过分的言词出自公务员之口和出自一般公民的影响不一样，它足以破坏政府的威信。公务员在

〔1〕　参见陈新民：《德国公法学基础理论》（上），山东人民出版社2001年版，第238页。
〔2〕　参见王名扬：《法国行政法》，中国政法大学出版社1988年版，第275页。

执行职务外的缺乏态度，可能引起纪律制裁。[1]

二、确立公务员与行政组织关系的功能

公务员与其供职的机关——行政组织的关系在行政法学史上经历了从特别权力关系到公法上的职务关系的转变。

第一，早期公务员与行政组织的关系被视为是一种特别权力关系。在德国，此理论源自德意志中古时期领主与其家臣之关系，传统学说往往将权力关系分为一般权力关系和特别权力关系。一般权力关系是指自然人服从国家或公共团体的一般统治权而形成的一般统治关系，即行政法上的一般权力关系；特别权力关系，又称特别服从关系，即非依据一般统治关系而产生的权力关系，而是根据特别的法律原因而发生的特别权利义务关系，它表现为一方有命令强制的权利而他方有服从义务的支配性法律关系。[2]传统特别权力关系理论认为在特别权力关系内，排除依法行政原则，尤其是法律保留原则的适用。作为特别权力主体的行政机关，即使欠缺个别具体的法律根据，亦得对于处特别权力关系内部的人发动公权力，加以命令强制并实施必要的业务。

根据日本室井力先生的概括，特别权力关系的具体情形有以下几种：①公法上的供职关系（公务员的任职关系）。②公法上的营造物利用关系（国立或公立学校的学生在校关系、国立或公立医院的患者住院关系、服刑者或拘禁者的收容关系）。③公法上的组合关系（土地改良区与互助员的关系等）。④公法上的特别监督关系（电或煤气等所谓国家对特许企业者的监督关系）。[3]

具体到公务员和行政组织间的特别权力关系，一般认为有以下法律特征：①公务员与其供职的机关—行政组织间的地位不对等。②公务员的义务不确定。公务员对行政机关是概括性的权力服从关系，凡行政机关的命令均应服从。③行政机关对公务员的权利限制。基于法律规定或者当事人合意或者紧急事实之需要，对公务员作为一般公民享有的权利可以进行限制。④行政机关对公务员有惩戒权。行政机关拥有概括的支配权（命令权、惩戒权）对违反义务的公务员，得加以惩罚。为实现特别权力关系的目的，即使无具体法律的依据，行政机关对公务员也可单方施行命令或强制，并且对违反义务的可以施加惩罚或惩戒。⑤公务员与行政机关不得争讼。有关特别权力关系事项，既不得提起民事诉讼，亦不能提起行政诉讼为救济手段，即该事项原则上不受司法审查。

---

〔1〕 参见王名扬：《法国行政法》，中国政法大学出版社1988年版，第276页。

〔2〕 参见张载宇：《行政法要论》，台北汉林出版社1977年版，第76页。

〔3〕 参见［日］室井力主编，吴微译：《日本现代行政法》，中国政法大学出版社1995年版，第39页。

特别权力关系论是 19 世纪末德意志立宪君主国的理论产物，现在德国、日本对特别权力关系论有强烈的批判，认为应解体特别权力关系，而将其作为一般权力关系看待，例如德国法院已否定特别权力关系论，法治原则同样应适用于该类关系。

第二，随着现代行政法治的发展，大陆法系的公务员与行政组织间的关系逐渐形成一种新型的公法上的职务关系，日本法上也称为公法上的勤务关系。而英美法系国家公务员和行政机关的关系采取雇佣合同关系，这种关系是一种私法关系。我国学者大都倾向于将我国的公务员与行政组织的关系看作是一种内部行政管理关系，实质上也是公法上的职务关系，这种关系是行政机关与所属的公务员之间因内部行政管理活动而形成的权利义务关系。这种关系有以下特点。

（1）公务员在这种关系中享有法律规定的特定权利并承担相应义务，即这些权利和义务是公务员在内部行政管理活动中，依照有关公法才能享有或履行。当公务员作为普通公民，或以公务员的身份进行对外行政管理活动时不能享有这些权利，也无须履行这些义务。在日本，有学者认为，依照公务员法，关于公务员的工资、勤务时间及其他勤务条件，不是采取契约方式，而是采取了以法令规定为原则的所谓勤务条件法定主义。[1]

（2）公务员依据公务员组织法的有关规定，享有与其职位相称的权利义务。如我国《公务员法》第 15 条第 7 项规定公务员有权"申请辞职"，即公务员有辞职的权利，当公务员由于主观或客观原因不愿意继续担任公职，可要求重新选择职业。这种权利是普通公民无法享有的，而公务员要辞职也只能向其所在的行政机关提出，不能向外部行政法律关系中的行政相对人提出。由此可见，公务员的辞职权是公务员在内部行政法律关系中一项特有权利。就其义务而言，我国《公务员法》第 14 条第 7 项规定了公务员有清正廉洁，公道正派的义务。清正廉洁，公道正派作为道德要求对任何公民都适用，但作为一项法定义务却仅是对于特定身份的人提出的，公务员就是其中一类。当然政府通过修改法律改变公务员职位的内容时，公务员不能主张某种法律的存在是其既得权利，或要求政府予以补偿。

（3）公务员是职务关系的实际参加者，并受内部行政行为的约束，在这种法律关系中，公务员是以个人名义与行政机关之间各享权利，互相承担义务，如行政机关要保障公务员获得劳动报酬、享受保险福利待遇的权利和参加培训的权利。相对国家行政机关而言，公务员对国家行政机关履行忠于职守，勤勉尽责，

---

[1]　参见［日］盐野宏著，杨建顺译：《行政法》，法律出版社 1999 年版，第 700 页。

服从和执行上级依法作出的决定和命令，按照规定的权限和程序履行职责，努力提高工作质量和效率的义务，而这些义务需要由公务员自己实际履行。

（4）当公务员认为国家行政机关违反公务员法对其合法权益造成侵害的时候，可以向有权机关寻求救济。当行政机关给予公务员行政处分，如给予记过、记大过、降级、撤职、开除或扣除其薪金等，而公务员认为行政机关的这些行为损害了其合法权益，公务员能够以自己的名义向主管行政机关或专门的监察机关申诉解决。[1]

三、确立公务员构成系统的功能

公务员组织法具有确定公务员群体中各公务员间关系的功能，这一功能的实现，是通过设定行政机关的职位和公务员的职务来达到的。国家职务是统治者为了有效地实施国家和社会管理而设置在各种国家机关中具有法定权利和义务的国家公职。这就是说，国家机关进行有效的管理，必须设置部门，每一部门中又要划分若干层次，从而形成一个网状管理体系。在每一层次中根据各自的任务而设置不同等级的岗位，即职位，它是责任和任务的统一体，在国家机关中所设置的这个职位被赋予一定的工作任务就是职务。由此可见，我们观察国家公职可以有两个不同视角：用于国家机关组织时称职位，旨在强调国家管理职能，通过不断分解和具体化，最后形成的在一定范围和程度上能独立行使国家权力、执行国家公务的最小单位；当它用于任职的公务员时，称职务，旨在强调处在这个职位上的公务员应当完成的工作任务即担负的职责和使命。[2]公务员组织法正是通过设定行政机关的职位和规定公务员的职务，将公务员整合成一个有机的系统。

根据职位的划分和职务序列，公务员间可以形成以下关系：其一，领导关系。下级公务员在执行职务时服从上级命令，是公务员制度的组织原则。上级公务员的命令可能是抽象性的一般命令，例如行政机关内部的命令。可能是针对特定的人或事的具体性命令。不论哪种情况，下级公务员都必须服从。但若上级公务员的命令违法时，下级是否必须服从？可能采取两种态度，第一种态度是坚持法治原则，认为遵守法律是公务员的责任，公务员对违法的命令有不服从的义务。第二种态度是坚持公务员制度的组织原则，认为下级公务员服从上级是一个法律原则。下级公务员不服从上级命令，这个行为本身是违法的。这两种态度都有缺点，严格采取第一种态度，势必会削弱公务员的组织系统，不利于公务的执行。严格采取第二种态度，势必造成上级专横，甚至可以利用行政组织达到个人

---

〔1〕　参见邝少明："公务员在行政法中的地位探讨"，载《广东行政学院学报》2000 年第 6 期。

〔2〕　参见朱庆芳、初尊贤主编：《公务员法概论》，法律出版社 1992 年版，第 122 页。

目的。法国判例采取一种折中主义态度，公务员原则上必须服从上级命令，如果上级命令明显严重违法时，不应当服从。[1]我国《公务员法》第60条规定："公务员执行公务时，认为上级的决定或者命令有错误的，可以向上级提出改正或者撤销该决定或者命令的意见；上级不改变该决定或者命令，或者要求立即执行的，公务员应当执行该决定或者命令，执行的后果由上级负责，公务员不承担责任；但是，公务员执行明显违法的决定或者命令的，应当依法承担相应的责任。"其二，协助关系。一般副职领导职务的公务员要协助正职负责某方面的工作，副职要接受正职的领导。其三，合作关系。非具有领导职务的公务员间在执行职务时形成一种合作关系。当然，为了完成某项具体任务，可能会由于共同上级公务员的指定，不同的公务员形成一种暂时的领导关系或协助关系，这不是由于职位的划分形成的关系。

第三节　公务员组织法的构成

一、公务员与国家关系法

公务员与国家的基本关系应该在宪法、行政法与行政诉讼法及公务员总法中得到厘定，似应包括如下内容：公务员在国家中的地位、公务员对国家的忠诚义务、国家对公务员基本权益的保障等几个方面。

第一，公务员在国家中的地位。在与国家的关系上，公务员具有多种身份，不同的法律身份又决定了其不同的权利与义务，一般来说，公务员具有三种身份：一是普通公民。该法律身份随自然人出生并具有国籍而取得。公务员是公民中的一部分，其作为普通公民，仍享有宪法、法律所赋予公民的各项权利，并承担各项法定义务，既可以民事主体的身份从事相关活动，也可以行政相对人的身份出现。当以行政相对人的身份出现时，与其他行政相对人具有同等的权利与义务。二是国家公务员。这种身份在其进入国家公务员队伍时取得，离开公务员队伍时丧失。在依法离开国家公务员队伍之前，其法律身份是稳定的，只要是公务员，无论是否在执行公务，都享有法律规定应当享有的权利和承担的义务。国家公务员此时对应的主体是所属的行政机关，与行政机关之间构成公法上的职务关系。三是行政主体的代表。该法律身份是公务员代表行政机关执行公务，与行政相对人发生行政法律关系时所具有的。公务员对外管理时不具有独立的法律地

---

[1]　参见王名扬：《法国行政法》，中国政法大学出版社1988年版，第287页。

位，只能以所代表的行政机关的名义，代表行政机关行使职权。[1]

第二，公务员对国家的忠诚义务。这是二者发生关系的前提，从报考公务员的基本条件来看，根据《公务员法》第13条第3项的规定，拥护中华人民共和国宪法，拥护中国共产党领导和社会主义制度是报考公务员的有关人员必须具备的基本条件，而且也是以后进入公务员队伍后所必须具备的政治立场。这是我国公务员制度区别于西方文官制度的一个显著特征。我国的政治制度要求公务员必须在政治上与党保持一致，必须拥护社会主义。

第三，国家对公务员基本权益的保障。公务员获得职位后，只要履行其忠诚基本义务，国家就应对其基本权益充分保障。具体包括：①维护公务员的人格尊严、宪法规定的基本权利。如果执行职务时有克减基本权利的必要，须依法律进行限制。②公务员身份的保障。公务员的职务和职级应予保障，非依法律不得限制或剥夺。③公务员的职位平等权。公务员在获得职位、职位变迁时不得考虑性别、财产、出身、民族等因素。④国家保障公务员参与国家政治生活的权利。⑤国家保障公务员的经济社会权益。《公务员法》确立了公务员有获得工资报酬，享受福利、保险待遇等权利。⑥国家健全公务员的权利救济制度等。

二、公务员与行政组织关系法

公务员与行政组织关系法主要调整公务员在公法上的职务关系产生、变更和终止。

第一，职务关系的产生。《公务员法》第23条规定："录用担任一级主任科员以下及其他相当职级层次的公务员，采取公开考试、严格考察、平等竞争、择优录取的办法。"第40条第1款规定："公务员领导职务实行选任制、委任制和聘任制。公务员职级实行委任制和聘任制。"人事管理实践中，公务员与行政机关职务关系的产生主要有以下几种：

（1）考任。这是指通过各级竞争考试程序，来录用国家公务员，这是我国目前职务关系产生的最重要的途径。

（2）选任。这是指通过公民直接选举或通过权力机关间接选举的方式产生国家公务员，这种方式只适用于公务员领导职务的任用。担任这些职务的国家公务员分别由权力机关依据宪法和有关组织法选举产生，实行法定的任期制。

（3）聘任。这是指以合同形式聘任、依法履行公职、纳入国家行政编制、由国家财政负担工资福利的工作人员。涉及国家秘密的职位不实行聘任制。

（4）调任。这是指国有企业、高等院校和科研院所以及其他不参照公务

---

[1]　参见孟鸿志等：《中国行政组织法通论》，中国政法大学出版社2001年版，第164页。

法管理的事业单位中从事公务的人员调入机关担任领导职务或者四级调研员以上及其他相当层次的职级。调任职级公务员应当主要补充机关紧缺的优秀专业人才。

第二，职务关系的变更。这是指在公务员的身份不变的情况下，由于职务关系的变动而引起职务关系的变更，导致职务关系变更的法律事实主要有：转任、降职、晋升等。

第三，职务关系的终止。这是指发生一定的事实，致使公务员身份丧失，职务关系得以消灭。如辞职、辞退、退休、调动、开除、罢免、判处刑罚等。

三、公务员系统构成法

公务员系统主要是由行政机关编制法来完成的，在某种意义上讲，行政机关编制法就是公务员系统构成法。广义的行政机关编制法是指规定行政机关内部机构的设置和比例，规定包括各级人民政府在内的各行政机关的定员和结构比例的法律规范的总称。具体到公务员组织法中，有关公务员系统的构成主要是行政机关中定员、结构比例及公务员分子间的关系等。

第一，规定公务员的数量定额。从目前我国机构体制改革的推进情况来看，如何控制公务员数量定额，是最核心、最艰难的一项任务。从日本的经验来看，日本在制定一整套行政机关组织法的基础上，还发布了行政机关的总定员令，规定了行政机关的总人数。而且规定定期按一定的比例减少编制，政府要按期向国会报告，接受监督。这种规定行政机构总定员数每年向权力机关报告的制度，是控制编制的有效方法之一，也是建立一个高效、精简的公务员系统的前提。新中国成立以来几次进行机构精简改革，国家工作人员的规模始终没有跳出精简—膨胀—再精简—再膨胀的怪圈，这与我国当下没有一部科学的总定员法有较大的关系。总定员法有利于巩固我们机构改革的成果，在既定的机构体制改革目标的基础上，确定一个总定员数，作为今后编制的最高限额，然后根据实际情况，决定在此基础上每年裁减的比例。

第二，规定公务员的人员结构比例。公务员组织法还应对行政机关公务员的结构比例作出规定。例如：领导职务与非领导职务的比例不该大于1，按现代行政学的观点，一个主管拥有具有直接隶属关系的下级公务员的理想规模是3～7人。确定一个行政机关中公务员的结构比例，应遵照完整统一、协同一致、指挥自如、管理经济、事权确定的原则。

第三，规定公务员分子间的关系。由于行政机关的组织类型不同，导致了公务员分子间关系的不同。一般来说，行政机关可以分为首长制与委员会制，如果一个机关的事权交由一人单独负责处理，则为首长制，而由若干人共同处理，则为委员会制。一般而言，如果是关于行动的、执行的、事务的、技术的、速决的、纪律的事项，具体执行职务的公务员与上级公务员形成一种领导关系；在一些顾问的、咨询的、讨论的、调节的、政策的、设计的事项中，公务员内部应是一种民主的合作关系。当然行政组织还有一些研究性的、勤务性的部门，这些部门中的公务员与一般执行职务的实作机关的公务员形成一种辅助关系。[1]

---

[1]　参见张润书主编：《行政学》，台北三民书局1976年版，第200页。

第六章　公务员职位构成法

政府机关是一台庞大的机器，职位是组成这台机器的基本组件。随着社会的发展，政府职能日益增多，机器的构造也日益复杂。如何科学地设置职位，使政府机关做到人员精简，运转协调，办事高效，是行政界一个探求不息的课题。改革开放前由于实行计划经济，政府直接管理经济和社会各方面事务，部门林立、机构臃肿、人浮于事现象比较严重。20 世纪 80 年代以来，我国政府在对经济体制改革的过程中，先后于 1982 年、1988 年、1993 年、1998 年、2003 年、2008 年、2013 年和 2018 年，进行了八次大的机构改革。在此，我们就公务员职位分类、构成和管理等情况作一介绍。

第一节　公务员的职位分类

职位分类制度是人事行政中一项划时代的制度，美国是实行职位分类最早的国家，目前许多国家的公务员法中采纳了这项制度，但由于具体国情不同，各国在某些做法上也不尽相同。

一、职位分类的概念

我们在明确职位分类（Position Classification）之前，首先应对职位和分类两类的含义予以确定。

（一）职位的概念

美国学者史陶尔（O. Glenn Stahl）认为："职位的特性是职务与责任，其工作需占用某一个人的时间与注意力，可能是实授或空缺，但不可与现任人员相混淆。"[1]

美国另一学者怀特（L. D. White）认为："职位是指个别的文官职务或工作，不管是空缺或实授，须一个人以全部或部分时间去从事的特别职务，或肩负的特定责任。"[2]

---

[1] O. G. Stahl, *Public Personnel Administration*, Harper & Row, N. Y. 1962, p. 151.

[2] L. D. White, *Introduction to the Study of Public Administration*, Macmillan, N. Y., 1955, p. 40.

美国 1949 年的《联邦职位分类法》对职位的解释是："职位是指分派给一个官员或职员的职务与责任。"

我国台湾地区的"公务职位分类法"也认为："职位系分配于每一工作人员之职务与责任。"

我国《公务员法》《国家公务员制度实施方案》虽然规定了我国的职位分类制度，但是对职位这一基本概念法律上尚未明确。一般认为职位这一概念包括以下诸点内容：其一，职位是指公务员所担任的职务与责任，而不是指担任职务与责任的公务员，它是机关组织的最基本单位。其二，职务与责任是由上级主管部门按法律规定依权责分配给公务员所担负的。其三，职务与责任必须由一个公务员所担负，其权责应有一定的范围，如果已有的职务与责任需有两人以上的公务员担负，那么构成两个以上的职位。其四，职位可能是常设的，也可能是暂设的，也可能是实授的或空缺的。职位因工作需要而设置，有的工作需经常有人处理，是常设职位；而有的仅适应临时及紧急需要在短时间即可完成者，则为暂设职位；职务与责任有人来担任时，则为实授，反之则为空缺。

（二）分类的概念

分类是将许多事物，根据其某种特征是否相同或相似，加以分析归纳成为若干类别。它是一种方法，而不是目的，其主要的依据是事物的特征。

（三）职位分类的概念

怀特（L. D. White）认为："职位分类是基于政府和公务员的利益，将公务职位就其所任工作性质、内容及责任，予以准确的定义，有顺序的排列，公平的品评，以作为人事管理上公平处理的基础。"[1]

葛利芬海京（E. O. Griffenhagen）："职位分类就是将归集所得的事实加以分析，以找出公务职位中究竟有多少不同的种类或职级，须在人事管理上作不同处理的一种程序。"[2]

台湾地区学者张金鉴认为："公务职位分类是应用于人事行政的一种方法，将政府机关事务性质的职位，根据工作种类，工作繁简难易，责任轻重及所需资格条件四项分类标准加以分析，整理与品评，以区别其异同。凡此四项分类标准，充分相似的职位，合并为一个类，每类给予定义与说明，以作考选、任用、

---

[1]　L. D. White, *Introduction to the Study of Public Administration*, Macmillan, N. Y., 1955, p. 41.

[2]　E. O. Griffenhagen &Associates, *Report on Clssification and Compensation of Position in the Service of the Commonwealth of Virginia*, *Division of Purchase and Print*, 1937, pp. 5~6, 27~28.

待遇、考核、升迁等人事业务的基础，及其他革新管理的依据。"[1]

我们认为：职位分类是指依据职位的工作性质、繁简难易、责任轻重及所需的资格条件等区分为若干共同特征和运用上便利的类别，以作为人事业务处理基准的科学方法。职位分类的特点系以"事"为中心，以工作鼓励公务人员，强调专才专业、适才适所，非经考试不得升等的功绩制度。主要特征有以下诸点：其一，职位分类的对象是机关的职位，而不是担任职位的具体公务员。职位分类只是职位本身的分类，而非人员的分类。其二，在职位分类上，只是要求工作性质、繁简难易、责任轻重及所需资格条件四个特征的相似，而非完全相同。其三，职位分类的结果，仅在人事管理上应用，应用的目标，是指担任同一类职位的人员，在考试、任用、工资和考核等人事业务上，适用同一标准处理。其四，经由职位分类处理人事业务，可达到简化、公平和确实的效果。就简化来说，如有 1000 个职位，将它分为 50 类，那么这 1000 个职位的公务员考试、任用、工资和考核等人事业务，只要规定 50 种标准即可，不需要为每一个职位的每一个人员去规定 1000 种标准使用。公平是指凡属同一类的职位，人员的人事业务适用同一标准处理，不会有失偏颇。[2]

二、职位分类的功能

职位分类具有如下功能：其一，能够建立起同工同酬、公平合理的工资薪金制度；其二，能够确立起为事择人、考用合一、专才专用的考试任用客观标准；其三，能够使考核标准具体化，做到名副其实、信赏必罚；其四，培训公务员的计划和规划容易制定，有利于人才发展；其五，能够使工作确定，达到人人有定事，事事有定人的效果；其六，办公的预算容易编制和控制，符合经济、高效的原则；其七，能够健全机关组织，有利于达到行政目的；其八，能够改善上级与下属的人际关系，有利于提高行政效率。

三、职位分类的基本方法

（一）我国职位分类的基本原则

我国的职位分类制度是借鉴国外的经验，结合实际情况，既保持职位分类的科学性、客观性，又考虑人的因素，以增加制度的灵活性与弹性。职位分类的实质在于通过科学的分类，最大限度地实现人位相符，报酬相当，节约人、财、物，提高政府机构的工作效率。因此我国职位分类所遵循的主要原则有：

第一，分类管理原则。国家行政机关的职位经过调查给予系统分类，对政府

---

[1] 参见张金鉴：《行政学研究》，台北商务印书馆 1976 年版，第 90 页。
[2] 参见张润书主编：《行政学》，台北三民书局 1976 年版，第 380 页。

的公务员实行分门别类的管理，依工作性质异同、工作繁简难易、责任轻重程度和其所需资格条件的高低来分类，以针对不同等级的公务员，实施不同的标准，分别进行适合其特点的管理制度。

第二，因事择人原则。职位分类是以"事"为中心，视工作的需要来选择适合的人来担任，以做到为事择人、适才适所的精神。为达此目的，职位分类的第一步是职位调查，了解每一职位在机关中的地位、性质、作用、职能、其工作的难易程度、责任轻重和所需的任职资格条件、人员应享有的工资待遇。以此为基础，通过各种途径选拔所需的人员。

第三，随机调整原则。随着社会的发展，政府的管理职能也处在不断的发展变化之中，因此，政府机构及职位也相应地处于变化状态，有的管理功能消失，一些新的功能不断产生，因此职位的分类应适应社会发展对管理的需要及政府机构的变动影响，随时做相应的变化调整。

第四，规范化管理原则。职位分类的操作，要求每一个步骤的结果，都要表述为书面的、规范化的文件，主要有：职位说明书、职系说明书、职级规范、职等标准等。此外，为了保证职位分类工作的正确实施，保障职位分类成果的有效贯彻，往往还要制定专门的职位分类法。所以，实施职位分类，还有利于实现人事管理法制化。[1]

（二）职位分类的基本步骤

根据我国《公务员法》第 16 条的规定："国家实行公务员职位分类制度。公务员职位类别按照公务员职位的性质、特点和管理需要，划分为综合管理类、专业技术类和行政执法类等类别。根据本法，对于具有职位特殊性，需要单独管理的，可以增设其他职位类别。各职位类别的适用范围由国家另行规定。"第 17 条规定："国家实行公务员职务与职级并行制度，根据公务员职位类别和职责设置公务员领导职务、职级序列。"第 20 条规定："各机关依照确定的职能、规格、编制限额、职数以及结构比例，设置本机关公务员的具体职位，并确定各职位的工作职责和任职资格条件。"由此可以看出，职位分类制度是公务员其他制度的基础，是其他各项人事制度的依据。职位分类的具体步骤可以概括为以下两个方面：

第一，职位设置。职位设置是指在对行政机关的职能进行逐层分解的基础上，根据编制数额确定每个具体职位的工作。故可说是职位分类工作的基础和前提及机构编制合理确定的依据，必须加以重视。职位的设置应在行政机关职能、

―――――――――――

〔1〕 参见朱庆芳等主编：《国家公务员管理》，中国人事出版社 1996 年版，第 73 页。

机构、编制皆确定的情况下，做好职能分解，科学合理地做到职能细化、总体评价、优化组合、微观调整、职责到位等。为有效达成明确职位设置的目的，应遵循职位设置与机构规格层次相统一，与人员编制相统一，与机构职能相统一的指导思想。具体有以下几项原则：①必须以"事"为中心，以职位的工作任务、工作性质为依据。②应遵循系统化的原则。③应达到精兵简政，以最少的投入获得最大的效益。④职位层次的设置应与机构的规格相符，尽量能设低级职位的就不要设高级职位，不可搞变相升格。⑤以适当的工作量作为设置某一职位的依据。⑥在设置职位时，既要突出重点，又要兼顾其一般性。⑦分工要明确，以利相互合作，减少相互扯皮的现象。

第二，制定职位说明书。职位说明书是综合说明某一职位的工作性质、任务、职责及任职资格条件等内容的规范性文件。要制定一份完整的职位说明书，须经过职位调查、职位品评、制订职级规范、职位归级列等程序。

（1）职位调查。先要透过实际情况的调查，来了解并获取政府现有职位中职位本身的情况，及其与其他职位间的工作内容和职责权限等实际状况，以此作为职位分类的依据。调查的方法有书面调查法、访问法、观察法、会议法、综合法等。

（2）职位品评。先将每个职系的职位，依工作难易与责任大小次第排列，把每个职系内按次排列的职位，划分若干个职级，再将各职系的不同职级归入相应的职等，最后再制定成职等标准，以表明职责程度高低的区别。职位品评的方法有排列法、因素比较法、评分法、分类法等。

（3）制定职级规范。要将职级的标准与典范作成书面记录，以表明该职级的特征及其与其他职级的区别与联系，作为职位分类情况的具体说明。其内容包含职级名称、职级编号、职级特征、所属职系、所属职等、工作举例、所需资格及专门知识、其他必要事项等。

（4）职位归级列等。即将政府的职位依其工作的性质、工作的繁简难易、责任的轻重及所需资格条件的高低，与职级规范相比较，将之归入适当的职级与职等，再依法加以管理。

这些步骤都完成后，接下来就是要撰写一份完整的职位说明书，而在撰写职位说明书前要注意其实质内容应包含职位名称、所在单位、工作项目、工作描述、所需知识和技能、工作标准等。

四、编制和审定职位说明书

编制和审定职位说明书要求简明、实用。职位说明书原则上由职位任职人员按照本职位的职责填写，在特殊情况下（如职位缺员等）也可由各职位的直接领导或人事部门负责填写。职位的直接领导人员和上级领导人员审核职位说明书。单位人事部门审核职位说明书，报部门领导人员审定。职位说明书经部门领导人员审定后即可作为人员录用、考核、培训、晋升的依据之一。因工作需要，增加、减少职位或改变工作内容，须按上述程序及原则重新制定职位说明书。

第二节　公务员的职位构成

一、公务员的职务序列

职位设置与职务序列密切相关。

（一）我国的职位设置体系

我国是单一制国家，国家行政机构从中央到地方一般为五级，即中央人民政府——国务院、省、（自治区、直辖市）、市（自治州、盟）、县（自治旗）和乡（镇）政府。截至 2019 年 12 月 31 日，全国有 23 个省、5 个自治区、4 个直辖市（未包括台湾地区、香港和澳门特别行政区）、333 个市（自治州、盟）、2846 个县（自治县、市、自治旗、特区、林区）、38755 个乡（民族乡、镇）。[1]

依据《国务院组织法》的规定，国务院的职位构成为：总理，副总理若干人，国务委员若干人，各部部长，各委员会主任，审计长，秘书长。国务院设副秘书长若干人，协助秘书长工作。各部设部长 1 人，副部长 2 ~ 4 人；各委员会设主任 1 人，副主任 2 ~ 4 人，委员 5 ~ 10 人；国务院直属机构和办事机构负责人 2 ~ 5 人。

依据《地方各级人民代表大会和地方人民政府组织法》的规定，省、自治区、直辖市、自治州、设区的市的人民政府分别由省长、副省长，自治区主席、副主席，市长、副市长，州长、副州长和秘书长、厅长、局长、委员会主任等组成。县、自治县、不设区的市、市辖区的人民政府分别由县长、副县长，市长、副市长，区长、副区长和局长、科长等组成。乡、民族乡的人民政府设乡长、副乡长。民族乡的乡长由建立民族乡的少数民族公民担任。镇人民政府设镇长、副镇长。

国务院各部、委员会以及直属机构、办事机构，一般内设司（局）、处两级。省、自治区、直辖市各厅（局）内设处、科。省辖市、自治州政府设局，局内设科。县政府各工作部门是科（局），较大的科（局）内设股（或队）。乡

---

〔1〕 参见中华人民共和国民政部作：《2020 中华人民共和国行政区划简册》，中国地图出版社 2020 年版，第 1 页。

政府原则上不设工作部门，根据职位性质和需要设若干科员或办事员职位。近年来，由于乡镇经济不断发展，基层政府的事务大量增加，不少地方乡政府，内设若干办公室，如农牧林办公室、多种经营办公室、文化教育办公室、社会治安综合治理办公室，等等。

政府的公务员职位从高到低共分为 12 个层次（见下表）。

各级政府的职务及对应关系

中央	省（自治区、直辖市）	自治州（省辖市、行署）	县（自治旗）	乡镇（镇）
国务院总理				
国务院副总理、国务委员				
委员会主任、部长、秘书长、审计长、中国人民银行行长	省长、自治区主席、直辖市市长			
委员会副主任 副部长、副秘书长、副审计长、办事机构主任、中国人民银行副行长、参事室主任	副省长、自治区副主席、直辖市副市长、副省级城市市长			
司长、局长、主任 直属局副局长、办事机构副主任、巡视员	厅长、局长 办公厅主任、副省级城市副市长、巡视员	州长、市长 盟长、专员		
副司长、副局长、助理巡视员	副厅长、副局长、办公厅副主任、助理巡视员	副州长、副市长、副盟长、副专员		
处长、调研员	处长、调研员	处长、调研员	县长、市长	
副处长、助理调研员	副处长、助理调研员	副处长、助理调研员		
主任科员	主任科员	主任科员	局长、委员会主任	乡长、镇长

续表

中央	省（自治区、直辖市）	自治州（省辖市、行署）	县（自治旗）	乡镇（镇）
副主任科员	副主任科员	副主任科员	副局长、委员会副主任	副乡长、副镇长
科员	科员	股长、科员	科员	科员
办事员	办事员	办事员	办事员	办事员

（二）我国公务员的职务序列

职位分为领导职务和非领导职务两个序列。领导职务是指在各级行政机关中，具有组织、管理、决策、指挥职能的职务。领导职务分为正职和副职，副职在正职领导下，协助正职负责某一方面的工作。我国公务员领导职务共10个层次，具体名称是：国务院总理、副总理、国务委员；省长、自治区主席、直辖市市长、部长、委员会主任、署长等；副省长、自治区副主席、直辖市副市长、副部长、副省长、副署长等；厅长、司长、州（盟）长、专员等；副厅长、副司长、副州（盟）长、副专员等；处长、县（旗）长等；副处长、副县（旗）长等；科长、乡（镇）长等；副科长、副乡（镇）长等。

在实际操作中，为了防止领导职位设置过多，我国在总结多年经验的基础上，认为领导职位最高限额是：司（局）一般设司（局）长1人，副司（局）长2人，个别工作任务重或性质特殊的，经批准可增设副司（局）长1人。处的人数多少不一，3人以下处设处长1人；4~7人的处设处长1人，副处长1人（即一正一副）；8人以上的处设处长1人，副处长2人（即一正二副）；人数特别多、下设科（股）室的处，下设股、队的科，副职可适当增加，但最多不超过4个。

非领导职务是指不承担领导责任的职务。设置非领导职务的目的，是为了保持机关人员有合理的结构，同时有利于某些负有较大业务责任、专业技术或业务水平要求高的职位吸收优秀人才。非领导职务共分8个层次。具体名称是：巡视员、副巡视员、调研员、副调研员、主任科员、副主任科员、科员、办事员。

一个机关设什么样的非领导职务，要根据工作性质和机构的规格来定。国务院各部门和省级政府机关可设巡视员到办事员8个层次非领导职务；州、省辖市、行署级行政机关可设置调研员到办事员6个层次的非领导职务；县级国家行政机关可设主任科员到办事员 4 个层次非领导职务；乡镇一般只设科员、办事员 2 个层次的非领导职务。

根据《国家公务员制度实施方案》规定，对非领导职务的数额限制是：国务院各部门的巡视员和助理巡视员职数，不得超过该部门司局级领导职数的1/3，其中巡视员不得超过 40%；调研员和助理调研员职数，不得超过处级领导职务数的 75%。省级政府机关高层次非领导职务职数低于国务院各部门，其巡视员、助理巡视员职数，不得超过厅（局）级领导职务职数的 1/3，其中巡视员不得超过 30%；调研员和助理调研员职数，不得超过处级领导职务职数的 50%。省辖市（自治州）人民政府机关设调研员和助理调研员职数，不得超过处级领导职务数的 1/3，其中调研员不得超过 30%；主任科员和副主任科员的职数，不得超过科级领导职数的 50%。县级人民政府各部门设置主任科员和副主任科员职数，不得超过科级领导职数的 50%。

二、公务员的等级序别

各国公务员制度一般在职位分类的基础上，对公务员进行分级。但不同的国家对公务员进行定级时所强调的重点不同，有的国家强调职位因素，依职位的级别来确定公务员的级别，相对忽视公务员的自身条件。在美国、加拿大等实行职位分类的国家，公务员级别反映的是公务员所在职位的责任轻重和难易程度，与公务员本身资历条件无关，级别不随人变化。责任轻重和难易程度相同的职位划入同一级职级，职位的工作任务和责任不变，职级也不变。其好处是，因事设职，标准客观，能实现同工同酬。

有的国家强调公务员的自身条件，依公务员的身份、经历、学历、资格等自身条件来确定公务员的级别，相对忽视职位因素。如英国等实行品位分类的国家，公务员的级别主要是反映公务员本身的学历、资历等条件，级别随人走，同一职位可由级别不同的人来担任。我国公务员的级别的高低，既体现公务员所任职务的责任轻重和难易程度，又反映公务员资历、学历等素质条件以及工作情况。这是我国公务员制度的一个特色。公务员的级别共分 27 级，分别与公务员的 12 个职务等次相对应。各职务等次对应的级别之间相互交叉。每一职务对应 1~9 个级别，职务越高对应的级别越少，职务越低对应的级别越多。例如，总理对应 1 级；副总理至副部长各对应 3 个级；正司长至副司长各对应 6 个级；正处长至正科长各对应 7 个级；副科长对应 8 个级；科员至办事员各对应 9 个级（见下表）。

级别与职务对应关系

国务院总理	1 级
国务院副总理、国务委员	2～4 级
部级正职、省级正职	4～8 级
部级副职、省级副职	6～10 级
司级正职、厅级正职、巡视员	8～13 级
司级副职、厅级副职、助理巡视员	10～15 级
处级正职、县级正职、调研员	12～18 级
处级副职、县级副职、助理调研员	4～20 级
科级正职、乡级正职、主任科员	16～22 级
科级副职、乡级副职、副主任科员	17～24 级
科员	18～26 级
办事员	19～27 级

我国确定公务员级别，要考虑以下因素：

（1）公务员所担任的职务是领导职务还是非领导职务。职务决定公务员所在的级别范围。每一职务都对应一定范围的级别。如司长对应 8～13 级。那么，如果某一公务员的职务为司长，则他的级别最高不超过 8 级，最低不低于 13 级；科员的最高级别不超过 18 级，最低级别为 26 级。

（2）公务员的资历深浅和学历高低。同一职务层次的公务员，工作经历长、学历高的，级别也高。直接从各类学校毕业生中录用的、没有工作经历的公务员，其学历不同，所定级别也不同。高中和中专毕业生，任命为办事员，定为 27 级；大学专科毕业生，任命为科员，定为 26 级；大学本科毕业生、获得双学士学位的大学本科毕业生（含学制为六年以上的大学本科毕业生）、研究生班毕业和未获得硕士学位的研究生，任命为科员，定为 25 级；获得硕士学位的研究生任命为副主任科员（提升主任科员，一般要求任副科级职务三年以上），定为 24 级；获得博士学位的研究生，任命为主任科员（主任科员是正科级，属于非领导职务），定为 22 级。

（3）级别的晋升与工作业绩相联系。同职务同级别的公务员，德才表现和工作实绩好的，其级别晋升就快些。此外，所在职位的责任大小和难易程度，也有一定影响。对于某些在特殊岗位上任职的公务员可以比同等条件下在一般职位上任职的公务员高定一级。

我国公务员级别设计的好处在于：

（1）大致体现职务的责任大小和难易程度。因为责任大小和工作难易程度基本相同的职位对应的级别范围一样。如某一司长职位，对应的是 8~13 级；某一处长职位，对应的则是 12~18 级。

（2）有利于调动基层机关公务员的积极性。从全国政府机关的职务结构来看，职位越高，其数量越少。据统计，科级以下职位约占 92%，也就是说绝大部分公务员是科级以下人员。设置级别后，可以使公务员在不升职务的情况下，通过晋升级别提高工资待遇。

（3）有利于增强公务员的荣誉感。级别高低，反映公务员资历、学历的不同。同一职务层次的人员，资历和学历越高，其级别也高。

（4）有利于鼓励公务员努力工作。公务员级别的晋升，与公务员年度考核结果相联系，考核结果越好，级别晋升越快。[1]

2019 年 3 月 19 日，中共中央办公厅印发《公务员职务与职级并行规定》，将公务员的等级序列，即职级，列为与领导职务并行的晋升通道。职级能体现公务员政治素质、业务能力、资历贡献，是确定工资、住房、医疗等待遇的重要依据，不具有领导职责。实行公务员职务与职级并行制度旨在适应推进国家治理体系和治理能力现代化的要求，完善中国特色公务员制度，改革公务员职务设置办法，建立职级序列，畅通职级晋升通道，拓展职级晋升空间，促进公务员立足本职安心工作，加强专业化建设，激励公务员干事创业、担当作为。

第三节　公务员的职位管理

公务员的职位管理机构能否发挥功效，牵涉的原因很多，但其组织的结构、形态以及与其他机关的关系等，确实有十分重要的联系。就公务员职位管理机构与行政机关的关系来看，有些国家是将职位管理机构独立于行政部门之外，有的附属于其内部，还有的采取折中的方式，因此，就形成了部外制、部内制和折中制三种管理模式。

一、部外制管理模式

部外制就是在行政组织的系统外，设立独立超然的人事行政机构，不受政党及行政首长的干涉与控制，全权管理政府的人事行政事项。采用这种管理模式的

---

[1]　参见国道数据：《公务员百科》，《中国的公务员制度》。

主要是美国、日本、新加坡、巴西和我国台湾地区等。美国的职位管理机构是文官委员会，日本是人事院、我国台湾地区是由考试院来负责人事行政。

这种独立的人事机构不仅独立行使公务员的考试权，负责录用选拔公务员，而且还掌管公务员的考核、培训、晋升、工资、待遇、奖惩、退休、抚恤等各项事宜。部外制有以下优点：其一，因为人事机构独立于行政部门之外，可以不受政党及行政首长的干涉或控制，能够客观公正地为国家选拔人才，不会受党争影响，人事较为安定。例如：美国根据 1883 年《彭德尔顿法》规定，美国文官委员会由总统任命 3 人组成，3 个委员不得有两人属于同一政党，以避免人事行为为一党所操纵。又如《日本国家公务员法》规定，任命人事官，其中不得有两人属于同一政党或同一大学学部毕业。其二，易于招揽各类专门人才，集中人力、财力、物力对人事行政事项作周详的计划与考虑，力量集中，易通盘筹划。其三，采用公开竞争的考试方法，录取以后供行政部门选用，可免除行政首长用人中的裙带关系。

当然部外制也有以下缺点：其一，行政机关、立法机关等不能与人事行政机构密切配合，甚至会给其牵制，所以人事机构往往感到掣肘太多，不能发挥自身功效。其二，人事机构孤立于行政部门之外，对实际行政的需要并不十分了解，所作的措施有时不切需要。其三，人事机构所管辖的事权如奖惩、升迁、编制及待遇等，原应属于行政机关的首长，现在却强行分出，不免削弱了他们的领导权，也干扰了他们的功能，行政责任的完整性也不能保持。[1]

我们以美国为例介绍一下部外制管理模式的主要内容。首先是文官委员会的发展。美国文官委员会是一个直属美国总统的独立机构，它是联邦政府的最高人事行政机关，只向总统和国会负责。它不仅总揽文官的考试与其他管理事宜，而且还受理文官的申诉案件。这是美国文官管理体制的一大特色。文官事务委员会建立以后，特别是在 20 世纪，不断得到发展与完善，在美国文官的管理中发挥了很大的作用。不过，文官事务委员会既拥有立法权又掌握裁决权，实际上是一个矛盾的管理体制。因此，第二次世界大战以后，这一机构也越来越受到社会的批评。根据胡佛委员会的改革建议，美国把文官事务委员会主管考试的权力下放到行政部门和各机关。而文官事务委员会则成为拟定人事法规与指导原则、进行监督的人事机关。1978 年，在卡特总统任内，撤销了文官事务委员会，把该机关的职权分成两个部分，分别由新成立的联邦人事管理总署和联邦功绩制保护委员会承担。由于把文官事务委员会的职能分解开来，使文官管理机构在职能上更

---

〔1〕　参见张金鉴：《行政学研究》，台北商务印书馆 1976 年版，第 85 页。

富有专门性，工作效率也更高。因此，人们认为，1978 年的改革，不仅是继 1883 年《彭德尔顿法》颁布以来改变联邦人事机构性质的最大胆的一次尝试，而且也是美国文官制度发展史上的又一个重要的里程碑。尽管 80 年代以来的几位美国总统包括里根和克林顿总统都试图进一步改进文官管理体制，但他们的改革始终没有突破 1978 年由卡特总统所设定的框架。

其次是文官委员会的职能。联邦文官委员会的主要职能包括：制定各种联邦公务员的管理规则；决定公务员考试范围和形式；办理考试和测验事宜；颁布考试合格证书，编制各种人员名册；确定统一的职位分类标准，办理职位分类事宜；确定公务员的待遇标准和工资数额；确定有关公务员的实习、升迁、调转、请假、奖惩、培训、离职和纠纷处理等事项的政策原则和办理程序；制定人事工作规则，进行有关研究工作，推进人事行政的发展；办理公务员退休业务；协调和处理公共关系和公共舆论；负责对政府的工作人员进行忠诚调查；处理某些人事纠纷。美国文官委员会是一个综合性人事管理机构，具有广泛的人事行政主管权、监督行政机关权、保障公务员利益权等重要权力，此外还担负多方面的管理职能。文官委员会下设若干职能机构，负责各项人事工作，并在全国设置 10 个地区办公室，目前人事管理总局、功绩制保护委员会、联邦劳工关系局、审计局、管理预算局、平等任用委员会等是主要部门。美国各州、各市政府一般也设置地主文官委员会，其委员由各地政府行政首长委派 3～7 人担任，委员的任命资格，程序以及委员会的工作职责多仿效联邦文官委员会。[1]

二、部内制管理模式

部内制是指各行政部门都有其自己的人事行政机构，管理各部门的人事业务。这一制度是德国、法国、瑞士和一些原德法的殖民地国家，如科特迪瓦、摩洛哥、突尼斯、几内亚、尼日利亚、黎巴嫩等国家。

部内制有以下优点：其一，办理人事行政的机构与人员身在行政部门内，对于各部门的人事情形比较了解，所以制订措施很有针对性。其二，人事行政机构与行政机关合为一体，在职权上没有冲突，工作上可免重复，有利于提高行政效率。其三，在工作上不需要像部外制那样要与立法机关、行政机关不断地协商，容易做到事权集中。

当然，部内制也有以下缺点：其一，这种类型的管理机构因人才不足，力量分散，只能做到例行性的人事工作，对于人事制度的积极建立和革新的研究方面略显不足。其二，行政首长往往会凭其地位，干预人事行政中一些事务，不利于

---

[1]　参见黄学贤：《国家公务员制度研究》，中国人事出版社 2001 年版，第 40 页。

客观公正地选拔人才。其三，各行政部门都有一套自己的人事制度，有时候会引起政府政令紊乱，管理不经济，影响公务员之间的情绪。[1]

我们以法国为例介绍一下部内制管理模式的主要内容。首先是公务员管理机构的发展。法国公务员制度的主要机构在二战后才有很大的改变。二战前，其管理机构相当分散，中央各部门各自为政，没有一个统一的公务员政策。在地方，每个市镇管理各自的公务员，和其他市镇无关。二战后，1945 年至 1946 年期间，法国首先建立了国家公务员的统一管理机构，1984 年 1 月 26 日的《地方公务员法》又建立了地方公务员的统一管理机构。

其次是法国公务员管理机构及其职能。法国国家公务员管理机构包括：①总理。总理是政府首脑，是最高的公务员管理机构，宪法赋予其制定行政法规，任命文武公务员的职能。公务员管理的法规制订由总理签署或副署，公务员管理的具体行为如果与几个部同时有关时，由总理定夺，总理担任国家公务员的最高委员会的主席。②行政和公务员管理总署。该署依据 1945 年 10 月 9 日法令成立，在总理领导下负责研究行政方法和拟定公务员管理计划。具体职能是研究公务机关的组织问题、工作方法问题、集中的物资管理问题、以提高行政效率。监督关于公务员法的执行。研究和起草公务员制度的立法措施。协调公务员的培训工作，进行统计和收集资料。③财政部和预算部。财政部在公务员的经费方面有一定管理权，预算部对各部编制的多少、薪俸的数额、加薪的决定有审查权。④部长。部长在没有法律的授权时不能制定公务员管理法规，但部长可以对所属单位发布通令，阐明公务员管理法律条文的意义和运用情况。各部公务员的具体管理行为由部长负责，部内的人事管理机关受部长指挥。

地方公务员的管理机构包括：①地方团体的自治行政长官。市长、省议会主席、大区议会主席是各区域内的自治行政长官，领导地方公务员的管理。②地方公务员统一管理机构。它们有公务法人地位，其主要职能是：决定举行公开竞争考试的职位名单，组织公开竞争考试和职业能力考查，决定职务变更和晋升名单，公布空缺的职位和候选人名单，管理暂时没有工作的公务员，重新安排由于身体原因不适应现行工作的公务员的工作。设有全国管理中心、大区管理中心和省管理中心。以上管理中心的领导机关采取行政委员会制。[2]

我国的国家公务员管理机构的模式是部内制，但吸收了折中制的一些优点。这一模式至今还在初创时期，尚需进一步完善。

---

〔1〕　张润书主编：《行政学》，台北三民书局 1976 年版，第 360 页。
〔2〕　参见王名扬：《法国行政法》，中国政法大学出版社 1988 年版，第 240～241 页。

三、折中型管理模式

折中型的管理模式是指公务员管理机构的一部分设在行政系统之外，其余设在行政系统之内。具体来讲，是指公务员的考试录用权由具有独立地位的全国人事组织总管，使合格者进入公务员行列，但公务员录取后的各项管理则由政府内各行政部门自己负责。这种制度吸收了部外制与部内制的长处，又容易克服二者的弊端。最大的优点是：一方面是考试权独立进行，公平客观，行政首长和政党不易染指，能保障任人唯贤的精神；另一方面是除考选以外的人事行政措施，能配合行政机构的需要，不致损害到行政责任的完整性。这种制度最典型的是英国，另外原英联邦的国家，如印度、巴基斯坦、缅甸、马来西亚、澳大利亚、新西兰、南非等国也采取此体例。

我们以英国为例介绍一下折中制的主要内容。首先，就英国的人事机构设置概况而言，其人事机构设置和历史发展相当复杂。1968 年以前设文官委员会和财政部；1968 年至 1981 年设文官部；1981 年至 1987 年设管理与人事部及财政部；1987 年 11 月起设文官大臣办公室及财政部；1993 年起设公职与科技局及财政部；1995 年 7 月 1 日起设公共服务局，财政部不再主管人事行政。又设文官委员室及文官大臣亦掌管部分人事行政。另外还有 3 个人事业务相关组织，即惠德利协议会（又称惠德利会议）、文官仲裁法院、钦命吏治委员会。

其次，就英国目前的人事机构设置而言，具体包括：①公共服务局。该局成立于 1995 年 7 月 1 日，系自公共服务及科学局（公职与科技局）改组而来，仍然隶属于内阁事务部，由内阁秘书长负责督导其业务，公共服务局掌管有关英国文官结构、组织编制、甄补政策、任用、薪俸与福利、工作条件、纪律与行为、退休与资遣、管理与发展、文官统计等事项。②文官委员室。文官委员室基于皇家特权由英王直接任命，具有独立地位。每年必须向女王提出工作报告，并将报告予以出版。目前有 10 名委员（包括首席委员），其人选系从公、私部门产生。文官委员之工作系以部分时间为基础，任期为 3～4 年。③文官大臣。英国依据 1995 年 3 月 15 日发布的文官枢密院令，原属财政部所掌管的人事行政方面的职权，移转由文官大臣管辖，文官大臣即英国的首相。④各部会的人事权。1996 年 4 月 1 日起英国各部会的人事权如下：一是有核定其掌管部会的国内文官任用资格权（包括年龄、学识、能力、专业成就、态度及潜能等）。二是有核定除高级文官以外公务人员列等及员额的职权：如职员分类、薪酬与津贴、假期、工时、绩效与升迁、退休、部会内部与部间职员重新调配等。⑤与人事业务有关组织有惠德利协议会和文官仲裁法院。惠德利协议会主要是通过讨论协商的方式，寻求改进劳资关系的途径；文官仲裁法院主要是解决政府与文官的纠纷。

　　1968 年以前英国文官管理属于典型的折中制，文官委员会掌管考选，地位超然独立，属部外制性质；考选以外的人事行政由财政部负责，属部内制，故兼有部内制与部外制之性质。英国 1968 年设文官部，1981 年改设管理与人事部，1987 年 11 月改设为公共服务局，以上机构均属行政首长指挥，均为部内制性质。目前英国的人事管理趋于弹性与授权，各部会与各执行机构享有更大的人事自主权。由此可见英国的公务员管理模式有转为部内制的倾向。

第七章　公务员职位确定法

第一节　公务员考试录用

一、公务员考试录用的概念和意义

（一）概念

公务员考试录用指国家行政机关通过法定程序，采用公开考试、严格考察、平等竞争、择优录取的办法和按照德才兼备、以德为先，坚持五湖四海、任人唯贤，坚持以事业为上、公道正派的标准，选拔优秀人才担任一级主任科员以下及其他相当职级层次的公务员的人事制度。理解这一概念，需要明确以下几个方面：

第一，公务员考试录用的主管机关是各级政府人事部门。《公务员法》第24条规定："中央机关及其直属机构公务员的录用，由中央公务员主管部门负责组织。地方各级机关公务员的录用，由省级公务员主管部门负责组织，必要时省级公务员主管部门可以授权设区的市级公务员主管部门组织。"国务院人事部门负责全国国家公务员的录用的综合管理工作，如拟定法规、制定政策，指导和监督地方行政机关国家公务员的考试和备案工作等。省级人事部门根据国家公务员录用法规，制定本行政辖区国家公务员录用的有关规定，指导和监督下级行政机关的录用工作等。

第二，只有对主任科员以下的非领导职务才能采取考试录用的办法选拔人才，具体包括：主任科员、副主任科员、科员和办事员。各级人民政府组成人员的产生，根据《宪法》和政府组织法的有关规定办理。

第三，考试录用依法进行。我国《公务员法》和《公务员录用规定》规定了公务员报考资格、考试录用的原则、方法和程序，是进行考试录用的依据。

（二）意义

考试录用是我国公务员制度的重要组成部分，采取考试的办法录用公务员有重大的意义。

第一，通过考试的方法选拔行政人员管理国家，为公民进入行政机关担任公职提供了平等的机会，能破除用人上的任人唯亲，凡参加考试的人，不论背景如何，只要有真才实学，就能被录取任用，考试录用有利于鼓励和引导人们勤奋学习，积极进取。

第二，考试录用有助于优秀人才脱颖而出。科学的、有针对性的考试，能客观反映应试者的文化水平、专业素质和技能，有助于选拔人才，避免没有才能和知识的人进入行政机关。

第三，通过严格、科学、公开的竞争性考试，择优录用公务员，能吸引大量人才进入行政机关，建立一支高效、精干的队伍，保证政府管理目标的顺利实现。

二、公务员考试录用的原则

对公务员进行考试录用的目的在于：选拔优秀人才进入行政系统，保障公务员队伍的优化、精干，以期形成一个高效的行政系统，实现对国家行政事务的科学管理。对公务员考试录用，必须坚持以下原则：

（一）公开

所谓公开，指各级政府机关录用主任科员以下非领导职务的公务员，都必须面向社会，公开进行。根据《公务员法》第28、31、32条，录用公务员，应当发布招考公告。招考公告应当载明招考的职位、名额、报考资格条件、报考需要提交的申请材料以及其他报考须知事项；招录机关根据考试成绩确定考察人选，并进行报考资格复审、考察和体检；招录机关根据考试成绩、考察情况和体检结果，提出拟录用人员名单，并予以公示，公示期不少于5个工作日。报考人如对评分、名次排列有疑问，可要求有关方面复核。公开的目的在于增强人事工作的透明性。公开考试录用，使得考试能为尽可能多的人知道，是吸引大量优秀人才的前提；公开考试处于大众的监督之下，能防止录用人才问题上的腐败现象；公开考试也为贯彻平等，竞争和择优原则提供了可能性。

（二）平等

所谓平等，指一切符合报考条件的公民，不论民族、种族、性别、出身、宗教信仰、政治倾向、婚姻状况等都可以参加考试，享有进入公务员队伍、担任政府公职的权利。西方各国法律中都有关于考试平等的规定，如1789年法国《人权宣言》明确规定："所有公民在法律上的地位一律平等，故政府官吏的任用亦应平等，除以才能品德为根据外，不应受其他条件限制"。美国1978年的《文官制度改革法》中规定："保证人人机会均等，经过公开的竞争性考试，只根据能力、知识、技能来决定录用和提升"。我国《公务员法》也规定了公务员考试录用应贯彻平等原则。为贯彻平等原则，中央国家机关如铁道部、海洋局、交通部、水利部、电力部以及海南省率先打破地域限制，面向全国招考。吉林、陕西、河北等省的一些市、县还打破身份限制，如2013年5月，陕西省发布公告，宣布首次从优秀工人、农民中招录公务员。最终从全省优秀工人、农民中录用457名公务员，占当年陕西省招录公务员总人数的10%。[1]甚至在2011年的国家公务员考试中，首次有177名一线工人和农民，进入国家公务员考场。这是考试平等的体现，也是宪法规定的平等权的体现。

（三）竞争

竞争是指对应试者层层筛选，优胜劣汰。我国在国家公务员考试的各个环节，如口试、品德考核甚至试用期，都体现了竞争原则。我国自从实行招考以来，竞争越来越激烈。以2021年国家公务员考试报名人数为例，报名过审人数已经超过110万人。多个岗位的竞争已经超过"两千选一"，最热岗位竞争比已达到2774∶1。[2]贯彻竞争的原则，才能把最优秀的人才录用到行政机关。

（四）择优

所谓择优，按照成绩排列名次，并考核合格者的政治思想、道德品质、工作能力和身体素质等择优录取。竞争是择优的前提，择优是考试录用制度的核心和最终目的。这里涉及一个优的标准问题。英国是"通才性"的代表国家，在选拔时注重候选人的教育程度、知识面和基础，着眼于被选拔者将来有多大的潜力，而不是着重于考查其专门的知识水平。美国则是"专才性"的代表国家，在考试时注重候选人的专门知识和技能，强调实用性，着眼于被选拔者能否马上适应本职工作的要求。[3]后来两国采用的标准都有些变化。我国《公务员法》第7条规定："公务员的任用，坚持德才兼备、以德为先，坚持五湖四海、任人唯贤，坚持事业为上、公道正派，突出政治标准，注重工作实绩。"这一标准太笼统，在实践中不容易把握，应确立一个具体的标准，并根据不同职务的要求衡量应考者是否优秀。对决策类的职务、执行类职务以及事务管理类的职务，应采取不同的标准择优。

三、公务员考试录用的方法

根据《公务员录用规定》，公务员考试录用应采取考试与考察相结合的方法，录用考试应采取笔试和面试等方式。

---

[1] 参见杨永林、张哲浩："陕西457名工人农民当上公务员"，载《光明日报》2013年11月28日，第1版。

[2] 参见https://baijiahao.baidu.com/s?id=1681400547231158229&wfr=spider&for=pc，最后访问日期2021年6月28日。

[3] 徐振寰、王晓初主编：《世界各国公务员制度比较》，中国人事出版社1998年版，第209页。

（一）笔试

笔试是预先拟好试题，让考生在规定的时间内运用文字解答试卷，然后通过试卷评判学生掌握基本知识和专业知识的程度、写作能力、阅读理解能力、对于知识的综合运用能力以及逻辑思维能力的测试方法。

笔试一般分为两类，一类是论文式笔试法，也叫主观性笔试法。应试者依据题目写论文，阐述自己对于某一问题的主张和见解。其优点在于能够较真实地反映出应试者的文字水平和综合运用知识的能力、逻辑思维能力以及材料整理分析能力等。缺点是这种测试方法的命题内容分布面较窄而且评分标准也不易统一，受评判者主观因素的影响较大。另一类是短答式笔试法，也叫客观性笔试法。考生在规定的时间内通过填空、选择和判断等方式，用简明的文字或符号来回答问题。它具有试题量大、测试范围较宽、评分标准明确的特点，可以比较全面地检验考生对于基础知识和专业知识的掌握程度，而且能够确保试卷评分客观、公允。但由于过分强调机械记忆，客观性笔试法不适用于考查深层次运用知识的能力，而且考生可以猜测答题，考试成绩不能十分客观地反映学生的知识水平。

《公务员录用规定》第23条规定："笔试包括公共科目和专业科目。公共科目由中央公务员主管部门统一确定。专业科目由省级以上公务员主管部门根据需要设置。"2021年度考试录用公务员公共科目笔试分为行政职业能力测验和申论两科，主要测查从事公务员工作应当具备的基本能力和基本素质，特别是运用习近平新时代中国特色社会主义思想指导分析和解决问题的能力。考试结构包括常识判断（涵盖政治、经济、法律、管理、人文、科技等）、言语理解与表达（包括听力测试）、数量关系、判断推理和资料分析等五个部分。申论主要通过应考者对给定材料的分析、概括、提炼、加工，测查应考者解决实际问题的能力，以及阅读理解能力、综合分析能力、提出问题能力和文字表达能力。申论部分全部为主观性试题。行政职业能力测验主要包括常识判断、言语理解与表达、数量关系、判断推理和资料分析等部分。常识判断主要测查报考者在政治、经济、文化、科技等方面应知应会的基本知识以及运用这些知识进行分析判断的基本能力。行政职业能力测验部分全部为客观性试题。

笔试对于考生的思想品德以及实际工作能力等方面的情况很难测定，因此必须采取笔试和口试相结合的方法来测试考生。

（二）面试

面试也称口试。此种考试方式是由主考人当面对应考者进行测验，用以考察应考者是否具有拟担任职务所需要的知识、才能和实际工作能力的考试方法。[1]其优点是测试面广、内容丰富、形式灵活、能够直观准确地了解考生掌握和运用知识的能力以及应变、语言表达能力。它还可以对考生的仪表、性格、工作态度等作出评价。可是，它的缺陷也非常明显，主要是规模小、耗时长、主考人员在评分过程中的主观随意性较大，考生在考试过程中往往会产生较大的心理压力，不能正常发挥自己的水平。为了克服上述缺点，近年来面试的方法有了新发展，包括结构化面试、结构化小组和无领导小组讨论三种面试形式。

面试内容分为若干测评要素，主要包括综合分析能力、言语表达能力、应变能力、计划组织协调能力、人际交往的意识与技巧、自我情绪控制、求职动机与拟任职位的匹配性、举止仪表和专业能力。必要时，根据职位要求，面试内容可以增加其他测评要素。

对于因职位特殊不宜公开招考的，因职务特殊需要专门测量其水平的，因专业特殊难以形成竞争的和录用主管机关规定的其他情况的，可采取相应的测评方法或简化考试程序。

四、公务员考试录用的程序

（一）编制录用计划

根据我国《公务员法》和《公务员录用规定》，录用公务员，应当在规定的编制限额内，并有相应的职位空缺。《公务员录用规定》第17条规定："公务员主管部门依据招考工作方案，制定招考公告，面向社会发布。招考公告应当载明以下内容：（一）招录机关、招考职位、名额和报考资格条件；（二）报名方式方法、时间和地点；（三）报考需要提交的申请材料；（四）考试科目、时间和地点；（五）其他须知事项。"国家公务员录用计划的内容包括用人部门名称及其编制数、缺编数和拟增总人数，拟录用职位名称、专业、任职资格条件、采取的考试方法。

（二）发布招考公告

通过在广播、电视、报刊和网络等大众传播媒介将招考政策、招考对象和报考条件、报名办法、考试科目、时间和地点公之于众，并通过发布招考简章，公布各招考部门具体的招考名额、职位、类别、资格条件。发布招考公告体现了公开原则，不仅能使尽可能多的人知晓，而且能防止暗箱操作，促进公平竞争，吸引符合条件的人报考。

---

〔1〕 应松年主编：《公务员法》，法律出版社2010年版，第118页。

（三）对报考人员进行资格审查

初步审查报考人是否具备报考的资格条件。《公务员法》第13条规定："公务员应当具备下列条件：（一）具有中华人民共和国国籍；（二）年满十八周岁；（三）拥护中华人民共和国宪法，拥护中国共产党领导和社会主义制度；（四）具有良好的政治素质和道德品行；（五）具有正常履行职责的身体条件和心理素质；（六）具有符合职位要求的文化程度和工作能力；（七）法律规定的其他条件。"

（四）对审查合格的进行公开考试

公务员的录用考试采取笔试和面试的方式，测试应试者的公共基础知识、专业知识水平，以及其他适应职位要求的业务素质与工作能力。

笔试分为公共科目和专业科目两种。公共科目由中央公务员主管部门统一确定，专业科目由省级以上公务员主管部门根据需要设置。根据报考者笔试成绩由高到低的顺序确定面试人选。

面试管理机构是省级以上公务员主管部门。首先由录用主管机关根据拟任职位的工作性质、职责任务、难易程度和责任大小确定项目要素，然后编制试题，进行面试。

面试试题一般由省级以上公务员主管部门规定编制面试必须有政治思想性、科学性、针对性和灵活性。编制面试试题的基本程序是：①根据测评要素和测评对象，确定题目类型；②科学、合理地取材；③命题小组讨论；④形成试题，包括题干、出题思路、参考答案、评分要点；⑤组合题目。面试测评方法由录用主管机关规定，主要采用结构化面谈和情境模拟相结合的方法，也可根据拟任职位要求采用其他测评方法。面试前应成立面试考官小组，面试考官经培训后对应考者实施面试，最后公布面试结果。

（五）对考试合格者进行体检

体检人选的确定应按照省级以上公务员主管部门的规定，根据报考者考试成绩由高到低的顺序确定体检人选，并进行体检。具体体检的项目和标准需要根据职位要求确定，具体办法由中央公务员主管部门会同国务院卫生健康行政部门规定。承担体检工作的医疗机构由设区的市级以上公务员主管部门会同同级卫生健康行政部门指定。体检完毕，主检医生应当审核体检结果并签名，医疗机构加盖公章。招录机关或者报考者对体检结果有疑问的，可以按照规定提出复检。复检只能进行一次。若进行复检，体检结果以复检结论为准。此外，一些特殊的职位需要可以经省级以上公务员主管部门批准，可以对报考者进行体能测评或有关心理素质的测评。

（六）对考试及体检合格者进行报考资格复审和考察

报考资格复审主要核实报考者是否符合规定的报考资格条件，确认其报名时提交的信息和材料是否真实、准确、完整。考察应当组成考察组，考察组由 2 人以上组成，采取个别谈话、实地走访、严格审核人事档案、查询社会信用记录、同考察人选面谈等方法，根据需要也可以进行延伸考察等，广泛深入地了解情况，做到全面、客观、公正，并据实写出考察材料。考察情况作为择优确定拟录用人员的主要依据。考察对象所在单位（学校）或者相关单位应予积极配合，并客观、真实反映有关情况。

（七）确定拟录用人员

招录机关根据报考者的考试成绩、体检结果和考察情况等，择优提出拟录用人员名单，向社会公示，公示期不少于 5 个工作日。公示内容包括招录机关名称、拟录用职位，拟录用人员姓名、性别、准考证号、毕业院校或者工作单位，监督电话以及省级以上公务员主管部门规定的其他事项。中央机关及其直属机构拟录用人员名单应当报中央公务员主管部门备案；地方各级招录机关拟录用人员名单应当报省级或者设区的市级公务员主管部门审批。

（八）试用和录用

新录用的国家公务员，试用期为一年。试用期满合格的，予以正式任职；不合格的，取消录用资格。新录用的公务员在试用期内，应当接受培训。

第二节　公务员职务任免

一、公务员职务任免的概念和意义

（一）概念

公务员的职务任免包括任职和免职。公务员的任职是指法定机关在法定权限范围内，依照法定程序任用公务员担任某一职务。任职包括两种情况，一种是对初次进入行政机关做公务员的，必须对其加以任职。我国公民主要通过选任、委任、考任和聘任进入公务员队伍。二是当公务员的职位发生变化的时候，任免机关及时予以任职，以确认新的职务关系。职务发生变化主要包括三种情形：一是转换职位任职的，包括转任、轮换和挂职锻炼等；二是晋升或降低职务的；三是免职后需要恢复工作的。

公务员的免职是指有任免权的机关依法免去公务员担任某一职务。免职分为两种：一种是当公务员转任、轮换、挂职锻炼、晋升或降低职务，或因其他原因职务发生变动时，需要免除该公务员原来的职务，以形成新的职务关系；另一种是因公务员实际上不能履行职务发生的免职，如退休、公务员离职学习期限超过1年、公务员因健康原因不能坚持正常工作1年以上。前者称为程序性免职，后者称为单纯性免职。[1]

（二）意义

公务员任免是公务员管理中最重要的一环，公务员的录用、晋升、降职、调任、转任、轮换、退休都必须通过职务任免来实现。公务员的任免也关系到行政效率的提高和行政目标的实现，做好公务员任免工作具有重大意义。

第一，公务员任免是实现行政职能的前提。我国各级行政机关担负着执行法律和管理社会的重任，但是行政机关只是享有国家权力、承担行政责任、占有国家土地、房屋、办公设施的机关法人。行政机关的任务，要依靠公务员去实现，行政机关的权力和职责也只能由公务员行使和承担。可以说，没有公务员，就谈不上行政职能的实现。把权力和责任分配到具体的职位，任命公务员担任行政职务，就等于给公务员发了权力证明。任命公务员，赋予权力和责任，对没有能力或者不适合具体职位的公务员免除其职务，行政机关才能有效运转。

第二，公务员的任免有助于优化公务员队伍，提高行政效率。任命公务员不仅要考虑公务员的知识、才能、性格等因素，还要注意公务员队伍的知识结构、年龄结构是否合理。合理恰当的任命，不仅能使公务员的个人才干得到发挥，而且有助于公务员发挥团体才能，提高行政效率。对不胜任职务的或因故不能履行职责的公务员，给予免职，才能吸收优秀公务员填补空缺，提高行政效率。

第三，公务员任免是管理公务员的必要条件。通过对公务员的职务任免，明确了公务员和行政机关之间的权利义务，为评价公务员提供了一个客观的参照系。公务员任免是公务员的录用、晋升、降职、转任等的不可缺少的环节。

二、公务员职务任免机关

《公务员法》第12条规定："中央公务员主管部门负责全国公务员的综合管理工作。县级以上地方各级公务员主管部门负责本辖区内公务员的综合管理工作。上级公务员主管部门指导下级公务员主管部门的公务员管理工作。各级公务员主管部门指导同级各机关的公务员管理工作。"公务员的综合管理工作中就包含了对公务员的任免工作。结合《宪法》和组织法，我国国家公务员的任免机关具体包括：

第一，各级政府组成人员由同级人民代表大会及其常委会任免。政府组成人员一般应包括政府正、副职领导人，政府各部门的正职领导人。

---

[1]　李和中主编：《中国公务员制度概论》，武汉大学出版社1997年版，第263页。

第二，县级以上地方各级人民政府按照权限任免国家公务员职务。具体而言：国务院任免各部、委员会的副部长、副主任，各直属机构、办事机构的局长、副局长、主任、副主任，中华人民共和国常驻联合国副代表、驻联合国有关常设机构及部分国际组织的代表、副代表，驻外总领事及相当职务；省、自治区、直辖市人民政府任免各厅、局、委员会的副厅长、副局长、副主任，各直属机构、办事机构的局长、副局长、主任、副主任，各行政公署的专员、副专员，巡视员、助理巡视员及相当职务；自治州、设区的市人民政府任免各局、委员会的副局长、副主任，各直属机构、办事机构的局长、副局长、主任、副主任，调研员、助理调研员及相当职务；县、不设区的市、市辖区人民政府任免各委、办、局（科）的副主任、副局（科）长，主任科员、副主任科员及相当职务和乡、镇人民政府所属机构的国家公务员职务。县级以上各级人民政府需要任免的其他国家公务员职务。

第三，县级以上各级人民政府的工作部门，任免本级人民政府任免以外的国家公务员职务。国务院各工作部门任免的司级非领导职务，省、自治区、直辖市各工作部门任免的处级非领导职务，自治州、设区的市各工作部门任免的科级非领导职务，应分别报本级人民政府的人事部门备案。

三、公务员的任职

我国《公务员法》和《公务员职务任免与职务升降规定（试行）》规定我国公务员有下列情形之一的，应当予以任职：①新录用公务员试用期满经考核合格的；②通过调任、公开选拔等方式进入公务员队伍的；③晋升或者降低职务的；④转任、挂职锻炼的；⑤免职后需要新任职务的；⑥其他原因需要任职的。

（一）公务员任职的原则

1. 合法原则。国家公务员是行使国家行政权力，执行国家公务员的人员。公务员的任职是一项法律行为，公务员一旦任职，就享有了相应的权利，承担相应的义务。公务员法律法规规定了任命公务员的原则、任命机关、任命权限、任免范围和任命程序。任命公务员必须依法进行，认真履行各种手续，以维护法律的尊严，避免任用工作中出现失误。

2. 因事择人原则。国家行政机关根据职位的要求来选择任职人员。它以职缺为前提，根据该职位工作的特点、难易程度、责任大小，选择具有一定资格、能力和水平的人担任特定的职务，以保证任职工作的科学性与正确性。因事择人，建立精干的公务员队伍，才能完成行政任务，提高行政效率。因人设事、任人唯亲往往导致效率低下，机构膨胀，是公务员任职的大忌。

3. 量才适用原则。量才适用既能发挥公务员的能力，又能提高整体效能。

有些公务员，如文秘，他们的工作在各部门具有普遍性，处理工作所需的学识、经验以及方法都大致相同，因此在任职的要求上可以适当放宽。对于专业人员，他们的工作分工已趋明确，已经积累了和工作有关的知识、经验和方法，因此在对这些人员任职时，就要注重他们个人的专长是否和拟任职务所需的专业对口，尽量做到人与事的结合。特殊专业的人员和技术人员，他们的知识专业化程度高，且这些人员的来源也往往具有特定的途径，因此在任职的范围上宜严格限制。

4. 注重整体效能原则。现代社会，越来越多的行政工作不能由一个公务员完成，协作和配合成为无法回避的课题。公务员任职不能只考虑一个公务员的才能和知识水平，考虑一个职位的要求，而应该把公务员放到一个系统里来考量。只有从整体效能出发，形成合理的知识结构和年龄结构，做到知识互补、智力互补、专业互补、能力互补、气质互补和性格互补，扬长避短，互相配合，才能相得益彰，最大限度地发挥整体效能。此外，还应不时关注公务员队伍的结构，及时任免，达到动态最优。

（二）公务员任职的程序

《公务员职务任免与职务升降规定（试行）》第10条规定：公务员任职，一般按照下列程序进行：①按照有关规定提出拟任职人选；②根据职位要求对拟任职人选进行考察或者了解；③按照干部管理权限集体讨论决定；④按照规定履行任职手续。

1. 由所在单位或上级提出拟任职人选。行政机关在职数限额内，查核职位空缺数，通过行政领导提名，党组织推荐、群众民主推荐、个人自荐等方式提出拟任职人员名单，并向任免机关提出报告。报告中应写明任职理由、任职方案、拟任人选的基本情况和各方面的意见。为了体现量才适用，举贤荐能的原则，做好任职提名工作，主管人事的部门以及各级领导应当在平时的工作中全面地考察每一位公务员，对他们的工作成绩、能力以及素质等做到心中有数。

2. 对拟任职人选进行考察。人事部门根据职位的要求，对被提名的拟任职人员的任职资格、条件、能力和表现等进行全面考核。必要时，还可以进行考试。对拟任领导职务的，还应广泛征求群众意见，必要时可以进行民主评议或民意测验。人事部门对拟任职公务员在全面考察的基础上，整理考核材料，并填写《国家公务员职务任用审批表》一并报送任免机关。

3. 按照管理权限，由有关机关领导集体讨论决定。县级以上政府及其工作部门是法定的任免机关，按照法定权限讨论决定任命公务员。有关机关领导主要是指党政领导和人事部门领导。有关领导可举行会议，集体讨论，作出任职决定。会议讨论结果和批准意见应作出记录。按规定需报上级主管部门批准和备案的，还要呈报上级主管部门批准或备案。

4. 颁发任职通知和任命书。由任命机关发布任职决定，委任领导职务的，要颁发任命书，并通知任职人员到职。公务员任职的各项程序完成后，要对有关材料进行整理归档。

（三）公务员任职的限制

公务员是公共权力的行使者，为了保证公务员合法行使权力，更好地履行自己的职责，法律对公务员任职提出了一些必要的限制。国家公务员原则上一人一职，公务员担任行政职务，就意味着应承担一定的职责，只有全心全意地投入，才能做好本职工作。特殊情况下工作需要兼职的，只能在国家行政机关内兼任一个实职。实职是相对于虚职来讲的，是指有实际职位任务，需要参加实际工作并履行职责的职务。为完成某项任务设置的临时机构，为协调部门间工作设置的协调机构，没有机构实体，是非常设机构，其职务属于虚职。对拟兼职人员，必须对照本职工作和兼职工作的工作量，分析其是否有能力胜任两份工作。经审核确定能够胜任，由任免机关按法定程序批准，方可兼一个实职。国家公务员不得在企业和营利性事业单位兼任职务。既不能兼任实职，也不能兼任名誉性职务。这是为保持公务员的廉洁，防止公务员利用职务之便获取非法收入，防止企事业单位利用国家行政权力从事各种营利活动采取的必要限制。对担任不同层次领导职务的国家公务员，实行最高任职年龄限制。有法律规定的应回避的亲属关系的，应当实行任职回避。实行任职回避是防止公务员因亲属关系等因素而对公务活动产生不良影响。国家公务员办理任职手续前，应当如实向主管部门报考应回避的亲属关系，由主管部门调整工作等。

三、公务员的免职

（一）公务员免职的条件

《公务员职务任免与职务升降规定（试行）》第 14 条规定："公务员具有下列情形之一的，应予免职：（一）晋升职务后需要免去原任职务的；（二）降低职务的；（三）转任的；（四）辞职或者调出机关的；（五）非组织选派，离职学习期限超过一年的；（六）退休的；（七）其他原因需要免职的。"辞职、辞退、撤职、开除都包含有解除或终止公务员原任职务的意思，但这种解除或终止公务员现任职务的结果是随着辞职、辞退、撤职、开除决定而发生的，无需作出专门的免职决定和办理专门的免职手续。公务员因受到刑事处罚、受到行政撤职或开除处分、被辞退、因机构变动失去职位、因死亡而职务自行免除的，也不需要作出专门的免职决定。

（二）公务员免职的性质

除少数国家外，各国把公务员免职作为一种惩戒方式加以规定。公务员的免职是指任免机关按照管理权限，依照法定的程序免去公务员某一职务的行为。[1]我国公务员的免职作为一种职务管理形式，是不具有纪律惩戒性质的。公务员免职不是一种独立的任用形式，而是一种过渡性措施。免职是重新任命新职和退休的前提。满足退休条件的公务员被免职后，应尽快办理退休手续。公务员因升、降、调、转、离职学习、养病被免职的，须及时办理免职手续。免职意味着公务员原任职务和相关待遇的停止，公务员被免职后，才能重新任新职。

（三）免职和降职、撤职、罢免的异同

公务员的降职是指任免机关依法使公务员由较高的职位任较低的职位。我国公务员制度规定的降职是一种任用形式，不属于纪律惩戒范畴，这一点和免职是一样的。但降职是由于公务员不胜任现任职务而采取的任用方式，本人的职责、报酬和福利待遇都要降低，含有一定的警示、鞭策和负面激励的意义，免职则不具有这样的特点。

公务员的撤职是指任免机关对严重违反纪律的公务员实行的惩戒方式。撤职和免职形式上有相同之处，被撤职和免职的公务员都不再担任原职务，不能行使原职权。不同之处是，撤职是一种较严厉的纪律惩戒，而免职不是。撤职和免职的法律后果也不一样，被撤职的公务员原来的级别和职务工资要降低，受处分期间不得晋升职务、级别和工资档次，免职则不然。

罢免是指权力机关依法撤销其选出的公务员的职务。罢免和免职不同：首先，罢免依据的是宪法和政府组织法，而免职依据的是公务员法；其次，罢免权属于权力机关，而免职权属于行政机关；再次，罢免的对象是由权力机关选出的公务员，而免职的对象是公务员；最后，罢免具有一定的惩戒性质。

在现实生活中，对免职存在一些偏差，有人以为免职具有贬义色彩，把它当作是惩戒手段使用，混淆了免职和降职、撤职罢免的区别，免职后，长期不给公务员任新职。还有人虽不把免职当惩戒手段，但是为某种需要随意免职，免职后长期不予公务员任新职。我国公务员实行规范化管理，除了法律法规特许离职学习超过一年和因健康原因不能坚持正常工作超过一年以上的，不允许在公务员领导职务和非领导职务序列外，还存在享受某职级待遇的不任职的公务员。必须依法免职，发挥免职应有的作用。

---

〔1〕　关保英主编：《公务员法学》，法律出版社 2007 年版，第 235 页。

（四）公务员免职的程序

公务员免职，应按照下列程序进行：提出免职建议—对免职事由进行审核—按照干部管理权限集体讨论决定—按照规定履行免职手续。

第三节　公务员培训

国家公务员培训是指：国家行政机关根据经济，社会发展的需要，按照国家公务员职位的要求，通过各种形式，有组织地对国家公务员进行的政治和业务素质方面的培养、训练活动。世界各国都非常重视公务员的培训，并以立法加以保障。美国国会 1958 年通过了《政府雇员培训法》，法国 1971 年颁布了《继续教育法》，日本每年通过各种形态培训国家公务员达其总数的 1/4。[1]我国《公务员法》规定参加培训是公务员的法定权利和义务。

资本主义国家都设有专管培训工作的领导机构，如英国设有文官部人事管理培训司，美国在文官委员会内设培训局，日本设人事院专门负责文官培训。[2]根据《公务员培训规定》，各级政府公务员主管部门是公务员培训的综合管理机构。地方各级政府公务员主管部门的人事机构，负责本辖区国家公务员培训管理工作。国务院人力资源和社会保障部培训管理的主要职责是：拟定国家公务员培训法规和政策；拟定并组织实施国家公务员培训规划；组织培训者培训和培训理论研究；按照分类分级原则，对国家公务员培训施教机构进行业务指导。

国家根据培训工作的需要，统一规划，设置以行政学院为主体的国家公务员培训施教机构，并对施教机构是否具备国家公务员培训条件实行资格认证制度。国家行政学院和省、自治区、直辖市行政学院按各自职责承担国家公务员的培训任务。管理干部学院或其他培训机构经过批准，可以承担国家公务员培训任务。组织、人事部门负责对公务员培训机构进行评估，评估内容主要包括培训方针、培训质量、师资队伍、组织管理、基础设施、经费保障等。

一、公务员培训的原则

公务员培训的原则是指确定培训内容及方法、组织实施教学、开展评估等一系列活动的准则，它是公务员培训活动的一般规律和基本特征的反映。根据《公务员培训规定》第 2 条的规定，公务员培训必须把学习贯彻习近平新时代中国特色社会主义思想作为首要任务，把提高治理能力作为重大任务，加强思想淬炼、

---

〔1〕　李中和主编：《中国公务员制度概论》，武汉大学出版社 1997 年版，第 285 页。
〔2〕　曹志主编：《各国公职人员培训制度》，中国劳动出版社 1990 年版，第 28 页。

政治历练、实践锻炼、专业训练，高质量培训公务员、高水平服务党和国家事业发展，体现不同类别、不同层级、不同岗位公务员能力素质需要，着力增强时代性、针对性、有效性。公务员培训坚持以马克思列宁主义、毛泽东思想、邓小平理论、"三个代表"重要思想、科学发展观、习近平新时代中国特色社会主义思想为指导，贯彻新时代中国共产党的组织路线，坚持下列原则：

（一）党管干部

党的干部是党和国家事业的骨干，是人民的公仆，是政党、国家、社会互动的主体力量。中国共产党从革命走向建设、改革的历史进程中，正是因为始终坚持党管干部，牢牢把握党对各项事业的领导权，才能在领导政党、国家、社会互动中不断建构出权威、秩序与活力。正是因为把党管干部原则有效融合于治理结构，不断加强制度化建设，才能建立一个具有分工结构和选贤任能功能的运行体制。

（二）政治统领，服务大局

公务员队伍培训建设要注重政治建设，突出政治功能，强化政治引领，在围绕中心、服务大局中忠诚履职，努力担当作为。

（三）以德为先，从严管理

正确理解以德为先，关键是正确把握德的内涵和为先的尺度。所谓德，就是品德、品行和政德、官德。德的核心是党性。坚持党性，就是坚定理想信念、站稳政治立场，衷心拥护和坚决执行党的理论和路线方针政策，维护党的团结统一，服从党的决定安排，遵守党的制度纪律。从严管理要落实好"四管"：建立管思想、管工作、管作风、管纪律的从严管理体系。抓好从严管理的"重点论"：习近平总书记强调，管好干部要"管好关键人、管到关键处、管住关键事、管在关键时"。用活严管厚爱的"辩证法"。干部管理是一门科学，只有严管没有厚爱，将会是"一潭死水"；光有激励没有约束，将会是"一潭浑水"；只有坚持严管和厚爱结合、激励和约束并重，才能形成"一池活水"。

（四）突出重点，注重实效

突出重点、注重实效就是指对公务员培训要注重实际效果。公务员的培训必须讲求实效，不能流于形式，要坚决反对走过场的培训。为确保公务员的培训取得实效，必须做好三方面的工作：一是科学确定培训的科目和培训时间，有关部门应认真调查研究本部门、本地区各级各类公务员现状，在明确公务员的职位规范的前提下，按照少而精的原则，科学地、有针对性地为公务员设置科目；二是借鉴外国培训的先进方法，结合我国长期以来干部培训的经验培训公务员；三是培训后，要进行考核，并把培训和公务员的任职、晋升等真正挂起钩来，以督促鼓励公务员在培训期间认真学习政治理论和各种专业知识和技能，确保培训收到实际效果。

（五）分类分级，精准科学

分类分级、精准科学是指公务员培训的内容和形式要有针对性。对于不同职位不同层次的公务员，对于新录用的公务员和晋升领导职务的公务员，对于决策类的公务员和执行性的公务员以及负责管理内务的公务员，应根据不同的需要，分别进行有针对性的培训。做到需要什么，学什么；缺少什么，补什么，切忌一刀切。公务员培训必须着眼于未来社会和经济发展的需要。公务员行政管理能力和综合素质的培养，对社会的发展起着举足轻重的作用。必须以提高公务员能力素质为主导思想设计培训内容和开设新课程。培训内容的设置，既面向个人，也面向未来，这样才能有的放矢，达到提高公务员素质的目的。

（六）联系实际，改革创新

联系实际，改革创新。科学的行政管理和有效的行政执法要求公务员具备管理科学的知识，相关法律的知识，坚实的专业知识，要求公务员具备系统思维能力，科学运作能力和合理协调能力。对公务员进行培训应当紧密联系公务员的实际工作，不谈或少谈一些放之四海而皆准的真理。脱离理论的实践是盲目的实践，脱离实践的理论不免沦为空谈。结合实际，深入浅出，娓娓道来，才能被公务员接受，切莫高谈阔论。在认真学习理论的同时，要重视对培训对象的实际能力、工作能力、适应能力的培养和训练。

二、公务员培训的内容

公务员培训的内容即需要涉及的知识领域在各国有不同规定，如在一些欧洲国家是通过设立行政学院来培训公务员的，其培训的内容往往强调实践性，即主要不是理论知识的学习，而是要如何将理论运用于实践的训练。当然，在训练过程中，公务员需要掌握的知识其面也是非常广的。如法国，除了一年的行政实习外，其课堂学习的内容有"公法、经济学、社会事务、国际关系、公共财政、外语、数学、统计学等"。[1]我国香港地区公务员培训课程设置较为系统，内容丰富，"从总体上可分为'内部课程'和'外部课程'。内部课程是政府内部设置的以及各政府部门开设的课程。其内容包括：入职培训课程、基本训练课程、管理督导课程、微型电脑入门课程、实务研习课程。外部课程是政府之外的教育机构或培训机构开设的课程，包括各种海外培训课程，香港教育机构培训课程和到

---

〔1〕 金伟峰：《国家公务员法比较研究》，杭州大学出版社1994年版，第154页。

私立机构实习。"[1]我国国家公务员培训的内容按照《公务员培训规定》第 13
条规定："公务员培训主要分为初任培训、任职培训、专门业务培训和在职培训
等。"第 15 条第 1 款规定："任职培训是按照新任职务的要求，对晋升领导职务
的公务员进行的培训，重点提高其胜任职务的政治能力和领导能力。"第 16 条第
1 款规定："专门业务培训是根据公务员从事专项工作的需要进行的专业知识和
技能培训，重点提高公务员的业务工作能力。"第 17 条第 1 款规定："在职培训
是对全体公务员进行的培训，目的是及时学习领会党中央决策部署、提高政治素
质和工作能力、更新知识。"概括起来，我国公务员培训涉及内容包括以下几个
部分：

（一）政治理论

公务员政治理论的学习是一个广义的概念，包括对国内国际相关政策、时
事、法律等内容的培训。通过培训以增强公务员对国家法律政策等的领会和掌握
程度，增加公务员对国际社会政治环境的了解，对国外先进的行政管理理念、模
式的了解等。通过政治理论的训练，提升公务员的服务意识、创新意识、民本
意识。

（二）管理知识

行政管理学是一门研究政府对社会进行有效管理规律的科学，行政管理学包
括决策管理、目标管理、组织管理、绩效管理等知识。国家公务员应该具备一定
的管理知识。行政管理学是一门应用性很强的学科，学习行政管理科学，能提高
公务员的领导能力、决策能力、组织能力、协调能力和应变能力。我国公务员知
识结构不合理，缺乏行政管理专业知识和理论。目前，具有本科学历的公务员在
行政机关占据的比例逐年提高，但大多受到的是单一的专业教育，缺乏管理方面
的专业知识和技能，还有一些公务员，具有丰富的管理经验，又缺乏系统的管理
理论和方法。对公务员进行管理知识的培训成为迫在眉睫的一件大事。

（三）专业知识

专业知识，即与公务员工作密切相关的专业理论，专业技术知识和专业操作
知识。行政管理包括治安管理、教育管理、工商管理、税务管理、物价管理、卫
生管理等，公务员应当具备相应的专业知识。随着社会的发展，行政管理的专业
性，技术性会越来越强。信息时代，知识更新加快，公务员的专业知识不可避免
地显得陈旧，只有对公务员进行专业培训，才能适应现代社会的要求。根据《公

---

[1]　熊继宁：《差异、变化与耦合——香港、澳门公务员系统与国家公务员系统比较研究》，中国政法大
　　学出版社 1999 年版，第 173 页。

务员培训规定》专业知识，培训要根据公务员从事专项工作的需要，由相关机关来确定培训的内容、时间和要求。

（四）法律知识

行政机关是最重要的执法机关，我国的法律大部分是由行政机关执行的。依法行政是法治国家对公务员的要求。行政机关应当对公务员进行法律知识的培训，使公务员掌握基本的法律原理，熟悉与业务有关的法律对定，形成比较系统的法律知识体系。公务员首先应掌握公务员法律知识，明确了权利义务，公务员就能更好地维护自身的权益。公务员也应当熟练掌握与自己业务相关的法律知识，只有这样才能依法行使职权，履行法律规定的义务，实行行政目标。现实生活中，许多行政侵权行为是由于公务员不懂法律，或者对法律一知半解造成的，严重损害了公务员的形象和行政机关的权威。

三、公务员培训的类型

公务员的培训，依照不同的对象可以分为新进人员培训和现职人员培训；依照训练课程的不同可以分为行政管理培训和专业及技术培训。[1]还可以根据培训时间的长短分为长期培训、中期培训、短期培训；也可以根据培训人员是否脱离现职分为脱产培训、半脱产培训、不脱产培训等。[2]各国根据其实际情况确定了公务员培训的类型，如英国公务员的培训有三部分：职前培训、在职培训和管理培训；美国则分为任前培训、任职期间培训和高级文官培训。[3]根据《公务员培训规定》，我国公务员培训包括以下四种类型：

（一）初任培训

初任培训是指对新录用人员，即经考试录用进入国家行政机关，担任主任科员以下非领导职务人员的培训。初任培训应在试用期内进行，培训时间不少于12天。初任培训合格者方能任职定级，不合格或未参加培训的不能任职定级。培训目的主要是提高公务员的政治素质，增强职业道德修养，使公务员了解国家行政机关的职能、运作过程和任职环境，熟悉国家公务员行为规范，初步掌握工作方法、程序和基本技能，为正式上岗做准备。

（二）任职培训

任职培训是指对晋升领导职务人员，按照相应职位的要求所进行的培训。任职培训一般在到职前进行，担任县处级副职以上领导职务的公务员任职，培训时

---

〔1〕 曹志主编：《各国公职人员培训制度》，中国劳动出版社1990年版，第45页。

〔2〕 参见金伟峰：《国家公务员法比较研究》，杭州大学出版社1994年版，第147页。

〔3〕 参见金伟峰：《国家公务员法比较研究》，杭州大学出版社1994年版，第147～148页。

间一般不少于 30 天；担任乡科级领导职务的公务员任职培训时间一般不少于 15 天。经任免机关批准，也可先到职后培训，但必须在任职前或任职后 1 年内完成。培训的目的主要是提高政治、业务素质和组织、决策、协调、创新能力，拓宽和补充必要的新知识和新技能，为公务员晋升的一定领导职务做好准备。它的培训内容应围绕公务员拟晋升新的领导职务所需具备的政策水平、组织领导能力和专业知识能力来确定。

（三）专门业务培训

专门业务培训是根据不同的工作业务对国家公务员进行专门知识和业务技能的培训。培训对象是从事专门业务工作的国家公务员，培训内容偏重于专门领域的知识和技能，专门业务培训的目的是提高公务员的专业化水平，使公务员掌握业务工作领域所需要的相关专业知识和技能，及时了解业务工作的现状，把握其发展趋势。未经专门业务培训或培训不合格者，不得参加专门业务工作。培训的时间和方式视工作需要确定。

（四）在职培训

在职培训是指对国家公务员以增新、补充、提高、拓宽相关知识和提高技能为目的的进修培训。培训对象包括全体在职公务员。培训内容要根据公务员的岗位职责来确定，强调培训与使用相结合，以期收到预期效果。培训的目的是使公务员及时掌握新知识、新理论、新信息、新技能，适应经济、社会发展和政府行政管理改革的需要。公务员培训是根据国家有关政策和法律的规定，有计划、有领导地分期分批进行的。

除此之外，在实践中，为了让公务员了解国外先进经验和知识，我国还设立了出国培训的学习方式。

为培养适合中国现阶段社会公共管理需要的、与国际接轨的、面向未来的高素质的公共管理人才，在国务院学位委员会、教育部、原人事部的组织和指导下，1997 年我国决定开办 MPA（Master of Public Administration）教育，2001 年 10 月中国人民大学等国内 24 所高校作为我国首批 MPA 教育招生试点院校，统一组织联考，标志着我国 MPA 教育正式开始。

MPA 是公共管理硕士学位的缩写。最早产生于 20 世纪的美国，当时是面向公共行政或管理领域创办的综合教育与开设的课程。后来欧美国家及亚洲和澳洲开办。最近几十年，MPA 的发展甚为迅速。一般来说，MPA 的目标是为公共组织，特别是政府部门培养高层次、专业化、应用性、复合性的专门人才，造就既有理论素养和技能，又精通某一公共管理领域政策分析者、管理者。招收对象上主要是政府部门或者公共机构有实践经验的工作人员。在课程设置以及培养方式上、知识结构和能力结构方面有特定的要求和质量标准。教学区别于科研型人才的培养要求，强调直接面向公共管理领域实施专业教育。MPA 的课程设置有以下特点：一是面向高层管理所需的理论与实务并重的培训，改变一般研究型研究生课程以理论性、描述性和号召性课程为主的课程设置，为学生提供发展领导才能的空间。二是面向解决复杂社会问题的政策分析方法与技能，提供经过正规教育才能获得的定性、定量等专业分析工具，让学生具备更高级的专业素养，掌握定性、定量分析工具，使学生具备更高层次的能力素养。三是面向专业化领域的专门化知识技能，每个学生都有自己选择的专门化领域，以使其与公共管理和公共政策相关联。[1]

MPA 在我国还是新生事物，是公务员培训的新的方式，但因为它在培养目标、培养方案等方面适合行政管理实践的需要，已经表现出强大的优势。立足中国的实际，借鉴外国的经验，不断完善 MPA 教育的各个环节，MPA 教育将为中国公务员的培养和公务员队伍的建设带来勃勃生机。

四、公务员培训的意义

（一）公务员培训能保证公务员政治素质

我国是人民民主专政的社会主义国家，一切权力属于人民。公务员不是高高在上的统治者，而是人民的公仆。我国《宪法》和《公务员法》都规定了公务员应坚持全心全意为人民服务的宗旨。我国实行共产党领导下多党合作和政治协商制度，不实行两党制或多党制，不实行西方所谓的文官政治中立原则，不禁止公务员加入党派和参加政治活动，相反我国要求国家机关应接受党的领导，公务员应接受党的领导。《公务员培训规定》把为推进公务员培训工作科学化、制度化、规范化，建设信念坚定、为民服务、勤政务实、敢于担当、清正廉洁的高素质专业化公务员队伍列为立法目的就是保证公务员的政治素质。

（二）公务员培训是实现公务员知识更新，提高公务员素质的根本措施

当今世界正处于知识爆炸的信息时代，科学技术日新月异，知识老化的速度加快，公务员不同程度地存在知识不足的现象。行政机关普遍采用电子设备、智能办公，要求公务员掌握先进设备的方法。公务员不学习，不参加培训，就跟不上时代的发展。行政机关对公务员进行有针对性的培训，能开发公务员的潜能，优化知识结构，提高公务员的素质。

（三）公务员培训是提高行政效率的有效途径

行政机关为提高行政效率，可以采取引进先进设备，优化组织结构、对公务

---

[1]　吴长春："我国公务员培训的新途径"，载《理论界》2002 年第 5 期。

员培训等方法，其中最有效的途径就是对公务员进行培训。公务员是行政机关的组成因素，也是最活跃的因素，公务员具有主观能动性，培训能开阔公务员的视野、更新公务员的知识，激发公务员的责任感和进取心，最大限度地发挥他们的积极性和创造性，形成充满活力的公务员队伍。公务员的培训能极大地提高行政机关的工作效率。

（四）公务员培训是政府职能转变的关键

我国长期以来形成了高度集权的行政管理体制，改革开放以来，这种情况并没有得到根本的改变，这种管理方式和市场经济格格不入，制约了社会经济的发展。为深化行政管理体制改革，进一步转变政府职能，改进管理方式，形成行为规范、运转协调、公正透明、廉洁高效的行政管理体制，把工作重点转向有效的宏观调控，将重心集中到管政策、法规及执行的监督上，必须提高公务员认识水平。通过培训可以帮助公务员树立服务理念、培养行政公开的意识、合作意识，促进政府职能的转变。

（五）公务员培训制度有助于促进发现人才、培养人才的工作经常化、制度化。

培训作为一种智力开发工作，以有效的方式从公务员系统现有的人力资源中开发智力、挖掘潜力，使优秀人才脱颖而出，不仅为其担任更高级职务做好准备，而且也造就了大批优秀管理人才，为整个公务员队伍提供了一支高质量的人才预备队伍。[1]

---

[1] 参见关保英主编：《公务员法学》，法律出版社 2007 年版，第 190～191 页。

第八章　公务员职位变迁法

第一节　公务员交流

一、公务员交流的概念

（一）公务员交流的含义

公务员交流，是指国家行政机关根据工作需要或公务员个人意愿，通过法定形式，变换公务员的工作岗位，从而使公务员工作关系或职务关系得以产生、变更或终止的一种人事管理活动。这种人事管理活动的结果，表现为行政机关系统内部或行政机关与其他机关、企事业单位之间的人员相互交流，即行政机关内部变换公务员的工作职位，或者把公务员调出行政机关任职，或者将行政机关以外的工作人员调入行政机关担任公务员职务，以上都统称为公务员交流。为保证公务员交流持续、有序、规范地进行，国家制定了调整公务员交流行为的法律法规，这些相关规定就构成公务员交流制度。

通过上述分析，我们可以看到公务员交流具有如下特点：

第一，公务员交流原因主要有两个方面，一是为满足工作需要，实现"事得其人"，促进工作效率的提高；二是满足公务员个人意愿。其中，工作需要是启动公务员交流的首要原因。在实践中，满足公务员个人意愿要以不与工作需要相冲突为原则；两者发生冲突时，个人意愿要服从工作需要。

第二，公务员交流是国家行政机关对公务员的管理活动和手段，是一种公务行为，而非公务员个人行为。交流活动应当有组织、有计划、有步骤地进行，严禁公务员个人擅自离职或交换工作岗位。

第三，公务员交流有法定形式。根据我国《公务员法》第69条，公务员交流的方式包括调任、转任。每一种形式都有其特定的目的、对象、适用条件及程序要求，行政机关在组织进行公务员交流时应当依据规定，选用适当的形式，使交流活动取得最佳效益。

第四，公务员交流范围既包括行政系统内部的交流，也包括与外部系统的交流。《公务员法》第69条第2款规定："公务员可以在公务员和参照本法管理的工作人员队伍内部交流，也可以与国有企业和不参照本法管理的事业单位中从事公务的人员交流。"行政机关系统内部的交流，是指公务员在国家行政机关内部跨地区、跨部门、跨单位、跨职位的交流，这种交流只是工作职位和行政隶属关系的变化，并不影响交流人员的公务员身份。与外系统的交流，是指公务员调出行政机关任职或者非行政机关的人员调入行政机关任职，这种交流将导致公务员身份的取得和消失。其中，公务员调出行政机关任职的，其与行政机关间的人事行政关系随之消失，并不再保留公务员身份。调入行政机关任职的，将与任职的行政机关形成新的人事行政关系，并可依据我国公务员管理的相关规定取得公务员身份。

（二）公务员交流制度的产生、发展

我国的公务员交流制度渊源于干部交流制度。干部交流制度，是党和国家干部人事制度的优良传统，早在 1942 年，为更好地培养锻炼干部，密切军队与地方、上级与下级的关系，提高部队的战斗力，适应战争环境的要求，中央军委就在军队干部之间开展了交流。[1]新中国成立后，干部交流制度得到了进一步的规范和发展。1962 年党的八届十中全会通过了《关于有计划有步骤地交流各级党政主要领导干部的决定》，明确了干部交流的对象、程序，并提出定期进行干部交流，是干部管理工作的一项重要制度。干部交流制度在"文革"遭到严重破坏，基本废止。党的十一届三中全会后，随着干部人事制度改革的深入，特别是干部队伍建设和党风廉政建设的需要，干部交流制度得到了恢复和发展。[2]1990年中央下发了《关于实行党和国家机关领导干部交流制度的决定》。1993 年，在继承和发展了党的干部交流制度传统的基础上，认真总结我国干部调配制度的成功经验，积极借鉴国外公务员交流制度的先进之处，国务院出台了《国家公务员暂行条例》，就公务员交流范围、形式、程序及其法律后果设立专章进行规范，至此我国干部交流制度开始走上了法制化的道路，出现了公务员交流的概念，依法管理成为干部交流的重要特征。以后，依据此条例，2006 年出台的《公务员法》及 2018 年新修订的《公务员法》都对公务员交流作出了更详细的规定，进一步规范公务员交流行为。各地各部门在根据以上决定、规定，结合本地本部门实际，也纷纷制定了相应法规规章，规范本地本部门的公务员交流工作，保障交流工作全面、有序地进行。现行《公务员法》的出台使得我国公务员交流制度有了更加规范的内涵。

---

〔1〕　参见周美雷主编：《中国公务员制度简明教程》，红旗出版社 2000 年版，第 161 页。

〔2〕　参见舒放、王克良主编：《国家公务员制度教程》，中国人民大学出版社 2001 年版，第 161～162 页。

（三）公务员交流的意义

在社会主义市场经济体制不断完善，行政管理体制改革不断深化，政府职能转变力度不断加大的今天，组织开展公务员交流有着不容忽视的重要意义。

公务员交流，有利于优化人事组合，促进工作质量、工作效率的提高。事得其人，用其所长，实现职位需要与公务员个人能力的科学组合，是激发公务员工作潜能，发挥公务员专长，提高工作质量、工作效率的必由途径。实践中难免会出现这些现象：用非其人，工作任务难以完成，工作效率低；用非所长，影响了公务员个人能力的发挥，抑制了工作热情，造成了人才浪费。这些都是公务员交流制度存在的现实基础，也是公务员交流制度所要解决的主要问题。

公务员交流，有利于密切不同单位、部门间的关系，促进交流，增进合作。公务员跨地区、跨部门、跨单位的交流，既是人的交流，也是工作理念、工作经验、工作方法的交流，不仅可以消除不同的地区、部门、单位的陌生感，建立起沟通、了解的纽带，促进相互间的学习借鉴，取长补短，增进协作，避免、减少推诿扯皮，促进行政机关整体工作效率的提高。

公务员交流，有利于丰富公务员的实践经验，促进公务员素质的提高。交流可以使公务员在具体的工作实践中，进一步拓宽视野、开阔胸襟、丰富阅历、增长才干，提高个人综合素质，也可有效避免长期在一个职位、部门、单位任职所造成的思想僵化、因循守旧、不思进取现象的发生，增强公务员的责任感和事业心，为公务员个人的成长、发展奠定坚实基础。同时，交流也可在一定程度上满足公务员的个人意愿，解决其工作生活中的实际困难，消除后顾之忧，增进公务员的归属感，稳定公务员队伍，激发工作积极性。

公务员交流，有利于预防和减少腐败，促进行政机关的廉政建设。有计划、有组织、有步骤地开展公务员交流，特别是组织担任领导职务的公务员、在掌握人、财、物等重要岗位上工作的公务员以及在工作性质比较特殊的岗位上工作的公务员进行交流，可从制度上帮助公务员摆脱"关系网""人情网"的束缚，保持高涨的工作热情，培养良好的工作作风，预防和减少以权谋私、贪污、受贿等腐败行为的发生，有力推进行政机关廉政建设，确保党和国家的大政方针、政策法律得到充分有效地落实，进一步树立国家公务员秉公办事、依法行政、执法为民的良好形象，增进政府公信力，净化社会风气。应当说，开展公务员交流，既是对事业的负责，也是对公务员个人的关心和爱护。

（四）公务员交流的原则

我国《公务员法》明确规定，国家实行公务员交流制度。公务员交流的主要目的，一是为了满足工作需要，实现事与人的优化组织，二是为了调动公务员的工作积极性，激发工作潜能，做到适其位，擅其事。为了实现上述目标，行政机关在组织开展公务员交流时，应当遵守如下原则：

第一，依法交流的原则。即行政机关在组织开展公务员交流时，应当严格遵守相关法律规定，在其管理权限和编制员额、职位数内，按照相应职位的任职资格、任职条件要求，通过法定程序进行。公务员交流，是人事行政法律关系产生、变更、消灭的方式之一，属于内部行政行为。行政行为必须合法，是现代法治社会题中应有之义。因而公务员的交流首先要符合合法性要求，依法组织开展交流。我国目前已经出台了《公务员法》及配套法规规章，对公务员交流工作进行了调整、规范。国家行政机关组织开展公务员交流时，应当严格予以遵守，否则将被视为无效。

第二，适才适用原则。即国家行政机关在组织开展公务员交流时，要从具体职位的具体需要出发，充分考虑拟调配的公务员的专业特点和能力水平，尽最大可能为每个职位配备最符合要求的公务员，将每个公务员选配到能够最适合其发挥才能的职位上，做到适才适用，人尽其才。要做到这一点，组织人事部门首先要公道正派，坚持任人唯贤，反对任人唯亲；其次对每个工作职位所需人才类型及每个公务员的素质能力有较为全面、科学的认知、掌握，综合分析，科学调配。

第三，合理稳定原则。适度的交流，对激发公务员队伍活力，促进工作质量、工作效率提高有积极作用。如果交流过于频繁或交流规模过大，也会打乱工作秩序，破坏工作连续性，挫伤公务员工作积极性，影响队伍的稳定。行政机关在组织开展公务员交流时，要有计划、按比例、有组织地进行，注意把握公务员交流的"度"，统筹考虑，科学组织，既要鼓励公务员有序流动，又要合理控制公务员交流的规模、范围，提高公务员流动的效益。

第四，个人服从组织原则。"交流既是公务员的义务，又是公务员的权利。从管理的角度来讲，交流作为公务员管理的重要环节，是由机关所实施的组织行为。它体现和代表着机关的权力。但这种权力必须建立在保障公务员合法权益的基础上。交流制度应规范机关和公务员在交流中的权利和义务关系……强调机关决定交流的权利和公务员服从交流决定的义务，有利于建立正常的交流秩序，加快公务员合理流动，促进人才资源开发，增强机关活力。"[1]

---

[1]　应松年等：《公务员法释义》，国家行政学院出版社 2005 年版，第 77 页。

二、调任

（一）调任的含义和特点

根据《公务员法》的规定，调任是指国有企业、高等院校和科研院所以及其他不参照本法管理的事业单位中从事公务的人员，可以调入机关担任领导职务或者四级调研员以上及其他相当层次的职级。调任实际上包括调入和调出两个方面，是国家公务员与国家行政机关以外的工作人员之间的双向交流，这表明我国公务员系统是一个相对开放的系统。《公务员法》仅仅对调入的情形作了规定。调任与转任相比，具有如下特点：①调任的范围较为广泛。调任是公务员内外交流的主要形式，既包括其他机关以及企业、事业单位，不具有公务员身份的工作人员进入行政机关；也包括国家公务员调出行政机关。②调任的适用对象特定。调入和调出适用对象不同，调入仅适用于担任领导职务或四级调研员以上及其他相当层次的，行政机关以外的工作人员；调出适用于所有公务员。③调任的法律后果不同。调任直接导致公务员身份的取得和消失。调入者可取得公务员身份，调出者不再保留公务员身份。

（二）调任的条件和程序

由于调入和调出的对象不同，其条件和程序也各不相同。

根据相关规定，从国家行政机关以外调入行政机关任职应当符合以下条件：①必须是国有企业、高等院校和科研院所以及其他不参照本法管理的事业单位中从事公务的人员，且调入后拟担任领导职务或四级调研员以上及其他相当层次的非领导职务。②必须符合机关编制员额和职位要求。调入机关必须有编制空额和职位空缺，不得超编制、超职数调任人员，也不可因人设职，随意增设机构、职数，否则将极易造成机构膨胀，冗员充滞，人浮于事。③必须具备拟任职务所要求的政治思想水平、工作能力以及相应的资格条件，以保证完成所任职务的工作任务。④必须符合回避规定。[1]凡拟调入人员具有任职回避情形，依法予以应当回避，或是重新考虑调入人选，或是对另一方的任职进行调换。

调入的程序主要包括：①在编制空额和职位空缺时，行政机关根据工作需要和年度公务员调入计划，提出拟调入公务员的要求和资格条件，确定报名范围或选任范围。选任人选，可以由符合条件人员的所在单位或其他组织推荐，也可以由人事部门直接确定。②通过考试或者考核对报名人员或者拟选任人员进行选拔。③对初选合格人员进行全面考察，确定拟调任人员人选，按程序报相关组织人事部门审核，并最终确定资格。④对担任部分领导职务的公务员还须报请任免

---

[1]　参见《公务员法》第70条。

机关进行任命。⑤调入者还需到行政学院或者其他指定的培训机构授受培训，培训合格后才可正式任职。

公务员调出行政机关具体有两种方式：一种是组织调动，即国家行政机关根据工作需要，有计划、有组织、有步骤地组织一部分公务员到其他机关或者企业、事业单位任职。采用此种方式，国家行政机关必须提前通知拟调出的公务员，向其说明理由，并征求其意见应当，并按管理权限履行报批手续。但必须指出的是，公务员的个人意见不具有直接对抗国家行政机关所做的调出决定的效力。另一种是个人申请调出。即公务员在最低服务期届满后，出于个人意愿，主动要求调离国家行政机关，到其他机关或企业、事业单位任职。采用此种方式，公务员应当主动向任免机关提交书面请调报告，在未得到批准前不得擅自离职或交换工作岗位。

无论是组织调动，还是个人申请调出，拟调出的公务员经过批准后，在按相关人事管理程序正式办理调动手续时，也必须认真做好公务交接工作，以保证工作的连续性。公务员调出国家行政机关后，将不再保留公务员身份。

三、转任

根据我国《公务员法》及《公务员转任规定》，公务员转任，是指公务员在公务员队伍内部不同职位之间的交流或者交流到参照公务员法管理的机关（单位）工作人员职位。它既包括在同一地区、同一部门不同职位的转换任职，也包括跨地区、跨部门的调动。[1]

转任是公务员内部交流的形式之一，主要具有如下特征：①转任的适用范围，仅限于国家行政机关系统内部的不同职位，不包括其他机关和企业、事业单位。②转任适用的对象是所有在职的公务员，不受职级、职务的限制。这是转任区别于职位轮换最主要的一点。③转任是一种平级调动，只是在相同级别的不同职位间的交流，绝不允许以转任程序代替公务员的职务升降程序，通过转任提拔或者降低公务员的职务、职级，否则将严重危及国家公务员队伍的稳定，危及公务员制度的规范性、严肃性。④转任的法律后果仅限于工作职位或行政隶属关系的变更，不涉及公务员身份的取得或者消失。

转任是公务员管理的重要手段。在实践中公务员转任，首先是为了满足工作需要。公务员是各项行政工作任务的具体实施者，如果现有人员力量不能满足工作发展的需要，行政机关就应当依据管理权限，对现有人员进行必要调整，调出部分人员或者补充一些迫切需要的人员，强化人员力量，为工作提供充分、及

---

[1]　参见《公务员法》第71条。

时、有效的人力支持，确保工作任务高质量地完成。其次是调剂编制、职位余缺的需要。随着行政管理体制改革的深入，政府职能转变的力度不断加大，行政机构的撤销、合并、调整和新设在所难免，这样就会出现有的部门因机构编制的减少，而出现人员富余现象；而有的部门因职能增加，机构编制也相应增多，从而出现了职位空缺，亟需补充人员。通过转任的方式，在公务员队伍内部进行调剂，既可以解决不同单位间编制、职位余缺的矛盾，也可以充分利用现有公务员人力资源，降低行政成本。最后也应看到通过转任，对公务员进行职位调整，可以优化人员布局结构，提升人与事结合的科学程度，促进工作质量、工作效率提高。同时，通过转任可在一定程度上满足公务员个人意愿，为其充分发挥才能提供机会，搭建平台，体现用才之道；也可帮助解决部分公务员工作生活中的具体困难，体现爱才之心，进一步激发公务员的工作积极性。

根据我国公务员管理相关规定，转任必须符合相应的条件要求，履行相应的程序。其一，转任必须符合转入机关的编制员额和职位结构的要求。我国国家行政机关的职能、编制及职位均严格受到机关"三定方案"（定职能、定机构、定编制）的限制，任何行政机关不得超编制数、超职数安排人员，否则要追究相应行政责任和纪律责任。其二，转任必须符合拟转任职务所规定的条件要求。分类管理是公务员制度的核心要素，不同岗位、不同的职务，所要求的任职资格、任职条件也各不相同。因而，转任者必须具备拟任职位所需的思想政策水平、专业知识、工作能力以及相应的资历、经验，以便能够胜任转任的职位，达到转任的目的。其三，转入机关必须对拟转任者进行严格的考核，考核主要集中在转任者是否具备拟任职位的任职条件要求，特别是政治、知识、能力、资历等方面的要求，并据此提出考核意见。其四，经过考核合格后，转任公务员应当按照规定的程序办理人事调动手续，即使在同一机关内进行转任，也要办理相应的人事任免手续，以保证公务员管理的有序、规范。

四、挂职锻炼

挂职锻炼，是指机关有计划地选派在职公务员在一定时间内到下级机关或上级机关、其他地区机关以及国有企业、事业单位担任一定职务的活动，它是培养公务员、促进公务员成长的有效途径。[1]挂职锻炼可以使公务员更广泛地接触基层、更深入地了解社会，在实践中增长才干，丰富经验，是党和国家培养中青年公务员的常用方式。同时也可以增进上下级机关间，以及行政机关与其他机关、企业、事业单位间的了解，密切关系，促进协作，增强社会管理效果。

---

〔1〕 应松年主编：《公务员法》，法律出版社 2010 年版，第 158 页。

挂职锻炼与调任、转任等交流方式相比，具有如下特征：①挂职锻炼具有临时性。一般时间为 1~2 年，期限短的仅半年。②公务员在挂职锻炼期间，不办理任何调动手续，不改变与原机关的人事行政关系，也不占用接收单位的编制员额和职位，仅在业务工作上接受接收单位的领导。③挂职锻炼既包括行政机关的内部交流，即上级行政机关选派公务员到下级行政机关进行锻炼，或根据国家政治、经济发展需要，选派部分公务员到上级行政机关挂职锻炼；也包括外部交流，即行政机关选派公务员到其他机关、企业、事业单位进行锻炼。总之，挂职锻炼相对于其他交流方式而言，具有临时性和混合性的特点。

挂职锻炼多适用于有培养前途的中青年骨干公务员，以及缺乏基层工作经验的公务员，如新录用为公务员的院校毕业生，对提高公务员素质、激发机关活力、培养领导人才发挥了积极的作用。但在实践中，挂职锻炼出现了一些不尽人意之处，如只挂职不锻炼，人浮机关不"沉底"；原机关管不着，接收机关管理不了；不求有功但求无过，混到期限即回机关。针对这些问题，行政机关在组织公务员挂职锻炼时要切实加强组织管理。派出的行政机关要明确挂职锻炼的目的、要求，强化对挂职公务员的行为引导。要科学安排锻炼期限、锻炼单位、锻炼岗位，使挂职公务员能够真正接触到基层的具体工作，在实践中得到锻炼。要加强与接收机关的联系与合作，建立健全管理、考核制度，严格日常管理，细化考核指标，强化考核力度，将锻炼成效与公务员个人成长联系起来，从而将锻炼落到实处。同时，还要尽可能地安排好挂职锻炼公务员的工作和生活，使其能够真正安下心，扎下根，全神贯注地投入到锻炼工作中。

第二节　公务员辞职、辞退

一、辞职、辞退的法律意义

辞职辞退是公务员队伍的两个重要"出口"，是体现和保障公务员个人自由择业权与行政机关用人权的双向选择机制。建立辞职辞退制度，在严格公务员队伍管理，建立健全竞争激励机制，适应一支廉洁、勤政、务实、高效的公务员队伍，促进公务员制度形成良性循环，发挥制度的整体效益方面有着重要意义。

第一，建立辞职辞退制度，有利于保障公务员的合法权利，规范行政机关的用人权，促进人才合理流动。劳动权作为宪法赋予公民的一项基本权利，其中包含了自由择业权。所谓自由择业权，是指公民有权在不违反法律规定的情况下，依据个人的志趣、专长或其他因素，自由选择职业的权利。自由择业权不仅包括初次择业权，还包括再次择业权。辞职制度使劳动权特别是自由择业权，在公务员制度得到了具体落实和切实保障。当公务员因业务不对口，志趣转移，而不愿在机关工作时，可通过辞职另择职业，防止了人才积压和人才浪费，实现人才的合理流动。辞退制度通过规范行政机关辞退权力行使的条件和程序，既保证了行政机关辞退权力的行使，同时也有力地防止了辞退权的滥用，促进依法行政，避免挟私报复等违法违纪行为的发生，保护公务员的合法权益。

第二，建立辞职辞退制度，有利于改变传统干部人事管理制度的弊端，建立适应市场经济发展要求的公务员管理制度，增加机关活力。传统干部人事制度中，一次分配定终身，能进不能出，干好干坏一个样，束缚了公务员个人才能的发挥，扼制了人才合理流动，导致机关活力不足。为了适应了社会主义市场经济发展对人才管理、人才流动的新需要，我国进行了人事行政管理制度改革的探索，辞职辞退制度就是这种探索的成果之一。辞职制度总结、发展了近年来干部人事制度改革的成果，打破了人才"部门所有""单位所有"的陈旧观念，对尊重人才，调动人才的积极性、创造性，调整人才结构，推动人才市场配置机制的形成，起到了积极的促进作用，体现了人事行政制度改革的方向。辞退制度的建立，砸破了行政机关的"铁饭碗""保险箱"，建立了优胜劣汰机制，完善了竞争激励机制，增加了公务员的紧迫感、危机感，对那些不干事，不尽职的"闲官""懒官""馋官"普遍产生了压力，增添了动力，促使他们转变工作作风，提高自身素质，尽快适应工作，极大地改变了机关工作作风，增加了机关活力。

第三，建立辞职辞退制度，有利于带动公务员制度的完善，促进公务员制度形成良性循环，提升制度的整体效益。辞职辞退制度与公务员录用、考核、晋升、申诉控告等制度紧密相联，彼此互动。若是队伍的出口不畅，新生力量就补充不进来，培养和选拔优秀年轻公务员就成为空话。建立辞职辞退制度，让那些不愿意、不适宜在机关工作的人员离开公务员队伍，空出编制，腾出职位，使一些有志于公共服务的青年通过考试录用进来，同时也可强化考核的激励作用，使那些德能勤绩廉突出的公务员涌现出来，得到晋升重用。总之，通过发挥辞职辞退制度的联动效应，激活了整个公务员制度，为制度整体效益的发挥提供了契机。

二、辞职

(一) 辞职的含义

辞职，是指公务员依照法律法规规定，根据本人意愿主动申请终止与行政机关的任用关系。辞职是公务员的一项基本权利。[1]

为了正确理解辞职的内涵，有必要将辞职与免职、自动离职等相关概念进行区分。免职，是指国家行政机关在其权限内，依法免除公务员所担任的职务的行为。免职属于国家行政机关人事行政管理权力，是行政机关主动而为的行为，是单方行政行为。此项权力的行使不以公务员的申请为必要前提；而辞职是公务员的权利，是公务员根据自己的意愿主动申请的行为。免职必须有法定事由，根据《公务员职务任免与职务升降规定（试行）》的规定，当公务员因职务升降、转任、退休、非组织选派离职学习超过一年的，行政机关可依照法定程序予以免职；[2]而辞职一般出于公务员个人的原因。辞职和免职的法律后果也不一样，免职仅是职务关系的变更，不涉及免职者的公务员身份；而辞职将使公务员与国家行政机关的任用关系终止，辞职者不再保留公务员身份。

自动离职，是指公务员未经批准擅自离开工作岗位的行为。从表面上看，辞职和自动离职，都是公务员根据个人自由意愿而作出的职业选择行为。如果细加分析，就会发现两者存在很大的区别。辞职不仅需要公务员依个人意愿提出申请，还必须经过任免机关的审核批准，因而辞职所体现的公务员个人意志，是经过法定程序确认的个人意志。而自动离职，则是公务员擅离职守行为，其所体现的意志没有得到法定程序的确认。再者，辞职是公务员的权利，受到法律保护，并可以依法享受特定待遇。而自动离职，是破坏人事行政管理秩序的行为，是一种违纪行为，行政机关有权依据相关规定，给予辞退或者其他行政处分直至开除。

（二）辞职的特征

根据公务员管理相关规定，辞职主要具有如下特征：

第一，辞职是公务员的一项权利。辞职，是公民劳动权尤其是职业选择权的具体体现，受到法律的保护。权利行使与否，完全取决于权利主体的个人意志。公务员是否辞职，应当由公务员根据个人志愿自行决定，任何国家机关、社会团体和个人不得滥加干预。因而，辞职程序的启动，应当以公务员个人提出申请为前提。

第二，辞职主体受到一定限制。为了保护公共利益，法律常常会就公民权利

----

〔1〕在实践中，辞职有两种情形下：一是辞去现任领导职务，但仍保持与行政机关的人事行政法律关系，保留公务员身份；二是辞去公职，即依法终止与国家行政机关的任用关系，不再保留公务员身份。如果辞职者是担任领导职务的公务员，这也自然包括了辞去现任领导职务。按照《公务员法》，本书所论述的辞职仅指后一种情形。

〔2〕参见《公务员职务任免与职务升降规定（试行）》第14条。

的行使给予必要的限制。出于保守国家秘密，维护国家安全，保持公务活动的连续性的考虑，常通过法律形式对辞职的主体给予必要的限制。如我国《公务员法》第86条就明确规定，未满国家规定的最低服务年限的，不得辞职；在涉及国家安全、重要机密等特殊职位上任职的国家公务员，不得辞职。

第三，辞职必须遵守法定程序。现代法治社会，公民权利的行使应当受法律的约束，否则将会构成权利的滥用，而承担相应的法律后果。法律约束，可以是实体约束，也可以是程序约束。我国公务员管理的相关法规，对公务员辞职权的行使规定了严格的程序要求。因而，公务员行使辞职权利时，应当遵守法定程序。公务员的辞职申请未经批准不得擅自离职，否则将受到开除处分，并不准重新录用到国家行政机关工作。

第四，辞职后依法享有特定保障。公务员辞职后，有权依法享受特定的辞职待遇。如阿根廷规定公务员辞职后，有权依据任职时间的长短，享受相应的保险。我国则规定，公务员辞职后，有权获得相关的人事关系证明。重新就业的，辞职前的工龄与重新就业的工龄可合并计算。

（三）辞职的条件

公务员辞职的条件，分为肯定性条件和限制性条件。所谓肯定性条件，是指法律法规采用正面列举的方式规定的辞职有效条件。而限制性条件，是指法律法规采用反面排除的方式规定的辞职有效条件。限制性条件是对肯定性条件的限制和补充。公务员只有既符合肯定性条件，同时也处于限制性条件约束的范围之外时，辞职的权利才能得以实现。否则即使公务员提出辞职申请，任免机关也不会予以批准。

从各国公务员管理的立法惯例看，公务员辞职的肯定性条件相对较为简单，仅要求具备两方面的条件，一是公务员主观意志要求，即公务员本人不愿意或自己认为不适宜继续在国家行政机关工作。无论"不愿意"或"不适宜"的原因是什么，但公务员辞职必须出于自愿，而非任何机关、组织或个人的强迫。二是行为要求，即公务员要主动提出辞去公务员身份的申请，且申请要符合法定的形式要件要求。我国公务员法规的规定也是如此。

规定公务员辞职的限制性条件，主要体现为如下情况：

第一，在涉及国家安全、重要机密等特殊职位上任职以及调离上述职位不满解密期的。涉及国家安全、重要机密的岗位，主要是指公务员所从事的工作直接涉及国家安全和重大国家利益，如国防、外交中的秘密事项，重要政治事项，重要经济、技术秘密以及国计民生中需要保密的事项。在这些岗位上工作的公务员因掌握国家机密，各国一般都规定不能随意辞职。即使公务员调离了上述岗位，也必须在所掌握的情况已解密的情况下，才能申请辞职。

第二，重要公务尚未处理完毕，而且须由本人继续处理的。在行政管理实践，由于特定工作任务的专业性较强，或者是工作历时较长、连续性要求较高，需要特定公务员亲自处理，否则将会给工作的正常推进带来较为重大的、不可避免的损失。出于公共利益的需要，有必要对这一类公务员的辞职给予必要的限制。

第三，正在接受审查的。公务员因存在违法或者违纪嫌疑，正在接受审计、纪律审查、监察调查或者涉嫌犯罪，司法程序尚未终结的，不得辞职。作出此项限制性规定，主要是为了防止公务员假借辞职，逃避审查和法律纪律追究，促进行政机关的廉政建设。

第四，未满最低服务年限的。根据《公务员法》第86条，未满最低服务年限的，不得辞职。作出此项规定，既是为了保持国家行政机关的正常运转，实现公务活动的连续性，也是为了节约行政成本。要使公务员能够适应职位要求，特别是一些专业性较强的职位要求，行政机关就需支付成本培训公务员。通过协议的方式规定培训后的最低服务年限，可有效防止因公务员的随意辞职，给行政机关带来的人力、财力损失，降低行政成本。

（四）辞职的程序

根据相关法规规定，辞职必须遵循下列程序：

第一，公务员主动提出书面申请。辞职意味着公务员与国家行政机关间任用关系的终止，无论对公务员个人，还是对行政机关而言，都是一件重要的事情。无论是为了维护公务员合法权益，还是为了加强机关规范化建设，公务员辞职都应当有严格的形式要求。因而《公务员法》明确规定，国家公务员辞职应当向任免机关提出书面申请。1995年国家人事部专门制定了格式化的《辞职申请表》。

第二，所在单位审查。所在单位接到公务员的辞职申请后，应当进行审查，签署同意或不同意辞职的意见，说明理由，并按管理权限呈报任免机关。近年来为了促进人才流动，保护公务员辞职的权利，各地纷纷在地方立法中明确审查的期限。如有的地方规定所在单位应当在接到申请后的1个月内审查完毕，并呈报任免机关；逾期不呈报的，公务员本人可直接向任免机关提出申请。[1]

第三，任免机关的人事部门审核。任免机关接到呈报后，应交由其人事部门进行审核。人事部门审核的对象，既包括公务员的辞职申请，也包括公务员所在

---

[1]　参见《江苏省国家公务员辞职辞退实施办法》第6条第2项。

单位所提的初审意见。人事部门在对呈报材料的合法性、合理性进行审核后，依法提出批准或不准辞职的建议。

第四，任免机关审批。任免机关应当根据人事部门的建议，对符合法定辞职条件的，依法予以批准；对不符合法定辞职条件的，依法作出不予批准的决定。无论是否批准公务员辞职，任免机关都在 3 个月内予以审批，并将结果以书面形式通知呈报单位及申请的公务员，逾期未予批复的，视为同意辞职，任免机关应当为申请的公务员办理辞职手续。

第五，备案、归档程序。任免机关应当将批复同时抄送同级政府人事部门备案。呈报单位应将任免机关的审批文件存入申请公务员的档案。

第六，公务交接手续。公务员应在任免机关作出批准辞职之日起半个月内，办理公务交接手续，还清公共财物，领取辞职通知书，必要时还应接受财务审计。有的地方还规定，因特殊情况不能按时办完交接手续的，经所在单位同意可适当延长期限，但最长不能超过 30 日。[1] 对拒不办理公务交接手续或拒不接受财务审计的，给予开除处分。

（五）公务员辞职的相关事宜

公务员辞职后，不再保留公务员身份，并自批准之月起的下个月起停发工资，其人事档案由所在单位按规定转到户籍所在地县级以上政府人事部门所属的人才流动服务机构。2 年内到与原机关有隶属关系的国有企业或营利性的事业单位工作的，须经原任免机关批准。国家公务员辞职申请未被批准的，可根据国家有关规定提出申诉。如《上海市国家公务员辞职辞退实施细则》第 19 条规定："国家公务员对辞职未被批准或者辞退不服的，可在接到批复之日起的 30 天内，向原处理机关申请复核，或按有关规定提出申诉。"

三、辞退

（一）辞退的含义和特征

辞退，是指国家行政机关在权限范围内，依据法律规定的条件解除与所辖公务员的任用关系。

为了准确把握辞退的内涵，我们有必要对辞退和开除两个概念进行区别。辞退和开除虽然都是行政机关主动解除与所辖公务员的任用关系，但两者存在质的差别。辞退不是行政处分，不具有惩戒性；而开除是公务员惩戒中最严重的纪律处分，只适用于那些严重违法失职，损害国家机关声誉，屡教不改的公务员。公务员被辞退后可以享受相应的待遇，如领取失业保险或辞退费，而被开除者则不

---

[1] 参见《江苏省国家公务员辞职辞退实施办法》第 21 条。

享受这些待遇。

辞退具有如下特征：①辞退是国家行政机关的权力。辞退是单方行政行为，当法定情形出现时，国家行政机关有权依法解除与所辖公务员的任用关系，而无需事先征求被辞退公务员的意见。②辞退公务员必须基于法定事由。只有出现法定事由或者符合法律规定的条件时，行政机关才能行使辞退的权力。非因法定事由公务员不得被辞退，否则将构成对公务员劳动权的侵犯。③辞退公务员必须遵循法定程序。公务员与行政机关相比，显然处于弱势地位，辞退作为单方行政行为，进一步拉大了行政机关与公务员间的力量差距。为了保护公务员的合法权益，防止行政机关滥用职权，使辞退制度的效用得到健康、全面的发挥，要求行政机关严格遵循法定程序具有尤为重要的意义。④被辞退的公务员享有法定待遇。辞退是国家行政机关对公务员的处理行为，在客观上会对公务员造成一定损失。为了体现对公务员权利的保护，各国公务员法普遍规定，被辞退的公务员可以享受相应的待遇。

（二）辞退的条件

科学合理地确定辞退条件，是建立健全公务员辞退制度的关键。从国情出发，积极借鉴国外经验，我国确立了符合中国实际，宽严适度的公务员辞退条件。

根据我国《公务员法》及其他规定，有以下情形之一的可予以辞退：

第一，在年度考核中，连续2年被确定为不称职的。考核是公务员管理的重要内容。行政机关有权按照管理权限，对公务员的德、能、勤、绩进行全面考核，以此作为公务员奖惩、任用的依据。考核分为年度考核和平时考核，平时考核是年度考核的基础。此处所讲的考核是指年度考核。年度考核的结果分为优秀、称职、基本称职及不称职等四个等次。公务员年度考核连续2年被确定为不称职，就说明该公务员要么不具备担任公务员的素质、能力，不能完成工作任务；要么不能认真地履行公务员义务，不适合在行政机关工作，为了避免公务员尸位素餐、人浮于事，行政机关可予以辞退。

第二，不胜任现职工作，又不接受其他安排的。每一职位都对任职者有不同的知识、能力、资历要求，每位公务员也是各有专长，各有不足。为了保证行政管理活动的优质高效，就要做到用得其人，人尽其才，实现人与事的最佳配置。对不胜任现职工作的公务员，行政机关有权调动，安排适合的工作。如果公务员拒不接受对其的安排，可按法定程序予以辞退。但要指出的是，对公务员是否胜任现职的评价应当是客观、公正的，并要综合考虑职位要求，公务员个人的政治思想水平、业务素质、能力资历、健康状况等因素。严禁借此进行打击报复。

第三，因所在机关调整、撤销、合并或者缩减编制员额需要调整工作，本人拒绝合理安排的。社会的发展，行政管理体制改革的深化，政府职能的转变，必然要求进行机构改革，调整、合并、撤销机构，缩减编制员额，裁减、分流现有人员。这是国家行政机关的自我调节、自我完善。对因单位调整、撤销、合并或者缩减编制员额，需要调整公务员工作时，行政机关要切实保护公务员的合法权益，妥善合理地作出安排；公务员也要遵守个人服从组织原则，服从安排。如果拒绝合理的工作安排，行政机关有权予以辞退。

第四，旷工或者因公外出、请假期满无正当理由逾期不归连续超过 15 天，或者一年内累计超过 30 天的。旷工，是指公务员无正当理由，未履行请假手续，在工作时间内不到岗，不从事本职工作的行为。无正当理由逾期不归，是指公务员非因法定事由或遭遇不可抗力，也未履行必要的续假手续，假期届满后仍未回到工作岗位。忠于职守、勤勉尽责，是公务员的法定义务。旷工和无正当理由逾期不归，都违反了此项义务，构成违纪，应当承担相应的法律后果。为维护行政机关的正常工作秩序，严肃工作纪律，我国公务员法规规定，旷工或者因公外出、请假期满无正当理由逾期不归连续超过 15 天，或者一年内累计超过 30 天的，行政机关有权予以辞退。

第五，不履行公务员义务，不遵守法律和公务员纪律，经教育仍无转变，不适合继续在机关工作，又不宜给予开除处分的。公务员是行使国家权力，执行国家公务的人员。法律在赋予其执行公务必须的权利同时，也规定了相应的义务和严格的纪律要求，这体现了权利义务的一致性。如果公务员在享受权利的同时，不履行公务员义务，不遵守法律和公务员纪律，经教育仍无转变，虽不宜给予开除处分的，可以通过辞退的方式，将其清除出公务员队伍，纯洁队伍，树立良好的社会形象。

为了防止行政机关行使辞退权力时，侵犯公务员的合法权益，体现辞退制度的公正性，《公务员法》第 89 条规定："对有下列情形之一的公务员，不得辞退：（一）因公致残，被确认丧失或者部分丧失工作能力的；（二）患病或者负伤，在规定的医疗期内的；（三）女性公务员在孕期、产假、哺乳期内的；（四）法律、行政法规规定的其他不得辞退的情形。"

（三）辞退的程序

辞退程序的设计，不仅要保障行政机关辞退权力的顺利实施，充分发挥辞退制度的作用；同时也要防止行政机关滥用权力，维护公务员的合法权益，根据我国法规规定，辞退的程序主要有：

第一，所在机关提出建议。所在单位在核准事实的基础上，经领导集体研究提出建议，并写出书面报告，说明辞退理由和事实根据，填报《辞退国家公务员审批表》并附有关材料，按管理权限报任免机关。

第二，任免机关人事部门审核。任免机关接到拟辞退公务员所在单位报送的材料后，应交由其人事部门进行审核。人事部门应当着重审查：是否具备辞退的法定事由，事实是否清楚，所在单位提出的辞退理由是否充分，是否存在打击报复、滥用职权等非法行为。如果符合法律规定，即提出同意辞退的建议；如果不符合法定事由和法定条件，则要提出不同意辞退的建议；如果发现存在打击报复、滥用职权等行为时，要提出查处有关人员责任的建议。

第三，任免机关审批。任免机关应当在 3 个月内，根据人事部门的建议依法分别作出批准或者不予批准的决定。辞退决定应以书面形式通知呈报单位及被辞退的公务员。

辞退同辞职一样，还需履行备案、归档程序和公务交接程序。

（四）辞退的相关事宜

公务员被辞退后，不再保留公务员身份，自批准之月起的下个月停发工资，并在 5 年内不得重新录用到国家行政机关工作。其人事档案由所在单位在 15 日内，按规定转到户籍所在地县级以上政府人事部门所属的人才流动服务机构。

被辞退的公务员依法享受有相关的待遇。在已开展机关工作人员失业保险的地方，被辞退者可以持《辞退国家公务员通知书》，在 30 日内携带本人户口簿、身份证到户籍所在地的县级以上失业保险管理机构办理失业登记手续，领取《失业证》，并按规定领取失业保险金。尚未开展机关工作人员失业保险的地方，被辞退者可以到当地政府人事管理部门所属人才流动服务机构办理有关登记手续，并按月领取辞退费。辞退费的发放标准应当根据"低于公务员办事员的最低工资，高于社会救济"的原则确定，发放期限由被辞退者的工龄长短决定，最短为 3 个月，最长不得超过 24 个月。

对辞退决定不服的，可根据国家有关规定提出申诉。

第三节　公务员退休

一、退休的概念

退休，是指公务员因达到一定的年龄、工龄或者丧失工作能力时，根据国家规定办理手续，离开工作岗位并享受相应的待遇。退休对公务员来讲，既是权利也是义务。作为权利，公务员为国家服务满一定年限，达到特定年龄，或者是丧失工作能力时，有权利基于其对国家的服务，不再工作而享受特定的待遇。同时国家也有义务为退休的公务员提供相应的待遇，以维持其正常的生活。作为义务，为了优化年龄结构，保持队伍的活力，提高行政机关工作的运行质量，公务员达到特定年龄或者丧失工作能力时，有义务离开工作岗位，以使更加年富力强的人员补充进来。当公务员不履行退休义务时，行政机关有权直接办理退休手续。

世界上很多国家都实行公务员退休制度。有的国家在公务员管理的法律法规中就退休作出专门规定，如日本、德国、意大利等国，有的国家还制定了专门的公务员退休法律法规，如美国在 1920 年正式通过年金法和退休法、英国早在 1834 年就制定了《年老退休法》，1971 年又通过了《退休金增加法》。我国公务员退休制度与公务员退职制度两种做法共同存在，"对达到规定退休年龄和工龄条件的人员实行退休，而对未达到规定退休条件但丧失工作能力的人员则实行退职。退休在待遇上高于退职。"[1] 我国现行公务员退休制度，可以说是从新中国成立后的干部退休制度发展而来的，1955 年国务院颁布了《关于国家机关工作人员退休处理暂行办法》，1978 年国务院发布了《关于安置老弱病残干部的暂行办法》等，这些规定都为公务员退休制度的建立奠定了基础。1993 年 8 月，《国家公务员暂行条例》的出台，标志着我国公务员退休制度从此走上了法制化的道路。2006 年发布的《公务员法》进一步规范了公务员退休制度。

建立公务员退休制度，对于促进公务员队伍的更新，保持机关活力，解除公务员的后顾之忧，维护其合法权益具有重要的意义。首先，是保持公务员队伍活力的重要途径。建立公务员退休制度，使人员的新老交替成为常态，畅通了出口，也就打开了进口，实现了人员的有序进出，优化了队伍的年龄结构。同时，退休腾出了职位，为德才兼备、年富力强的公务员提供了机会，进一步强化了激励机制的作用，激发了队伍的活力。其次，是公务员基本权利实现的重要保障。我国宪法规定，公民在年老、疾病或者丧失劳动能力的情况下，有从国家和社会获得物质帮助的权利。退休人员的生活受到国家和社会的保障。[2] 建立公务员退休制度，使宪法赋予公务员的基本权利得到具体的落实，实现了公务员退休后的社会保障权和履行退休义务的有机结合。最后，是促进行政效率提高的重要保证。建立公务员退休制度，也消除了在职公务员的后顾之忧，稳定了队伍，调动了工作的积极性和创造性，更加忠于职守、克己奉公、爱岗敬业，从而进一步提高行政效率，优化行政管理、行政服务的质量。

---

〔1〕 金伟峰：《国家公务员法比较研究》，杭州大学出版社 1994 年版，第 234 页。
〔2〕 参见《宪法》第 44、45 条。

二、退休的条件

退休条件，是公务员享受退休权利所必须达到的基本要求。主要包括年龄、工作年限（工龄）、身体状况、工作性质和职务等方面的规定。

各国在确定公务员退休条件时，往往是从本国情出发，综合考虑国民身体素质状况、就业状况、社会保障支付能力、工作环境、工作岗位、性别等因素。一般而言，各国普遍对丧失工作能力、从事特殊工作、职务较高、知识层次较高的公务员以及女性公务员，放宽退休条件，给予适当的照顾。如对丧失工作能力的公务员，无论其年龄的大小、工作年限的长短，都应当准予退休。担任较高领导职务的公务员或者是知识层次较高的公务员，其退休的年龄也要比其他公务员晚一些。再如，中国、波兰等国还规定，女性公务员的退休年龄、工作年限，相对男性公务员都要早5年。

退休条件中，年龄和工作年限（工龄）是最重要的两项条件。关于退休年龄的确定，各国通常有两种做法，一种是确定强制退休的年龄，另一种是确定申请退休年龄。如德国《联邦官员法》第41条第1款规定："终身官员在年满65岁后退休。"英国规定，公务员服务年限符合法定条件，年满65岁的强制退休，年满60岁的可以退休。关于工作年限的规定，大多数国家以公务员从事工作的时间为工作年限，但也有国家附加一些其他条件，如日本就要求公务员退休必须同时符合退休年龄和参加社会保险年数的规定，即公务员退休时要年满60岁，参加社会保险满20年。

我国相关法规规定了两种退休方式，"应当退休"和"可以提前退休"，并分别规定了相应的退休条件。对"应当退休"的条件，《公务员法》第92条规定了两种情形：一是年龄条件：男性公务员年满60周岁，女性公务员年满55周岁；二是身体条件：丧失工作能力。公务员只要符合上述两种条件之一的，任免机关就应当为其办理退休手续。但需要注意的是，国家另有规定的除外。国家根据某些特殊情况作出的特殊规定，主要是提前退休和延迟退休。提前退休，是指公务员根据国家规定，在未达到退休条件之前离开工作岗位，享受退休待遇。延迟退休，是指公务员按照国家规定，在达到退休年龄后仍留在工作岗位上工作，享受在职人员的待遇，待符合特殊条件时再退休。延迟退休在我国主要适用高级领导干部以及杰出的高级知识分子等少数公务员。

对于"可以提前退休"的条件，我国《公务员法》第93条规定了三种情形：一是工作年限满30年的；二是距离国家规定的退休年龄不足5年，且工作年限满20年的；三是符合国家规定的可以提前退休的其他情形的。公务员只要具备上述情形之一的，本人自愿提出申请，经任免机关批准，可以提前退休。

三、退休的方式

退休方式，是指国家根据行政管理的需要和公务员在退休方面的权利与义务关系，制定约束力不同的享受养老待遇的规定。

各国公务员退休的方式虽然很多，但最主要是两种：一是自愿退休，二是强制退休。自愿退休，是指公务员在符合法定最低退休条件时，根据自己的意愿主动提出申请，经任免机关批准后离开工作岗位。强制退休，是指公务员在符合法定最高退休条件时，由任免机关依法直接办理退休手续，令其离开工作岗位。自愿退休体现了行政机关对公务员退休权利的尊重，强制退休则体现了公务员退休的义务属性。

依据我国《公务员法》规定，我国公务员的退休方式，分为"可以提前退休"和"应当退休"两种方式。"可以提前退休"，以公务员本人提出要求为前提，经过任免机关批准后即可退休。可见"可以提前退休"本质上就是自愿退休。"应当退休"，是指公务员符合法定退休条件时，不论本人是否愿意退休，任免机关都应当为其办理退休手续。"应当退休"实质上就是强制退休。

退休的方式不同，退休的程序也不相同。符合"应当退休"条件的，无需本人申请，所在单位和任免机关为其办理退休手续。一般说来，所在单位会在公务员达到"应当退休"条件前1个月通知本人，以便公务员能够提前做好思想准备、工作准备，这也体现了行政机关对公务员的关心和爱护。对符合"可以退休条件"的，需要公务员本人提出书面申请，经人事部门审核后，报任免机关批准。无论是否批准退休，任免机关都应将审批结果通知申请公务员。

四、退休的待遇

公务员退休后的待遇，主要包括政治待遇、养老保险金待遇以及其他待遇。

（一）政治待遇

政治待遇，是指公务员退休后的社会地位、政治地位以及享有的各项政治权利。资本主义国家普遍没有退休公务员政治待遇的规定。重视退休公务员的政治待遇，是我国公务员退休制度的重要特征。根据相关规定，退休公务员的政治待遇主要包括，原则上按同级在职公务员的待遇阅读机要文件，听取重要报告，参加重要的政治活动和会议，及时了解党的路线、方针、政策和国际国内大事。一些重大决策，也要争取他们的关心和支持。

（二）养老保险金待遇

养老保险金待遇，又称退休金、退休费，是国家发给退休公务员的生活经费，是公务员退休后物质待遇中最重要的部分。一般说来养老保险金的计发标准，主要包括计算基数和计算比例。实践中，各国普遍将公务员在职时的最后工资确定为计算基数。计算比例则与公务员的工龄成正比。工龄长的，养老保险金标准就高；反之，养老保险金标准就低。如法国规定，公务员工作 1 年，领取最后工资的 2%；工作时间每增加 1 年，退休金增加 2%，但不得超过最后工资的 80%。英国公务员退休金的计算方法，则是本人最后 3 年工作期间最高年薪的 1/80 再乘以工作年限。[1] 为了保证退休公务员的生活质量不因物价指数上涨而有所下降，有的国家还规定公务员的退休年金可随之作相应调整。如美国规定，退休公务员的年金按消费者物价指数在每年 3 月 1 日、9 月 1 日各调整一次。英国则规定，退休年金如在职公务员一样随物价上涨指数作相应提高。[2] 目前我国公务员的养老保险金仍实行财政统发，国家也曾数次根据国民经济发展和居民生活费用指数的变动，有计划地提高公务员的退休金水平。根据国务院关于改革养老保险制度的精神，公务员退休制度也将逐步实行社会养老制度，并在资金筹集、计发标准、管理体制等方面作出重大调整。养老资金的筹集将实行国家和个人共同负担的筹集办法，并建立相应的养老保险基金管理制度。计发标准也将与工作年限、退休原因相挂钩。

（三）其他待遇

除政治待遇、养老保险金待遇外，退休公务员还可享受其他待遇，如住房津贴、生活优惠待遇等。不同国家给予退休公务员的其他待遇各有不同。如英国规定公务员在退休金之外，还可以领取一笔一次性的退休补贴，补贴数额为退休年金的 3 倍。德国则规定退休公务员死亡时，其配偶、子女可以领取比例不等的家庭抚恤金。[3] 美国退休公务员所享受的其他待遇包括特别退休补贴、遗属津贴、残废津贴等，其中除特别退休补贴外，其他津贴随物价指数上涨而增加。[4] 目前，我国公务员退休后所享受的其他待遇，可以分为两部分，一是在职时享受的，退休后继续保留的，如公费医疗、物价补贴等；另一部分为退休公务员专门设置的，如易地安家补助费、车旅费、护理费、特殊贡献补助费。其中护理费、特殊贡献补助费适用对象，仅限于特定的退休公务员。护理费的适用对象，是因公致残、生活不能自理的退休公务员。特殊贡献补助费的适用对象，则是被授予全国劳动模范、劳动英雄称号，退休时仍享有此荣誉的公务员；省级人民政府认为在革命和建设中作出特殊贡献的公务员；部队军以上单位授予战斗英雄称号和

---

〔1〕　参见李和中：《比较公务员制度》，中共中央党校出版社 2003 年版，第 92、152 页。
〔2〕　参见李和中：《比较公务员制度》，中共中央党校出版社 2003 年版，第 92、125 页。
〔3〕　参见李和中：《比较公务员制度》，中共中央党校出版社 2003 年版，第 92、189 页。
〔4〕　参见曾繁正等编译：《人事行政管理学》，红旗出版社 1998 年版，第 175 页。

认为在战斗、军队建设中有特殊贡献的转业、复员军人等。这体现了行政机关对退休公务员曾经作出贡献的认可和对其保持荣誉的鼓励。

退休公务员的管理，也是退休制度不可或缺的部分。从广义上，退休公务员的管理，既包括宏观意义上的制定公务员退休的相关法律政策，完善公务员退休制度；也包括对具体退休公务员的管理，如办理退休手续、发放养老保险金、落实安置地点、组织政治学习和文化娱乐活动、帮助解决生活中的困难、医疗保障、抚恤善后等。通常所讲的退休公务员管理，仅指后者。退休公务员的管理对保障退休公务员的合法权益，做到老有所养、老有所乐、老有所为，维护社会稳定有着重要意义。我国历来重视退休公务员的管理工作，自1982年以来，各级政府及其组成部门普遍成立了老干部局或者老干部工作处（科、股），专门负责退休公务员的管理服务工作。目前我国退休公务员的管理，基本由政府和所在单位共同负责。办理退休手续，按公务员管理权限进行；退休金由财政统一拨付，由所在单位代发；落实安置、政治待遇等由所在单位负责。随着公务员养老保险制度改革的推进和社会保障体系的健全，退休公务员的管理方式将会逐步转变为集中的社会化管理，这将有利于减轻所在单位负担，规范退休公务员的管理。

第四节　公务员职务升降

一、职务升降的概念

职务升降，是指行政机关根据工作需要和公务员的工作实绩，依法提高或者降低公务员职务的行为。职务升降，包括职务晋升和降职。国家制定并颁布实施的有关调整、规范公务员职务晋升和降职的法律规范，构成职务升降制度。职务升降制度，是公务员制度的重要组成部分。公务员的职务升降，是人事行政管理的关键环节和重要内容，在保证行政机关的正常运转，合理使用公务员，激发公务员的积极性、创造性等方面发挥着重要作用。

职务升降，是实现人与事科学配置的重要途径。为政之要，要在得人。公务员是机关政务的具体承担者。行政机关的正常运转，行政目的的实现，事业的发展，都离不开一支能够适应职位需要的公务员队伍。通过职务升降，可以为职位配备素质相宜、能力相当的公务员，也可以将公务员配置到最适合其能力、才干的职位上，做到职得其人，适才适用，人尽其才。

职务升降，是选贤任能、优胜劣汰的重要手段。对公务员而言，职务升降是一种十分重要的激励手段。行政机关公正、科学、适时地运用职务升降手段，有利于打破行政机关中能上不能下、论资排辈、消极等待的沉闷风气，建立能者上、平者让、庸者下的优胜劣汰机制，形成公开、平等、竞争、择优的用人环境，强化公务员的危机意识、学习意识、履职意识和竞争意识，盘活行政机关的人力资源，激发公务员的工作积极性。

职务升降，是人事行政管理的重要内容。无论是职务晋升，还是降职，都是行政机关对公务员实施的职务管理行为。

建立职务升降制度，有利于破除干部提拔任用中的神秘性，增加人事行政管理的公开性和民主性，预防和纠正用人上的不正之风，保护公务员的合法权益，促进人事行政管理向科学化、规范化和法制化方向发展。

二、职务晋升

（一）职务晋升的含义和原则

所谓职务晋升，是指行政机关在法定权限内，根据工作需要和公务员本人的工作实绩，按照法定程序提高公务员职务的行为。职务晋升意味着公务员地位的提升、职权的加大和责任范围的扩大，同时也伴随着工资、福利待遇的提高。

我国《公务员法》和《公务员职务任免与职务升降规定（试行)》，对公务员的职务升降作了专门规定，为各地各级行政机关依法规范公务员的职务升降行为提供了有力的制度支持。我国公务员职务晋升应当遵循如下原则：

第一，德才兼备、任人唯贤的原则。长期的干部选拔任用工作实践证明，此项原则是不仅是行之有效的，而且对社会主义政权建设十分重要，体现了公务员制度对干部人事工作优良传统的继承和发扬。任人唯贤的"贤"，也就是德才兼备。公务员的德，包括政治觉悟和道德品质两个方面。公务员的才，就是指公务员履行职务所必备的文化水平、专业知识、业务素质和工作能力。德才兼备，不仅要求公务员有较强的业务素质、工作能力，更要有较高的政治觉悟、坚定的思想信念、明确的宗旨任务和较高的道德修养。简而言之就是"靠得住，有本事"。这就要求公务员的选拔任用工作要始终坚持革命化、年轻化、知识化和专业化的"四化"方针。

第二，注重实绩的原则。工作实绩是公务员德才的表现形式，为衡量公务员德才的高下提供了相对客观的标准。注重实绩原则，主要就是考察公务员是否能够认真履职尽责，勤奋工作，注重实效，不做表面文章，不造政绩工程，通过艰苦扎实的工作为民谋利，亲民富民。同时在公务员职务升降中强调注重实绩，有利于引进竞争机制，鼓励公务员脚踏实地干实事，埋头苦干求实效，对营造良好的政风，推进事业的发展有积极的意义。

第三，民主、公开、竞争、择优的原则。这就要求公务员职务晋升工作要增加透明度和群众的参与程度，在相当的范围内公布条件、公示人选，公开结果，主动接受群众的评议、监督；在职公务员依法享有平等的晋升权利，任何机关和个人不得非法加以限制或剥夺；要通过竞争性的考试或者考核，择优录用。这一原则的贯彻落实，有助于预防和制止职务晋升中的不正之风，保护公务员的合法权益，确保选得其才，人得其所。

第四，逐级晋升的原则。《公务员职务任免与职务升降规定（试行）》第21条第1款明确规定，公务员职务晋升应当逐级晋升。这一原则有利于公务员经验的积累，知识的丰富，才干的增长，符合人才培养成长的一般规律。但同时该条例也规定了，对个别确因工作需要，德才表现和工作实绩又特别突出的，可以越级晋升领导职务。这一规定了体现了原则性和灵活性的统一，对实践具有更强的指导意义。

（二）职务晋升的条件

各国关于公务员职务晋升的条件要求大体相同，归纳起来主要是：个人能力、工作实绩和资历。国情不同、晋升方式不同，侧重点也各有不同。如法国采用年功晋升方式时，相对注重工龄、资历；采用部长选拔晋升方式时，则相对重视实绩。[1]美国规定，例行性晋升相对注重资历，负责职位的晋升相对注重工作能力，同时强调须以工作实绩作为参考。[2]

根据我国相关法规规定，公务员晋升的条件可分必备条件、资格条件和限制性条件。[3]必备条件，主要对公务员的政治素质、工作实绩和个人能力提出相关要求。要求公务员必须能坚定地贯彻执行党的基本路线和国家的各项方针、政策；有较强的事业心和责任感，努力为人民服务，工作实绩突出；能廉洁奉公，遵纪守法，作风正派，团结共事；具有拟任职务所需要的文化专业知识和工作能力。晋升领导职务的，还必须具有胜任领导工作的理论政策水平和组织领导能力。

为增强职务晋升的客观性，防止随意性，克服用人中的不正之风，保持队伍的稳定，针对不同职位规定了不同的资格要求。首先是公务员晋升的资历要求：如提任县处级领导职务的，应当具有5年以上工龄和2年以上基层工作经历。提任县处级以上领导职务的，一般应当具有在下一级2个以上职位任职的经历。提任县处级以上领导职务，由副职提任正职的，应当在副职岗位工作2年以上；由下级正职提任上级副职的，应当在下级正职岗位工作3年以上。其次是学历方面

---

〔1〕　参见曾繁正等编译：《人事行政管理学》，红旗出版社1998年版，第210～212页。

〔2〕　参见舒放、王克良主编：《国家公务员制度教程》，中国人民大学出版社2001年版，第124页。

〔3〕　参见《公务员职务任免与职务升降规定（试行）》第17～21条。

的要求，这是公务员知识化、专业化方针的体现。提拔担任党政领导职务的，一般应当具有大学专科以上文化程度，其中厅局级以上领导干部一般应当具有大学本科以上文化程度。除上述资历、学历要求外，还要求拟晋升公务员身体能坚持正常工作，符合任职回避的要求。另外需要注意的是，对少数因工作特别需要，德才表现和工作实绩突出的，可适当放宽资历、学历要求，但需按规定报有关部门审核同意。

限制性条件，主要包括职数限额要求和逐级晋升要求。职数限额要求，就是公务员职务晋升必须在国家规定的职务名称序列、职数限额内进行，突破职数限额的晋升将被视为无效，并要追究相关人员的责任。逐级晋升要求，就是要严格按照公务员职务名称序列中的职级逐级晋升，一般不可越级晋升。对个别确因工作需要，德才表现和工作实绩又特别突出的，也只可以越一级晋升领导职务，且要按规定报有关部门审核同意。

（三）职务晋升的程序

职务晋升的程序，是指公务员职务晋升时所应遵循的方式、步骤和次序等。根据相关规定，我国公务员晋升领导职务的，按照下列程序办理：①民主推荐，确定考察对象。②组织考察，研究提出任职建议方案，并根据需要在一定范围内进行酝酿。③按照干部管理权限集体讨论决定。④按照规定办理任职手续。公务员晋升非领导职务的，也可以参照上述程序办理。

三、降职

所谓降职，是与职务晋升相对称的概念，主要是指行政机关依法对不称职或者不胜任现职而又不宜转任同级其他职务的公务员，按照法定程序降低其职务的行为。降职意味着公务员地位的下降、职权和责任范围的缩小，工资、福利待遇常常也随之降低。

目前我国公务员管理制度中，降职的条件主要有：一是不称职的。主要是指担任科员以上职务的国家公务员，由于政治思想素质不过硬，履职意识不强，工作不努力，在年度考核中被确定为不称职，或者在专门的任职考核中被认为不称职。二是不胜任现职，又不宜转任同级其他职务的。主要包括公务员由于缺乏相关的专业知识和技能，无法从事现任工作的；身体健康状况较差，不能正常执行现任职务；因机构撤并，应予转任，而本人又不符合转任职位的任职要求，或不服从组织转任安排等情况。

降职不仅是降低公务员的职务，有时也要相应降低其级别。《公务员职务任免与职务升降规定（试行）》第28条规定："公务员被降职的，其级别超过新任职务对应的最高级别的，应当同时降至新任职务对应的最高级别。"

降职一般每次只降低一级职务。被降职的公务员，在新的职位工作 1 年以上，德才表现和工作实绩突出，经考察符合晋升职务条件的，可晋升职务。其中，降职时降低级别的，其级别按照规定晋升；降职时未降低级别的，晋升到降职前职务层次的职务时，其级别不随职务晋升。[1]

降职的程序，就是对公务员实施降职时所必须遵循的方式、步骤和次序等。降职关系到公务员地位和待遇的变化，将对公务员的精神状态和工作、生活不可避免地带来较大的影响，是人事行政管理中一件慎重的大事，必须严格遵守法定程序。我国公务员降职的主要程序是：

第一，由所在单位提出降职安排意见。这要求所在单位提出的降职安排意见应当是公正的，不存在偏见，更不存在挟私报复等情形；应当是有事实依据的，即是经过了年度考核或者在平时考核的基础上实施专门组织的任职考核；应当是符合《公务员法》《公务员职务任免与职务升降规定（试行）》等规定的法定条件。

第二，应当对降职事由进行审核并听取拟降职人的意见。任职机关接到所在单位提出的降职安排意见后，交由人事部门进行审核。审核的重点主要是降职安排意见是否符合降职的法定条件。审核通过后，任免部门要派人与所在单位的主管领导一起向拟降职公务员说明情况，征求其意见。这体现了对公务员权利的保障和尊重。但需要指出的是，降职是行政机关的单方行政行为。对于符合降职条件的公务员，无论其是否同意，行政机关都有权作出降职决定。

第三，应当按照管理权限由有关机关领导集体研究决定，并依法任免。公务员本人如果对降职决定不服的，可以在接到降职决定之日起 30 日内向原处理机关申请复核，对复核结果不服的，可以自接到复核决定之日起 15 日内，按照规定向同级公务员主管部门或者作出该人事处理机关的上一级机关提出申诉；也可以不经复核，自知道该人事处理之日起 30 日内直接提出申诉。

---

[1]　参见《公务员职务任免与职务升降规定（试行）》第 29 条。

第三篇　公务员行为法

第九章　公务员行为法概述

第一节　公务员行为法的概念

一、公务员行为法的定义

所谓公务员行为法，是指规范公务员职务行为的法律规范总称。在我们阐释公务员行为法的基本内涵之前，有必要对公务员行为的概念作分析。公务员是国家行政系统的构成分子，是国家行政系统的最小单位。无论政府的管理以何种方式体现，最终都必须以公务员的行为作为最后载体，此点表明公务员行为在行政法制体系中具有非常重要的地位，它具有技术上的属性又具有政治上的属性。说它具有技术上的属性，是说公务员的行为是行政法治中的一个非常重要的技术问题，如果能够解决好公务员的行为，其他相关的问题也就比较容易得到解决，[1]反之，如果有良好的组织体系但公务员的行为都是一种无序化的状态，那么，行政法治的质量就很难好起来。说它是一个政治问题，是说公务员的行为是行政法治最为敏感的问题，公众对一国行政权运作的评价可能不在于组织体系方面，换句话说，组织体系中存在的问题不太容易反映在公众的眼里，而公务员行为中的问题却最容易反映在公众眼里，行为的不当是最容易引起公众注意的，也是最容易诱发动荡和社会不稳定状态的，这便是公务员行为的政治属性。[2]正因为如此，当我们在研究、制定、完善公务员法的体系时，无论如何也不能忽视公务员的行为。

公务员行为既应当是一个学理用语，又应当是一个法律用语，但目前我国理论界对公务员行为的学理研究却尚显滞后，而相关的法律规范也没有对公务员的

---

[1] 公务员的行为处在行政机构体系与公务的结合点上，即是说公众对行政系统的评价和认同程度与公务员的行为有着最为直接的关系，公务员良好的行为会使公众对行政系统有良好评价。反之，公务员的不当行为则会引起公众对行政系统的不好评价，从这个意义上讲，公务员行为就不仅是公务员个人的问题，这正是我们强调公务员行为法重要性的原因。

[2] 尽管公务员制度所强调的是公务员行为的政治中立性，但从深层次讲，公务员行为政治中立性只是人们对公务员的一种良好企求，无论如何公务员行为都会或多或少打上政治的烙印。参见［美］罗伯特·达尔著，王沪宁、陈峰译：《现代政治分析》，上海译文出版社1987年版，第129页。

行为作出规定和界定。我们认为，公务员的行为应当具有下列含义：

第一，公务员行为是以行政系统中的个体为承载主体的。在行政系统中有两种类型的行为，一种是以行政主体身份出现的行为，这类行为是我们通常讲的行政行为。该行为的承载主体是行政主体，即以集合概念出现的行政法人。另一种是以公务员身份出现的行为，这类行为的承载主体是公务员，即行为的主体不是法人而是个人。我们所讲的公务员行为就属于后者。行政行为与公务员行为虽属两个行为范畴，但在行政法治实践中这两类行为并不容易区分，因为行政行为往往是由作为个人的公务员作出的。研究公务员行为第一个要注意的问题就是把公务员行为与行政行为区别开来。行政行为从主体上讲是以行政机关或者法律、法规授权的组织为主体的，它构成的主体是一个抽象的机关法人，而不是一个具体的人。行政行为从法律形式上讲是受行政法制约的，而不受公务员行为法的制约。公务员行为的承担者仅仅是公务员个体，它的法律效力也仅仅限制在有关公务员的行为规则之中。这种行为虽具有社会影响力等外部属性，但行为的归属仍在行政系统内部。对此，迪韦尔热曾作过这样的描述："官僚体制是由专业公职人员组成的，他们从事一种特殊的行当。招聘、晋升、纪律、奖惩、调出都经过周密筛选。个人竞争受到极大限制。每一等级的专业水平都有客观规定，如毕业文凭、会考、考核等。除此之外，年资是晋升的另一项条件。这里的就业保障大于其他行业。一般来说，整个官僚体制都是根据事先周密拟订的、尽可能非人格化的规章运转的，无论权力的内部关系，还是权力同工作人员的关系或同百姓的联系，均是如此。"[1]可见，从一定意义上讲，公务员行为的确定比行政行为的确定还要困难。

第二，公务员行为是一种职务行为。公务员是一个法律上的用语，即当我们在讨论公务员时是将其作为一种法律上的人格而看待的。然而，公务员无论如何都是自然人，这是公务员成为公务员的前提条件，即是说，一个个体如果不具有自然人的属性就不可能具有公务员的法律属性。一个自然人的最基本属性是具有一定的国籍，在社会中扮演一定的角色，具有权利能力和行为能力等。这些自然人属性是其成为公务员的重要条件（应当指出，仅仅是必要条件）。这一必要条件往往对自然人成为公务员以后的行为等有深刻影响。深而论之，当我们在分析和评价一个公务员时，首先说到的是其作为公务员的必要条件，即自然人属性。这样便使公务员成为一个具有多重人格的社会个体。而行政法和公务员行为规范

---

〔1〕 ［法］莫里斯·迪韦尔热著，杨祖功、王大东译：《政治社会学——政治学要素》，华夏出版社 1987年版，第 172 页。

中的公务员所要求的是公务员因职务为其限定的属性，而不是因成为公务员需要具备的必要条件而为其限定的属性。具体地讲，公务员的行为是由行政法规范、公务员的规则系统为其确定的行为，即我们在行政法上所称的职务行为，而不是公务员作为自然人的个体行为。[1]上列两个方面是公务员行为的必要限定，也是我们探讨公务行为的出发点。

公务员行为法是以公务员的行为为规制对象的，它具有下列本质属性：

（1）公务员行为法是公务员法的基本构成部分。公务员法是一个以公务员为规制对象的法律规范的体系构成。传统教科书中对公务员制度讲授得比较多，即从制度层面上探讨公务员问题，而较少从法律层面上探讨公务员问题。事实上，无论哪一国的公务员制度都是依托于该国的有关公务员法律规范，有的国家在其宪法制度中确立了公务员制度，如《希腊共和国宪法》第103条规定：第1款，文职人员是国家意志的执行者，必须为人民服务，效忠宪法，效忠祖国。文职人员的资格和任命办法由法律规定。第2款，不得任命任何人担任未经立法规定的职务。法律得规定各种特殊例外情形，允许在一定时期内根据私法契约雇用人员以应付无法预见的紧急需要。第3款，科学技术专业或辅助人员的在编职务可依照私法契约聘任。聘任条件和对这些人员的特殊保障由法律规定。第4款，担任在编职务的文职人员是常任的，只要这种职务继续存在。他们的薪金依照法律的规定逐步调整；除因年龄限制退休或根据法院判决免职者外，未经至少2/3成员系文职人员组成的服务委员会决定，不得将文职人员无故调离、降级或免职。依照法律的规定，对服务委员会的决定，可以向国务委员会提出申诉。[2]有的国家则通过专门的法典确定公务员制度，如美国1883年《文官法》[3]等。公务员法律规范以何种形式出现是另一个范畴的问题，而是否有针对公务员行为的专门规则则是十分关键的。笔者注意到，以法律规范确立公务员制度的国家，尤

---

〔1〕 公务员的职务行为是对个人行为的否定，这种否定具有两面性。"公务员放弃了自己家庭的工作，所以由国家来报答他们是公正的；我认为，这是管家的口吻。如果叫公务人员担负过重的工作，这是共和国的过失；共和国要把公务人员的工作规定得使他轻松愉快。在公务人员方面，也可能有错误。即使他轻视自己的私人利益，但不能得到同胞的颂扬和尊敬时，法律也将认为他没有资格充当公务人员。但是，有人又转弯抹角地反驳说，公务人员应当生活得体面一些，具有一定程度的奢侈和华丽；您所说的代表职责不就是这样吗？——我们的哲学家忍着笑对我说。只有庸俗腐化的人才会这样说，在他们的眼里，仆人、华丽的服装、马车、宅邸和漂亮的桌椅，比他们的职务重要得多。为使全国人民不沾染这种庸俗的观点，法律必须采取措施，不准公务人员的需要多于普通公民。"参见 ［法］马布利著，何清新译：《马布利选集》，商务印书馆1983年版，第58页。

〔2〕 萧榕主编：《世界著名法典选编》（宪法卷），中国民主法制出版社1997年版，第187页。

〔3〕 参见吴新平、刘颖主编：《美国法典》（宪法行政法卷），中国社会科学出版社1993年版，第269页。

其公务员法律规范中几乎都毫无例外地有公务员行为的规则。当然，关于公务员行为规则的立法技术各国采取了不同的行文方式。有的国家在其公务员法律规范中明确提到了公务员的"行为"或者"活动"，如诸多国家规定禁止公务员从事罢工的活动；[1]有的国家在其公务员法律虽没有提到公务员行为的概念，却针对公务员的具体行为制定相关规则，如《瑞士联邦公务员与联邦行政机构组织管理法、行政机构组织法》第 14 条规定：①经有关单位批准，公务人员可担任一项社会活动。②对公务员参加社会活动，有关部门可以有条件、有保留地予以同意。但如担任社会活动有碍于公务员的执行或与官方身份不相称，则可拒绝、限制或撤销此项批准。③即使公务员参加社会活动的申请未获批准，也不得给以公法的任何制裁。④参加社会活动不构成减少薪金的理由。只要缺勤不超过 15 天，也不得减少他的假期。公务员也不得因担任社会活动而要求补假。⑤联邦委员会指定批准公务员参加社会活动的单位，确定批准手续，规定公务员取得批准的条件。至于联邦法院与联邦保险法院和公务员参加社会活动则可自行批准。[2]上列诸种有关公务员法的立法技术中确有相关公务员行为的规定，换一个角度来看，公务员行为法是公务员法的基本构成。[3]

（2）公务员行为法是一个法律群。公务员行为法的体系必然受制于公务员行为的结构。公务员的行为类型是多样化的，从任职行为到职权行使再到责任追究行为，存在着一个非常广泛的行为层系。一些行为之间具有相互隶属的属性，如任职行为就包容了职权行使行为。公务员行为的多重性导致了公务员行为法律规范体系的多元性。从目前各国的情况看，很少有哪一个国家能够在系统的公务员法典中或单一的公务员法律规范中将公务员的所有行为都规定下来。即大多数国家都采取法律分立的方式规范公务员的行为，一般采取针对公务员行为的不同类型制定相应规范的方式，这样便使公务员行为法是以法群的形式出现的。公务员的行为具有定性和定量两个方面，能否将公务员行为定性的法律规范统一在一种法典里，将公务员行为定量的法律规范统一在另一法典里，或者指行为定性法和行为定量法统一在一个法典则是一个需要探讨的问题。这是公务员行为法的另一个属性。

---

[1] 参见吴新平、刘颖主编：《美国法典》（宪法行政法卷），中国社会科学出版社 1993 年版，第 269 页。

[2] 萧榕主编：《世界著名法典选编》（行政法卷），中国民主法制出版社 1997 年版，第 271 页。

[3] 遗憾的是我国有关公务员法的教科书几乎毫无例外地没有提到公务员行为法的概念，笔者认为，这样的研究极其不利于对公务员制度的建构，因为我们仅仅看到的是公务员的一些行为方式，而没有看到公务员的行为体系，我们仅仅看到对公务员活动进行规范的个别规则，而没有看到公务员行为法的有机整体。

二、公务员行为法的特点

公务员行为法与公务员法的其他规则相比具有下列特点。

（一）公务员行为法具有附属性

公务员行为法是公务员法的一个方面，它作为公务员法的一个分支始终不能脱离公务员法的体系。我们知道，公务员法是一旧行为法的一个分支，它具有一国行政法治的一般特点，受一国行政法治格局的制约，如在强化控权机制的行政法治体系之下，公务员法旨在控制公务员的行为，在管理法的行政法价值体系之下，公务员法在于对公务员作出有效的组织，以强化行政体系对社会的管理职能。同样道理，公务员法一旦具有这种价值之后，公务员法的部分价值就必然受制于公务员法的总体价值，这实际上是支系统和总系统的关系问题，不管支系统有什么独特的地方，它都或多或少地具有总系统的属性，它的若干属性要与总系统保持最大限度的和谐。我国现行《公务员法》是我国公务员法的龙头法，那么，与它适应的公务员责任规则等对公务员行为进行规范的规则都必须与《公务员法》总体价值保持一致。

（二）公务员行为法具有派生性

"体"与"用"是行政法的两个基本概念。[1]"体"指的是行政系统的组织体系，"用"指的是行政系统中各主体的行为。这两个范畴虽为相对独立的东西，然则，它们之间存在着非常严格的逻辑关系，这种关系表现在，当我们谈论体的概念时，与它相应的就是用的概念，而当我们说用的概念时与它相应的就是体的概念，"体"和"用"共处行政权运作这一统一体中，这是二者关系的第一方面。第二个方面是"体"和"用"在统一体之中又存在着依存性，离开了"用"，"体"便无从分析；离开了"体"，"用"也是一个空洞概念。第三个方面是在二者的辩证关系中，"体"是矛盾的主要方面，而"用"是矛盾的次要方面，只要我们能够建构起严密的组织体系，行为的问题就相对容易解决。若没有建构起完整的组织体系，行为问题无论如何下功夫也解决不好。公务员法中的组织法和行为法也具有同样的关系原理，即公务员行为法依赖于公务员组织法。某种意义上讲，它是从公务员组织法中派生出来的，有什么样的公务员组织法就必然具有与相适应的公务员行为法。如在强调政治中立的公务员组织体系中，公务员行为法也必然表现出公务员行为的技术色彩；在强调公务员必须政治化的公务员组织体系中，公务员行为法也必然带有强烈的技术色彩。公务员行为法由公务员组织法中派生的特点在我国公务员法律体系的建构中似乎被忽视了。因为，依

---

[1]　参见左潞生：《行政法概要》，台北三民书局1977年版，第8页。

这一特点，在建构一国公务员法的体系时，组织法比行为法更加重要，而目前我国在公务员行为法中的规范似乎要多于公务员组织法的规范。同时，在制定公务员行为法的规范时并没有充分考虑公务员组织法的特点，这样便导致公务员组织法与行为法之间的不协调，而这种不协调又最终影响公务行为的质量。

（三）公务员行为法具有针对性

公务员行为法与公务员组织法等相关法律相比，另一特点是针对性。一则，公务员行为的分类决定着公务员行为法的内容。公务员行为的分类是一个技术问题而不仅仅是一个法律问题。所谓技术问题，是指公务员行为要根据公务员在履行职责过程中的行为状态进行分析，如在行政管理活动过程中，决策、执行、咨询、信息、监督等构成了现代行政管理的若干阶段，每一个阶段都是一个完整的行为状态，这些行为状态都是相对独立的。而我们对这些行为状态所作的分类都是依据行为本身的科学属性而为之的。本属于自然状态的行为分类后来必须通过法律规范予以认同，也就是说，公务员行为法的制定并不是由人们凭空想象的，而是在科学分类的基础上而制定出来的。若从另一面观察，则是我们制定一部有关公务员行为的法律规范都必须针对科学分类后的公务行为。二则，公务员行为法必须针对行为状态而制定。公务员的考核、奖惩、回避、责任等都是公务员行为的具体表现。因此，在制定公务员行为法时，必须针对确定好了的公务员行为而为之，公务员行为法都不应该是抽象的和带有原则性的。近年来我国先后制定了公务员考核、奖惩、培训、责任等具体的行政法规，每一部这样的法规都紧紧围绕公务员某一方面的行为。三则，公务员行为法还针对公务员行为中所反映出来的突出问题而制定。公务员行为存在于社会大系统之中，它常常受外在社会环境的影响，当社会上的不良现象影响到公务行为时，高明的立法者就必须及时对公务员的不当行为进行校正。显然，校正公务员不当行为的法律规范其针对性是非常强的。我们知道，20世纪70年代香港地区面临严重的腐败问题，为了解决公务行为中的腐败，香港地区制定了《防止贿赂条例》。还如，水门事件后，美国公众对政府部门越来越不信任，公务行为中的不当行为也越来越多，针对这种情况美国在1978年制定了《政府道德法》，"根据《政府道德法》的规定，美国的公职人员需要申报本人及配偶和子女的下列财产：1. 除从美国政府以外的其他方面所获收益的来源、种类、金额或价值，以及上一历年内从任何人士得到的累计总价值为100美元（含）以上谢礼的来源、日期和金额。2. 上一历年所获的金额或价值超过100美元的红利、利息、租金和资本利润的来源和类别。3. 对上一历年从除申报人亲属外任何一方面收取的累计价值达250美元（含）以上的食宿、交通运输或款待方面的馈赠，以及除此以外累计价值达100美元以上的馈赠，以及从任何人士获取的累计价值在 250 美元（含）能上能下的赔偿。4. 对上一历年从事贸易、商业、投资或产品收益而获得的资产利益，其价值在上一历年底按照合理市场价格超过 1000 美元的。5. 在上一历年中，对任一债权人（亲属除外）所欠超过 10 000 美元的全部债务。6. 对在上一历年中价值超过 1000 美元的下列买卖或交易的日期、价值类别应作简要说明：（1）除仅供申报人或其配偶使用的私人住宅以外的不动产；（2）股票、公债、商品期货交易及其他种类的有价证券。7. 说明在本历年内所任的全部职位。8. 对于下列各项有关的协定或协议的日期、当事人及条款予以说明：（1）将来的工作；（2）申报人在政府任职期间的休假情况；（3）除美国政府以外的前雇主继续支付的情况；（4）继续参与前雇主关于雇员福利待遇的计划情况。"[1]

（四）公务员行为法具有特定性

特定性是公务员行为法的又一特点，特定性是与抽象性相对而言的。如果一个法律规范对高度概括的某方面事态进行调整具有非常明显的普遍意义，就可以说它是较为抽象的。反之，一个法律规范若是对某个特定的事态或者特定的行为进行调整，就可以说它是较为具体的。公务员行为法都是对公务员具体行为的规定，其中每一个规范都显得非常具体。例如《公务员法》第八章对公务员奖励的事项作了规定，这些规定的内容都非常具体。当然，公务员法的其他相关法律规范也可能在一些行文中有具体性的特点，但在总体上看，其他相关法律规范中对公务员的规定较为抽象、较为普遍，唯公务员行为法的具体性表现最为突出。

（五）公务员行为法具有直接的操作性

法律规范中有原则性条款和执行性条款两大类别。原则性条款所反映的是有关的原则性问题，该类条款不能够操作，只有指导其他条款的功能。如《日本国家公务员法》第 1 条规定："本法的目的，是确立国家公务员即国家职员的各种根本标准（包括保护职员的福利和利益的适当措施），规定职员用民主方法选拔并指导，以使职员在执行职务中充分发挥才能，保证办事对国民既有民主又有高效率。"该条统摄了公务员法的后续内容，而它本身不能够直接适用。执行性条款是在能够直接确定权利义务关系并使权利义务予以实现的那些条款，如《公务员法》第 17 条规定："国家实行公务员职务与职级并行制度，根据公务员职位类别和职责设置公务员领导职务、职级序列。"第 18 条规定："公务员领导职务根据宪法、有关法律和机构规格设置。领导职务层次分为：国家级正职、国家级副职、省部级正职、省部级副职、厅局级正职、厅局级副职、县处级正职、县处级

---

〔1〕　胡建淼主编：《外国行政法规与案例评述》，中国法制出版社 1997 年版，第 82 页。

副职、乡科级正职、乡科级副职。"该两条的权利义务是比较明确的，其中对各类领导职务和非领导职务的确定就具有可操作性。执行性条款中又可以分为间接可操作性条款与直接可操作性条款两类，前者是指通过其他条款而变为现实规则的那些规范，如《日本国家公务员法》第 32 条规定："一般职的所有官职都必须按职阶制分类。"该条款就是一个需要其他条款来实现的条款，它本身只具有间接的可操作性。后者则是指不需要其他条款而可以直接确定权利义务的条款，并且能够使这些权利义务直接予以实现的条款，如《公务员法》第 85 条规定："公务员辞去公职，应当向任免机关提出书面申请。任免机关应当自接到申请之日起三十日内予以审批，其中对领导成员辞去公职的申请，应当自接到申请之日起九十日内予以审批。"公务员行为法中的条款几乎都是可以直接操作的条款。能够直接操作、直接确定权利义务关系是公务员行为法的独有的特点。

（六）公务员行为法具有程序性

实体法和程序法是一对相对的概念，法律规范中既有实体规则又有程序规则是相当普遍的法律现象。人们为了研究的方便，将法律分为实体法和程序法，这种分类并不意味着实体法和程序法在立法过程中是完全截然分开的，尤其在现代国家的法律规范中，实体规则和程序规则常常统一于一部法典中。以我国部门行政管理法为例，几乎都是实体性规范和程序性规范的统一。例如，《中华人民共和国土地管理法》（以下简称《土地管理法》）关于土地权益的确认就是实体性规范，而关于土地权益如何实现、如何保护的规范就是程序性规范。这种实体规则和程序规则的不可分割性几乎成了现代法律的一个发展趋势。公务员法律体系中实体规则和程序规则常常也是统一在一起的，各国公务员法几乎都是实体规则和程序规则的统一。然而，当我们将公务员法分为公务员组织法和公务员行为法之后，问题就发生了变化，此时实体性规范和程序性规范的界限就十分清楚了，在公务员组织法中，几乎都是实体性规范，而在公务员行为法中，大量的都是程序性规范。此点便决定了公务员行为法具有非常明显的可操作性。例如我国《公务员考核规定》第三章就专门规定了"考核程序"，包括总结述职、民主测评、了解核实、审核评鉴、确定等次等环节。[1]

三、公务员行为法的地位

公务员行为法的地位是指公务员行为法在公务员法律体系中所处的地位。公务员法体系与其他法律体系一样，是一个具有层级结构的网，在这一大网内包含着规范公务员方方面面关系及其行为过程的规则，其多样性表现我们已经在前面

---

[1]　参见《公务员考核规定》第 14 条。

谈到。在发达国家的公务员立法中往往有诸多关于公务员的法律规范，各国在立法体例上是有区别的，这些区别常常会对公务员法的表现形式有所影响，使各国公务员法的表现具有多样化的色彩。然而，无论如何，公务员法的总体内容并无太大差别，它们基本上都由组织规则、行为规则、责任规则等构成。当我们分析公务员法在公务员立法体系中的地位时，是从学理上将公务员法当成一个完整的体系而看待的，而不是将公务员法当成一个单一法典而看待的。由于公务员行为的多样性便决定了公务员行为法在公务员法律体系中的复杂性。深而论之，我们不可能用一两句话把公务员行为法在公务员法律体系中的地位概括出来，为了清楚起见，我们将从下列方面表述公务员行为法的法律地位。

（一）公务员行为法是公务员法的动态法

公务员法具有静态法与动态法两个方面。所谓静态法就是以公务员及其公务的静态因素为规制对象的法律规范。在公务员系统中，必然存在这样或者那样的硬件要素和软件要素，同时，这些硬件要素和软件要素还必须通过一定的规则连结起来，如公务员体系中有人、组织、财产、信息等各种各样的构成元素，有关的公务员规则必须对这些要素作出规定，规定这些内容的规则就是公务员的静态法。说它是静态法是因为它所针对的是相对静止的元素。如《德意志联邦共和国官员法》第15条甲规定："在批准各类资历时，学历和学历的结业情况就是资历，这同官员法中对官员的考核原则是一致的。应该重视这一原则在官员工资法中的作用。资历条例在与第1款的规定相一致的情况下，它可以根据官员工资法的规定来规定何等学历和何类考试具备第26条至第19条所规定的晋级条件。官员所受的教育以及按照各类资历规定所受的职业实践的培训或活动，必须能够满足具备晋级能力的要求。根据这个标准受教育的条件同具有同等能力是一样的。官员法总纲第13条第3款第4句相应有效。"[1]该条款关于公务员资历的规定都是静态性的。所谓动态法，就是以公务员的行为及其行为过程为规制对象的那些行为规范。公务员系统中除了各种相对静态的构成要素外，还有相对运动着的要素，如公务员在执法过程中作出行政决定，公务员有权要求有关的组织保护其合法权益，这表明动态要素在公务员系统中是不可缺少的，而这些动态要素需要用规则予以规定，规定这些动态要素的规则就构成了公务员法的动态方面。例如《德意志联邦共和国官员法》第56条规定："官员对他的公务活动的合法性承担全部责任。如果官员对公务上命令的合法性怀疑，应当立即向他的直接上级提出。如果命令维持不变，而官员对上级命令的合法性仍然抱有怀疑，那就应当请

---

〔1〕　萧榕主编：《世界著名法典选编》（行政法卷），中国民主法制出版社1997年版，第132页。

示更高一级的领导。如果更高一级的领导肯定这个命令，那么，只要官员受委托执行命令的行为不会受到法律上的刑事威胁，或者是不会与秩序背道而驰的，或者只要他受委托执行命令的行为不损害人的尊严，他就必须执行命令。官员个人对此不承担责任。官员应当要求更高一级的领导以书面的形式作出肯定。如果直接的领导，因为情况紧急，以及更高一级的领导不可能及时地作出决定，而要求立即执行命令，那么，第 2 款第 3 句和第 4 句相应有效。"[1]公务员行为法在公务员法体系中所处的地位之一就是其动态性，它是对公务员法静态性的补充。

（二）公务员行为法是公务员法的纵向法

法律体系是以网状的形式出现的，尽管在网状的形式之下存在着层级结构。而作为网状的形式必须存在经与纬两个方面，经的方面是纵向方面，而纬的方面是横向方面。公务员法也具有法律体系的这种一般特征，即其体系中存在着纵横交织的网状形态。我们认为，公务员组织法在公务员法体系中处于横向结构的规则，例如《公务员法》第 20 条规定："各机关依照确定的职能、规格、编制限额、职数以及结构比例，设置本机关公务员的具体职位，并确定各职位的工作职责和任职资格条件。"该条关于公务员职能、编制、职位设置等的规定都是一个平行性的构成过程，公务员的结构虽有高低之分，但这样的区分仍然体现在总体上的横向中，因此，我们认为公务员组织法是公务员法的横向构成，是公务员的横向法。而公务员行为法则不同，它是公务员法中的纵向法。我们知道，公务员行为是一个有序的过程，以一个具体的行为为例，常常是一个由上至下的发展过程，在这一过程中要经过若干纵向连结的阶段，如公务员行使权力时，必须有确定、告知、执行等若干联系的环节。各个环节之间的联系都是从上至下的，如1954 年《印度文官行为条例》关于公务员个人行为作出了这样的规定："在个人行为上，未经政府或政府授权的机构准许，任何文官成员不得要求和接受馈赠，并不得参与任何目的而筹集资金的活动；未经政府批准，任何文官不得接受，也不得允许其妻子和其他家庭成员接受任何人价值并非微不足道的礼物，即使文官成员的近亲向他赠送价值超过 500 卢比的礼品，也应向上级报告；如果对接受邀请是否适当有疑虑时，应予拒绝，对来自有悬案未决定之人的邀请，应予拒绝；未经政府批准，尽管现行私行法准许，任何妻子还活着的文官成员不得再订婚约，未经政府事先批准，女文官成员不得与妻子还活着的任何人结婚。"[2]该条款对公务员行为的规定的根据是公务员的行为过程，这样的规定表现出了极大的

---

〔1〕 萧榕主编：《世界著名法典选编》（行政法卷），中国民主法制出版社 1997 年版，第 137 页。

〔2〕 胡建淼主编：《外国行政法规与案例评述》，中国法制出版社 1997 年版，第 350 页。

纵向性。当然，公务员法中的横向法和纵向法是一个相对的概念，在组织法中也可能存在着纵向性条款，而在行为法中也可能具有一些横向性条款，但就公务员法的总体系而言，行为法的纵向特性则较为明显一些，因为公务员行为是一个具有上下位特点的过程，与它相适应的法律规则也必然具有同样的属性。

（三）公务员行为法是公务员法的外在法

公务员若从社会学的角度看是一个特殊的社会阶层，这一社会阶层与其他社会阶层共处于社会这一共同体之中。一方面，公务员作为一个特定的社会阶层，其内部存在着一定的机制和关系形式，公务员内部的组织系统都是这种关系形式的具体表现，例如《瑞士联邦委员会与联邦行政机构组织管理法、行政机构组织法》第 10 条规定："联邦主席主持联邦委员会的讨论。联邦主席缺席，由副主席代替。如副主席同时缺席，由就任时间最长的联邦委员主持。"[1]这样的条款确定的是公务员系统内部的组织关系。我们将规范公务员系统的这种内部关系形式的法律规范称之为内在法，这种内在公务员法调整的也就是公务员的内在关系。公务员存在于社会大系统中的这一事实决定了公务员必然会与其他社会阶层发生这样与那样的能量交换，其与外部主体发生能量交换都是以公务员行为为基础的，都是通过公务员行为才与外在诸因素发生联系的。《瑞士联邦公务员法》第 38 条规定："每个公务员都属于联邦委员会确定的一个级别。公务员定级的主要标准是：教育制度、职务大小、工作要求、责任大小和危险程度，在联邦行政机构以及交通运输单位任职的公务人员，同等条件应享同等报酬。"[2]该条所规定的公务员行为有若干方面，其中每一个方面都是通过外部诸主体体现出来的。公务员的失职或玩忽职守首先是一个社会价值标准的衡量问题，即只有当公务员的行为对社会造成阻滞时，我们才可以说公务员有失职或玩忽职守行为，而非以公务员系统内部的效果为评价机制。公务员的责任追究在一般情况下也是由其他社会主体完成的，如一般的违法行为通过监察部门追究，严重的违法行为由司法部门追究。公务员的刑事责任和民事责任都无一例外地要由司法系统追究。公务员的责任承担是对社会的承担，而不是对公务员系统的承担。由此，我们可以说，公务员行为是一种外在现象，而规范公务员行为的规则也必然是一种外在法。公务员行为法作为外在法的地位是非常重要的，因为它有利于将公务员行为法的完善与社会大系统结合起来。

---

〔1〕　萧榕主编：《世界著名法典选编》（行政法卷），中国民主法制出版社 1997 年版，第 262 页。
〔2〕　萧榕主编：《世界著名法典选编》（行政法卷），中国民主法制出版社 1997 年版，第 278 页。

第二节　公务员行为法的功能

公务员行为法在公务员法律体系中扮演着非常重要的角色，如果没有公务员行为法的存在，公务员组织法就会失去存在的意义。因为内部的组织始终不能对社会发生作用。换句话说，公务员行为法具有明显的社会性质，它的功能也主要体现在公务员对社会发生作用方面。从总体上讲，公务员行为法具有三大功能。

第一个功能是对公务员行为定性，即通过公务员行为法确定公务员行为的性质。发达国家的公务员法中有关公务员岗位责任的规范就非常明确地规定了公务员所任职务的性质。《瑞士联邦公务员法》第 14 条规定："经有关单位批准，公务人员可担任一项社会活动。如担任的社会活动有碍于公务的执行或与官方身份不相称，有关当局可有条件或有保留地予以同意；也可拒绝、限制或取消此项活动。即使公务员参加社会活动的申请未获批准，也不得给以公法的任何制裁。参加社会活动不构成减少薪金的理由。只要缺勤不超过 15 天，不得因参加社会活动而减少其休假的天数。公务员也不得因参加社会活动而要求补假。联邦委员会指定批准公务员参加社会活动的单位，并制定批准手续，规定公务员取得批准的条件。联邦法院与联邦保险法院的公务员参加社会活动，可以自行批准。"[1]该条非常明确地界定了公务员行为的社会属性以及公务员行为与社会发生联系时的行为状态。公务员行为法定性化的特征还反映在有关公务员权利义务的规范中。公务员权利义务是公务员个人相对于国家而言所享有的权利和承担的义务。这些权利和义务只有公务员这一特定社会阶层才具有，而其他社会阶层都没有这样的权利和义务。如公务员的职位保障权指的是公务员在行政系统中的职位保障权。《日本地方公务员法》第 32 条规定："职员为完成其职务应遵从法令、条例、地方公共团体规则及地方公共团体机关所定的规程，而且必须忠诚执行上级有关职务上的命令。"[2]通过对公务员义务的确定，明确了公务员行为的性质。公务员行为法对公务员行为的定性表明公务员行为区别于其他相关行为的本质。一则，必须将公务员行为与政府行政的行政行为区别开来，将公务员行为尽可能归结到公务员个人身上，同时使这样的行为具有职务关系的一般特点。二则，必须将公务员行为与其他主体的行为划清界限。在国家政权体系之外有众多的社会主体，

---

〔1〕　萧榕主编：《世界著名法典选编》（行政法卷），中国民主法制出版社 1997 年版，第 279 页。
〔2〕　萧榕主编：《世界著名法典选编》（行政法卷），中国民主法制出版社 1997 年版，第 193 页。

如企业、社团等，在国家政权体系之内有立法、司法、检察等国家机关。这些诸多主体都有自己的行为方式，公务员与其他所有主体在行为方式上都存在巨大的区别，这种界限常常是通过公务员行为法而划分的。《日本地方公务员法》第36条就有这样的规定："职员不得以支持或反对特定政党及其他政治团体、特定内阁或地方公共团体的执行机关为目的，或者在公共选举或投票时，以支持或反对某特定人或某事件为目的而进行下列政治活动。但在该职员所属地方公共团体区域（如果该职员在都道府县支厅、地方事务所或地方自治法第二百五十二条之十九第1款指定的区域工作的，应为该支厅或地方事务所、区的管辖区域）外，得进行自第1项至第3项及第5项所列举的政治活动。①在公开选举或投票时，进行劝诱投票或不投票的活动；②积极参与、策划或主宰签名活动；③参与募集捐款及其他金钱和物品的活动；④在地方公共团体的厅舍、设施张贴或提供张贴文件或图画，利用或提供地方公共团体的厅舍、设施、资材或资金。"〔1〕相对而言，其他社会阶层的行为方式一般都不会有这样的限制。

　　第二个功能是对公务员行为的定量。传统公务员制度对公务员的其中一个要求就是其对国家负有无定量勤务义务。所谓无定量勤务义务，就是指公务员要勤勤恳恳为国家工作，要有积极负责的工作态度，但法律规定不一定为国家公务员规定严格的量化指标。但是，现代国家的公务员制度都摈弃了传统公务员制度中这种无定量的制度，代之以定量化的制度。所谓定量化，就是指要求国家公务员对国家承担定量化的工作指标。公务员行为不能具有任意性和随意性，而必须严格地按照有关制度确定的量化指标履行管理职能。公务员的行政岗位责任制的一个基本要求就是公务行为的定量化。《瑞士联邦委员会与联邦行政机构组织管理法、行政机构组织法》第10条规定："联邦委员会确定工作时间与工作时刻表，联邦保险法院自行规定公务员的工作条件。"第21条规定："1. 公务员执行公务不得操办私事，应将全部劳动投入公务。2. 公务员应相互帮助，即使未经专门训练，也应相互代职。"〔2〕对公务员行为作出量化规定已经成为公务员行为法的一个趋势。随着社会的发展，这样的趋势将越来越明显。

　　第三个功能是对公务员行为定责。此处所讲的责是公务员的法律责任，即公务员违反有关法律规范后应当承担的法律责任。对公务员行为定责是公务员行为法的一个后续功能，也是保障其他功能实现的一个手段，如果没有相应的责任条款，公务员行为的定性和定量就不一定达到预期的目的，而且在公务员不履行职

〔1〕 萧榕主编：《世界著名法典选编》（行政法卷），中国民主法制出版社 1997 年版，第 193~194 页。
〔2〕 萧榕主编：《世界著名法典选编》（行政法卷），中国民主法制出版社 1997 年版，第 272 页。

责的情况下也没有后续手段予以保障。因此，为公务员行为定责在公务员行为法中具有不可取代的意义。综观各国公务员立法，综观各国公务员行为法几乎都规定了严格的行为责任。《瑞士联邦委员会与联邦行政机构组织管理法、行政机构组织法》第 31 条规定："1. 纪律处分包括：甲，训诫；乙，100 法郎以内的罚款；丙，撤销交通优惠；丁，减少或取消薪金的暂时停职；戊，保留原薪或减少薪金的强制调动工作。减少或取消搬迁补贴；己，减少预定的薪金；庚，减少或取消正常加薪；辛，停职；壬，撤职。2. 除第 1 款所列处分外，还可宣布其他处分。每种处分都附有撤职处分的威胁。3. 作为例外，多种纪律处分可一并执行。4. 只有当公务员严重损害公务并继续损害公务时，才给予停职和撤职的处分。5. 联邦委员会确定在何种情况下给公务员以第 1 款辛项所列的停职处分。"[1]该规定非常明确地为公务员的行为定了责。我国公务员法律中关于公务员行为定性、定量、定责的规定将在本篇其他章节中予以介绍。若将公务员行为法的功能具体化以后，便有下列方面。

一、确定公务员的活动范围

公务员行为法侧重于公务员行为的规制，其必须首先对公务员行为的外延作出规定，确定公务员行为的外延其实是对公务员活动范围的确定。公务员行为法对公务员行为范畴的确定主要有下列内容：

(一) 公务活动的事态范围

即公务员的活动涉及什么样的事态，也就是说什么样的事态属于公务员应当为之的，什么样的事态不是公务员应当介入的。公务员属于行政系统的公职人员，因此，其行为是受一国行政权制约的，公务员必须在行政权的范围内活动，而不能超出行政权的范畴。若公务员的行为介入到了立法权的领域，介入到了司法权的领域，就超出了行政权的范围，就构成了行政上的越权。[2]当然，公务员在行政权范围内活动是从总体事态上讲的，就每一类公务员而言，都有自己相对的事态范围。如美国公务员分为文书行政事务类、保管事务类、文书技工类等八大类，各类公务员都有着自己确定的活动事态范围，其只能在公务员行为法所确定的事态范围内行使职权。

---

〔1〕 萧榕主编：《世界著名法典选编》（行政法卷），中国民主法制出版社 1997 年版，第 272～273 页。
〔2〕 在行政法学理论中，行政越权一般被认为是行政主体超越职权的行为，但是我们认为，公务员在代表行政机关行使职权时若超越了自己的职务范围也应当是一种越权，遗憾的是行政法学界对公务员探讨甚少，对公务员越权的研究是当务之急。

（二）公务员活动的地域范围

公务员的行为受地域原则的限制，即公务员只能在一定地域范围内履行职责和行使权力。首先，公务员的活动受国界的限制，只能在本国领土范围内行使职权和从事其他相关活动。公务员一般分为中央公务员和地方公务员两大类。《日本国家公务员法》就对中央公务员的组织体系和行为方式进行规定，此类公务员的活动地域范围是全国范围内的，它可以在全国范围内行使职权，或者说，它的行为可以影响到全国范围内的地域。地方公务员仅仅在特定范围内活动，《日本地方公务员法》所确定的公务员行为都是区域性行为，受到地域范围的制约，第 1 条规定："为了评定地方公共团体的人事机关及地方公务员的任用、职位、工资和津贴、工作时间及其他工作条件、身份地位以及惩罚制度、服务、态度研究和工作成绩，制定福利及劳保制度以及有关团体等人事行政的根本标准，保障地方公共团体行政的民主体和工作效率的提高，以实现地方自治的目的，特制定本法。"[1]该条指明地方公务员法在行为属性上确定了公务员活动的地域性。公务员活动的地域范围实际上是公务员行使职权的管辖问题。

（三）公务员活动的时间范围

空间和时间是职务行使的两个方面，空间就是我们前面讲到的地域范围问题，而时间则是指公务员活动的有效时间范围，其中有两层含义，第一层含义是公务员任职是有期限的，其活动仅限于任职期间，一旦公务员因某种原因不再担任行政职务就丧失了相应的职权，退休制度就是公务员终止职务关系的一个典型制度，《日本地方公务员法》第 28 条之三规定："任命权者对于已到了退休年龄根据前条第 1 款的规定应该退休的职员，从该职员的职务特殊性或完成职务的特殊情况来看，若认为该职员如果退休显然会影响公务顺利完成时，得不按照同款的规定而从基于同款规定的条例所定日期的第二天起算，在不超过 1 年的范围内使该职员继续从事该项职务的工作。"[2]公务员一旦退休其职权在时间范围内就予以终止。第二层含义是公务员的每一次职务活动都能在一定的时间段内有效，这类时间段有时规定在部门行政管理法中，公务员的行为除了受公务员法的约束外，还要受部门行政管理法的约束，这些部门管理法对某一具体事项的职权行使都规定了期限，只有在有效期限内作出的行为才具有法律效力，这是公务员行为法对公务员活动范围的又一限定。

---

〔1〕　萧榕主编：《世界著名法典选编》（行政法卷），中国民主法制出版社 1997 年版，第 187 页。
〔2〕　萧榕主编：《世界著名法典选编》（行政法卷），中国民主法制出版社 1997 年版，第 192 页。

二、确定公务员的活动性质

公务员活动的性质在公务员行为法中同样具有非常重要的地位，行为性质与公职的性质是紧密地联系在一起的。公职决定了公务员的行为状态，而公务员的行为状态又必须从公职中产生。因此，与公职有关的行为就是公务员行为法应当予以认同的行为，与公职无关的行为就是公务员行为法予以禁止的行为。各国公务员行为法在对公务员行为进行规定时一般采取列举的方式将与公职无关或者在公职活动中应当禁止的行为予以列举，而没有禁止的便是公务员可以为之的行为。各国有关公务行为中禁止的行为大体上有如下类别：

（一）限制兼职

对于限制兼职的规定有两种情形：一是禁止兼职。一般都禁止公务员在以营利为目的的各种公营企业及团体兼职。在行政机关以外的公营企业或其他营利性组织兼职不利于公务员专心于自己的职务，且有可能使公务员陷入经营性活动之中，以延误公职。有些国家的公务员行为法对公务员兼职作了特别规定，如《英国地方政府雇员行为准则》规定，六级以上官员未经议会明确同意，应将全部时间投入工作，不得从事任何其他事务或者接受其他任命。此外，公务员任职受到国籍的限制，即只有本国国籍的人才能担任公务员，因此，一般国家都规定本国公务员不能从事外国政府任命的职务行为。二是允许有条件地兼职。"这类兼职各个国家的规定不尽一致，条件也各不相同，但首要条件是：公职人员必须绝对保证对履行公职不产生任何影响，不致引起公私利益的任何冲突。《美国行政部门雇员道德行为准则》规定，雇员不应从事对其履行职务会造成实质性损害的外界工作和其他活动。一般来讲，公职人员的兼职严格限制在有限的范围内。如参加慈善机构、非商业组织、非营利性社会团体或在其中担任一定负责职务；以及业余从事一些科学、艺术、教育等方面的工作，等等。而且一般不允许从兼职活动中领取报酬，即使允许领取报酬，也规定了最高限额。如《美国行政部门雇员道德行为准则》规定，除某些例外情况外，总统任命的全日制非职业职位人员在任职期间，不应从任何外界工作或其他活动中获得额外收入。非职业高级公务员每一公历年的外界收入不得超过该准则行政一览表所规定的二级级别工资的15%。"[1]

（二）限制影响正常公务行为的其他活动

公职人员热衷并专心于职务是许多国家公务员法规定的义务，因此，凡影响

---

〔1〕　中国监察学会秘书处编译：《国外公务员从政道德法律法规选编》，中国方正出版社1997年版，第5页。

公务人员集中精力履行公职或与公职人员身份不相称损害国家利益和政府形象的活动都将予以限制。包括"1. 投机性、赢利性活动；2. 利用职权进行募捐或向禁送礼品者索要资金及其他赞助的活动；3. 作为国家相对方代表的活动以及与国家对抗的活动；4. 党派的政治活动。如《韩国公职人员道德法》规定，不属于政治派别的政府官员不应以任何形式为任何党派募集、接受赞助或其他受益，也不许从事任何政治活动；不是在劳工部门工作的雇员不能参加集体谈判，也不能成为以劳工运动为目的而建立的组织的成员。《美国行政部门雇员道德行为准则》规定，如果美国作为当事方或有直接重大利益关系，未经特别授权，雇员不应以专家证人的身份出席美国法院或者机关的诉讼活动。此外，不得鼓励、强迫下级从事公务以外或法律法规所禁止的活动。"[1]

（三）禁止公务员不正当使用政府未公开信息和国家财产

保守秘密是公务员所负有的一种终身义务。所谓终身义务是指这一义务不因公务员身份的丧失而丧失，公务员担任公职期间有保守与职务有关的国家秘密的义务，当其不担任公职时同样不能向社会透露以前掌握的秘密。政府行政系统在一般情况下实行行政公开原则，但有些信息是不能列入公开范畴的，各国公务员行为法都有行政公开的例外，这些例外通常有：不得泄露法律禁止泄露的信息；行政系统列为秘密以上的信息；从来未向公众公开或未经批准可提供公众的信息等。这样的信息公务员不得予以公开，各国对未公开信息限制使用的主要内容有："1. 未经授权或批准，不得透露未公开信息；2. 不得利用未公开信息从事有偿交易；3. 不得利用未公开信息为本人、他人或单位谋利；4. 公职人员无论在职期间还是离职以后都应保守秘密。对国家公职人员使用国家财产的限制性规定主要有：所在机关的办公场所、办公设备和交通工具必须用于指定的目的和法律所允许的范围，禁止用来为私人目的的服务。"[2]

（四）禁止公务员经营商业

公务员担任公职以后其身份关系就发生了变化，其以一般的社会人变成了政治人，而政治人的特点在于其行为方式是国家权力所要求的，其是国家权力的结果。公务员的行为在一定意义上代表国家，因此，一旦担任公职后，公职人员在任职期间不得自办营利性企业，不得在以营利为目的的商业、工业、金融等公私

---

〔1〕 中国监察学会秘书处编译：《国外公务员从政道德法律法规选编》，中国方正出版社1997年版，第6页。
〔2〕 中国监察学会秘书处编译：《国外公务员从政道德法律法规选编》，中国方正出版社1997年版，第7页。

企业中兼职。《日本地方公务员法》第38条规定："职员非经任命权者许可，不得兼任以营利为目的经营私营企业的公司及其他团体的负责人以及其他人事委员会规则（不设人事委员会的地方公共团体，应按地方公共团体规则）所规定的职位，或者以营利为目的私自经或企业或者取得报酬而从事任何事业或事务。"[1]有些国家甚至规定公务员的近亲属也不能从事与公务员职务有关的商业性活动。一些国家的公务员行为法在此方面的规定非常具体，如公务员在担任公职前受雇于某些企业，其担任公职后必须立即与原雇主脱离关系，不得利用职权给原雇主以任何优惠待遇；在担任公职前拥有企业的公职人员，担任公职以后必须以协议的方式将企业委托给他人经营，在担任公职期间不得参与企业的经营活动，离开公职后方能继续经营商业，且只能在自己原来主管的企业从事商业活动。《加拿大公务员利益冲突和离职后行为法》规定，拥有受控制资产的人担任公职，应将受控制资产进行申报，受控制资产是指其价值可直接或间接受政府决策影响的资产。

（五）严禁在公务行为中送受礼品

"各个国家从政道德法规定，严禁在公务活动中送、受礼品，禁止上下级之间送、受礼品；严禁利用职权向任何组织和个人索要及收受礼品；非经特殊批准，不得接受外国政府授予的称号、颁发的勋章、奖章等。禁止送、受礼品范围一般还包括公职人员的家庭成员。"[2]关于礼品的范围各国规定不一，基本内容是"送礼人送给或提供给受礼人的一切款项、有价物品、宴请招待、交通住宿、赠予固定资产、各种优惠、酬谢、服务或其他利益等。"[3]为了控制公务员及其所在部门向其他单位送礼，一些国家和地区作出了送礼申报制度，如美国佛罗里达州规定向有关单位或个人赠送25美元以上100美元以下礼品的，每季度应进行申报，说明礼品来源、接受礼品者的姓名、地址、赠送日期和有关的具体情况。[4]

（六）禁止公务员从事对抗政府的活动

各国公务员法一般都要求公务员忠于国家，所有行动必须符合政府的总体利益，不得进行有损国家和政府的活动。如一些国家公务员行为法规定了禁止公务

---

[1] 萧榕主编：《世界著名法典选编》（行政法卷），中国民主法制出版社1997年版，第194页。

[2] 中国监察学会秘书处编译：《国外公务员从政道德法律法规选编》，中国方正出版社1997年版，第2页。

[3] 中国监察学会秘书处编译：《国外公务员从政道德法律法规选编》，中国方正出版社1997年版，第2页。

[4] 参见中国监察学会秘书处编译：《国外公务员从政道德法律法规选编》，中国方正出版社1997年版，第3页。

员罢工。《瑞士联邦公务员法》第 23 条规定："1. 禁止公务员罢工或煽动其他公务员罢工。2. 禁止协会和联合会对不参加罢工的公务员取消会员资格或损害其经济利益。3. 由协会或联合会制定的公约以及其他条例，如与禁止罢工规定相违背的均属无效。"[1]尽管有些国家的法律规定公务员有关增加收入等罢工是合法的，但仍禁止公务员从事对抗政府的政治性罢工。

三、确定公务员的活动类型

公务员的活动类型是一个技术问题，可以从不同的角度认识。从公务员行为法的方面来讲，其对公务员行为类型的规定一般是从下列方面进行的。

（一）公务员与国家关系的行为类型

国家设立行政职务并通过法定程序将符合条件的社会公民吸收到行政系统中，这些被吸收的人就是我们现在所称的公务员。公务员担任公职必须经过国家的任用，任用和受任两个方面的行为结合起来公务员才能正式成为公务员，正式在行政系统履行职责。一旦公务关系成立，公务员面临的第一个关系就是和国家的关系。国家对公务员承担一定的义务和行使一定的权力，同样，公务员对国家承担一定义务、享受相应权利。公务员行为类型首先是公务员对国家的行为及其行为范畴。例如公务员有权要求国家给予职务上的保障，有权要求国家支付工资和其他相关待遇等。这些权利的行使若从另一角度分析都是公务员对国家的行为。《瑞士联邦公务员法》第 39 条就明确规定了公务员有领取工资的法律权利。"1. 任命时确定初级工资。2. 初级工资一般相当于公务员所在级别的最低工资额。在特殊情况下，例如同样的职务在另外条件下工作，或者由于学历、品行、专业知识以及年龄的关系，可给予超过最低薪额的工资。对于年龄不满 20 岁的公务员，则发给低于最低薪额的工资。"[2]当然，公务员除了对国家主张权利的行为外还有对国家承担义务的行为，《瑞士联邦公务员法》就明确规定"涉及一般公务的诉讼，公务员不得在法庭为一方作证，或充当法庭顾问。只有当诉讼涉及本身职务和得到有关单位的批准方可作证。"[3]

（二）公务员与管理过程中相对人的行为类型

公务员被一些学者称为行政人，所谓行政人，就是代表国家行使行政权力的人，这一称谓表明公务员与国家行政管理的关系密不可分，其处在行政权与行政管理事态的结合点上，处在行政机关组织体系与行政相对人的结合点上。正因如

---

〔1〕　萧榕主编：《世界著名法典选编》（行政法卷），中国民主法制出版社 1997 年版，第 280 页。
〔2〕　萧榕主编：《世界著名法典选编》（行政法卷），中国民主法制出版社 1997 年版，第 281 页。
〔3〕　萧榕主编：《世界著名法典选编》（行政法卷），中国民主法制出版社 1997 年版，第 280 页。

此，公务员要每日每时地与社会公众发生联系，也自然而然地在其行为中有相当一部分是对行政相对人的行为类型。比较典型的行为是公务员在执行职务中的回避行为。"公务回避是不允许公职人员参与涉及本人或亲友的公务活动，特别是对他们的利益产生影响的公务活动；或者要求公职人员在对有此类人事关系的事项进行表决时弃权。公务回避的人事关系范围较广，除亲属关系外，还包括：①同事关系。主要指：上级领导、下属、同级公职人员，原雇主或雇员，未来的雇主或雇员，具有监督或管理关系的其他人员。②合作关系。主要指在经济活动中通过一定方式建立的具有经济利害关系的人员，如合股人、合伙人、贸易伙伴、代理人、承包人等。③赡养关系。主要包括私人至交、具有某些朋友关系的人等。属于公务回避的，应在事前向本部门领导或道德官员申明，必要时写出书面材料，说明关系的性质和利益影响等。如果事前不知道，事中应做公开口头申报，事后提交书面材料。如果有意隐瞒不作申报，事后一经发现，该事项无效。"[1]本篇后面章节中还会对此详细论证。公务员对行政相对人的行为如果是以行政机关的名义出现的，那就是另一范畴的问题，亦即行政系统中的行政行为与公众的关系，这种关系不由公务员行为法调整，而是由有关的行政行为法、行政救济法等调整。

（三）公务员与监控机构的行为类型

对公务员行为进行监控是公务员制度和公务员法的重要组成部分，无论采取什么样的监控体系，采取什么样的监控手段，有什么样的监控强度都不影响监控者与公务员的关系。公务员行为类型中有一部分就是其对监控主体的行为。《监察法》第49条规定："监察对象对监察机关作出的涉及本人的处理决定不服的，可以在收到处理决定之日起1个月内，向作出决定的监察机关申请复审，复审机关应当在1个月内作出复审决定；监察对象对复审决定仍不服的，可以在收到复审决定之日起1个月内，向上一级监察机关申请复核，复核机关应当在2个月内作出复核决定。复审、复核期间，不停止原处理决定的执行。复核机关经审查，认定处理决定有错误的，原处理机关应当及时予以纠正。"该条就对公务员和监察机关的行为类型作了非常具体的规定。

（四）公务员与公务员之间的行为类型

这一行为类型是非常特别的，它要求公务员在履行职责时必须对相关公务员的行为予以注意。甚至要有一定的奉献精神或者团队精神，《日本地方公务员

---

[1] 中国监察学会秘书处编译：《国外公务员从政道德法律法规选编》，中国方正出版社1997年版，第11页。

法》就规定了互助制度，该法第 43 条："1. 为了职员生病、负伤、生孩子、因故请假、遭遇灾难、退职、身体发生毛病或者死亡，或因有扶养义务的人生病、生孩子、负伤、死亡或遭遇灾难时，给予适当的救济，必须制定互助制度并付诸实施。2. 在制定前款规定的互助制度时，必须把忠实工作多年退职的，或者因公负伤、生病而退职或死亡的，对其本人或其遗嘱发给退职金及一时付完的退职金的制度包括在内。3. 当制定前款规定的退职金及一时付完的退职金制度时，必须针对退职或死亡时的条件以及如何维持其本人及其退职或死亡当时由其直接承担扶养义务的人以后的生活加以充分考虑。4. 在制定第 1 款的互助制度时，应注意勿使与国家规定的制度之间失去平衡。5. 第 1 款的互助制度，必须以健全的保险数理为基础。6. 第 1 款的互助制度，必须根据法律加以规定。"[1]

上列便是公务员行为的主要类型。

第三节　公务员行为法的构成

公务员行为法的构成是一个较为复杂的问题，各国关于公务员行为法的法律形式均不大统一。大多数国家有关公务员行为的立法都反映在公务员总法的法律体系中，即在有关公务员法典中既规定公务员的组织又规定公务员的行为，如《法国公务员总法》《日本国家公务员法》《瑞士联邦公务员法》等。有些国家除了在公务员总法中规定公务员的行为外，还制定了专门的公务员行为规则，这些行为规则实际上构成了公务员行为规则的单行法典。如《美国行政部门雇员道德行为准则》《加拿大公务员利益冲突与离职后行为法》《英国地方政府雇员行为准则》《新西兰公务员行为准则》《巴基斯坦政府公职人员行为条例》《澳大利亚公务人员行为准则》等。还有一些国家在有关公务员法中规定公务员的行为准则外，在其刑法典中对公务员构成有关公务犯罪的行为作出规定。当然，还有一些国家在其根本法——宪法中也有公务人员的行为规则，如《新加坡宪法》中就有关于公务员纪律处分程序的规定。上列诸种情况均说明公务员行为法在公务员法中占有非常重要的比例，那么，公务员行为法究竟由哪些规则构成呢，我们认为主要有下列方面。

一、公务员资格认同法

公务员资格认同是公务员关系成立的基础，公务员通过一定的形式符合规定的任职要件，具有担任公职的法律要求，但是，具备这样的条件并不必然具有公

〔1〕 萧榕主编：《世界著名法典选编》（行政法卷），中国民主法制出版社 1997 年版，第 194 页。

务员的资格，还必须通过一定的法律行为才能正式履行公职。对公务员资格进行认同的行为规则便是公务员行为法第一个方面的构成。公务员资格认同从表面上看应当是公务员组织法完成的任务，但是，我们认为组织法仅仅能够确定公务员与国家的关系形式，而不能够确定公务员行使职权的行为方式。至少在公务员资格认同法中有一部分是对公务员行为的规定，如《瑞士联邦公务员法》第5条规定："1. 联邦委员会任命除第2款、第3款所列人员以外的公务人员，也可授权下属单位任命。2. 联邦法院和联邦保险法院任命本院的职员。3. 联邦铁路局与邮电局任命公务员的权限属于联邦铁路局与邮电局组织法所指定的机构。"[1]该条是有关公务员的任命条款，公务员的任命行为就是对公务员资格进行确定的行为，就是对公务员资格作出认同的行为，对这样的行为作出规定的规则当然应当归于公务员行为法的范畴。公务员资格的认同是一个持续不断的过程，即是说公务员任命行为只是对公务员任职资格的初步确定，这种确定并不具有一劳永逸性。换句话说，在公务员担任公职以后，国家还要经常性地通过一定的法律行为对公务员的资格进行再确认。公务员的考核制度就是这种再认同的法律表现，例如《公务员法》第39条规定："定期考核的结果作为调整公务员职位、职务、职级、级别、工资以及公务员奖励、培训、辞退的依据。"这一规定表明，公务员职务关系的存续以及资格的状况都必须通过考核行为作出再认同。当然，资格认同以后便常常产生刻板的官僚模式，但无论如何，资格认同是公务处理与其他权力或权利主体关系的基础，正如迪韦尔热指出的："人们发现刻板的官僚模式使它难以适应新情况。这种模式还造成领导人与执行者、执行者与公众之间的冲突，而这些冲突又造成能量的巨大消耗；组织无法去实现其目标，把精力尽花费在调整这些冲突上。有些人宣称，这些缺陷不可能真正克服，因为克服缺陷的手段最终只能进一步加深组织的官僚主义性质。内部冲突及与公众的冲突导致加强控制和建立新的调整规则，这就使体制本身更加臃赘。"[2]足见公务员资格认同是一个非常强的技术问题，处理得好就可以增强公务员行使权力的自信心和责任心，而一旦处理不好会导致行政效率的低下。

二、公务员权利义务设定法

公务员在现代行政体系乃至于国家政权体系中所处的地位越来越重要。这种重要性有时是由时代的发展对公职的要求所决定的。在传统国家体制中，行政系

---

〔1〕 萧榕主编：《世界著名法典选编》（行政法卷），中国民主法制出版社1997年版，第278页。

〔2〕 〔法〕莫里斯·迪韦尔热著，杨祖功、王大东译：《政治社会学——政治学要素》，华夏出版社版1987年版，第173页。

统的官员所履行的仅仅是"守夜人"的角色，而在现代国家行政具有非常强烈的主动性和创造性，行政系统中的公职人员的职能也越来越多样化。以前我们仅仅认为公务员扮演的是执行公务的角色，至少它不能够表达国家的意志，不能够为社会生活和所管理的社会事态设计规则，但是，在现代政权体制之下，情况发生了变化，"要是高级文官在制定政策上不行使巨大的权力，他们的思想和政治倾向就不会那么举足轻重了。但是他们确实运用自己的巨大权力。把管理国家的'官僚'和大臣形容为仅是其高级'顾问'的意愿的执行者，那显然是言过其实了。但是，把文官描绘为仅仅是毕恭毕敬、唯命是从的行政人员，那就是甚至更其不确切了。在英国，高级文官组成了一个令人生畏的权力集团，他们紧密团结，人才济济，为政府的任何其他部分所不能相比，也许唯有内阁除外，但也只有在它团结一致，决心自行其是的时候才是如此。"[1]公务员在社会生活和政治生活中的这种重要性引起了社会的不安，诸多国家的立法机关为了解决公务员行为的这种泛化，便在公务员行为规则中大做文章，其中最为有效的手段是在公务员权利义务规则中明确公务员的行为取向。一方面，各国有关公务员的法律规范中无一例外地都规定了公务员的权利和义务，另一方面，在规定权利和义务时尽可能使相关的规则更加完善。尤其在公务员义务的立法方面大做文章，例如，我国台湾地区就制定了专门的公务员服务法，通过单一的义务法典对公务员的义务作出系统规定，且规定的义务具体而细密。[2]

公务员权利义务是公务员关系以及公务员行为过程的法律基础，因此，公务员权利义务设定的行为法也越来越完善。其一，有关权利义务设定的规则越来越系统。绝大多数国家都尽可能将公务员的权利义务系统化，使其成为一个完整的规范体系，一些国家在公务员总法中都将权利义务作为专门的章节，并使各项权利义务成为一个有机联系的整体，《日本地方公务员法》开辟专节规定公务员的义务，其涉及下列层次：一是"服务的根本标准"；二是"服务宣誓"；三是"服从法令"；四是"禁止失信行为"；五是"保密义务"；六是"专心工作的义务"；七是"限制政治行为"；八是"脱离私营企业"；等等。这些规定使公务员的义务形成一个与公职行为有关的完整结构。其二，有关权利义务设定的规则越来越具体。例如《德意志联邦共和国官员法》第58条规定："官员就职时应当宣读下列誓言：'我宣誓维护德意志联邦共和国的基本法和在联邦共和国内通行

---

〔1〕　［英］拉尔夫·密利本德著，博铨、向东译：《英国资本主义民主制》，商务印书馆1988年版，第123页。

〔2〕　参见陈鉴波编：《现行考铨法规汇编》，台北三民书局1979年版，第15～17页。

的一切法律，并认真完成我的职责，愿上帝保佑！'。宣誓时，也可以不宣读'愿上帝保佑'这句话。如果法律允许某一宗教团体的议员使用其他的效忠形式，以代替"我宣誓"，那么，作为这个宗教团体成员的官员，可以宣读这个宗教团体的誓言。在第7条第2款允许的例外情况下，可以不宣读誓言；只要法律上没有其他的规定，官员应当保证，他将认真地完成他的职责。"[1]其内容的具体性可见一斑。同样，《德意志联邦共和国官员法》在公务员权利部分对公务员的休假权也作了如下规定："官员每年享有继续领取职务工资的休假。休假的许可和长短，由联邦政府通过法令规定之。此外，联邦政府还有批准基于其他原因而应享有假期的权力，并且可以决定，官员在享受这类假期时，职务工资是否可以保留以及可以保留多少。如果官员同意自己被提名为德意志联邦议院选举的竞选人或某一个州的立法团体选举的竞选人，那么，经申请，可以在选举日前的最后2个月内，在停发职务工资的情况下，给予他为准备选举所必要的假期。官员为了执行某个州议会议员所委托的任务，或者为从事作为某个地方代表机构的成员的活动，可以在保留职务工资的情况下，给予必要的假期。"[2]

三、公务员行为效果评价法

各种组织各自根据自身对其他组织负责机构的依赖程度，具有相当不同的民主化潜能。早期自由主义曾在官员的责任心上，在发挥官员的潜在能力方面遇到过这种困难。人们不能同时要求内阁部长对其下属官员所做的一切向议会负责，以及不能要求各个被授予一定自主权的官员都具有直接的政治责任心。部长向议会负责虽然促进了最高层的监督，但同时也促进了官员等级化。在议会中对官员的每一个行动拥有发言权的内阁部长必须把管辖的部门划分成各种等级，以便使一切都按照他的命令进行。因此，各个官员只对犯法行为负责，但不直接对他的行为在公众面前的政治合理性负责。同样，对其他组织的行为负有说明责任的组织，必须把有关人员的参与至少限制在决定层次上。因此，官僚政治越来越偏爱作为一种决定过程的"民主集中制"，在这种民主集中制的决定过程中，有关人员的参与只涉及事先说明的阶段，不涉及作出决定本身。激进的民主理论家通过否定任何类型组织等级制的做法来逃避这种困境。然而，用温和的态度去捍卫参与范围扩大的人，例如纳合尔德并不否定："用社会控制论的观点来看，等级制度……是综合性组织的一个必要的结构特征。然而，这种让步并不意味着为当今

---

〔1〕　萧榕主编：《世界著名法典选编》（行政法卷），中国民主法制出版社1997年版，第137页。
〔2〕　萧榕主编：《世界著名法典选编》（行政法卷），中国民主法制出版社1997年版，第141页。

多余的等级制度进行辩护。"[1]这是克劳斯·冯·柏伊姆对当代国家公务员行为的一个精辟阐述，从这一阐述我们可以看出，公务员行为的政治性质和社会性质在当今社会中具有同等意义的重要性。公务员行为的社会价值牵涉到公务员行为的社会评价问题，即对公务员行为不能仅仅作出政治上的评价，更重要的必须作出社会评价，且社会评价所占的比重在公务员行为中将越来越重大。这种趋势从近年来一些国家的公务员行为立法就可以得到证实。1989 年 2 月 20 日菲律宾制定的《菲律宾公共官员与雇员品行和道德标准法》开创了这方面的先河。该法对公务员行为的社会评价作了非常完整的规定，全法共 17 条，涉及对公务进行评价的数十个标准，第 2 条明确规定："国家的政策是促进公共服务中道德标准的进一步提高。公共官员与雇员应该一直对人民负有责任，应该用最大限度的责任正直、卓越能力、忠诚来履行职责，行为举止应具有爱国和公正精神，应该过着朴素的生活，以及置公共利益于个人利益之上。"[2]在其后续条款中大体上确立了如下公务行为评价准则。

第一，公务员必须以维护公共利益为行为准则。公务员在履行公职时必须将公共利益置于个人利益之上，"他们所代表的政府财力和权力必须有效益、效率、诚实、经济地得到使用，要特别注意避免公益资金和财政收入的浪费。"这个准则具有强烈的时代意义，它对于我国正在完善中的公务员制度有重要借鉴意义。

第二，公务员必须以专业化为行为准则。专业化是公务员执行职务的必备条件，也是最为基本的条件，如果缺乏专业化就会出现公务员行为与管理事态的偏离等弊端，因此，要求公务员必须用高度的卓越能力，专业化、知识化、技术化来履行和执行他们的职责。公务员应当把最大限度的热忱和奉献投入到公职中去，要随时培养自己在所管辖事务中的专业素质。

第三，公务员必须以正义与真诚为行为准则。"公共官员或雇员应该时刻对人民真诚。他们必须公正和真诚地办事，不能歧视任何人，尤其不能歧视贫民和社会下层公众。他们应该时刻尊重其他人的权利，他们要杜绝任何违反法律、良好道德、良好习惯、公共方针、公共命令、公共安全和公共利益的行为。他们不应该给予其宗亲或姻亲等任何亲戚基于官职的不适当优惠。"[3]

第四，公务员必须以关注公众意见为行为准则。"所有公共官员和雇员必须

---

[1]　[德] 克劳斯·冯·柏伊姆著，李黎译：《当代政治理论》，商务印书馆 1990 年版，第 184 页。

[2]　中国监察学会秘书处编译：《国外公务员从政道德法律法规选编》，中国方正出版社 1997 年版，第117 页。

[3]　中国监察学会秘书处编译：《国外公务员从政道德法律法规选编》，中国方正出版社 1997 年版，第119 页。

向公共提供迅速、殷勤和充分的服务。除非其他法律有所规定或公共利益的考虑，公共官员和雇员应该用清楚、易懂的语言向公众提供有关方针政策的情报，应该保证公共协商和公共议论的公开性，应该鼓励提出建议，应该使政策、规章、程序精练和系统化，避免文牍拖拉作风，发展一种能够融洽的值得赞赏的社会经济环境，并且能够使这种融洽和赞赏的风气在全国，尤其是在萧条的农村和城市地区盛行。"[1]

第五，公务员必须以爱国主义为行为准则。爱国主义是对公务员的基本要求，公务员必须将国家利益放在重要地位，爱护公共财产，不能够公物私用等。"所有公共官员和雇员应该时刻忠于共和国和菲律宾人民，要积极宣传本国所产的商品、资源和科技的使用价值，要鼓励以祖国和人民为荣、为骄傲。他们应该努力坚持和捍卫菲律宾的主权，反对外部势力的侵略。"[2]

第六，公务员必须以民主价值为行为准则。"所有公共官员和雇员应使自己信奉民主的人生观和价值观，坚持公共责任原则，以实际行政宣传文人政府的权威高于军人权利。他们应该时刻捍卫宪制，置对国家的忠诚于对个人和政党的忠诚之上。"[3]

上述方面的要求充分体现了现代行政权行使中新的时代精神。菲律宾公务员行为评价的这些规定不能简单地等同于公务员的义务，因为在菲律宾公务员的其他相关法律规范中，已经对公务员的义务作了规定。上述准则实际上是对公务员行为进行社会评价的准则，这样的准则已经成了公务员行为法中不可或缺的构成部分。

四、公务员行为后果报应法

"对于官吏关系，国家不单为经济生活的主体，且以统治主体的资格对付官吏，在那整个法律关系上，国家亦不站于准私人的地位，所以很明显官吏关系不是混合的法律关系。但国家往往一面为经济生活的主体而从事经济的活动，在原则上服从私法的规律；同时又为公益的保护者，不完全站在和私人同样的地位，而在某程度内遵守与私人相互关系不同的公法的规律。"[4]这一论断表明国家与

---

[1] 中国监察学会秘书处编译：《国外公务员从政道德法律法规选编》，中国方正出版社 1997 年版，第 119 页。

[2] 中国监察学会秘书处编译：《国外公务员从政道德法律法规选编》，中国方正出版社 1997 年版，第 119 页。

[3] 中国监察学会秘书处编译：《国外公务员从政道德法律法规选编》，中国方正出版社 1997 年版，第 119 页。

[4] [日] 美浓部达吉著，黄冯明译：《公法与私法》，商务印书馆 1937 年版，第 152～153 页。

公务员的关系不是简单的民事主体之间的平等关系，而是一种国家可以对官员行使管理权的关系。因此，在公务员行为法中，上述行为法规范还不足以使公务员忠实地履行职责，还不足以使国家通过有效的手段保证公职的正当性。公务员行为报应法便是保证公职正当化的最后一个手段。公务员担任公职以后，其行为状态可以分为三种情况。第一种情况是公务员依照部门行政管理法、公务员法等的规定完成了相关的法律任务，其行政管理行为与法律规则达到了最大限度的一致，此时，便可以说公务员的行为是一种法律上的标准行为，完成了这样的行为，公务员便可以得到应有的报酬、应有的社会评价。第二种情况是公务员的行为超过了部门行政管理法、公务员法对他的规定的任务，或者在执行任务中牺牲了个人利益，创造了更大的公共利益，或者由于其天赋为国家节省了成本、创造了财富等等。这样的行为可以称之为超职权的行为。当然，对于公务员超职权的行为国家就应当给予超限额的补偿。公务员奖励制度其实就是对其超限额行使职权的一种回应。《公务员法》第 51 条规定："对工作表现突出，有显著成绩和贡献，或者有其他突出事迹的公务员或者公务员集体，给予奖励。奖励坚持定期奖励与及时奖励相结合，精神奖励与物质奖励相结合、以精神奖励为主的原则。公务员集体的奖励适用于按照编制序列设置的机构或者为完成专项任务组成的工作集体。"显然，公务员要获得奖励并不是仅仅完成了法律规定的一般责任，而是超过了一般责任的限额。从这个意义上讲，奖励制度是对公务员超限额正当职权行为的回应。第三种情况是公务员的行为没有达到部门行政管理法、公务员法规定的标准，甚至有悖于国家规定的标准，这种行为在法律上可以称之为负行为，实施了负行为的公务员应当对其负行为承担法律上的责任。

各国公务员行为法在公务员行为回应的规则中几乎都将重点放在负行为的回应上，例如《墨西哥公务员职责法》第 88 条规定："在其任职期间和卸任后一年内，公务员不能为其本人或为第 47 条第 13 款所讲的人，从公务员工作期间担任解决利益纠纷的职务，其专业、商业或工业活动与公务员直接相关，受公务员管理或检查的人们，自己或通过中间人申请、接受或接纳金钱或其他任何的捐资、好处、工作、职务和任务。就前段而言，如果公务员一年内一次或多次从前段所指的纳税人或非纳税人那里接受钱财，而这些钱财此年积累价值不超过联邦区当时最低日工资的 10 倍，将不对其考虑。无论如何公务员都不能从上述人们那里接受有价证券、不动产或者尚有争议、并正就财产占有问题调解的权利转让。公务员这种违反本条规定的行为将作为受贿予以惩罚并受到刑事法律的惩处。"〔1〕《韩国公职人员道德法》第22条规定："公职人员道德委员会对具有下列各项情况之一的公务员、公职有关团体的任员和职员，应要求给予解任和惩戒。1. 违反本法第5条第1项的规定，不进行财产登记。2. 违反本法第6条第1项、第3项以及第11条第1项的规定，不申报变更事项和不提出说明材料。3. 违反本法第10条第2项（包括第11条第2项）的规定，在没有许可的情况下，阅览、复印登记材料……"〔2〕上列四个基本范畴构成了公务员行为法的框架，随着社会的发展，公务员行为法的内容还将会有新的构成部分，我国公务员行为法的构成我们将在后面章节阐述。

---

〔1〕 参见中国监察学会秘书处编译：《国外公务员从政道德法律法规选编》，中国方正出版社1997年版，第116页。

〔2〕 参见中国监察学会秘书处编译：《国外公务员从政道德法律法规选编》，中国方正出版社1997年版，第81页。

第十章　公务员行为定性法

第一节　公务员岗位责任制

《宪法》第27条第1款规定："一切国家机关实行精简的原则,实行工作责任制,实行工作人员的培训和考核制度,不断提高工作质量和工作效率,反对官僚主义。"这里讲的"一切国家机关",包括国家行政机关;这里讲的"工作责任制"也包括岗位责任制。在公务员法中,岗位责任制往往是指行政责任制,为了阐释的方便,本节在具体阐述过程中也使用"行政责任制"。

一、行政责任制的概念

行政责任制在理论上源于依据"工作分析""职位分析"而采取的人员职位分类管理制度。1895年,被称为"管理科学之父"的弗雷德里克·泰勒提出了"工作分析"和"工作评价"制度,强调对每项工作的内容与工作过程的有机因素进行科学的调查和分析,然后制定工作规范和工作说明书,明确规定每一项工作的范围、职责及其所需的资格条件,然后根据资格条件挑选工作人员,达到人事两宜的目的。[1]工作分析法首先在美国工商界取得巨大成功,后来美国政府也吸取工作分析制的做法,并逐渐形成职位分类制度。[2]

尽管彼时我国没有形成现代职位分类制度,但是基于"工作分析""职位分析"的行政责任制在新中国成立后的头十几年已经有了雏形。新中国成立初期,根据《中国人民政治协商会议共同纲领》（以下简称《共同纲领》）、1954年《宪法》和其他法律的规定,并按照一定程序组建了国家行政机关。到20世纪60年代初,国家行政机关已经自上而下地逐级划分职责和权限,层层明确业务范围;一些重要的工作原则、规章制度和工作程序已基本建立;工作原则方面有

---

[1] 参见王斌伟:"泰勒科学管理理论对行政管理的借鉴意义",载《华南师范大学学报（社会科学版）》2001年第1期。

[2] 虽然行政责任制与职位分类制度不是完全相同的概念,但事实上"工作分析"和"工作评价"制度是行政责任制的理论基点。

个人服从组织，少数服从多数，下级服从上级，地方服从中央的民主集中制原则等；工作程序方面有自上而下地作决定，自下而上地请示汇报等。虽然当时尚未明确提出实行行政责任制，但各级各类国家行政机关及其工作人员在行使政府和政府办事机构的职能时，已经有了职责、任务、权限的基本分工，具备了各司其职，各尽其责的行政责任制因素。[1]

行政责任制在改革开放后总结历史经验教训的基础上最终形成。邓小平同志说过："官僚主义的另一病根是，我们的党政机构以及各种企业、事业领导机构中，缺少对于每个机关乃至每个人职责权限的严格明确的规定，以至事无大小，往往无章可循，绝大多数人往往不能独立负责地处理他所应当处理的问题，只好成天忙于请示报告，批转文件。有些本位主义严重的人，甚至遇到责任互相推诿，遇到权利互相争夺，扯不完的皮。还有，干部缺少正常的录用、奖惩、退休、退职、淘汰办法，反正工作好坏都是铁饭碗，能进不能出，能上不能下。这些情况，必然造成机构臃肿，层次多，副职多，闲职多，而机构臃肿又必然促成官僚主义的发展。"[2]我国的各级行政机关是根据宪法及其他有关法律规定组建的，是运用国家权力在法律规定的范围内对国家行政事务进行组织和管理的机关。为了保证国家行政机关及其工作人员严格按照法律规定进行活动，需要有一套对行政机关和公务员自身进行管理的制度，行政责任制就属于这类制度中的一种制度。

简单地说，行政责任制是指通过规范化的手段，明确行政机关以及其内部公务员的职责、权限以及相关法律责任的管理制度，是行政主体因没有依法履行义务或有违法、不当的行政行为而应承担的否定性后果。行政责任制具有以下几个特点：

第一，规范性。从狭义上讲，行政责任制主要是承担行政责任方式，即公务员承担行政责任、民事责任、刑事责任的方式。从广义上讲，行政责任制还包括行政职权的界定、行政职权的行使以及对行使职权情况的考核和奖惩。自1982年《宪法》规定一切国家实行工作责任制以后，各地行政机关不同程度地开展了行政责任制工作，从各地行政责任制实践来看，行政责任制的概念是从广义而言的。其主要目的是规范行政权的行使过程，预防和制止行政违法、行政不当，提高行政效率，而不仅仅是对违法或不当行政行为的惩戒。

第二，确定性。按照行政责任制的要求，在行政授权时，一方面要坚持权力

---

[1]　参见皮纯协、张焕光：《现代公务员制度研究》，中国广播电视出版社1988年版，第100页。

[2]　《邓小平文选》（第二卷），人民出版社1994年版，第328页。

与责任的平衡原则，使行政主体从获得权力的开始，就能明确责任的范围与轻重，防止"有职无权""有权无责"的弊病。实行行政责任制，不仅要确定行政责任的刚性标准，划清行政权力运用的边界，而且要把与责任相关的各个要素量化开来，把每一具体任务完成的不同状态，通过数据统计出来，从根本上改变形式上层层有责，但本质上人人无责的现象。

第三，强制性。对行政机关及其公务员而言，行政权既是一种权力，也是一种责任。不依法行使权力，是失职；超越法定权力，是滥用职权。无论是失职，还是滥用职权，都要承担法律责任。同时，法律责任的实现也是以国家强制力作保障的，属于责任主体可以自觉履行的责任，若责任主体不自觉履行，有权机关可以依法采取强制措施；属于国家机关强制执行的法律责任，有关机关要及时执行。

二、行政责任制的条件

行政责任制的条件是指实行行政责任制必须达到的基本要求。具体有以下几个方面：

（一）完善的行政责任立法

一方面，通过相关法律法规的制定，对行政责任的范围、承担主体、责任判断、责任方式、期限、程度、赔偿等问题进行法律规定和明确，使政府在行政管理过程中出现违法行政或不当行政侵犯相对人的合法权益时，可以对已造成的损失或不良后果进行最有效的补救，进而促使行政行为在法定的轨道上有规律地运行。另一方面，对行政领导、行政组织、行政岗位等方面的义务和责任进行法律规定，科学设计行政责任追究的决定程序、执行程序，保证法律法规的配套性，使有关行政责任的法律法规成为一个完整、高效的运作体系。

（二）明确的行政责任主体

根据政治、经济、文化等方面的发展需要，考虑近期、中长期发展目标等多方面因素，组建各级行政机关及其内设机构，合理分配公务员编制。这些行政机关、内设机构及公务员编制确定以后，还要随着任务的变迁，适时予以调整。调整不及时或者不妥当，都会产生不良后果，影响任务的顺利完成。如内部机构设置不尽合理，就必须调整机构；人员编制过多，必须精简，人员过少则应增添，然后明确各单位的业务范围和工作任务。明确各自的职责范围和任务分工，做到各司其职，各尽其责，职、责、权分明。

（三）公开的行政行为过程

在行政管理过程中，行政机关应该通过各种公共媒体将有关的政策法规以及政务活动信息向社会公布，特别对一些与行政责任相关的问题，要通过各种有效渠道对公众进行公开，使公众及时了解行政机关决策的产生机制、原因和条件，提高公众对于行政行为适当与否的判断力。同时，在法律许可的范围内尽可能实行行政管理的"阳光作业"，减少"暗箱操作"。此外，要强化和拓展公众对行政机关监督的渠道，使公众能及时向上反映行政人员履行义务和职责的情况，确保公民拥有申诉、信访、举报等权利，确保政府与社会公众之间及时、有效地沟通。

（四）严格的考核、奖惩制度

关于公务员的考核和奖惩，详见第十一章第一节和第三节。

（五）健全的行政责任监督机制

行政责任的落实在很大程度上取决于行政人员的自觉性和自律性，但这种自觉性的养成必然要经历一个从不自觉到自觉、由外在规范逐步内化为内在要求的过程。一是以行政领导以及下属为主体实行的自上而下或自下而上的监督。特别是行政领导对下属的组织、人员在行政管理过程中是否坚持依法办事和廉洁奉公实行的自上而下的监督，是保证行政责任制有效运作的首要条件。二是由国家监察机关和国家审计部门等专门监督机构对各级政府及其行政人员是否违法的监督。三是权力机关、社会舆论等外部力量的监督。这种外部监督的主体包括人大、政协、社会团体、新闻媒介以及人民群众等力量，这种监督的途径可以是对行政人员提出建议、批评、检举、申诉和控告等。

三、行政责任制的内容

就内容而言，行政责任制分为一般性行政责任制和专门性行政责任制两类。

（一）一般性行政责任制

一般性行政责任制是把整个行政机关的事务全面细化、量化，并据此作为考评、奖惩依据的管理机制。实行一般行政责任制，是在对整个行政机关的职责任务、工作岗位、人员配备进行全面分析研究的基础上，明确每个职位的任务及其职、责、权、利。在一个完整的行政职位上，行政责任制应该包括如下几项内容：①职位名称，任何职位都要有相应的职位名称。由于我国行政机关人员分为公务员和工勤人员两类，行政责任制一般限于公务员职位。②工作内容，包括工作性质、数量和质量。一个职位倘若没有具体的工作内容，就意味着这个职位应予取消。③任职条件，即考虑担任这一职务所必需的学历、资历、能力、智力以及技术水平和身体健康状况等。④工作权限，为完成工作内容所必需的权力范围等。⑤工作程序，即工作的方法、步骤及时限要求。⑥工作目标，即行政责任制的最佳结果，以此来评价工作优劣的尺度。⑦责任程度，当未达到职务内容所规定的要求时，应承担什么责任。⑧地位和待遇，一般来讲，对诸如工资、生活津贴、交通工具使用以及福利待遇等，在实施行政责任制过程中应有明确的规定。

（二）专门性行政责任制

专门性行政责任制根据其内容的不同，又包括行政执法责任制、廉政建设责任制等。

1. 行政执法责任制。行政执法责任制是行政执法机关把法定职责层层分解，落实到每个岗位、每个执法人员，并据此进行评议考核、决定奖惩的行政执法管理机制。行政执法责任制的内容包括基础内容和核心内容两个方面。基础内容包括：①清理行政执法主体；②清理和汇集执法依据，确保依据合法；③界定执法机关职责，解决职权交叉、职责不明等问题；④推行政务公开，健全执法监督制度。核心内容包括：①科学设置执法岗位和明确岗位职责是行政执法责任制的核心内容；②明确执法人员履行岗位职责必须遵守的程序；③通过内部考核、外部评议等方法评价执法质量，并以此作为奖惩的依据；④建立和实行错案责任追究和执法过错责任追究制度。行政执法责任制要求行政执法主体法定、行政职权法定、行政程序法定、行政行为法定、行政责任法定，从而成为各级行政机关全面履行法定职能，实现依法行政的有效途径。[1]

2. 廉政建设责任制。由于政府和政府的职能部门是行政机关的重要组成部分，政府和政府职能部门的领导班子成员也是公务员，因而，对政府和政府部门及其领导班子成员的党风廉政建设规范也属于公务员法学的内容。2010 年 11 月 10 日，中共中央、国务院印发《关于实行党风廉政建设责任制的规定》的通知，要求政府和政府的职能部门在实行党风廉政建设责任制过程中，坚持党要管党、从严治党，坚持标本兼治、综合治理、惩防并举、注重预防，扎实推进惩治和预防腐败体系建设；实行党风廉政建设责任制，要坚持集体领导与个人分工负责相结合，谁主管、谁负责，一级抓一级、层层抓落实。政府和政府职能部门的领导班子对职责范围内的党风廉政建设负全面领导责任。领导班子的正职对职责范围内的党风廉政建设负总责；领导班子其他成员根据工作分工，对职责范围内的党风廉政负直接领导责任。廉政建设责任制的内容主要包括：①贯彻落实党中央、国务院以及上级党委（党组）、政府和纪检监察机关关于党风廉政建设的部署和要求，结合实际研究制定党风廉政建设工作计划、目标要求和具体措施，每年召开专题研究党风廉政建设的党委常委会议（党组会议）和政府廉政建设工作会议，对党风廉政建设工作任务进行责任分解，明确领导班子、领导干部在党风廉政建设中的职责和任务分工，并按照计划推动落实。②开展党性党风党纪和廉洁从政教育，组织党员、干部学习党风廉政建设理论和法规制度，加强

---

[1]　参见张武扬："行政执法责任制的理论与实践探讨"，载《中国法学》2001 年第 6 期。

廉政文化建设。③贯彻落实党风廉政法规制度，推进制度创新，深化体制机制改革，从源头上预防和治理腐败。④强化权力制约和监督，建立健全决策权、执行权、监督权既相互制约又相互协调的权力结构和运行机制，推进权力运行程序化和公开透明。⑤监督检查本地区、本部门、本系统的党风廉政建设情况和下级领导班子、领导干部廉洁从政情况。⑥严格按照规定选拔任用干部，防止和纠正选人用人上的不正之风。⑦加强作风建设，纠正损害群众利益的不正之风，切实解决党风政风方面存在的突出问题。⑧领导、组织并支持执纪执法机关依纪依法履行职责，及时听取工作汇报，切实解决重大问题。[1]

行政责任的形式多种多样，实践中，行政机关应根据各自的特点和需要，选择最合适本单位情况的行政责任形式。但无论实行哪一种形式的责任制，都必须做到职、责、权、利的统一；做到事事有专人，权责对等。

四、行政责任制的法律地位

行政责任制贯穿公务员法学的始终，是公务员法律制度的核心内容。

（一）行政责任制是提升公务员素质和完善公务员制度的基础

行政法的任务从某种意义上说是"行政主体与其他社会因素发生冲突的控制性规范，反映并连接行政主体与行政相对方以及其他社会主体的关系，在现代民主国家，其法律指向在行政主体。"[2]因此，行政责任制意味着公务员对其违法行为或不当行为必须承担责任，行政责任制的加强和完善对于防止权力的滥用、误用，保证公务员队伍的公正和廉洁具有十分重要的意义。在政府管理过程中完善并落实行政责任制，使公务员认识到，他们在执行公务过程中的各种违法行为或不当行为，特别是在侵害了相对主体的合法权益时，必须承担相应的法律责任。同时，将行政责任与公务员考核联系起来，明确规定每个工作人员所应具有的素质和所应履行的职责，明确每个行政机关、每个公务员在一定时期内必须完成任务的具体数量和质量要求，改变干多干少、干好干坏一个样的状况，比较客观地判断公务员的功过是非。使广大公务员更清楚地看到自己的不足和差距，从而激发系统学习政治理论、文化科学和业务管理方面知识的自觉性，鼓励工作人员奋发向上，积极进取，促进公务员队伍整体素质的提高。

（二）行政责任制是行政体制改革，实现精简、统一、效能的需要

实施行政责任制，是从制度上克服行政机关官僚主义现象，转变领导作风，提高工作效率的一项重要措施。不仅从制度上扫除机构重叠、人浮于事、职责不

---

[1] 参见《关于实行党风廉政建设责任制的规定》第5、7条。
[2] 关保英：《行政法教科书之总论行政法》，中国政法大学出版社2009年版，第85页。

明，工作互相推诿、扯皮的现象，也从体制上促使行政机关公务员严格按照责任制的具体要求，积极处理自己职责范围内的事情，充分发挥工作的积极性和主动性，把一些处在领导岗位的公务员从很多不该管、管不好、管不了的事务中解放出来。总之，实行行政责任制对巩固行政体制改革成果，改变公务员的精神面貌和工作面貌具有十分重要的意义。[1]

（三）行政责任制在建设法治政府和责任政府方面具有重要作用

尽管我国相继制定了一系列规范政府行为的法律法规，但由于法律规定的原则性大于可操作性、行政活动中自由裁量权广泛存在、行政责任承担主体和方式不明朗以及相关法律法规不配套等原因，致使在政府行政管理过程中出现了"有问题无人负责，部门之间互相推诿"的情况，妨碍了依法行政和责任政府建设的进一步推进。加强和完善行政责任制，明确各级政府及其工作人员应该对授权者、法律和社会履行哪些义务和职责，对滥用职权、玩忽职守等违法行政行为和不当行政行为进行处理和纠正，并依法追究相关人员由此应负的责任，实际上是对法治行政和责任政府建设的直接推动。特别是我国经济、政治和文化等各个方面正日益融入全球化的浪潮中，加强和完善行政责任制，促进我国政府管理体制和国际先进水平的一些基本做法接轨，促使社会各界提高对政府的信任度，从而改善和消除政府行政过程的阻力因素，减少我国政府在与外界交往中的体制障碍，为我国的经济、政治发展更快融入世界潮流提供重要的行政体制基础。[2]

第二节　公务员权利义务

"没有无义务的权利，也没有无权利的义务"。[3]公务员作为国家行政权的具体执行者，其行政行为关系到国家和人民的权益，关系到政府在人民群众中的形象和信誉。为了实现行政管理目的，促进广大公务员更好地履行法定职责，就必须赋予公务员一定的权利。同时，为了保障国家行政管理行为的规范和高效，树立公务员的责任感、使命感，防止滥用权力，又必须明确公务员一定的义务。因而，公务员权利和义务是国家同公务员之间形成法律关系的具体内容。

---

〔1〕 参见宋功德："行政责任制在体制改革中的杠杆效应"，载《国家行政学院学报》2007年第1期。

〔2〕 参见张武扬：《新时期政府法制工作引论》，安徽大学出版社2002年版，第313页。

〔3〕《马克思恩格斯全集》（第16卷），人民出版社1972年版，第16页。

一、公务员权利义务的概念

公务员的权利，是指国家公务员法对公务员在履行职责，行使职权，执行国家公务过程中能够作出或不作出一定行为的许可和保障。[1] 从公务员权利的概念，我们不难看出，公务员权利以法的规范为前提，没有法的规定，就无所谓公务员权利；公务员权利的主体也是特定的，仅限于拥有公务员身份的人员。公务员权利的内容包括依法取得或享受某种权益，依法作出或不作出某种行为，依法要求他人作出或不作出某种行为等。赋予公务员权利的目的是保障公务员更有效地行使职权，履行职责，执行国家公务。公务员的义务是指国家公务员法规定的公务员必须作出或不得作出一定行为的约束。公务员的义务包括积极义务和消极义务两个方面：积极义务是指公务员必须依法主动地作出某种行为，如自觉地、负责地依法执行公务等；消极义务是指公务员依法不得作出某种行为，如不得泄露国家秘密，不得贪污、行贿、受贿等。权利和义务作为现代法律概念，是相互依存的，凡享有一定的权利，必须履行与之相适应的义务，履行了一定的义务必然要享有与之相适应的权利。公务员的权利和义务有以下几个特征：

第一，公务员权利义务是不可分割的。国家公务员的权利与义务是辩证统一的。公民与国家之间一旦形成公务员法律关系，该公民就毫不例外地享受国家法律赋予的各项权利；同时，又责无旁贷地承担法律规定的义务。无论就公务员个人，还是整个公务员系统，其权利和义务始终存在，构成不可分割的统一体。只有借助公务员合法权利的保障和义务约束的有机结合，才能充分发挥公务员系统管理国家事务和社会事务的功能。

第二，公务员权利义务具有一般性和特殊性两个方面。公务员作为一般公民，理所当然地享有宪法规定的公民基本权利和义务，这是其成为公务员的前提。但是公务员基于其特定的身份和地位，又不能等同于一般公民，必须遵循国家专门的法律法规规定，享有与其身份相适应的权利和义务。公务员的权利义务在一般性和特殊性两个方面基本上是协调一致的，但在某些具体条文的规定上，又表现出不协调性，甚至冲突性。当两者发生不协调或冲突时，一般根据公务员的特殊身份和地位，对公务员的一般性权利加以限制，并增设与其特殊身份和地位相适应的特殊义务。

第三，公务员在权利义务面前一律平等。如同公民在法律面前一律平等一样，所有公务员在权利和义务面前一律平等。任何公务员，无论民族、性别、家庭出身、资历、职位、社会地位及社会关系以及宗教信仰如何，都一律平等地享

---

[1]　参见黄学贤：《国家公务员制度研究》，中国人事出版社 2001 年版，第 66 页。

受法定的权利，同时平等地承担法定的义务。任何公务员不能凭借职位、权力、资历或社会背景等优越条件享受法律以外的某种特权和殊荣，或者歧视其他公务员。平等原则为以功绩制为核心的公务员制定奠定了基础，是公务员管理法制化的重要保证。

二、我国公务员权利的基本内容

我国公务员的权利，依照《公务员法》的规定，有下列几项：

（一）非因法定事由、非经法定程序不被免职、降职、辞退或者行政处分

公务员在依法执行公务，履行职责的过程中，有可能触犯某些个人或集团的利益。这些个人或集团就有可能凭借权势对公务员施加不正当的影响或压力，甚至加以迫害，其结果就是公务员被非法免职、降职、辞退或处分。在这种情况下，为了保障公务员正常有效地执行公务，公正无私地履行职责，法律就必须为公务员提供一定的保障，使公务员免受非法的惩处，能够顺利地履行自己的职责，维护国家和人民的利益。公务员这种不受或拒绝非法免职、降职、辞退或行政处分的权利，一般地称为公务员的身份保障权。很多国家都有关于公务员身份保障方面的规定，如《日本国家公务员法》第75条规定："除法律或人事院规则所定事由外，对职员不得违反其意愿，强行降职、休职或免职。"公务员行使这种权利，必须具备必要的条件：一非因法定事由，二非经法定程序。所谓法定事由，是指公务员的行为确实触犯了国家的法律或公务员的纪律，构成了被依法免职、降职、辞退处分所必须经过的全部法律过程。只有对非因法定事由、非经法定程序的处理，公务员才可以拒绝接受。确定公务员的身份保障权不仅有利于保证公务员职业的相对稳定，保持公务员队伍的相对稳定，保持国家行政管理的连续性和稳定性；而且有利于公务员大胆负责、公平合理地执行公务，履行职责。

（二）获得履行职责所应当具有的工作条件权利

公务员在行使国家行政权力，执行国家公务的过程中，必须获得国家授予的必要权力。这种执行公务、履行职责时才享有的权力，是公务员执行国家公务，完成自身职责的必要条件和保障。首先，国家授予公务员履行职责的权力，是为了使公务员顺利有效地完成其行使国家行政权力的任务。其次，国家授予公务员的职权，并不属于公务员个人，而是属于公务员所在的职位。公务员担任了一定的职务，并承担与其职务相适应的职权，但这种职权非公务员个人所有之物，不能利用职权从事任何个人谋利活动。再次，公务员的职权是履行职责所必需的，因而不能像其他权利一样可以放弃，而是必须行使的。最后，公务员行使职权必须在法律规定的范围内，不能超越法定的权限，否则不是越权行为就是失职行为，必须承担责任。

（三）获得劳动报酬和享受保险、福利待遇

公务员的劳动报酬，在我国一般表现为工资等，公务员的工资是国家根据按劳分配原则，分配给公务员个人消费品的货币表现。[1]为解决我国经济发展不平衡的分配矛盾，国家关于机关工作人员工资制度改革方案决定"根据不同地区的自然环境、经济发展水平和物价因素，结合对现行地区工资补贴的调整，建立地区津贴制度"。[2]因此，津贴也属于工资的一部分。公务员的工资是公务员得以维持生活的必要条件，是公务员在社会中的地位和作用的合理反映。公务员是执行国家公务的，地位比较特殊，他们的工作是国家和社会不可缺少的有效劳动，没有公务员的辛勤劳动，就没有国家正常的行政运行，一切经济和社会活动都将陷于无序状态。因此，公务员应享有与其地位和作用相称的经济权利。最后，合理的公务员工资制度能起到调节和激励作用，调动起公务员的积极性，促使他们圆满地执行公务。保险福利待遇是国家法律规定的，使得公务员本人及其家庭成员在老病死伤残或其他情况出现时，能够得到国家和社会的帮助，维持一定的生活水准，保证国家行政机关的正常运转和社会的稳定。获得劳动报酬，享受保险福利待遇，是公务员的基本权利，是公务员工作和生活的经济保障。因此，劳动报酬、保险福利要随着国家经济社会的发展不断改善。

（四）参加培训

公务员的培训是指国家行政机关为了提高公务员的政治素养和业务能力，依法对公务员采取的有组织、有计划的培养和训练。公务员的培训是对公务员实施的第二教育；公务员培训的目标定向专一，主要解决公务员的任职问题，培训的内容要紧密联系公务员工作的实际；培训的形式要灵活多样。[3]公务员培训一般包括理论培训和业务知识的培训。理论培训主要学习有关国家的路线、方针、政策及国家的法律。业务知识的培训主要包括学习行政管理知识、与业务工作有关的技术、技能和基础科学知识理论、文化知识等。参加理论和业务知识的培训不仅是现代行政管理对公务员提出的必然要求，也是公务员自身发展的需要。一方面，由于现代社会的飞速发展，公务员的工作内容、工作方法、工作手段及工作环境也处在不断发展的过程之中，公务员只有不断地参加学习和培训，不断地补充更新知识，完善自己的知识结构，才能适应社会发展的要求，并很好地履行职

---

〔1〕　参见应松年：《公务员法》，法律出版社 2010 年版，第 206 页。

〔2〕　西方现代政府人才理论认为，公务员培训不是个人的私事，而是一种政府人才开发的需要，对政府人才的投入，也是国家发展的一种事业投入。西方各国都建立了比较健全的培训法规，如《美国政府雇员培训法》《法国继续教育法》《日本国家公务员教育训练规则》等。

〔3〕　参见关保英：《行政法教科书之总论行政法》，中国政法大学出版社 2009 年版，第 279 页。

责，胜任工作；另一方面，公务员为了求得自身的发展，也要求有学习和培训的机会以挖掘自己的潜力，创造性地执行公务。随着社会经济的发展、科学技术的进步、知识经济时代的到来，社会分工越来越细密，政府管理的事务不断增加，国家行政管理越来越具有专业性、复杂性、科学性的特点，公务员只有接受终身教育，不断充实、不断提高，才能适应现代行政管理的要求。

（五）对机关工作和领导人员提出批评和建议

我国《宪法》第41条第1款规定："中华人民共和国公民对于任何国家机关和国家工作人员，有提出批评和建议的权利……"作为公务员，最经常、最主要的批评和建议权是对行政机关及其领导人员的工作行使的。批评是针对行政机关及其领导人员工作中存在的缺点和不足提出的，是公务员责任心的体现。建议则是公务员对改进工作提出的意见，是公务员主动性的表现。保障公务员的批评建议权对于激发公务员的创造性，调动公务员的积极性，改进政府机关及其领导人的工作，具有十分重要的意义。

公务员的批评建议权，包括几层含义。一是批评建议的对象。公务员既可向本部门或有隶属关系的行政机关及其领导人员提出批评和建议，也可以向其他部门或无隶属关系的行政机关及其领导人员提出批评和建议。二是批评建议的内容。公务员既可就与自己工作、权益有关的问题提出批评和建议，也可针对行政机关的工作程序、工作内容、领导人的工作方式和作风等问题提出批评和建议。三是批评建议的形式。公务员可以用书面、口头或其他合理的形式在任何时期提出批评和建议。

（六）提出申诉和控告

在行政机关的日常人事管理工作中，经常会涉及对公务员个人的处理。而这种处理有时会出现因事实不清楚或定性不准确而造成违法或不当的情形。对公务员所受违法或不当处理应当有一种救济办法，使公务员受侵犯的权利得以恢复。另外，公务员在实现其权利的过程中有可能受到有关行政机关及其公务员的侵犯。对这种侵犯，公务员也应该得到救济。申诉是指当事人认为自己享有的权利受到侵害时，按照一定的程序，向有关国家机关提出申请，要求有关国家机关处理或重新处理的活动。申诉权是指国家公务员不服行政机关的处理决定，依法申请有关行政机关改变或撤销原处理决定的资格。对于公务员来讲，申诉控告既是公务员的一项重要权利，又是公务员实现自身权利的保障机制；对于国家机关及其公务员来讲，公务员的申诉控告权是纠正国家机关及其公务员违法失职行为的有效监督机制，有利于国家行政管理活动的民主化和法制化。

（七）依照《公务员法》的规定辞职

公务员由于主观或客观原因不愿意继续担任公职时，国家允许公务员辞职。规定公务员可以辞职，就赋予了公务员一定的选择职业权利。国家赋予公务员这一权利的目的是调动、发挥公务员的积极性，促进人才合理流动，以增强政府人事管理的生机与活力。由于公务员的工作性质和职业特点与众不同，其实现辞职权的方式和程序与一般公民不同。公务员的辞职必须严格按照国家的有关法律和公务员的管理法规进行。公务员必须提出正式申请，并履行一定手续。为了保证政府行政部门工作的稳定，保证公务员合理合法地行使辞职权，国家在赋予公务员辞职权的同时，还需对公务员辞职的限制性条件和法律程序作出具体规定。

（八）宪法和法律规定的其他权利

公务员除享有国家公务员法规定的权利外，还享有宪法和法律规定的其他权利。[1]主要包括两部分内容：一部分是宪法和法律规定的一般公民权利，一部分是宪法和法律所特别指出的国家机关工作人员应享有的权利。在《公务员法》中规定公务员可以享受宪法和法律规定的其他权利，这使公务员的权利内容更加完整，体现了公务员权利的广泛性和全面性。

三、我国公务员义务的基本内容

关于公务员义务的规定，主要着眼于对公务员行为的规范，立足于国家公务员有效执行公务，保障国家机器的正常运转。根据《公务员法》的规定，我国公务员义务的基本内容有：

（一）忠于宪法，模范遵守、自觉维护宪法和法律，自觉接受中国共产党领导

遵守宪法、法律和法规是每一个公民的义务，公务员作为国家具体的行政执法者，较之普通公民，应具有更强的法律意识和守法觉悟，更应带头遵守并积极宣传宪法、法律和法规，做守法模范，成为宪法、法律和法规的忠诚卫士，自觉接受中国共产党领导，就是要坚持以马克思列宁主义、毛泽东思想、邓小平理论、"三个代表"重要思想、科学发展观、习近平新时代中国特色社会主义思想为指导，增强"四个意识"，坚定"四个自信"，做到"两个维护"，坚决贯彻党的基本理论、基本路线、基本方略，坚决贯彻党中央各项决策部署。只有这样，才能更好地维护国家的利益和公务员的形象，更好地保护公民、法人和其他组织的合法权益。

---

[1] 在这方面，我国与西方国家有所不同。"在西方国家公民成为公务员以后，国家宪法规定的部分权利就要被失去。"参见姜如海：《中外公务员制度比较》，商务印书馆 2003 年版，第 177 页。

（二）按照规定的权限和程序履行职责，努力提高工作质量和效率

按照规定的权限和程序履行职责，实际上就是我们常说的依法行政，这是对政府部门及其公务员的基本要求。国家法律、法规反映了人民的利益和要求，它是制裁违法犯罪分子，保护人民群众，维护正常的生产、学习、工作和社会秩序的准则，是国家兴旺发达的保证。公务员只有严格依法行政，才能达到预期的法律后果，有效地行使公务，否则就是违法行为（包括越权行为和侵权行为），要承担一定的法律责任。

按照规定的权限和程序履行职责，既是对公务员的规范性要求，又是衡量公务员公务执行质量的重要标准，也是公务员执行公务坚持正确方向的重要保证。依法执行公务包括以下内容：①主体合法，执行公务人员所在的单位必须是依法设立的行政机关、法律法规授权的组织，执行公务人员本身具有公务员性质。②执行公务有明确的法定依据。任何一个国家，除了有调整社会关系和规范人们行为的法律、法规以外，还有调整其国家政治、经济、文化事务，规范其政府内政、外交行为的政策。国家公务员在代表国家执行公务的过程中，在有法律、法规规定时，必须按照法律、法规的规定办事，对尚无法律、法规规定的，要依照国家的政策执行公务。③执行公务时内容要合法。④意思表示要真实。⑤执行公务的程序和形式要合法等。

（三）忠于人民，全心全意为人民服务，接受人民监督

我国《宪法》第27条第2款规定："一切国家机关和国家工作人员必须依靠人民的支持，经常保持同人民的密切联系，倾听人民的意见和建议，接受人民的监督，努力为人民服务。"这是专门针对国家机关和国家工作人员提出的要求，公务员毫无疑问地要坚决履行这项义务。邓小平同志曾经指出："要有群众监督制度，让群众和党员监督干部，特别是领导干部。凡是搞特权，搞特殊化，经过批评教育而又不改的，人民就有权依法进行检举、控告、弹劾、撤换、罢免，要求他们在经济上退赔，并使他们受到法律、纪律处分。"[1]密切联系群众，倾听群众意见，接受群众监督，是党的群众路线的组成部分，是党和政府的一贯方针，也是与为人民服务的原则密切联系的。密切联系群众，倾听群众意见，接受群众监督，目的是更好地为人民服务；只有密切联系群众，倾听群众意见，接受群众监督，才能更好地服务于人民。同时，公务员密切联系群众，倾听群众意见，接受群众监督，可以改进行政机关和公务员的工作。群众监督可由群众个人直接进行，也可以通过群众组织如工会、共青团、妇联等来进行。监督方式可以

---

[1] 参见《邓小平文选》（第二卷），人民出版社1983年版，第332页。

是直接来信来访，也可以通过报纸、杂志、电台、电视台进行报道。采用的形式有批评、建议、检举、申诉、控告等。

（四）忠于国家，维护国家的安全、荣誉和利益

公务员是执行国家公务的人员，一般执行公务时是代表政府的。在执行对外公务时，在某一方面还是代表国家。所以公务员应站在国家立场上，首先考虑维护国家的安全、荣誉的利益。在从事对外交往的活动中，如果公务员为个人的利益或局部的利益，作出一些有损国家安全、荣誉和利益的事，必然会损害国家的政治和经济利益，甚至还会造成对外交流工作的被动。因此，强调公务员必须履行维护国家安全、荣誉和利益的义务，具有重要的现实意义。

（五）忠于职守，勤勉尽责，服从和执行上级依法作出的决定和命令

忠于职守，勤奋工作，尽职尽责，是要求在一定职位的公务员必须用自己的全部精力，兢兢业业、专心致志地工作，严格履行本职位的义务，负担起本职位的责任。国家行政机关是实行职位分类的，职位分类的最大特点是以事定人，因而每个职位上的公务员都必须坚守岗位，完成此职位的任务，不得擅离职守，这样，才能提高政府工作效率，保证政府机关的正常运行。服从命令，是形成行政系统并保持行政系统运转灵活、精干高效的必然要求。现代化行政管理的特点是密切配合、协调一致，政令畅通。这个特点要求行政部门采取行政首长负责制，实行统一指挥和集中领导，要求公务员服从命令。公务员服从命令的义务，有下列几层意义：首先，公务员在执行公务时，必须服从命令，不得自行其是，违抗政令；其次，行政首长下达指令，一般应逐级下达；再次，公务员服从指令的义务，只以有效的职务命令为限，即领导人的命令只能是在其职权范围内的命令；最后，领导人的命令如违反法律、法规，公务员则要根据实际情况向领导人提出意见或者向有关机关进行反映。

（六）保守国家秘密和工作秘密

国家秘密是指涉及党和国家的安全和利益，尚未公布或不准公布的政治、经济、军事、外交和科学技术等的重大事项。国家秘密直接涉及国家的安全和利益，因而保守国家秘密是关系到国家安全和人民利益的大事。《宪法》第53条规定："中华人民共和国公民必须遵守宪法和法律，保守国家秘密，爱护公共财产，遵守劳动纪律，遵守公共秩序，尊重社会公德。"该条规定表明公民有保守国家秘密的义务。国家还制定颁布了《中华人民共和国保守国家秘密法》（以下简称《保守国家秘密法》），要求全体国家工作人员和公民严格遵守各项保密法规和制度，违者将被依法追究法律责任。公务员作为国家工作人员，必须遵守国家法律规定，增强保密观念，严格保密纪律。国家秘密和工作秘密是无法截然分开的。

有些国家秘密是由一系列工作秘密组成的，泄漏了工作秘密，就间接地泄漏了国家秘密。保守工作秘密的义务不仅在公务员在职期间存在，在辞职、退休、被辞退脱离公务员职业后，必须继续履行这项义务。对违反国家保密法规，泄漏国家秘密和工作秘密的公务员，应视情节轻重，给予严肃处理，触犯刑法的，应依法追究刑事责任。

（七）清正廉洁，公道正派

实现行政机关及其公务员的清正廉洁，是党和国家的一贯要求，是维护政府良好形象，加强党和政府同人民群众联系的重要措施。公务员代表国家执行公务，其权力是人民授予的，是属于其所在的职位，而不是属于个人的。公务员必须正确运用手中的权力，为人民的利益而工作，而决不能利用职权搞不正之风，谋取私利。唯其如此，才能赢得人民的信任和支持。

（八）法律规定的其他义务

公务员法律规定的公务员基本义务，有的是宪法规定的国家行政机关工作人员义务的具体化，有的是由公务员本身的特点决定并衍生的义务。作为公务员，理应履行宪法和法律规定的义务。同时，公务员作为一般公民，还必须履行宪法和法律规定的除公务员义务以外的一般义务。规定公务员必须履行"宪法和法律规定的其他义务"其目的和意义在于：其一，表明公务员承认宪法所规定的义务是最基本的义务；其二，说明公务员是在宪法和法律所允许的范围内活动；其三，使公务员义务的内容更加完整。此外，公务员作为自然人，也是公民的一部分，宪法和法律关于公民的义务，公务员也必须履行。[1]

第三节　公务员的回避

回避制度在我国具有悠久的历史。我国古代的回避制度在东汉建立，南北朝普遍实行，唐宋时期日趋严密，一直沿用到清末。[2]我国古代回避制度在整顿吏治，防止官员利用各种宗法关系、裙带关系徇私舞弊，促使他们尽职尽责方面，起到了积极的作用。公务员的任用、调配、交流、转任应与一定的回避制度相匹配，并受回避制度的制约。[3]回避制度也是目前各国人事管理的通用做法。

---

〔1〕　王宝明主编：《公务员法简明教程》，国家行政学院出版社 2005 年版，第 38 页。

〔2〕　参见徐银华主编：《公务员法原理》，中国方正出版社 2000 年版，第 246～247 页。

〔3〕　参见梁裕楷主编：《中国人事管理》，中山大学出版社 1990 年版，第 184 页。

一、回避制度的概念

所谓"回避"，其原意为避嫌而不参与其事。[1]公务员回避是指对公务员的任职和执行公务进行某些限制，以防止其利用职务之便利谋取私利，并损害国家、社会或他人利益。公务员回避包括职务回避和职权回避两种情形。[2]职务回避是指在某些可能影响公务员正常行使职权的情形下，该公务员依法不得在某一机关或地区任职。职权回避是指在某些可能影响公务员正常行使职权的情况下，该公务员不得行使这些职权。无论是职务回避，还是职权回避，都是为了保证公务员公正地执行公务，防止其因亲情关系在公务中给行政管理带来危害的一种人事组织管理手段。制度化、规范化的回避制度，是公务员管理监控机制的重要组成部分。

公务员回避制度有以下三个特点：一是强制性。实行回避，对公务员来说，不是本人的意愿行为，而是在法律上规定公务员必须做到的，只要是在法律、法规规定的回避范围之内，不论公务员本人是否愿意，都必须执行。二是预防性。回避不是事后处理的措施，而是一种事前预防性的保障措施，不论公务员是否会由于亲情关系等因素的影响而出现不廉洁、不公正行为，都必须实行回避，以发挥这一制度在廉政建设中的作用。三是严密性。公务员任免机关在录用、交流和晋升公务员过程中，应对公务员进行严格审查，以确定其是否有需要回避的情况；对因联姻所形成的亲属关系，也应进行经常性的检查，确定有无需要回避的情况，并及时作出处理。

在我国建立和完善公务员回避制度是加强廉政建设的需要，也是公务员秉公办事、依法行政的重要保证。具体来说，有以下几个方面的意义：

第一，有利于为公务员廉政自律创造条件。公务员若处于错综复杂的关系网中，执行公务时往往会受到各种非正当因素的限制，工作束手束脚，局面难以打开。实行回避制度可以把公务员同各种可能影响其正确执行公务的因素最大限度地分离开来，帮助公务员摆脱各种亲情关系的羁绊，为公务员执行公务创造一个和谐宽松的工作环境，有利于公务员摆脱各种顾虑，放手工作，秉公办事，施展才干，提高绩效。更重要的是，在公务员的任用上坚持回避的原则，真正按照干部"四化"标准和德才兼备的标准，对公务员进行客观公正的考察和正确使用，也有利于公务员的健康成长。

---

[1]　参见朱庆芳、初尊贤主编：《公务员法概论》，法律出版社1992年版，第206页。

[2]　也有学者将公务员的回避分为任职回避和公务回避。参见黄学贤：《国家公务员制度研究》，中国人事出版社2001年版，第198页。

第二，有利于净化社会风气和端正行政作风。现代信用政府的建立，要求提高政府的威信，提高公务员的形象。利用职权为亲情谋取私利等不良现象，不仅污染社会风气，而且使行政机关不能形成良好的行政作风，最终损害公务员的形象、政府的威信。实行回避制度，对公务员在任职、公务、地区方面以法律手段加以限制，便在一定程度上减少了公务员利用职权为自己亲情谋取私利的可能，这对克服任人唯亲、结帮营私等不正之风，可以很好地起到防患未然的积极作用。

第三，有利于密切行政机关与人民群众之间的关系。诸多事实证明，在亲属关系较多的单位，人际关系比较复杂，"人情"与"国法"搅在一起，必然妨碍党和国家方针政策的正确执行，特别在用人、住房、奖励、惩处等一系列人们关心的事务方面容易变形走样。如果在这些方面失去公正，容易败坏政风，损害党和国家机关的声誉，挫伤广大干部群众的积极性。因此，实行回避制度，有助于端正社会风气，保证党和国家路线、方针、政策的正确贯彻执行，密切国家行政机关与人民群众的关系。[1]

二、职务回避

职务回避又具体包括亲属回避和地域回避两种。

（一）亲属回避

亲属回避是指公务员之间有夫妻关系、直系血亲关系、三代以内旁系血亲关系以及近姻亲关系的，不得在同一机关双方直接隶属于同一领导人员的职位或者有直接上下级领导关系的职位工作，也不得在其中一方担任领导职务的机关从事组织、人事、纪检、监察、审计和财务工作。亲属回避通过限制有某种亲属关系的公务员担任某些关系比较密切的职务，以防止和克服亲属聚集，严格部门或单位的管理制度，从而保证国家行政管理活动正常进行。

1. 亲属回避范围。亲属回避范围的大小，直接影响到回避制度的实施和作用的发挥。如果将需要回避的亲属关系的范围定得过宽、过严，那么回避就会因脱离实际而无法实施；如果将需要回避的亲属关系的范围定得过窄、过松，那么回避就会因未能全面限制具有某种亲属关系的人担任某些关系密切的职务而失去实际意义。《公务员法》和《公务员回避规定》规定的亲属回避的范围，主要涉及那些联系较密，相互之间影响较大的亲属关系。即：

第一，夫妻关系。夫妻是男女双方以永久共同生活为目的的依法结合的伴侣。夫妻是已婚成年人亲属群中的重要亲属，是任职回避的首要对象。

---

〔1〕　参见刘俊生主编：《中国国家公务员制度概论》，中国政法大学出版社1995年版，第215页。

第二，直系血亲关系。直系血亲是指生育自己和自己所生育的上下各代亲属，他们和自己有着直接的血缘关系，包括父母、（外）祖父母、（外）曾祖父母、（外）高祖父母、子女、（外）孙子女、（外）曾孙子女、（外）玄孙子女等。由于自然原因，直系血亲一般指父母子女间、祖父母、外祖父母与孙子女、外孙子女之间的关系。他们之间联系紧密，相互之间影响较大，属于亲属回避的范围。

第三，三代以内旁系血亲。旁系血亲，是指具有间接血缘关系的亲属，即非直系血亲，但在血缘上和自己同出一源的亲属。三代以内旁系血亲包括：同源于父母的兄弟姐妹（含同父异母、同母异父的兄弟姐妹）；同源于祖父母的堂兄弟姐妹或表兄弟姐妹；同源于外祖父母的姨表或舅表兄弟姐妹以及不同辈分的叔、伯、姑、舅、姨与侄（侄女）、甥（甥女）。属上述范围之列的亲属亦应进行回避。

第四，近姻亲关系。姻亲是指以婚姻关系为中介而形成的亲属关系。姻亲可以分为三类：一是血亲的配偶，即自己的血亲的配偶，如直系血亲的配偶包括儿媳、女婿等；旁系血亲的配偶，如兄弟之妻、姐妹之夫、伯母、姑父、舅母、姨父等；二是自己配偶的血亲，如配偶之父母、祖父母，配偶的兄弟姐妹、叔、伯、姑、舅、姨等；三是配偶的血亲的配偶以及血亲的配偶的血亲，前者如妻或夫的兄弟之妻，后者如儿媳之父母等。鉴于姻亲的范围十分广泛，《公务员法》规定，需要进行任职回避的人员仅限于相互之间存在着近姻亲关系的公务员，而非所有具有姻亲关系的公务员。但是，《公务员法》对近姻亲的范围没有界定，从实际情况来看，配偶的父母、兄弟姐妹、儿女的配偶及儿女配偶的父母，一般与公务员的联系较为紧密，当属亲属回避之列。

2. 亲属回避的内容。根据《公务员法》第74条第1款的规定，亲属回避的内容是：公务员之间有夫妻关系、直系血亲关系、三代以内旁系血亲关系以及近姻亲关系的，不得在同一机关双方直接隶属于同一领导人员的职位或者有直接上下级领导关系的职位工作，也不得在其中一方担任领导职务的机关从事组织、人事、纪检、监察、审计和财务工作。

第一，有夫妻关系、直系血亲关系、三代以内旁系血亲以及近姻亲关系的公务员，不得在同一机关担任双方直接隶属于同一领导人员的职务。如果这类公务员任职于同一行政机关，且直接隶属于同一领导人员，必然会影响行政管理活动的正常开展。需要注意的是，隶属于同一领导人员，是指"直接隶属"，而且是在"同一机关"的"直接隶属"的情况。

第二，有夫妻关系、直系血亲关系、三代以内旁系血亲以及近姻亲关系的公务员不得在同一机关担任有直接上下领导关系的职位。从一个机关单位来讲，领导者对其职务范围内的每桩事、每个人都负有直接或间接的管理或领导的职责，如果他的直接下属和他之间具有夫妻关系、直系血亲关系、三代以内旁系血亲以及近姻亲关系，就可能出现在处理问题时以情代法现象，使正常的公务执行中的领导与被领导的关系变为家庭关系，干扰了行政管理目的的顺利实现。

第三，有夫妻关系、直系血亲关系、三代以内旁系以及近姻亲关系的公务员不得在其中一方担任领导职务的机关从事组织、人事、纪检、监察、审计和财务工作。这一规定是组织、人事、纪检、监察、审计、财务这些工作的特殊性质决定的。监察、审计工作的目的本来是监督领导者，如果由领导者的亲属来从事这些工作，则很难有效地履行监察、审计职责，使这些职务形同虚设，有时甚至反过来对领导者起不正当的保护作用。

（二）地域回避

地域回避，是指担任一定层次领导职务的公务员不得在自己的原籍、原地区担任一定级别的公职。地域回避能更好地促进亲属回避和职权回避的实施，可以避免亲属、宗族关系对工作的干扰，使公务员摆脱各种亲属、宗族关系的羁绊，从制度上为保持政府的清正廉洁创造有利的环境条件。[1]

《公务员法》第 75 条规定："公务员担任乡级机关、县级机关、设区的市级机关及其有关部门主要领导职务的，应当按照有关规定实行地域回避。"首先，它规定了需进行回避的公务员是在设区的市以下地方人民政府工作的公务员，这是因为设区的市以下公务员所承担的工作较为具体、直接，其执行公务的范围较小，如果要求凡是本省出生的人都不得在本省任职，那么就会使需回避的范围过广，一旦实施则需在全国范围进行协调，费时费力，且组织起来相当困难。其次，它还规定需进行回避的公务员是担任领导职务的公务员。不同职务的公务员所产生的影响不一样，担任领导职务的公务员，对其管辖范围以内的人和事都有直接或间接的管辖权，其职权和影响力相对于一般公务员而言要大得多。而一般公务员在许多公务活动中只是公务的具体办理者，对公务没有直接决定权。同时，由于一般公务员人数较多，如果全部换由其他地区的人来担任也不现实。对于一般公务员，主要是通过任职回避和公务回避来减少和避免亲属关系对执行公务的影响。

地域回避还有一个例外规定，即民族区域自治地方的公务员不适用地区回避。民族区域自治地方的公务员由少数民族干部来担任，符合我国宪法有关少数

---

〔1〕　参见刘俊生主编：《中国国家公务员制度概论》，中国政法大学出版社 1995 年版，第 221 页。

民族聚集地区实行民族区域自治的精神，充分考虑到了少数民族地区的特点，有利于维护和加强我国各民族之间的团结，有利于促进少数民族地区经济文化的发展。

（三）职务回避程序

职务回避按下列程序进行：本人提出回避申请或任免机关提出回避要求；按管理权限进行审核；需要回避的，予以调整。职务不同的，一般由职务较低的一方回避；职务相同的，由任免机关根据工作需要和公务员的实际情况决定其中一方回避。在本部门无法调整的，与其他部门协商调整；与其他部门协商调整确有困难的，由上级主管部门协商解决。国家行政机关对新进入公务员队伍的人员应当按回避规定严格审查把关；对原已形成的应回避的关系，应当制定计划，逐步调整；对因婚姻、职务变化等应回避关系，应当及时调整。公务员在办理任职手续前，应当如实向主管部门报告应回避的亲属关系。对隐瞒不报，予以批评教育并调整工作。应回避的公务员，无正当理由拒不服从组织安排的，应当采取行政措施予以调整。

三、职权回避

职权回避，是指公务员从事监察、审计、仲裁、案件审理、税费稽查、项目资金审批、人事考核、任免、奖惩、录用、调配等公务活动，涉及本人或者与本人有上述关系人员的利害关系时，必须回避，不得参加有关调查、讨论、审核、决定，也不得以任何方式施加影响。职权回避以职务回避为前提。职务回避的目的在于防止互为亲属关系的公务员在同一机关、部门或单位任职，但仅有职务回避还不足以解决问题，因为公务员在执行公务时还是可能涉及其本人或其近亲属事务，职权回避即是针对这一情况而提出的。由于职权方面的亲属关系容易使公务的执行偏离正确轨道，容易出现牺牲国家利益和公共利益为代价，来为个人谋取私利等现象，为了防止这些现象的发生，保证法律和政策的正确贯彻与执行，就必须对职权回避加以明确规定。《公务员回避规定》第 13 条明确规定了公务回避的内容，即"（一）考试录用、聘任、调任、领导职务与职级升降任免、考核、考察、奖惩、转任、出国（境）审批；（二）巡视、巡察、纪检、监察、审计、仲裁、案件侦办、审判、检察、信访举报处理；（三）税费稽征、项目和资金审批、招标采购、行政许可、行政处罚；（四）其他应当回避的公务活动。"《公务员法》第 76 条规定了职权回避的情形："（一）涉及本人利害关系的；（二）涉及与本人有本法第七十四条第一款所列亲属关系人员的利害关系的；（三）其他可能影响公正执行公务的。"

职权回避的第一种情况是"涉及本人"，此时，公务员当然应该回避。公务员在公务活动中是国家行政管理职能的实际执行者，他在进行行政管理活动的过程中依法对行政相对人进行监督和管理。当这个行政相对人是其本人时，其理所当然地不能继续执行公务。第二种情况是"涉及与本人有本条例第七十四条第一款所列亲属关系人员的利害关系"，即涉及本人的配偶、本人的直系血亲、本人的三代以内旁系血亲、本人的近姻亲等利害关系时，应当回避。这类人员与本人的联系紧密、关系密切。当公务员在执行公务的过程中涉及这类人的利害关系时可能会利用职务之便包庇、偏袒他们，或为他们谋取私利，因此，规定这类情况应该回避亦是必要的。

公务员在执行公务的过程中对公务活动施加影响，可以是直接施加影响，也可以是间接施加影响。职权回避要求公务员不参加有关的公务活动，不以任何形式参加与该公务有关的调查取证工作、涉及该公务的讨论工作、针对该公务的审核决定工作；同时，还要求公务员不能利用职权和工作关系以间接方式对公务活动施加影响。完整的回避制度是职务回避和职权回避的有机结合，其作用在于保证国家公务员保持公正廉洁，避免因某种亲情关系而妨碍或影响秉公办事，更好地依法执行公务。[1]

---

〔1〕　参见金太军主编：《公务员制度创新与实施》，广东人民出版社 2002 年版，第 219 页。

第十一章　公务员行为定量法

第一节　公务员的考核

一、考核的定义

我国古代对官吏的考核称为"考课"，《周礼》中就有"八法治官府，六计课群吏"的记载。"考课制"在战国时期初具规模，唐、宋、元、明、清时期广泛适用。[1]新中国成立初期，国家干部的考核工作叫作"鉴定""考察"。1949年11月中央组织部《关于干部鉴定工作的规定》指出，干部鉴定，是干部在工作或学习期内各方面表现的检查和总结。鉴定内容"重点应放在立场、观点、作风、掌握政策、遵守纪律、联系群众、学习态度等方面"。鉴定方法"采取个人自我检讨，群众会议讨论，领导负责审查三种方式结合进行"。其目的在于"经过鉴定，使干部能更好地来认识与提高自己，改进工作；同时使党的组织得以系统地全面了解干部，有计划地培养和提拔干部"。十一届三中全会以后"考核制"的说法才全面使用，1979年11月，中央组织部提出了《关于实行干部考核制度的意见》，要求干部考核要坚持德才兼备的原则，从德、能、勤、绩四个方面对干部进行全面的考核，同时要实行领导与群众相结合的方法，把平时考核和定期考核结合起来，并且强调了干部考核在合理使用干部、提高干部素质和实行群众监督方面的意义。1993年《国家公务员暂行条例》的颁布，标志着我国现代公务员考核制度的全面建立和正式实施。1994年，国家人事部下发了《国家公务员考核暂行规定》，专门就公务员考核工作具体化、标准化。2006年《公务员法》颁布实施，我国公务员考核制度进入规范化、科学化、法制化的轨道。2018年《公务员法》修订，细化了考核内容，将政治素质列为重点考核内容，同时增添了专项考核的指标，进一步完善了我国公务员考核制度。尽管公务员考核在各国公务员制度中的名称不同，如法国和德国称"鉴定"，日本称"勤务评定"，英国和美国将平时考核称为"考勤"，年度考核称为"考绩"等，但考核

---

〔1〕　参见金太军主编：《公务员制度创新与实施》，广东人民出版社2002年版，第70页。

的基本含义是大致相同的，即公务员考核是指由公务员的主管部门根据法定权限，按照公务员考核的内容、标准、程序和方法，对公务员的工作能力、工作实绩以及学识水平、道德品行、健康状况等进行综合考察和评价，并以此作为对公务员升降、奖惩、转调、培训等行政措施的重要依据。

公务员考核分为平时考核、专项考核和定期考核。一般来讲，平时考核以考勤为主，主要考核公务员的出勤情况，以及对公务员遵守办公规则情况的考核。专项考核侧重于对公务员在完成重要专项工作、承担急难险重任务、应对和处置重大突发事件中的工作态度、担当精神、作用发挥、实际成效等情况进行针对性考核，定期考核主要是考绩，即考核公务员的实绩。定期考核以平时考核、专项考核为基础，考勤为考绩服务，考绩是考核的核心。

二、考核的原则

公务员考核的原则，是指导、规范对公务员的考核行为的基本准则，是公务员考核内容、方法、程序等基本制度所体现的基本精神。它既是公务员考核规律的反映，又对公务员考核活动起指导作用。公务员考核的原则主要有以下几个方面：

（一）客观公正原则

客观公正是公务员考核制度最基本的原则。所谓客观，一方面要实事求是地对公务员作出评价；另一方面要全面地反映公务员的实际情况。所谓公正，就是对任何公务员都严格按标准进行考核。不因公务员的职务高低和民族、性别、出身、职务、文化及与领导人关系的远近、亲疏等社会因素而标准掌握宽严不一。法国著名行政学家夏尔·德巴什说过："所有的民主国家都制订有担任公职的平等的原则，不得因政见、宗教、种族或性别的不同而有所歧视。"[1]只有做到客观公正，考核才能成为知人善任的前提，成为激励公务员奋发上进的有效手段。贯彻客观公正的原则，要做到以下几点：①要认真按标准进行考核，不能搞形式，走过场；②认真按标准进行考核，不能对一部分人严，对另一部分人松；③考核方法科学合理，使考核结果能全面客观地反映出公务员的真实情况；④要让群众参加考核工作，增加考核工作的透明度。

（二）民主公开原则

考核的目的、范围、时间、方法、内容、标准都要提前公布于众，把领导与群众相结合的方法作为重要的方法，通过征求意见、民主评议和民意测验、群众工作代表参加考核组织等方式，让群众直接参加考核。要进行制度创新，特别是

---

〔1〕〔法〕夏尔·德巴什著，葛智强、施雪华译：《行政科学》，上海译文出版社2000年版，第390页。

要认真组织群众直接公开地对担任领导职务的各级公务员进行民主评议，做到知无不言、言无不尽。通过贯彻民主公开的考核原则，从制度上保障了群众在考核中的民主监督权，这既是行政首长负责制的体现，又是民主监督和公开监督的需要。同时，又能够更好地起到鼓励先进、激励后进的作用。

（三）注重实绩原则

国家机关按照管理权限对公务员的德、能、勤、绩、廉五个方面进行考核，其中，公务员的绩是德、能、勤、廉的有效载体，是德、能、勤、廉等诸方面价值的综合而具体的反映，它标志着一个公务员为社会作出的劳动成果和实际贡献。注重实绩原则，禁止在公务员考核中搞"大锅饭"，实行"平均主义"。只有坚持实绩原则，才能为公务员任用、奖惩、培训、升降、工资福利等提供有力的依据，从而也有助于实现公务员考核的激励功能。[1]

（四）救济原则

为了保障每个公务员的工作实绩得到公正考核，设置并遵循救济原则具有重要意义。如果被考核者认为对自己的评价不公正或者考核违反了法定条件、程序等，可以向有关机关申诉，在有些国家甚至可以提起行政诉讼。

三、考核的方法

考核方法是实现考核目的的手段，采用科学的考核方法，是实现客观公正考核结果的前提。公务员作为自然人，其业务素质和政治素质受到环境、教育等诸多方面的影响，而且处于一个动态的变化过程中，用比较简便的方法去衡量其德、能、勤、绩、廉并非易事。根据我国具体情况，寻找一个科学的考核方法，是实现公务员管理法制化的重要课题。一般来讲，在实际运用过程中，不能简单套用某一种方法，应当结合实际情况，吸收各种方法的科学成分，努力做到兴利除弊，才能使考核结果比较符合实际。国外一些国家根据各自的具体情况创制了一系列的考核方法，如，判断法、人与人比较法、工作标准法、图表测度法、功能测评法等，这些都需要我们去研究和借鉴。

（一）工作标准法

它主要是从考"绩"角度出发，对公务员的工作提出明确规范的要求。主要从三个方面衡量：一是工作数量。包括：可以接受的工作份数，尽职的程度，所达到的工作期限，努力的效果，其他设计工作量的因素等。二是工作质量。包括：工作的准确性，工作的表现性或可接受性，合乎工作规定的程度，完成工作的技巧与能力等。三是工作的效率、时限和工作态度等。由于工作标准法具有客

---

〔1〕 参见张正钊、韩大元主编：《比较行政法》，中国人民大学出版社1998年版，第258页。

观、规范等特点，便于公务员按要求完成工作，也便于对公务员的考核，一般用于工作内容较为明确、具体的岗位。在灵活性较大，变化比较强的岗位，由于事先难以确定具体的标准，运用工作标准法有一定的局限性。

（二）人员比较法

以被考核公务员中的一位作为参照标准，再把其他公务员与之进行比较而确定公务员考核等次的一种考核方法。人员比较法可分为双人比较法、多人比较法和代表比较法等。由于比较考核法中所依据的标准是具体的同类对象，这就使得它具有综合直观性、整体性的特点。

（三）因素分析法

把公务员的工作能力、数量、质量和其他考核内容分解成尽量详细的多项因素，然后将每个要素按照优劣程度分成若干等级，并且给不同等级确定记分标准，再对照受考人的情况逐项打分。最后，对测评数据汇总处理，得出受考人的考核等次。

（四）成果证实法

在高智力、创造性强的工作领域，一般通过对工作成果的考察鉴定活动来证明受考人工作能力、业务水平和工作实绩。用来证实受考人工作状况的最终成果，可以是学术论文、研究成果、工程设计等实物形态，也可以是解决问题的实际效果和成果的社会反响等非实物形态。

（五）其他方法

此外，还有指标测评法、积点评分法、综合考核法、考试评议法等。公务员的考核涉及社会学、心理学、行为科学等诸多领域，考核方法也应随着当代科技、文化的发展以及各国政治改革、经济发展而不断发展变化。[1]

四、考核的方式

我国公务员的基本考核方式主要是实行"两个结合"：

（一）领导与群众相结合

即领导考核与群众考核结合，这种基本考核方法是行政首长负责制原则和民主集中制原则在公务员考核工作中的具体贯彻和体现。由于各级国家行政机关及其所属部门均实行行政首长负责制，各级行政首长具有统一的管理权并承担相应的法律责任，对所属公务员的考核只是管理权的一部分，考核工作应该体现和贯彻行政首长负责制的原则。公务员的考核应在行政首长主持或直接参与下进行，行政首长对考核结果有最后的决定权。但是主考机关和行政首长不可能全面了

---

〔1〕　参见徐银华等：《公务员法新论》，北京大学出版社 2005 年版，第 91 页。

解、掌握公务员的各方面情况，完全依赖于考核机关和行政首长，难以对公务员作出全面、客观的评价。所以，在考核公务员时，还要通过不同形式让群众直接参与考核，广泛地听取群众意见，提高考核工作的透明度，接受群众监督。考核领导人时，还要进行民主测评或民意测验。实行领导与群众相结合的方法，可以提高考核的准确度和可靠性，确保考核结果的客观公正。

（二）平时考核、专项考核与定期考核相结合

平时考核是对公务员日常工作情况的监督，主要有考勤和工作检查等形式。平时考核制度化，有利于对公务员的各种情况进行了解和考察，以便积累资料，可以作为公务员年度考核的基础。在时间安排上，平时考核可随时进行。专项考核侧重于对公务员在完成重要专项工作、承担急难险重任务、应对和处置重大突发事件中的工作态度、担当精神、作用发挥、实际成效等情况进行针对性考核，具有机动灵活、针对性强的特点。定期考核采取年度考核的方式，是对公务员一个自然年度内总体表现所进行的综合性考核，在每年年末或者翌年年初进行。根据有关规定，进行公务员定期考核时，必须设立非常设的考核委员会或考核小组作为考核工作机构，并且要由各部门负责人直接领导。平时考核、专项考核与定期考核有机结合，合理安排，统筹兼顾，可以增强考核方式的针对性、完整性和系统性，达到客观、全面评价公务员的目的。

（三）定性与定量相结合

此外，定性与定量相结合也是很重要的考核方法。由于历史方面的原因，过去的干部考格基本上是定性考格。这种考核注重经验印象，缺少定量分析，对干部的评价公式化，概念化，相互之间缺乏可比性，因而难以客观、全面地反映被考核者的业务素质和政治素质，不利于广泛发现和合理使用人才。所谓定量考核，就是依据相对统一的尺度，把干部素质分解成若干要素，制定测评量表，然后组织被考核者的上级、同级和下级按照测评量表进行测评，将所得数据用电子计算器进行处理，得出结果。定量考核法是从根本上改变以印象论人的传统考核办法的有效途径，有利于考核工作的科学化，现代化。但是定量考核不能脱离定性考核，因为在定量考核之前必须对考核对象个人和群体有总的感觉和印象，才能确定定量考核的目的、要求和指标；同时，被考核者的上级、同级和下级必须先有对其初步认识，才能对其各项要素进行评鉴；最后，定量分析不是目的，最终还要作出总的评价。由此可见，必须将定量考核与定性考核有机地结合起来，才能使考核建立在科学、准确的基础上。[1]

---

〔1〕　参见秦立春："关于改革公务员考核制度的思考"，载《中国行政管理》2002 年第 5 期。

五、考核的程序

考核程序是保证公务员考核的客观、公正而必须经过的法定步骤，也是考核科学、合理的保障。

（一）准备阶段

首先要成立考核组织。国家行政机关各部门、各机构，都应在考核工作进行之前建立非常设性的考核委员会或考核小组，负责本部门、本机构公务员考核的组织工作和复审事宜。考核委员会或考核小组，由本部门或本单位的负责人、人事管理人员和公务员代表组成。因为他们的素质对考核的效果有举足轻重的影响，对考核委员会或考核小组的组成人员要认真选择，他们必须具有较高的政策水平，办事公道正派，而且具备相应的专业知识，并掌握一定的考核技能，否则无法对受考核者作出恰当评价。其次，考核委员会或考核小组，要根据部署和本单位情况，具体确定考核时间，编制考核日程表，设计考核项目，确定考核标准，拟定考核的具体方法、步骤，以及准备各种考核表格等。再次，向本单位公务员宣布考核计划，组织必要的学习，使每个公务员都明确考核的目的和要求，明确考核的意义，以保证考核工作的顺利进行。

（二）述职与评议阶段

述职是指受考核者向主考者报告自己在履行岗位职责中的情况并回答主考者的提问。被考核人在考核期限内撰写个人工作总结或述职报告，述职报告的重点内容包括：本人承担的职责；履行职责的成绩和不足；提出下年度改进的办法和努力的方向等。评议是指由主考者召集会议，请相关人员对受考核者的任职情况发表意见，进行评价。主管领导人员根据平时考核的记录，被考核人的述职报告，在听取群众意见的基础上，写出评语，提出考核等次的意见。在进行定期考核时，行政首长必须首先听取群众意见，让群众直接参与考核，围绕考核内容与标准，主动征询或听取群众对被考核人的反映和意见。然后客观、全面、负责地将群众意见、平时记录、个人总结三者进行综合、归纳，作出全面、准确的书面评语，初步拟定考核等次。在述职评议阶段，主考者应避免偏听偏信、主观臆断，要严格以客观标准来衡量受考核者，不能因人而异搞多种标准，同时还要防止官僚主义、形式主义和徇私舞弊等不良现象。

（三）审核与反馈阶段

审核是指公务员管理机关对主考者上报的考核材料进行审定，主要是看考核材料的内容是否真实，程序是否合法，评语是否恰当，考核的等级划分是否合理等。同时也要看受考核者对考核结果是否认同。如果被考核者有异议，应该综合有关材料再进行审查。反馈是指主考者应当将考核结果告知受考核者，有必要时还应告知受考核者应该或可以知道的考核情况及各方面的意见和看法，并就考核结论及有关受考核者利益和权利问题，征求受考核者的意见。

（四）复核审定阶段

所谓复核审定，是指受考核者对考核结论有异议，向法定组织提出申诉，有关组织对受考核者的申诉进行重新审查的行为。根据法律法规规定，受考核者对考核结论有异议的，可以向法定组织提出申诉，要求复核。这既是公务员的一项权利，任何组织和个人不得干涉，同时也是监督考核的一种方式。对受考核者的异议，受理的组织应在一定期限内予以答复。如异议成立，受理的组织应变更对考核者的保留意见，并与考核结论一起存入公务员的考核档案。

考核的时限一般以一年为一个周期，这是由公务员的工作性质所决定的。公务员代表国家行使行政管理权，事务繁杂，要求有高效的工作节奏，过频的考核必然影响其正常工作。同时，公务员的责任重大，直接关系着政府形象和社会秩序，不及时奖优罚劣，就不利于督促其依法行政。另外，以一年为周期的考核也与财政年度的体制也是合拍的。

六、考核的法律意义

公务员考核制度是对公务员的德才情况和履行岗位职责表现作出正确的判断，是公务员管理机关充分了解和识别每个公务员的必要手段，也是知人善任、任人唯贤的前提和基础，公正规范的公务员考核可以促使公务员进一步忠于职守、努力工作。

第一，有利于加强对公务员的管理。国家公务员的管理制度包括职位分类、考核、奖惩、升降、任免、培训、工资福利等项内容。其中，考核是公务员管理的基础环节和最重要的环节之一。通过对公务员的考核，可以为公务员管理其他环节上的工作提供可靠的依据。如，依据考核结果决定公务员的升降、奖惩、培训、工资，依据考核结果发现公务员的特长、缺陷和职位要求进行职位轮换等，还可以运用考核结果加强领导班子建设和干部队伍建设。如果缺少了公务员考核这一重要的管理环节，其他环节的工作就失去了依据，失去了衡量的标准，公务员管理的科学化、制度化也就无从谈起。[1]

第二，有利于提高公务员队伍的素质。公务员考核，是国家行政机关根据法定的管理权限，对公务员的工作或业务成绩的质量、数量及其能力、品行、学识、性格、健康等状况进行考察审核，主要内容包括德、能、勤、绩、廉五个方面，其目的是准确判断与评价受考人是否称职，在很大程度上，是公务员的思想

---

〔1〕 参见李和中主编：《中国公务员制度概论》，武汉大学出版社 1997 年版，第 225 页。

品德、常识水平、工作能力和工作实绩的公正合理评价。美国社会学家丹尼尔·贝尔认为："在后工业社会中，专门技术日益成为一种胜任职务和地位的主要条件。"[1]通过考核，公务员可以更清醒地认识自我，便于促使其发扬优点，克服缺点，开拓创新，不断进取，从而优化整个公务员队伍。

第三，实行公务员考核制度，有利于提高办事效率。根据我国《公务员考核规定》第18条，公务员年度考核结果作为调整公务员职位、职务、职级、级别、工资以及公务员奖惩、培训、辞退的依据。这一规定将公务员考核与晋升级别、职务及发放奖金直接挂钩，实现了考核的激励功能，改变过去"干与不干一个样""干好干坏一个样""能力高低一个样"的状况。通过公务员考核，可以激励先进，鞭策后进，可以促进公务员改进工作、忠于职守、尽职尽责，进而有利于提升政治素质和业务素质，提高公共行政管理的效率和质量。

第四，实行公务员考核制度，有利于加强对行政权行使的监督。马克斯·韦伯曾说："在现代国家中，真实的政府所以能使其自身发生效力者，既不在于国会的辩论，也非由于皇帝的敕令，而实系于有关日常生活的行政事务的推行。这事自必操于公务员的手中。"[2]通过行政首长对考核权的行使，有助于确立行政首长在行政机关的主导地位，有利于保证政令畅通，步调一致，也可以使行政首长更多地接近和了解下级、实际督导下级的工作，以加强上下级的关系，从而促使公务员正确行使权力，认真履行职责，对自己的行政管理活动承担责任。同时，在考核过程中，通过民主评议，特别是下级公务员对上级公务员的民主评议，可以发挥民主监督和公开监督的作用，促进国家公务员特别是领导干部转变作风，克服官僚主义，密切联系群众，全心全意地为人民服务，切实代表最广大人民群众的根本利益。

第二节　公务员的纪律

"徒法不足以自行"，公务员依法执行公务，代表国家行使行政管理职权，在严格意义上讲，是法的精神和价值的体现，如果有法不依、执法不严、违法不究，法律也就形同虚设。因此，在公务员制度运行机制中，纪律的执行起着重要的监控作用，它通过防止和纠正公务员的不良行为，保证法的精神和价值实现，保证政府管理目标的实现。

---

〔1〕　［美］丹尼尔·贝尔著，高铦等译：《后工业社会的来临》，新华出版社1997年版，第395页。

〔2〕　参见张金鉴：《各国人事制度概要》，台北三民书局1981年版，第13页。

一、公务员纪律的概念

纪律是一种行为规则，是社会法人以及其他组织为了维持自身利益和形象并保证组织工作正常运转而制定的要求每个成员共同遵守的行为规范，它是每一个社会组织存在和开展活动的必要条件。公务员的纪律，是国家行政机关为了保证办事高效、行为规范、运转协调而制定的要求公务员普遍遵守的行为准则。它具有以下特点：

第一，公务员纪律是由立法机关或行政机关制定的。它主要规定公务员不该做什么，禁止做什么，即从否定的方面为公务员的行为提供了一种模式、标准或方向。

第二，公务员纪律的约束对象具有特定性，即公务员纪律只用来约束公务员。在行政体制转型时期，有一些事业单位甚至国有企业依法具有一定的行政管理职权，其人员虽然不是公务员身份，但根据有关规定要比照公务员管理。

第三，国家行政机关对违反纪律的公务员要予以惩处，即行政处分。行政处分的主体、条件、程序、种类及权限都是法定的。

第四，因违反纪律而受到处分的公务员享有申诉和控告的权利。

邓小平同志指出："中国的事情能不能办好，社会主义和改革开放能不能坚持，经济能不能快一点发展起来，国家能不能长治久安，从一定意义上说，关键在人。"[1]规定公务员的纪律，其意义在于规范国家公务员的行为，预防和制止公务员违纪行为的发生，把行政权的行使纳入正确的轨道，从而树立国家行政机关高效、廉洁、勤政、务实的形象。

二、纪律的类型

公务员的纪律包括以下几个方面：

（一）政治纪律

政治纪律是指公务员在政治方面必须遵守的行为准则。依照国家政治活动原则，国家行政机关及其工作人员除对其行政行为应承担法定的义务外，还要承担一定的政治义务。[2]规定并要求公务员遵守政治纪律，是由公务员本身的性质和地位决定的。公务员作为行政权的行使者，必须忠于宪法和法律，维护政府形象和权威，保证政令畅通，保证公务执行的正确性和有效性。

《公务员法》第59条具体规定了我国公务员的政治纪律，主要有：

第一，不得散布有损宪法权威、中国共产党和国家声誉的言论，不得组织或

---

〔1〕 参见《邓小平文选》（第三卷），人民出版社1983年版，第380页。
〔2〕 参见王成栋：《政府责任论》，中国政法大学出版社1999年版，第23页。

者参加旨在反对宪法、中国共产党领导和国家的集会、游行、示威等活动。从一定意义上讲，执行公务的公务员使较为抽象的行政权得以具体化、人格化，因而，公务员的言行举止对人民群众具有导向性。如果公务员散布有损于宪法权威、国家声誉的言论，很容易混淆视听，不仅会误导人民群众，不利于政策的贯彻落实，而且影响信任政府的建立。西方许多国家在法律中要求业务类公务员要保持政治中立，不能参加旨在反对政府的各种组织及活动。[1]根据我国《宪法》的规定，每个公民有集会、游行、示威的权利，每个公务员作为公民中的一员，当然享有《宪法》赋予的集会、游行、示威等权利。但是，公务员作为政府工作人员，其身份的特殊性要求其必须始终站在政府的立场上，因此，不能参加旨在反对国家的集会、游行、示威等活动。公务员对政府的任何意见和建议可以通过其他法定渠道反映出来。

第二，不得组织或者参加非法组织。非法组织是指未经法律许可和未按法定程序设立的组织。非法组织一般有谋取私利、危害社会公德等目的，公务员的性质和地位决定着他们不能参加非法组织，更不能组织非法组织。值得注意的是，不能以法定的结社权作为组织或参加非法组织的理由，因为结社权的行使，必须遵守宪法、法律、法规，维护国家的统一和民族的团结，不得损害国家的、社会的、集体的利益和其他公民的合法的自由和权利。

第三，不得挑拨、破坏民族关系，参加民族分裂活动或者组织、利用宗教活动破坏民族团结和社会稳定。我国《宪法》第4条第1款强调："……禁止对任何民族的歧视和压迫，禁止破坏民族团结和制造民族分裂的行为。"维护社会稳定、民族团结是每个公民应尽的责任和义务，公务员也是公民群体的一员，因此不得挑拨、破坏民族关系，参加民族分裂活动或者组织，利用宗教活动破坏民族团结和稳定。

第四，不得组织或者参加罢工。按照依法办事、依法行政的原则，公务员的行为必须于法有据。鉴于我国《宪法》没有对罢工权作出明确规定，因而，公务员不得擅自组织或参加罢工，以免造成政府工作秩序的混乱。

（二）工作纪律

工作纪律是公务员在执行公务时必须遵守的行为准则，遵守工作纪律，是公务员有效执行公务，提高办事速度和效率的保证，也是对公务员起码的要求。工作纪律的内容包括：

第一，不得玩忽职守，贻误工作。玩忽职守、贻误工作，是指严重不负责

---

〔1〕　参见姜如海：《中外公务员制度比较》，商务印书馆2003年版，第173页。

任，疏于职责的行为。主要表现为：迟到、早退、旷工或在公务时擅离职守、办理私事；采取怠工或其他降低工作效率的怠慢行为；处理公务员敷衍塞职，相互推诿等。为了实现行政管理目标，提高行政效率，每一位公务员必须忠于职守，完成工作任务，这是对公务员最基本的要求。

第二，不得拒绝上级依法作出的决议和命令。拒绝上级依法作出的决议和命令的行为是指国家公务员以作为或不作为的形式拒不执行上级合法决议和命令的行为。由于行政机关实行层级制，分层管理，执行上级决议和命令不仅是行政机关的组织结构、行政首长负责制的性质决定的，也是由行政机关工作需要决定的。

第三，不得对批评、申诉、控告、检举进行压制，打击报复。压制批评，是指国家公务员为了防止他人对自己提出批评意见，采取非正当手段，使其不敢提出或者不再坚持批评意见的行为。打击报复，是指国家公务员对批评者或者其他利害关系人，采取不正当手段，使其处于不利地位或直接损害其合法权益的行为。我国《宪法》第41条强调："中华人民共和国公民对于任何国家机关和国家工作人员，有提出批评和建议的权利……任何人不得压制和打击报复"。任何人都有权对行政机关及其公务员的工作提出批评和建议，以帮助、督促行政机关和公务员更好地执行公务，从而更好地行使人民交给他们的权力。压制批评，打击报复，是违宪、违法行为，应承担法律责任。

第四，不得弄虚作假，误导、欺骗领导和公众。弄虚作假，误导、欺骗领导和公众，是指公务员为了达到某种不正当的目的，故意用虚假事实欺骗领导和公众，使之信以为真的行为。通常表现为：在向上级汇报工作或向下级通报公务时，谎报成绩，隐瞒问题；在接受有关部门或单位的调查、取证或质询时，隐瞒事实或出具伪证；隐瞒国家规定的应该回避的亲属关系；隐瞒国家规定必须申报的财产和收入等。弄虚作假，误导、欺骗领导和群众，往往使领导者作出错误的决策，采取错误的行动，造成工作上的混乱和被动。实事求是是公务员执行公务的基本准则，也是取信于民和正确执行公务的前提条件。

第五，不得泄露国家秘密和工作秘密。国家秘密是指关系国家的安全和利益，依照法定程序确定，在一定时间内只限一定范围的人员知悉的事项。工作秘密是指为了工作需要，而只限一定范围内人员知悉的事项。泄露国家秘密和工作秘密，是指公务员将在执行职务中获取的属于国家秘密或者工作秘密的文件、资料和其他信息，泄露给依法律规定不能知道或者不必知道的个人或者组织的行为。国家秘密的泄露会使国家的安全和利益遭到严重损害，工作秘密的泄露会使行政工作遭受损失，带来不必要的被动。公务员作为国家公务的执行者，由于职业性质，保守工作秘密，是作为公务员的起码条件，是对公务员的基本要求。

第六，在对外交往中不得损害国家荣誉和利益。在外事活动中，公务员的言行与国家的形象和利益息息相关。因此，公务员理应在对外交往中，遵守外事纪律，维护国家尊严，保持民族气节。为了加强国际交流与合作，维护国家的荣誉和利益，树立我国的良好形象，国家制定了一系列外事活动方面的纪律。这些纪律同样适用于公务员。

（三）廉政纪律

廉政纪律就是对公务员在反对腐败现象，加强廉政建设中的一些要求。具体包括：

第一，不得贪污、行贿、受贿，利用职务之便为自己或者他人谋取私利。贪污，是指公务员利用职务上的便利，将公共财物据为己有的行为。行贿是指国家公务员为了利用其他公务员或者有关人员职务上的便利谋求私利，而非法给付其财物或不正当利益的行为。受贿，是指国家公务员利用职务上的便利，为行贿人谋取私利，而非法收受其财物或不正当利益的行为。以权谋私，是指国家公务员以手中的权力为条件，为自己或他人谋取私利。公务员因为拥有一定的权力或其他便利条件，能直接或者间接地支配一定的人、财、物，若不对其行为加以规范，极易产生权钱交易，危害公共利益，影响政府的声誉。

第二，不得违反财经纪律，浪费国家资财，浪费国家资财。本项主要是指公务员不得用公款旅游，用公款宴请及其他挥霍浪费情形。具体讲，就是：严禁借出差、开会等名义用公款旅游；出差期间，不允许离开工作地区，用公款到旅游区、名胜区浏览；严禁以参加学习为名用公款旅游；外出参加学习，不得绕道或中途停顿、滞留、用公款旅游；公务员在国内进行各种公务活动，包括上级到下级检查指导工作、调查研究，同级之间、地区之间公务往来、参观学习以及干部调动等，严禁用公款搞任何形式的宴请；其他随意浪费国家资财的事也在禁止之列。

第三，不得滥用职权，侵害公民、法人或者其他组织的合法权益。滥用职权，是指一切不正当行使职权的行为，包括超越职权范围的行为。公务员在执行公务中，许多公务直接涉及人民群众的切身利益，因而往往直接与人民群众接触，公务员应该成为政府联系人民群众的纽带，而不能利用手中的职权，违反人民群众的意愿，侵犯人民群众的利益，损害政府与人民群众的关系。

第四，违反有关规定从事或者参与营利性活动，在企业或者其他营利性组织中兼任职务。营利性经营活动，是指经商、办企业以外以营利为目的而从事的活动。公务员应该勤政为民，廉洁奉公，如果在职务之外参与其他营利性的经营活动，容易分散公务员的精力，使其难以专心执行职务，也不利于公平竞争机制的形成和社会主义市场经济体制的发展。

（四）遵守社会公德方面的要求

公务员除了要自觉遵守其作为公务员的特有的纪律外，还必须在模范遵守社会公德方面起应有的示范带头作用，不得参与或支持色情、吸毒、迷信、赌博等活动，不得违反职业道德、社会公德、家庭美德，造成不良影响。

（五）其他纪律

其他纪律是指《公务员法》列举的政治、工作、廉政和社会公德纪律以外的公务员应当遵守的行为准则。主要是由于工作岗位不同，只适用于某类公务员的纪律，如公安人员守则规定的纪律，外交人员的纪律等。还有由于工作地区不同而适用于特定地区公务员的纪律，如少数民族地区公务员的纪律等。

三、纪律的法律意义

（一）有助于加强公务员队伍的廉政建设

"一切有权力的人都容易滥用权力，这是万古不易的一条经验。有权力的人们使用权力一直到遇有界线的地方才休止……"[1]公务员作为行使国家行政权力，执行行政公务的人员，总掌握有一定的权力。由于受社会经济发展条件的限制和公务员道德水准、业务技术水平的制约，存在滥用权力的可能性和现实性。同时，行政权运作的公开性不够、透明度不高，容易形成暗箱操作的现象，这就更容易出现权力异化现象，更容易导致腐败。因此，规定公务员的纪律，对公务员权力的行使加以必要的规范和约束，有助于公务员队伍的廉政建设，消除腐败现象。

（二）有助于促使公务员依法行政，提高行政效率

开展法治政府建设要求行政机关各项工作全面法治化，政府全面推进依法行政，相应地，公务员的办事原则是依法行政。国家的许多法律、法规，尤其是涉及行政管理的法律、法规，基本上是由公务员来实施的，公务员的执法和守法情况，直接影响法治的程度和进程。不可否认，公务员队伍中"仍然存在着许多蛀虫、庸才和钻营者，损害了党和政府的威望，败坏了党风、政风和社会风气"。[2]因此，加强公务员的纪律约束，是政府机关依法行政的需要，也是公务员充分发挥其整体效能和提高行政效率的需要。

---

〔1〕 ［法］孟德斯鸠著，张雁深译：《论法的精神》（上册），商务印书馆2019年版，第184页。
〔2〕 张锐昕、黄波："面向21世纪国家公务员的科技素质"，载《社会科学战线》2001年第4期。

（三）有助于密切公务员与公民的关系

公务员作为人民的公仆，其权力来自人民，公务员代表国家行使权力，必须全心全意地为人民服务。加强对公务员的纪律约束，可以促使公务员认真执行国家的路线、方针和政策，自觉遵守国家法律、法规，正确行使行政权力，认真履行公务员义务，时刻听到群众的意见和建议，防止和克服特殊化与不正之风。同时，可以密切各级公务员与公民之间的联系，调动公民依法监督公务员的积极性。

第三节　公务员的奖惩

在行政管理学上，奖励和惩处是行政管理的两大杠杆。公务员的奖励和惩处制度，是公务员管理机制的重要内容。我国第一个比较系统的奖惩规定是 1952 年颁布的《国家机关工作人员奖惩条例》，它包括总则、奖惩种类、奖惩办法、奖惩权限、奖惩程序、附则共六章四十二个条文。其适用范围不仅包括行政机关，而且包括立法机关、司法机关、检察机关。1957 年国务院颁布了《国家行政机关工作人员的奖惩暂行规定》，其适用范围不再包括立法机关、司法机关和检察机关。[1]实行公务员制度以后，从 1995 年人事部发布的《国家公务员奖励暂行规定》，2008 年中共中央组织部、人事部发布的《公务员奖励规定（试行)》，到 2020 年《公务员奖励规定》的修订，我国初步形成了比较完善的公务员奖惩制度。

一、公务员奖惩的概念

奖惩制度具体包括奖励制度和惩处制度两个方面。从广义上讲，凡是对各类人员良好言行的表彰和奖赏都可以称之为奖励。这种奖励可以是精神的，也可以是物质的；可以是国家机关根据正式规定对其工作人员的奖励，也可以是各种社会组织实行的奖励，甚至可以是个人对个人的奖励；可以是有隶属关系的上级对下级的奖励，也可以是非隶属关系的奖励。同样，惩处也是如此，凡是涉及人的惩治和处罚都可包括在内。但是在国家公务员管理制度中的奖惩并不是这种广义上的奖惩。在公务员管理制度中，奖励是指行政机关依法对公务员所给予的物质和精神鼓励，它通过给予公务员物质鼓励或精神鼓励，来对其卓有成效的工作、突出的表现或某一方面的特殊贡献予以表彰，从而调动其积极性、创造性。奖励的形式有口头的或书面的公开表彰，授予勋章以及其他形式的奖章、荣誉称号、

---

〔1〕 参见皮纯协、张焕光：《现代公务员制度研究》，中国广播电视出版社 1988 年版，第 174 页。

颁发奖金、奖品、提前晋级、加薪、给予特别休假、免费旅游等。惩戒是指行政机关依法对公务员所给予的行政制裁，以此来约束公务员的行为，从而有效地防止公务员违法失职行为的发生。由于惩戒涉及公务员违反法定义务的法律责任，是对公务员的不利益处分，因而各国公务员制度中对惩戒制度一般都规定得很具体、详细。奖励和惩戒是公务员激励机制中不可或缺的两个方面，虽然其手段和方式不一样，但其最终目的是一致的。它通过奖惩明确表明提倡什么，反对什么，公务员应该做什么，不应该做什么，从而促进公务员系统的高效运作。

（一）公务员奖惩的特点

第一，奖惩的主体和对象是确定的。奖惩的主体必须是国家行政机关，奖惩的对象是国家公务员。

第二，奖惩的客体是法定的。对特定的公务员进行奖惩，是因为该公务员已经实施了法定需要或可以奖惩的行为。

第三，必须严格按照法律、法规规定的权限、条件和程序进行奖励。即奖惩的条件、种类和程序必须符合公务员法的规定。

第四，奖惩的决定必须严格执行，非经法定程序不得变更。

（二）公务员奖惩的作用

第一，激励和约束作用。通过奖励公务员获得物质上和荣誉上的利益，从而进一步激发和调动其积极性、主动性、创造性，而惩罚则从相反的方向强化公务员的行为规范和职业道德意识，促使其严格要求自己，积极工作，努力向上。

第二，示范和指导作用。对公务员的奖励不仅能进一步发挥公务员个体的潜能，而且还能在整个公务员队伍中树立榜样，明确目标，从而使整个团队置身于一种目标明确，积极向上的氛围中，而惩罚则通过严格的禁止性规范来约束公务员的行为，使其知可为和不可为的界限，并引导公务员和整个团队避免越轨行为，向积极、健康的方向发展。

第三，促进竞争作用。由于受奖惩的公务员只是少数人，而且条件具体、明确。所奖惩制度的有效实施必然在全体公务员之间产生一种竞争氛围，促使全体公务员努力工作，争当先进，并尽力避免一切违法失职行为。任何一个充满活力和生机的公务员队伍都离不开赏罚分明的奖惩制度。

对公务员的奖惩，作为一种行政管理行为，不仅与奖惩对象的利益和前途密切相关，而且对其周围的人员产生较大影响。"赏当其劳，无功者自退；罚当其罪，为恶者戒惧。"[1]因此，对公务员的奖惩必须慎重行事。要正确发挥奖惩制

---

〔1〕《贞观政要·择官》，转引自梁裕楷主编：《中国人事管理》，中山大学出版社1990年版，第208页。

度的应有功能，关注奖惩制度的内在要素，必须坚持奖惩制度的原则：①公平合理、赏罚得当原则。对公务员的奖惩要实事求是，不能奖不当功，惩不当过。要在奖惩标准面前人人平等，不能因职务高低、亲疏远近而畸轻畸重。②依法奖惩的原则。对公务员奖惩的条件、种类和程序必须严格依法进行，依法作出的奖惩决定要坚决执行。对于不按规定办事的机关或个人，要追究责任。③奖惩公开原则。奖惩公开是指奖惩的条件、种类和标准要公之于众，对受到奖励的公务员和受到惩处的公务员要在一定范围内公开，让人知晓。一方面便于群众监督，另一方面也便于教育群众。④精神鼓励与物质鼓励相结合的原则。邓小平同志曾说过："我们实行精神鼓励为主，物质鼓励为辅的方针。颁发奖牌、奖状是精神奖励，是政治荣誉，这是必要的。但物质鼓励也不能少。"[1]他还说："只讲牺牲精神，不讲物质利益，那就是唯心论"。邓小平同志这段话，对于精神鼓励和物质鼓励的关系已说得很清楚。物质鼓励和精神鼓励是奖励的两种形式，从实践效果看，忽视其中哪一种，效果都不好，因此，二者必须结合起来，不可偏废。

二、公务员的奖励

现行《公务员法》第八章对奖励制度作了专门规定。2020 年中共中央组织部修订的《公务员奖励规定》，对公务员的奖励作了更为具体的规定。

（一）奖励条件

明确公务员奖励条件，是保障奖励客观、公正的前提，也是衡量一个公务员是否需要奖励的基本标准。科学设置公务员奖励条件，可以有效发挥公务员奖励制度的导向作用，可以激励先进、鞭策后进。根据《公务员法》第 52 条和《公务员奖励规定》第 5 条的规定，我国公务员有下列表现之一的，应当予以奖励：①忠于职守，积极工作，勇于担当，工作实绩显著的；②遵纪守法，廉洁奉公，作风正派，办事公道，模范作用突出的；③在工作中有发明创造或者提出合理化建议，取得显著经济效益或者社会效益的；④为增进民族团结，维护社会稳定作出突出贡献的；⑤爱护公共财产，节约国家资财有突出成绩的；⑥防止或者消除事故有功，使国家和人民群众利益免受或者减少损失的；⑦在抢险、救灾等特定环境中作出突出贡献的；⑧同违纪违法行为作斗争有功绩的；⑨在对外交往中为国家争得荣誉和利益的；⑩有其他突出功绩的。

（二）公务员奖励的种类

1957 年国务院《关于国家行政机关工作人员的奖惩暂行规定》将奖励种类

---

〔1〕《邓小平文选》，人民出版社 1983 年版，第 99 页。

分为：记功、记大功、授予奖品或奖金、升级、升职、通令嘉奖六种。在新中国成立初期，这种分类在提高政机关工作人员方面管理水平发挥了积极的作用。但是，随着社会的发展变化，国家公务员管理制度也在不断地发展和完善，因此，新时期的公务员奖励制度，需要有新的奖励种类。纵观各国公务员的奖励种类，归纳起来，主要有三类：一是物质奖励，如，发给奖金、奖品等；二是精神奖励，包括口头表扬、书面嘉奖、记功、授予荣誉称号等多种形式；三是职务奖励，即对考核成绩优异者在职务或级别待遇上适当考虑。[1]

我国现行的公务员奖励主要是精神奖励，其种类可分为以下三种：

第一，嘉奖。对在工作中表现突出，取得优良成绩的公务员、公务员集体，应当给予嘉奖。在一定范围内进行通令嘉奖，可以起到表扬先进，树立典型的作用。

第二，记功，分为记三等功、二等功、一等功三个层次。对在工作中作出较大贡献，取得显著成绩的，应当给予记三等功；对在工作中作出重大贡献，取得优异成绩的，应当给予记二等功、一等功。

第三，授予荣誉称号。对功绩卓著，有特殊贡献的，应当授予荣誉称号。如"人民满意的公务员""人民满意的公务员集体"等称号。

现行国家公务员奖励制度还明确规定了在给予三种荣誉奖励的同时应给予相应的物质奖励。对获得嘉奖和记三等功、二等功、一等功的国家公务员，发给奖品或奖金；对授予荣誉称号的国家公务员，给予晋升职务工资档次奖励，也可以给予一次性奖金。

（三）公务员奖励的权限

公务员的奖励，根据公务员的管理权限及不同种类奖励的批准权限，分别由公务员所在机关或上级行政机关给予。也就是说，一方面，行政机关只能对自己管辖范围内的公务员有奖励的审批权；另一方面，审批机关的层次影响着奖励的种类，奖励的种类越高，审批行政机关的层次也越高。根据《公务员奖励规定》第 7 条的规定，给予公务员、公务员集体的奖励，经同级公务员主管部门或者市（地）级以上机关干部人事部门审核后，按照下列权限审批：①嘉奖、记三等功，由县级以上党委和政府或者市（地）级以上机关批准；②记二等功，由市（地）级以上党委和政府或者省级以上机关批准；③记一等功，由省级党委和政府或者中央和国家机关批准，经省委同意，副省级城市党委和政府可以对本地区公务员、公务员集体给予记一等功奖励；④授予称号，由省级以上党委和政府批

---

〔1〕　参见朱庆芳、初尊贤主编：《公务员法概论》，法律出版社 1992 年版，第 184 页。

准。对下级单位实行垂直管理或者实行双重领导并以上级单位领导为主的机关，可以按照奖励权限，对本系统公务员、公务员集体给予奖励。市（地）级以上机关可以按照奖励权限，对本系统公务员、公务员集体开展及时奖励。由市（地）级以上机关审批的奖励，应当事先将奖励实施方案报同级公务员主管部门审核。

（四）奖励的程序

公务员的奖励是一种法律行为，也是一件十分严肃的工作，必经严格遵循法定的程序。《公务员奖励规定》第 8 条对公务员奖励的程序作了具体规定。[1]首先，公务员、公务员集体作出显著成绩和贡献需要奖励的，由所在机关（部门）在征求群众意见的基础上，提出奖励建议。其次，按照规定的奖励审批权限上报。再次，审核机关（部门）审核后，在一定范围内公示不少于 5 个工作日。如涉及国家秘密不宜公示的，按照有关规定不予公示。最后，经审批机关批准并予以公布。此外，《公务员奖励审批表》存入公务员本人干部人事档案；《公务员集体奖励审批表》存入获奖集体所在机关文书档案。开展及时奖励可以适当简化程序，必要时由审批机关直接确定奖励对象。

（五）奖励的撤销

公务员奖励的撤销，是指公务员获得奖励以后，因出现法定事由，而由有权机关取消其奖励的一种法律行为。根据《公务员法》第 56 条的规定，公务员或者公务员集体有下列情况之一的，撤销其奖励：①弄虚作假，骗取奖励的；②申报奖励时隐瞒严重错误或者严重违反规定程序的；③有严重违纪违法等行为，影响称号声誉的；④有法律、法规规定应当撤销奖励的其他情形。

三、公务员的惩处

1996 年 9 月当时的国务院人事部发布了《关于国家公务员纪律惩戒有关问题的通知》，对公务员惩戒中的有关问题作了详细的规定。该通知已失效，现行《公务员法》第九章专门对该制度作出规定。

（一）惩处的条件

《公务员法》第 61 条第 1 款规定："公务员因违纪违法应当承担纪律责任的，依照本法给予处分或者由监察机关依法给予政务处分；违纪违法行为情节轻微，经批评教育后改正的，可以免予处分。"《行政机关公务员处分条例》第 4 条规定："给予行政机关公务员处分，应当坚持公正、公平和教育与惩处相结合的原则。给予行政机关公务员处分，应当与其违法违纪行为的性质、情节、危害程度

---

〔1〕　参见徐银华主编：《公务员法原理》，中国方正出版社 2000 年版，第 161 页。

相适应。给予行政机关公务员处分，应当事实清楚、证据确凿、定性准确、处理恰当、程序合法、手续完备。"第5条规定："行政机关公务员违法违纪涉嫌犯罪的，应当移送司法机关依法追究刑事责任。"根据上述规定，对公务员进行行政处分，必须具备以下条件：[1]

第一，存在违反法定纪律的行为。这是对公务员进行行政处分最基本的事实条件。违纪行为既可以表现为积极的作为，也可以表现为消极的不作为。前者如公务员从事经营性的活动；后者如玩忽职守、贻误工作等。不论是作为还是不作为，都必须表现为外在的言行，仅有违纪的思想和意识活动，不能构成违纪行为。

第二，违纪行为尚未构成犯罪，或者虽已构成犯罪，但依法不追究刑事责任。公务员的违纪行为若构成了犯罪，应依照《刑法》《刑事诉讼法》的规定，追究刑事责任，不能以行政处分代替刑事责任。反之，也不能以刑事责任代替行政处分。

第三，主观上有过错，即违纪行为是出于公务员的故意或者过失。公务员对于主观上无过错的行为不承担行政处分责任。

一般而言，只要具备以上三个条件，就应该对该公务员进行惩戒，即实施行政处分。另外，根据《公务员法》的规定，违纪情节轻微，经批评教育后改正的，可以免予行政处分。

（二）惩处的机关和惩处形式

行政惩处的机关是对公务员具有法定惩处权限的行政机关。根据《行政机关公务员处分条例》第34条"对行政机关公务员给予处分，由任免机关或者监察机关按照管理权限决定"的规定，我国行政惩处的机关是任免机关或者监察机关。行政惩处的形式即行政惩处的种类。现行《公务员法》第62条作了专门规定，主要有六种，即警告、记过、记大过、降级、撤职、开除。

（三）惩处的程序和要求

《公务员法》第63条规定："对公务员的处分，应当事实清楚、证据确凿、定性准确、处理恰当、程序合法、手续完备。公务员违纪违法的，应当由处分决定机关决定对公务员违纪违法的情况进行调查，并将调查认定的事实以及拟给予处分的依据告知公务员本人。公务员有权进行陈述和申辩；处分决定机关不得因公务员申辩而加重处分。处分决定机关认为对公务员应当给予处分的，应当在规定的期限内，按照管理权限和规定的程序作出处分决定。处分决定应当以书面形

---

〔1〕　参见孟鸿志等：《中国行政组织法通论》，中国政法大学出版社2001年版，第189页。

式通知公务员本人。"为了保障公务员的合法权益，防止行政处分决定机关及其有关人员滥用惩戒权，行政处分必须严格按照法定程序进行。一般行政处分的程序包括：立案、调查、申报、审批、作出处分决定、归档等程序。

（1）立案。公务员的主管机关、上级机关、任免机关或监察机关受理检举或者发现公务员有违纪行为需要查处时，应按公务员管理权限和案件的管辖范围，履行立案审批手续，惩戒机关要在初步核查和履行必要手续的前提下立案。

（2）调查。惩戒机关立案后，应该及时组织人员对公务员违纪的事实进行调查。调查要严肃认真、实事求是，运用合法的手段和方法收集各种证据。调查要查清违纪的事实、性质、情节及危害的结果等方面情况。如果是多人共同违纪，还要区分每个人的责任。如果经过调查认定违纪的事实不存在，或者不需要进行行政处分的，应撤销案件。

（3）申报。经过调查，认定确有违纪事实，并且根据其性质、情节及危害的结果确需给予惩戒的，应该形成调查报告，初步提出处分意见。报审批机关审批。

（4）审批。任免机关或者监察机关对处分意见进行审核，根据自己的判断作出相应的处分决定。对公务员给予开除处分的，需报上级机关备案；县级以下国家行政机关开除国家公务员，必须报县级人民政府批准，处分决定需要报批而未获批准前不能生效。

（5）作出处分决定。行政处分意见被批准后，惩戒机关应以书面形式作出处分决定，并及时与被处分人见面。处分决定中应告知被处分人在不服处分决定时，在什么时间内可以向哪些机关进行申诉。

（6）归档。处分决定需归入受处分人的人事档案。

行政处分应在一定的时限内作出。根据《行政机关公务员处分条例》第44条，给予行政机关公务员处分，应当自批准立案之日起6个月内作出决定，案情复杂或者遇有其他特殊情形的，办案期限可以延长，但是最长不得超过12个月。

（四）行政处分的变更与解除

行政处分的变更，是指有权机关对原处分决定予以改变的法律行为。行政处分变更的原因是原处分决定不当或者错误。[1]《行政机关公务员处分条例》第50条规定："有下列情形之一的，受理公务员复核、申诉的机关应当变更处分决定，或者责令原处分决定机关变更处分决定：（一）适用法律、法规、规章或者国务

---

［1］　参见徐银华等：《公务员法新论》，北京大学出版社2005年版，第185～186页。

院决定错误的;(二)对违法违纪行为的情节认定有误的;(三)处分不当的。"
行政处分的解除,是指国家公务员受到开除以外的各类行政处分的,在处分以后
的工作中,确实改正了错误,表现较好的,经过一定时期可以依法终止其处分的
法律行为。《公务员法》第65条第1款规定:"公务员受开除以外的处分,在受
处分期间有悔改表现,并且没有再发生违纪违法行为的,处分期满后自动解除。"

第十二章　公务员定责法

第一节　公务员法律责任概述

一、法律责任的含义和特征

"责任"一词有两层语义：一曰责任关系，一曰责任方式。换言之，责任既表示某种关系，又表示某种方式。法律责任也包含了这两层语义，即法律责任关系和法律责任方式。"法律责任是与法律义务相关的概念。一个人在法律上要对一定行为负责，或者他为此承担法律责任，意思就是，他作相反行为时，他应受制裁。""对一定行为负责"就是一种法律义务，"他应受制裁"就是一定的责任方式。法律责任可定义为：因损害法律上的义务关系所产生的对于相关主体所应当承担的法定强制的不利后果。[1]法律责任是基于违法行为而产生的，二者之间存在因果关系，没有实施违法行为就不应该承担惩罚性的法律责任，法律责任体现了国家对违法者的否定性的反应，并通过国家授权的专门机关予以认定和追究。[2]

法律责任不同于道义责任等其他社会责任，它的主要特征是：①法律责任的性质、范围、大小、期限，都在法律上有明确的、具体的规定；②法律责任的认定和追究，只能由国家专门机关依照法定程序来进行；③法律责任的实现是由国家强制力作保证的。法律责任的三个特点，是其他社会责任所不具有的。

二、法律责任的归责原则

法律责任归责要严格按照法定程序进行，不能随心所欲、主观任性。追究法律责任必须遵循一定的原则，归责原则在不同历史时期、不同国家存在差别，根据我国法律的规定，适用法律认定和归结法律责任一般应遵循以下原则：

---

[1]　张文显主编：《法理学》，法律出版社 2007 年版，第 193 页。
[2]　这种观点是学界普遍认同的观点，即后果论，许多学者持这种观点。参见王勇飞编：《法学基础理论参考资料》（下册），北京大学出版社 1985 年版，第 1574 页。

（一）责任法定原则

责任法定原则是法治原则在归责问题上的具体运用，它的基本要求是：作为一种否定的法的后果，法律责任应由法的规范预先规定，违法行为或违约行为发生后，应按照事先规定的性质、范围、程度、期限、方式追究违法者、违约者或相关人的责任。责任法定原则的基本特点是法定性、合理性和明确性，即事先用成文的法的形式明确地规定法律责任，而且这种规定必须合理。责任法定原则否定和摒弃责任擅断、非法责罚等没有法律依据的行为，强调"罪刑法定主义""法无明文规定不为罪"，无法的授权的任何国家机关或社会组织都不能向责任主体认定和归结法的责任，国家机关和社会组织都不能超越权限追究责任主体的法律责任，国家机关和社会组织都无权向责任主体追究法律明文规定以外的责任，向公民、法人实施非法的责罚，任何责任主体都有权拒绝承担法律规定以外的责任，并有权在被非法责罚时要求国家赔偿，同时，责任法定原则也不允许法的类推适用，特别是在刑事领域。责任法定原则也否定和摒弃对行为人不利的溯及既往，强调"法不溯及既往"，国家不能用今天的法来要求昨天的行为，也不能用新法来制裁人们根据旧法并不违法的先前的行为，不能以法有溯及既往的效力为由而扩大制裁面、加大制裁力度。[1]

（二）因果关系原则

在认定和追究法律责任时，必须首先考虑因果关系，即引起与被引起的关系，具体包括：其一，人的行为与损害结果或危害之间的因果关系，即人的某一行为是否引起了特定的物质性或非物质性的损害结果或危害结果。其二，人的意志、心理、思想等主观因素与外部行为之间的因果关系，即导致损害结果或危害结果出现的违法行为或违约行为是否为由行为人主观意志支配下的外部客观行为的结果。在认定和归结法律责任时，不仅要确认违法行为或违约行为引起了损害结果或危害结果，而且要确认这一违法行为或违约行为与其引起的损害结果或危害结果有内在的、直接的、逻辑的联系。这种因果关系表现在存在的客观性、因果的顺序性、作用的单向性、内容的法定性等方面。

（三）责任相当原则

责任相当原则是公平理念在归责问题上的具体体现，其基本含义为法律责任的大小、处罚的轻重应与违法行为或违约行为的轻重相适应，做到"罪责均衡""罚当其罪"。责任相当原则基于实现立法目的的需要，通过惩罚违法行为人或违约行为人，发挥法的积极功能，教育违法、违约者和其他社会成员，从而有利

---

〔1〕　参见沈宗灵主编：《法理学》，高等教育出版社 2009 年版，第 347 页。

于预防违法行为、违约行为的发生。责任相当原则包括以下几个方面：其一，法律责任的性质与违法行为或违约行为的性质相适应；其二，法律责任的种类和轻重与违法行为或违约行为的具体情节相适应；其三，法律责任的轻重与行为人的主观恶性相适应。国家机关和社会组织在认定和归结法律责任时，都应该坚持这"三个适应"，全面衡量，不应偏废。

（四）责任自负原则

现代社会每个人都是独立的个体，有独立的法的地位，因此在归责问题上要求遵循责任自负原则。凡是实施了违法行为或违约行为的人，都应对自己的违法行为或违约行为负责，必须独立承担自己的责任；同时，没有法的明文规定不能让没有违法、违约行为的人承担法律责任，国家机关或其他社会组织，不得没有法的依据而追究与违法行为者或违约行为者虽有血缘关系而无违法行为或违约行为人的责任，防止株连或变相株连。当然，责任自负也不是绝对的，在某些特殊的情况下，为了社会利益保护的需要，会产生责任转移承担问题，如监护人对被监护人、担保人对被担保人承担替代责任。[1]

三、公务员与法律责任

公务员是各种法律的综合调整对象，《公务员法》和其他法律为公务员及其活动赋予了各种权利，设定了各种义务，如果违法，就会引起相应的法律后果，承担法律责任。公务员的法律责任与他特殊的法律身份相联系。

（一）公务员的双重身份与法律责任

公务员具有公民和公务人员双重法律身份，基于不同法律身份实施的行为，其性质和责任承担方式存在不同。任何一个国家的公务员首先是该国公民。作为公民，其以个人名义实施的行为是个人行为，不代表国家，由此产生的法律后果由其自己承担。但公务员不同于一般公民，他肩负着国家公权力的行使，享有从事公务活动的法律资格。当他按照法定的条件和程序，在法定范围内从事公务活动的时候，其代表的是国家，其所引起的法律效果应该归属于国家，这种责任是公务责任，由公务员所归属的行政机关承担。公务员在特定的时间、地点和条件下只能以一种身份实施一种性质的行为，然而，实践中有时又会产生身份与行为相交错的情况，因此，区分公务行为与个人行为，区分机关过错和个人过错是划分个人责任与公务责任的基础。

（二）公务员法律责任的基本形式

对公务员的管理涉及多种法律，按照其所承担的法律责任形式我们可以将公

---

〔1〕　参见张军主编：《法理学》，中国民主法制出版社 2014 年版，第 130 页。

务员法律责任分为三种基本形式：刑事责任、民事责任、行政责任。

公务员以公民身份实施的个人违法行为所应承担的个人法律责任包括下面三种：其一，以公民身份参与民事活动，违反合同或者不履行其他义务，损害国家的、集体的财产，侵害他人财产、人身的，应当依民事法律规定承担民事责任。其二，公务员个人行为违反刑事法律规范，侵犯了《刑法》所保护的社会关系和社会秩序，应当依刑事法律规定承担刑事责任。其三，当公务员作为行政管理相对方时，其行为违反了特定的行政法律、法规，承担行政违法责任。公务员违法行为承担的民事责任、刑事责任、行政责任，适用于公民一般行为的法律调整规则，因而不是公务员法学研究的重点。

公务员以公务人员身份实施的公务违法和部分公务不当行为，应承担公务法律责任。公务法律责任主要包括：其一，公务员执行公务活动违反行政法律规范，损害行政法保护的个人、组织的合法权益或国家、社会公益，依行政法规定承担行政责任。其二，公务员在执行公务中有职务犯罪行为，依刑事法律规定承担刑事责任。我们重点探讨的是公务员的公务责任。

第二节　公务员的民事责任

一、公务员民事责任概述

公务员民事责任是指公务员以公民身份参与民事活动，违反合同或者不履行其他义务，损害国家的、集体的财产，侵害他人财产、人身的，依照民法规定承担民事责任。公务员民事责任的法律特征是：

第一，民事责任是民事主体违反民事法律的后果，违反民事法律也就是民事违法。民事法律规范，如同其他法律规范一样，包括权利性规范和义务性规范，即规定着主体的权利和义务，既然民事违法行为是不履行民事义务的行为，民事责任也就是不履行民事义务的法律后果。[1]因此，民事责任以民事义务为前提，民事义务是民事责任的基础，没有民事义务就没有民事责任。民事责任的特点是受民事义务的制约。

第二，民事责任具有强制性。强制性是一切法律责任共有的特征，民事法律

---

〔1〕 民事违法行为均会引起民事责任，但如果不履行义务的当事人自愿在不直接运用国家强制力，即不通过诉讼的情况下向对方当事人承担民事责任，就说不上受到制裁，换言之这种平等当事人之间发生的关系，就说不上谁制裁谁。关于民事责任与民事制裁的关系，可参见梁慧星：《民法总论》，法律出版社2004年版，第82~86页。

责任也不例外。在民事责任中强制性表现为：当违法行为人不能自觉承担民事责任时，人民法院可以强制不履行民事义务的人承担民事责任，人民法院追究民事违法行为人的民事责任，也就是对其进行民事制裁。但是，它的强制性还往往仅是一种"可能性"，因为许多民事纠纷的解决不一定都要求国家相应的权力机关的干预，可以不经诉讼程序，而直接由当事人在法律和政策允许的范围内自愿和解，自行处理。但应该看到，义务人自觉承担民事责任，也是受到国家强制力威慑的结果。

第三，民事责任主要是财产责任。由于民法主要是调整平等主体之间的财产关系，在民事活动中，违反民事义务的行为往往与财产损害有关，行为人需要用自己的财产对其行为的后果负责，这就决定了民事责任主要是具有经济内容的财产责任。但是，由于民法同时也调整一定的人身关系，这些人身关系受到破坏时，违法行为人仅以财产来承担责任，是不能或不能完全使权利人的合法权益受到保护、使不法行为后果得以矫正的，违法行为人还必须承担某些非财产责任，如赔礼道歉、消除影响、恢复名誉等。

二、公务员民事责任类型

民法规定了承担民事责任的具体形式。它体现了国家对违法行为人采取的制裁及对受侵害权利人的救济，是法院保护民事权利的具体方法和制裁违法行为的具体措施。承担民事责任的主要方式包括：停止侵害，排除妨碍，消除危险，返还财产，恢复原状，修理、重作、更换，赔偿损失，支付违约金，消除影响、恢复名誉，赔礼道歉等，以上可以分别适用，也可以合并适用。[1]

（一）停止侵害

即责令违法行为人立即停止或请求人民法院制止正在实施的侵害行为，以避免损害后果的发生或扩大。这种方式主要适用于侵权行为，特别适用于对相邻权、人身权和知识产权的侵害，是一种最基本的侵权民事责任形式，例如，我国《商标法》第60条规定，对侵犯注册商标专用权的，应"责令立即停止侵权行为"。

（二）排除妨碍

权利人在其行使权利受到他人不法阻碍或妨害时，可要求侵权人排除或请求人民法院强制排除妨碍，以保障权利正常行使，这种方式主要适用于物权的保护，例如，在道旁堆放物料，影响他人通行，妨碍他人行使通行权的，应将障碍

---

〔1〕　公务员民事责任是指公务员以公民身份参与民事活动所承担的民事责任，相对行政责任和刑事责任来讲，公务员民事责任不是公务员法律责任研究的重点。

除去，即属于排除妨碍的责任。

（三）消除危险

行为人的行为对他人人身或财产具有危险时，如果当事人拒绝自动消除危险，利害关系人有权请求人民法院责令行为人消除。此项责任形式的目的，在于防止危害行为或危险源的扩大或再发生。责任的成立以危险的存在为条件，而不以造成实际损害为条件。

（四）返还财产

即将非法占有的财产归还给财产的所有人或合法占有人，以回复到权利人合法占有的状态。侵占国家、集体的财产或者他人财产的，应当返还财产。返还财产只适用于非法占有人，返还时，原物的孳息必须同时返还，如原物已由非法占有人转让给第三人，则要根据第三人占有的具体情况作出适当处理，尤其要注意保护善意第三人利益，以维护交易的安全。

（五）恢复原状

当财产被损坏或被改变但有复原的可能时，受害人可请求回复到原有状态，恢复原状也是以回复权利的原来状态为目的，因而都属于回复性责任措施，且都适用于财产权被侵害的情形。

（六）修理、重作、更换

这是一种违约责任，即在合同关系中，债务人如果没有按约定的质量、规格、型号交付标的物，则应依约或按债权人的请求对标的物进行缺陷修补、重作或予以更换。修理、重作、更换分别适用于标的物瑕疵的不同情状，修理、重作、更换的费用，由过错方承担。

（七）赔偿损失

在违法行为给他人造成财产或精神上的损失时，行为人应以相应数额的财产给予受害人补偿。这种责任形式既适用于物质损害赔偿，也适用于精神损害赔偿。该项责任形式以违法行为造成实际损害为适用前提，责任人的赔偿范围须与受害人的损失范围相当。

（八）支付违约金

这是一种违约责任。即当事人违反合同时，依法律规定或依合同约定，由违约一方向另一方给付一定数额金钱，支付违约金不以造成经济损失为条件，只要违约，就应支付。

（九）消除影响、恢复名誉

自然人或法人的人格权受到不法侵害时，可要求侵害人或诉请人民法院强制在侵害影响所及的范围内以一定方式消除受害人人格权所遭受的不良影响，以恢复其受损的名誉。此项责任形式并无财产内容，亦不具有经济补偿的性质，属于一种非财产责任形式，主要适用于侵害自然人、法人人格权的行为，《民法典》第995条规定，人格权受到侵害的，受害人有权依照本法和其他法律的规定请求行为人承担民事责任。受害人的停止侵害、排除妨碍、消除危险、消除影响、恢复名誉、赔礼道歉请求权，不适用诉讼时效的规定。

（十）赔礼道歉

赔礼道歉是指责令违法行为人向受害人公开认错、表示歉意，主要适用于侵害人格权的情况。当自然人或法人的人格权受到不法侵害时，对于情节轻微者，受害人可要求侵害人或请求人民法院强制侵害人当面承认错误和表示歉意。此项措施也是一种非财产责任形式。[1]

三、公务员民事法律责任的认定和追究

法律责任的认定和追究是指对法律责任的构成要件或归责条件的运用，也就是通常所讲的适用法律或执行法律的过程，它是由特定的国家机关根据法律规定的追究法律责任应具备的条件，确认某种行为应承担何种法律责任的过程。

民事法律责任是由违法行为引起的，因此民事违法行为的四个构成要件当然是法律责任的归责基础。在一般情况下，民事法律责任的认定应坚持过错责任原则，这是各国立法的通例，但在某些情况下，致人损害的一方即使没有过错，根据法律规定也应承担法律责任，这种不以行为人的主观过错作为归责条件的，称为无过错责任。无过错责任是随着科学技术和工业现代化生产的迅速发展而产生的，尤其是高度危险作业的兴起，可能给他人造成损害的事故和公害增多，而要判明事故的因果关系和受害人有过错往往很困难。在这种情况下，如果一概依过错责任原则来处理，受害人往往得不到应有的保护和补偿，也不利于从事高度危险业务的人员增强责任心和防止损害事故的发生，因而不利于社会的稳定和发展。为此，世界各国民事立法相继规定了无过错责任，作为对过错责任的补充。[2]

在某些情况下，民事违法行为是否引起民事法律责任，还取决于法律程序的有关规定，对于法律明确规定的"不告不理"或"告诉才处理"的行为，如果没有被害人或有关人的起诉，或者起诉后在法定期限内又撤诉，则该违法行为就不会现实地构成法律责任，对于超过诉讼时效的民事案件一般也不再追究行为人的法律责任。

---

〔1〕　王利明等：《民法学》，法律出版社2005年版，第171页。

〔2〕　参见王利明等：《民法学》，法律出版社2005年版，第167～168页。

第三节　公务员的行政责任

一、公务员的行政责任概述

行政责任，亦称行政法律责任。对"行政责任"一词的含义有广、狭义两种理解。广义说认为，行政责任指行政法律关系当事人违反行政法律规范应该承担的法律后果，既包括作为行政管理方的国家行政机关及其公务人员不履行法定职责依法承担的法律责任，又包括作为被管理方的公民、法人和其他组织违反行政法律规范引起的法律后果。狭义说认为，行政责任仅指行政机关及其公务人员因违法行使行政职权而应承担的法律责任。本节说的行政责任是指后一种理解。[1]

（一）行政责任的特征

行政责任不同于道义责任，也不同于其他法律责任，它具有以下特征：

第一，行政责任是一种法律责任。行政责任不是基于道义或约定而产生，而是由法律（行政法）单方设定，与违宪责任、民事责任、刑事责任相并列的一种法律责任。[2]

第二，行政责任是行政违法或行政行为不当而引起的法律后果，它是基于行政法律关系而产生的。

第三，行政责任是独立的法律责任。它所依据的法律规范、内容、形式及承担的条件都与其他法律责任不同，行政责任不能代替其他法律责任，也不能被其他法律责任所替代。

（二）行政责任构成的条件

公务员行政责任的构成是指由公务员法或其他法律、法规规定的公务员承担法律责任必须具备的主观和客观条件，主要有：

第一，公务员在公务活动中实施了行政违法或明显不当的行为。如果公务员仅有某种不符合行政法律规范要求的思想活动，不构成行政违法，当然也不会引起行政责任。

第二，侵犯了行政法所保护的社会关系，对社会有一定的危害性。对于绝大多数行政责任行为来说，侵犯了行政法所保护的公民、法人、其他组织的合法权益或者国家、社会公益，造成损害是行政责任的归责条件之一。损害包括人身损

---

[1]　参见胡正旭：《公务员法律责任认定》，兰州大学出版社2008年版，第22页。

[2]　应松年主编：《行政法学新论》，中国方正出版社2004年版，第416页。

害、财产损害、精神损害及其他方面的损害。对于某些行政责任的追究，并不要求危害结果的发生，只要实施了法律所禁止的行为，就要追究行政责任。

第三，损害事实和行政违法、不当行为之间有因果关系。行政违法或不当行为是因，损害事实是果，二者在时间上前后相继，空间上相互作用，违法、不当行为作用并导致损害结果的必然发生。

第四，公务员主观上有过错。在一般情况下，公务人员在主观上对自己的行为及其所造成的损害有过错（故意或过失），是承担行政法律责任的主观要件。但随着近现代科学技术和社会化大生产的发展，危险增加，意外事故增多，难以确定侵害人在主观上的过错，也规定了"无过错责任"，作为过错责任的补充。

需要指出的是，公务员行政责任构成要件是一个有机整体，不是各自孤立存在的。有权机关在确定公务员行政责任时，必须全面考察。不具备法律规定的归责条件，不能追究行政法律责任。[1]

二、公务员行政责任的主要类型

绝大多数公务员执行职务的行为是具体行政行为，具体行政行为违法或明显不当，要负行政责任。内部具体行政行为违法或失当，应负内部行政责任。如对任用，考核，奖惩，调动，变更公务员职务、工资福利等方面的违法或失当行为，有权机关可以撤销其决定，对负有主要或直接责任的公务员给予批评教育，对情节严重的给予行政处分。外部具体行政行为违法或不当，如滥用权力、侵犯公民或组织的合法权益、行政处理决定超越法定权限、行政处罚显失公正、拒不履行法定义务等行为，都是应当承担行政责任的行为。羁束行为违反羁束性行为规范即为行政违法，应负行政责任。自由裁量行为，在自由裁量幅度范围内，只产生适当与否问题，只有明显不当才负行政责任。公务员非公务行为属于其个人行为的，不属于公务责任中的行政责任。就专门行政机关及其公务员依法定权限制定公务规则（行政法规、规章等）的抽象行为而论，根据我国宪法、有关国家机关组织法、行政诉讼法等法律规定，国务院制定的同宪法相抵触的行政法规及其他规范性文件属于违宪行为，负违宪责任；国务院各部委发布的不适当的命令、指示、规章，地方各级行政机关发布的不适当的决定、命令，上级行政机关或同级权力机关有权予以撤销。而对公务员参与制定公务规则的行为一般不作为行政责任行为。此外，公务员的行为违反程序法或实体法都应负行政法律责任。[2]

---

〔1〕　有的学者就认为行政责任只是行政机关对行政相对人违反行政行为所追究的法律责任。参见［苏］
　　　　B. M. 马诺辛等著，黄道秀译：《苏维埃行政法》，群众出版社1983年版，第209～210页。
〔2〕　参见胡正旭：《公务员法律责任认定》，兰州大学出版社2008年版，第36～41页。

行政法律责任旨在控制行政违法。一种行政违法行为发生后，行政法面临解决两个问题：一是如何惩罚教育违法行为人，二是对行政违法行为的对象如何实施补救。法律面临的两大问题，引出行政责任的两项内容：一是对行为人的惩罚，二是对行为对象的补救。因此，行政责任可分为两大类：惩罚性行政责任和补救性行政责任。

（一）惩罚性行政责任

惩罚性行政责任的主要形式有通报批评、行政处分、行政处罚等。

1. 通报批评。这是非财产内容的精神上的惩罚，不直接涉及被惩罚人的实体权利或义务，但可以起到警戒或教育的作用。这种形式既适用于行政机关也适用于公务员。

2. 行政处分。这是公务员行政责任最主要的一种形式，是行政机关对隶属于它的犯有轻微违法或违纪行为的公务员的一种制裁性处理。我国行政处分的形式有一个演变的过程。1952 年《国家机关工作人员奖惩条例》规定了六种处分形式，即警告、记过、降级、降职、撤职、开除。1957 年经全国人大常委会批准，国务院发布的《关于国家行政机关工作人员的奖惩暂行规定》规定了八种行政处分的形式，即警告、记过、记大过、降级、降职、撤职、开除留用察看和开除。《国家公务员暂行条例》（1993 年）第 33 条规定行政处分的形式是警告、记过、记大过、降级、撤职、开除，取消了"降职"和"开除留用察看"两种处分形式。现行《公务员法》继受了《国家公务员暂行条例》（1993 年）的规定。第 62 条规定："处分分为：警告、记过、记大过、降级、撤职、开除。"

（1）警告。警告是对具有轻微违纪行为的公务员进行的一种申戒和精神上的惩罚，使其引起注意和警惕。《公务员法》并没有明确规定警告适用的情况。实践中，警告一般适用于违纪行为情节轻微，社会危害小的情形。

（2）过、记大过。记过和记大过是通过记录过错而使公务员承担一定的物质和精神惩罚的处分形式，重于警告但又轻于降级、撤职和开除。

（3）降级。降级是降低公务员现有级别的一种行政处分形式。我国公务员共有 27 个级别，给予国家公务员降级处分，一般降低一个级别。

（4）撤职。撤职是撤销公务员现任职务的一种行政处分，适用于违纪情节严重、给国家和人民利益造成重大损失或严重后果的公务员。给予国家公务员撤职处分，在撤销原职务的同时降低级别和职务工资档次。公务员职务为办事员的，可给予降级处分。

（5）开除。开除是指对现职公务员进行除名，使其不再具有公务员身份的一种行政处分。开除是最严厉的一种行政处分，只适用于违纪行为足以表明其丧失担任公务员基本资格条件的情况。如国家公务员的行为已构成犯罪被司法机关定罪判刑，已被剥夺政治权利的等。国家公务员被开除以后，不得录用为公务员。根据《公务员法》第 26 条，被开除公职的，不得录用为公务员。给予国家公务员开除处分，自处分之日起，解除其与国家行政机关的人事行政关系。

3. 行政处罚。具体指特定的行政机关或法定授权组织、行政委托组织依法对违反行政管理秩序但尚未构成犯罪的个人或组织予以制裁的行政行为。[1]

（二）补救性行政责任

补救性行政责任的形式主要有：承认错误、赔礼道歉；恢复名誉、消除影响；履行职务；撤销违法行政行为；纠正不当；返还权益；行政赔偿等。

补救性行政责任的主体是行政机关，先由公务员所代表的行政机关承受，然后行政机关根据公务员个人的过错程度，追究后者的行政责任。如行政赔偿后，先由公务员所代表的行政机关赔偿，然后由行政机关向有故意和重大过失的公务员追偿，根据其过错程度，责令其承担已赔偿的全部或部分款项。如《拍卖法》第 59 条规定："国家机关违反本法第九条的规定，将应当委托财产所在地的省、自治区、直辖市的人民政府或者设区的市的人民政府指定的拍卖人拍卖的物品擅自处理的，对负有直接责任的主管人员和其他直接责任人员依法给予行政处分，给国家造成损失的，还应当承担赔偿责任。"

三、公务员行政责任的认定和追究

行政责任是行为人行为违法或不当所引起的一种法律后果，是行为人（责任者）必须履行的一种消极性义务。行为人承担行政责任有两种方式：一是主动履行，如主动赔偿、主动返还权益；二是被动履行，即由其他有权机关作出一项决定强制其履行，如法院判决行政机关赔偿。前种方式称为履行责任，后种方式则称为追究责任。[2]

对行政机关行政责任的追究由权力机关、人民法院、上级行政机关依法定权限进行。对公务员的行政责任，权力机关与司法机关都不能直接追究。由人民代表大会及其常务委员会选举、任命的公务员严重违法乱纪，不适合担任现任职务的，由本级人民代表大会予以罢免，通常称之为追究违宪责任。人民法院在审理行政案件中发现行政机关公务员违纪方面的问题，应及时向公务员所在的行政机关或上一级行政机关，或监察、人事机关提出司法建议。

公务员的行政责任由国家行政机关追究。各级行政机关有权对本机关内的公

---

〔1〕 参见应松年主编：《行政法学新论》，中国方正出版社 2004 年版，第 258 页。

〔2〕 参见应松年主编：《行政法学新论》，中国方正出版社 2004 年版，第 420 页。

务员追究行政责任，如命令公务员向对方赔礼道歉，对不履行法定职责的公务员责令其履行。给予公务员行政处分，依法分别由任免机关或监察机关决定；其中给予开除处分的，要报上级主管部门备案；县级人民政府各部门开除国家公务员，必须报县级人民政府批准。监察机关根据法律、法规的授权，对违反国家有关法律、法规的规定取得非法收入的公务员，在给予撤职以下行政处分的同时，还可以给予没收、追缴、责令退赔等行政处罚。监察机关对公务员失职或行使职权不当，已经给国家利益和公民合法权益造成损害，需要采取补救措施的，有权作出监察决定，要求该公务员采取必要的补救措施。

在追究公务员行政责任时，不仅要考察行为侵害的行政法律责任的客体、后果、情节和行为人的态度，还要正确区分个人过错与机关过错，才能作出恰当公正的处理。个人过错与机关过错相交织导致损害结果发生的情况，主要有以下几种：

第一，公务员的违法行为是由于执行所在机关或上级机关的指示、命令所致。公务员代表行政机关进行行政管理，根据依法行政原则，公务员必须奉公守法，依法执行公务；根据行政级别，公务员必须服从领导，听从指挥，执行命令。如果指示、命令违法要不要执行？如何划分个人责任和机关责任？法国行政法的判例主张，公务员原则上必须服从上级命令，如果上级命令明显违法时，例如上级命令违反刑法规定或造成严重损害后果时，不应当服从。刑事法院也认为，下级公务员的行为违反刑法时不能援引服从上级命令而免除责任。[1]

根据我国《宪法》和有关法律的规定，处理这一问题必须坚持以下原则：首先，维护宪法和法律的权威和尊严。我国《宪法》第5条规定："一切国家机关和武装力量、各政党和各社会团体、各企业事业组织都必须遵守宪法和法律。一切违反宪法和法律的行为，必须予以追究。任何组织或者个人都不得有超越宪法和法律的特权。"根据这一宪法原则，公务员对上级违法命令应拒绝执行。如果公务员明知上级命令违法而执行，此种情况下，机关过错与公务员个人过错并存，应同时追究命令机关和公务员的责任。其次，依法提出批评建议。《公务员法》第60条规定："公务员执行公务时，认为上级的决定或者命令有错误的，可以向上级提出改正或者撤销该决定或者命令的意见；上级不改变该决定或者命令，或者要求立即执行的，公务员应当执行该决定或者命令，执行的后果由上级负责，公务员不承担责任。"根据该规定，公务员有服从领导、执行命令的义务，同时又有对任何机关及其领导人员提出批评和建议的权利。公务员认为上级命令

---

〔1〕　参见王名扬：《法国行政法》，中国政法大学出版社1988年版，第287页。

属一般违法或不当，应当向命令机关提出撤销或纠正建议，如果命令机关坚持原意见，公务员有服从的义务，此时过错为机关过错，原则上由命令机关单独承担责任。如果公务员认为上级命令违反《刑法》或执行后将造成严重后果，应依《宪法》和行政机关组织法规定，向命令机关的上级行政机关和权力机关报告。公务员在履行报告义务期间对不执行命令行为不负责任。最后，公务员职务活动触犯刑法实行"罪责自负"。《公务员法》第60条规定："……公务员执行明显违法的决定或者命令的，应当依法承担相应的责任。"公务员执行明显违法命令属于公务员本人过错，不能以上级命令违法为由免除法律责任。

第二，公务员职务违法行为是由于行政制度不健全、组织管理不善、工作人员职责权限不清所致。按照法国行政法理论，行政活动组织不良、管理不善属于公务过错，公务员因此产生的违法侵权，既不对受害人负赔偿责任，也不对行政主体负赔偿责任。受害人只能向法院追诉行政机关的责任。但公务员在执行公务中违反合理注意义务，极端粗暴疏忽，达到"重过错"程度，应该承担责任。[1]

我国行政法律制度仍在不断完善，难免出现法制建设滞后甚至暂时空白的情况，因此由于制度不健全、组织管理不善导致公务员违法，不应该追究公务员行政责任。但公务员有权利也有义务对行政管理的漏洞和弊病提出批评和建议。

第三，公务员职务违法行为因行政决策、决定本身不明确，使公务员理解错误导致损害结果发生。法律要求行政机关及其公务员在行使权力、执行职务时，必须注意采取不侵害或不加重侵害公民权利的措施。一个具体行政行为，往往分为作出决定、决策和具体执行两个阶段。决定、决策往往由行政机关作出，具体执行者是普通公务员。如果由于行政决定本身的原因，如用词含糊不清，容易产生歧义，决定的标准、尺度不易把握，公务员因为理解错误而产生侵权行为，不应归责于公务员，而应由作出行政决定的行政机关承担侵权责任。这种情况的例外是，公务员严重违反注意义务，在有充分事实证明他没有认真对待问题的情况下才承担责任。

第四节　公务员的刑事责任

一、公务员刑事责任概念

公务员刑事责任是指对公务员因有与其职务相关的犯罪行为给予的制裁。公务员职务犯罪是指公务员在公务活动中违反刑事法律构成犯罪的行为应负的刑事

---

〔1〕　参见王名扬：《法国行政法》，中国政法大学出版社1988年版，第747页。

责任。[1]倘若公务员的违法违纪行为已经触犯了刑法，则将受到刑事制裁，因此，在各国公务员法有关惩戒的内容中，往往都有行政处分与刑事制裁之间的衔接的规定。对此，大多数国家都实行"刑事先行"原则，即在追究公务员违法违纪责任时，如果发现行为已经构成犯罪，就移送司法机关先行处理。[2]我们所说的这部分法律责任是指与公务员职务活动有关的法律责任，如公务员利用职权为他人谋取不正当利益而收受贿赂的行为，公务员徇私舞弊、滥用职权的行为等。

（一）一般刑事责任与公务员刑事责任的区别

公务员与行使职权无关的行为，如公务员的杀人行为，公务员进行走私活动等，虽然也会引起刑事责任，但两者有区别：

第一，行为时的身份不同。公务员职务犯罪时其身份是在国家行政管理活动中享有行政职权和负有特定义务的公务人，公务员个人犯罪时其身份是普通公民。

第二，公务员职务犯罪与行使职权密不可分，是利用职务上的便利实施的犯罪行为。例如利用经济活动的管理权、各类项目的审批权和人事管理权等，进行权钱交换，而个人行为违法犯罪和公务活动及行使职权没有必然联系。

第三，追究责任的机关有所不同。查处公民个人刑事责任一般由公安机关立案侦查，而查处公务员职务犯罪由检察机关立案侦查。[3]

（二）公务员刑事责任的特征

第一，承担刑事责任的根据是严重的职务违法行为，是由犯罪行为所引起的法律后果。公务员的一般职务违法行为，若不触犯刑法，则不承担刑事责任，而是承担相应的行政责任。如贪污行为，如果公务员贪污数额小不构成犯罪，就给予行政处分。同样，当公务员的玩忽职守行为轻微，没有造成严重的社会后果的，也可以不追究刑事责任。

第二，刑事责任是公务员法律责任中最严厉的一种。公务员所承担的行政责任和纪律责任也只不过是警告、记过、记大过、降级、撤职和开除等。而刑事责任的形式则要严厉得多，如有死刑、无期徒刑、有期徒刑等。

第三，刑事责任具有不可替代性和法定性。这里的不可替代性指的是公务员

---

[1]　政府的法律责任能否成立，牵涉到法人是否承担刑事责任的问题。我国在 20 世纪 80 年代中期才开始研究法人犯罪问题。1987 年的《中华人民共和国海关法》第一次在立法上承认单位犯罪。1997年《刑法》单列一节规定了单位犯罪。

[2]　参见应松年主编：《公务员法》，法律出版社 2010 年版，第 235 页。

[3]　参见张明楷：《刑法学》，法律出版社 2007 年版，第 200～204 页。

刑事责任只能由其本人承担，不能由他人或组织代替承担。刑事责任的法定性表现为严格按照罪刑法定原则办事，犯什么罪，承担怎样的罪名，负多大的刑事责任应当根据相应的法律确定。

二、公务员刑事责任的类型

在我国现行刑法典中，公务员行使职务犯罪大约有 46 个罪名，根据公务员行使职务犯罪的客观行为的表现形式不同，公务员行使职务犯罪可以分为贪污贿赂型犯罪、失职渎职型犯罪、侵权型犯罪，贪污贿赂型犯罪违反的是国家公务员职务行为的廉洁性和公共财物的所有权，包括贪污罪、挪用公款罪、受贿罪、单位受贿罪、巨额财产来源不明罪、隐瞒境外存款罪、私分国有资产罪、私分罚没财物罪等；失职渎职型犯罪违反的是国家机关工作人员职权行为的正当性，包括滥用职权罪，故意泄露国家秘密罪，徇私枉法罪，民事、行政枉法裁判罪，执行判决、裁定滥用职权罪，枉法仲裁罪，私放在押人员罪，徇私舞弊减刑、假释、暂予监外执行罪，徇私舞弊不移交刑事案件罪，滥用管理公司、证券职权罪，徇私舞弊不征、少征税款罪，徇私舞弊发售发票、抵扣税款、出口退税罪，违法提供出口退税凭证罪，违法发放林木采伐许可证罪，违法批准征用、占用土地罪，非法低价出让国有土地使用权罪，放纵走私罪，商检徇私舞弊罪，动植物检疫徇私舞弊罪，放纵制售伪劣商品犯罪行为罪，办理偷越国（边）境人员出入境证件罪，放行偷越国（边）境人员罪，不解救被拐卖、绑架妇女、儿童罪，阻碍解救被拐卖、绑架妇女、儿童罪，帮助犯罪分子逃避处罚罪，招收公务员、学生徇私舞弊罪等；侵权型犯罪侵犯的是公民的人身权，包括非法拘禁罪、非法搜查罪、刑讯逼供罪、暴力取证罪、虐待被监管人罪、报复陷害罪、破坏选举罪等。

基于以上分类，本节重点讨论以上三种严重意义的公务员职务犯罪的刑事责任。

（一）贪污贿赂型职务犯罪的刑事责任

贪污贿赂型犯罪是指："国家工作人员或国有单位实施的贪污、受贿等侵犯国家廉政建设制度，以及其他人员或单位实施的与受贿具有对向性或撮合性的情节严重的行为。"[1] 贪污贿赂犯罪在客观行为上侵犯了国家的廉政建设制度。该类型的犯罪具有以下特征：①该类罪主体特殊且复杂。从单位犯来看，既有纯正的单位犯罪，如私分国有资产罪、私分罚没财物罪，又有一般的单位犯罪，还有专以国有单位为主体的犯罪。从自然人方面来看，大多数是国家工作人员，其次是与受贿具有关联关系的一般主体。②该类罪在主观方面均是故意犯，不存在过

---

［1］　高铭暄、马克昌主编：《刑法学》，中国法制出版社 2007 年版，第 751 页。

失犯罪。③该类罪侵犯的客体是国家的廉政建设制度。随着市场经济的发展，由于各种因素的影响，有些国家工作人员没能抵制住诱惑，以权谋私、贪污腐化，损害了党和政府在公民心中的形象，妨害了廉政建设，危及国家社会主义建设。④该类罪在客观方面是侵犯国家廉政建设制度的行为。

我们可以将该类罪分为三个小类：一是国家工作人员利用职务之便，贪污、受贿、挪用资金。如贪污罪、受贿罪和挪用公款罪；二是虽未利用职务之便，但与其特定身份有关，如巨额财产来源不明罪、隐瞒境外存款罪；三是与国家工作人员受贿具有关联的，如行贿罪、介绍贿赂罪等。

我国《刑法》对贪污贿赂类犯罪规定了较重的刑事责任，第382～396条分别规定了该类犯罪的构成要件和刑事责任。如第383条第1、2款规定，对犯贪污罪的，根据情节轻重，分别依照下列规定处罚：①贪污数额较大或者有其他较重情节的，处3年以下有期徒刑或者拘役，并处罚金。②贪污数额巨大或者有其他严重情节的，处3年以上10年以下有期徒刑，并处罚金或者没收财产。③贪污数额特别巨大或者有其他特别严重情节的，处10年以上有期徒刑或者无期徒刑，并处罚金或者没收财产；数额特别巨大，并使国家和人民利益遭受特别重大损失的，处无期徒刑或者死刑，并处没收财产。对多次贪污未经处理的，按照累计贪污数额处罚。第395条第1款规定，国家工作人员的财产、支出明显超过合法收入，差额巨大的，可以责令该国家工作人员说明来源，不能说明来源的，差额部分以非法所得论，处5年以下有期徒刑或者拘役；差额特别巨大的，处5年以上10年以下有期徒刑。财产的差额部分予以追缴。

（二）失职渎职型职务犯罪的刑事责任

失职渎职型职务犯罪是指国家机关工作人员在公务活动中滥用职权、玩忽职守、徇私舞弊，妨害国家管理活动，致使公共财产或者国家与人民的利益遭受重大损失的行为。[1]该类型犯罪具有以下特征：①该类罪侵犯的客体是国家机关的正常管理活动。这里的"正常管理活动"是指法律法规规定的各级国家机关应当依法行使的管理职权。②该类罪在客观方面表现为玩忽职守、徇私舞弊、滥用职权并使公共财产、国家和人民利益遭受重大损失的行为。③该类罪的主体是特殊主体，即只有具有特定身份的人才能成为该类罪的主体。这里的特定身份是指国家机关工作人员，即各级国家机关中的公务人员。④该类罪在主观方面表现为有的是故意、有的是过失，故意与过失的具体内容因具体犯罪不同而不同。

根据《刑法》分则第九章的规定，可以将该类罪分为三种类型：一是一般

---

〔1〕　高铭暄、马克昌主编：《刑法学》，中国法制出版社2007年版，第776页。

国家机关工作人员的失职渎职罪，如滥用职权罪，故意泄露国家秘密罪等；二是司法工作人员失职渎职罪，如徇私枉法罪，私放在押人员罪等；三是特定机关工作人员的失职渎职罪，如徇私舞弊不征、少征税款罪，违法发放林木采伐许可证罪等。《刑法》就该类罪规定了较重的刑罚，如第 397 条规定，国家机关工作人员滥用职权或者玩忽职守，致使公共财产、国家和人民利益遭受重大损失的，处 3 年以下有期徒刑或者拘役；情节特别严重的，处 3 年以上 7 年以下有期徒刑。本法另有规定的，依照规定。国家机关工作人员徇私舞弊，犯前款罪的，处 5 年以下有期徒刑或者拘役；情节特别严重的，处 5 年以上 10 年以下有期徒刑。本法另有规定的，依照规定。第 399 条规定，司法工作人员徇私枉法、徇情枉法，对明知是无罪的人而使他受追诉、对明知是有罪的人而故意包庇不使他受追诉，或者在刑事审判活动中故意违背事实和法律作枉法裁判的，处 5 年以下有期徒刑或者拘役；情节严重的，处 5 年以上 10 年以下有期徒刑；情节特别严重的，处 10 年以上有期徒刑。在民事、行政审判活动中故意违背事实和法律作枉法裁判，情节严重的，处 5 年以下有期徒刑或者拘役；情节特别严重的，处 5 年以上 10 年以下有期徒刑。在执行判决、裁定活动中，严重不负责任或者滥用职权，不依法采取诉讼保全措施、不履行法定执行职责，或者违法采取诉讼保全措施、强制执行措施，致使当事人或者其他人的利益遭受重大损失的，处 5 年以下有期徒刑或者拘役；致使当事人或者其他人的利益遭受特别重大损失的，处 5 年以上 10 年以下有期徒刑。司法工作人员收受贿赂，有前三款行为的，同时又构成本法第 385 条规定之罪的，依照处罚较重的规定定罪处罚。

（三）侵权型职务犯罪的刑事责任

侵权型职务犯罪是指特定主体侵犯公民人身权利、民主权利的犯罪，即国家机关工作人员故意或过失侵犯公民的人身权利、民主权利，以及与公民人身权利有关的其他权利的行为。该类犯罪在客观方面表现为非法侵犯公民人身权利、民主权利的行为；侵犯的客体为公民的人身权利和民主权利，以及与人身有关的其他权利；主体为国家机关工作人员；主观方面表现为故意，即行为人明知自己的行为会发生侵犯公民人身权利、民主权利的危害结果，并且希望或放任这种结果的发生。该类犯罪具体包括非法拘禁罪、非法搜查罪、刑讯逼供罪、暴力取证罪、虐待被监管人罪、报复陷害罪、破坏选举罪等。

关于该类犯罪的处罚，我国《刑法》有明确规定。例如，第 238 条规定，非法拘禁他人或者以其他方法非法剥夺他人人身自由的，处 3 年以下有期徒刑、拘役、管制或者剥夺政治权利。具有殴打、侮辱情节的，从重处罚。犯前款罪，致人重伤的，处 3 年以上 10 年以下有期徒刑；致人死亡的，处 10 年以上有期徒刑。使用暴力致人伤残、死亡的，依照本法第 234 条、第 232 条的规定定罪处罚。为索取债务非法扣押、拘禁他人的，依照前两款的规定处罚。国家机关工作人员利用职权犯前三款罪的，依照前三款的规定从重处罚。第 245 条规定，非法搜查他人身体、住宅，或者非法侵入他人住宅的，处 3 年以下有期徒刑或者拘役。司法工作人员滥用职权，犯前款罪的，从重处罚。

三、公务员刑事责任的认定追究

公务员刑事责任是指公务员职务犯罪所承担的刑事责任，即公务员在执行公务过程中，实施了违反《刑法》的行为所必须承担的法律后果。这一后果多数由实施犯罪行为的公务员个人承担，行政机关一般只承担如罚金等少部分刑事责任。[1]公务员职务犯罪，是指"公务员利用职务上的便利，贪污受贿或者渎职侵权，破坏国家对职务行为的管理活动，致使国家和人民利益遭受重大损失的一类犯罪行为的总称。"[2]公务员职务犯罪具有以下特征：其一，从主体上看，公务员职务犯罪的主体均是特殊主体，即公务员。其二，从主观方面看，既有故意的也有过失的，但故意的占多数。其三，从客体上看，公务员职务犯罪侵犯的是复杂客体，既侵犯了公务员执行公务的廉政、勤政制度，又侵犯了公民财产权利、人身权利、民主权利等。其四，从客观方面看，根据公务员职务犯罪的特点可以将其分为三类：贪污贿赂型犯罪、失职渎职型犯罪、侵权型犯罪，这些犯罪共同的特征就是公务员都违反了职责规范、亵渎了权力。

公务员职务犯罪具有不可低估的危害性，德国法学家耶林说过：世上不法之事莫过于执法之人自己破坏法律。法律的看守人变成法律的杀人犯，犹如医生毒死病人，监护人绞杀被监护人，这是天底下最悖公理之事。由此，我们可以看出，公务员刑事责任的认定至关重要。

由公务员职务犯罪的类型，我们可以将公务员刑事责任的认定分为三类，即公务员贪污贿赂犯罪的刑事责任认定、公务员失职渎职犯罪的刑事责任认定以及公务员侵犯公民人身、财产、民主权利犯罪的刑事责任认定。因为每一种罪名《刑法》都规定了其具体的构成要件，因此，公务员职务犯罪刑事责任的认定就是依据《刑法》规定判断其是否符合该罪具体构成要件的过程。每一类罪名都有其共同的特征，在构成要件上均有相似之处，这在上文中已经提及，在此不再赘述。以贪污罪为例，《刑法》第 382 条规定，国家工作人员利用职务上的便利，侵吞、窃取、骗取或者以其他手段非法占有公共财物的，是贪污罪。受国家机

---

〔1〕　参见胡正旭：《公务员法律责任认定》，兰州大学出版社 2008 年版，第 88 页。

〔2〕　金波、梅传强主编：《公务员职务犯罪研究》，中国检察出版社 2008 年版，第 13 页。

关、国有公司、企业、事业单位、人民团体委托管理、经营国有财产的人员，利用职务上的便利，侵吞、窃取、骗取或者以其他手段非法占有国有财物的，以贪污论。与前两款所列人员勾结，伙同贪污的，以共犯论处。第383条规定，对犯贪污罪的，根据情节轻重，分别依照下列规定处罚：①贪污数额较大或者有其他较重情节的，处3年以下有期徒刑或者拘役，并处罚金。②贪污数额巨大或者有其他严重情节的，处3年以上10年以下有期徒刑，并处罚金或者没收财产。③贪污数额特别巨大或者有其他特别严重情节的，处10年以上有期徒刑或者无期徒刑，并处罚金或者没收财产；数额特别巨大，并使国家和人民利益遭受特别重大损失的，处无期徒刑或者死刑，并处没收财产。对多次贪污未经处理的，按照累计贪污数额处罚。犯第1款罪，在提起公诉前如实供述自己罪行、真诚悔罪、积极退赃，避免、减少损害结果的发生，有第1项规定情形的，可以从轻、减轻或者免除处罚；有第2项、第3项规定情形的，可以从轻处罚。犯第1款罪，有第3项规定情形被判处死刑缓期执行的，人民法院根据犯罪情节等情况可以同时决定在其死刑缓期执行2年期满依法减为无期徒刑后，终身监禁，不得减刑、假释。第382条明确规定了贪污罪的构成要件以及以贪污罪论处的情形，第383条紧接着规定了犯贪污罪应受到的刑事责任。联系《刑法》总论的规定，贪污罪的犯罪构成包括：其一，从主体上看，贪污罪的主体是特殊主体，即只能是国家工作人员。其二，从主观方面看，贪污罪的主观方面只能是出于直接故意，且具有非法占有公共财物的目的。其三，从客体上看，其既侵犯了公共财产的所有权，又侵犯了国家工作人员职务的廉洁性。其四，从客观方面看，贪污罪表现为利用职务便利，采取侵吞、盗取或者其他手段非法占有公共财产的行为。我们在认定贪污罪时就是从这四个构成要件来判断其是否为贪污罪，然后再根据《刑法》规定追究其相应的法律责任。

第四篇　公务员监控法

第十三章　公务员监控法概述

监控从本意上讲，就是监督、控制。公务员监控法是公务员依法履行公务行为必不可少的条件。最大限度地行使人民赋予的行政权以实现人民的意志，是行政机关及其公务员最起码的义务。为人民执法，让人民满意，是行政机关及其公务员的基本宗旨。为此，公务员必须自觉地接受人民的监控以免滥用权力，从而公正行使行政权，维护人民的利益。"爱好权力，犹如好色，是一种强烈的动机，对于大多数人的行为所产生的影响往往超过他们自己的想象。因此可以这样说：产生最好效果的伦理是一种对爱好权力的反对、按理说不过去的伦理：既然人们在追求权力中，就很容易违反他们自己的道德准则，因此可以说，如果他们的道德准则定得过分地严格，他们的行为就可以接近于正确。不过提出伦理学说的人几乎不能容许自己受这些考虑的影响，如果能够，他就不得不为道德而有意说谎。只想教导别人而不想说实话，这是毁坏传教士和教育家的祸害；不管在理论上怎样为它辩护，它在事实上仍是十足有害的。"[1]公务员依法行政，不仅依赖于行之有效的激励机制，以充分调动公务员的主动性、积极性、创造性，鼓励公务员尽职尽责，而且还必须建立公务员监控法律制度，切实加强对公务员的监控，以保证其公务行为的规范化、公正化和效能化。

第一节　公务员监控法的概念

一、公务员监控法的定义

公务员监控法是关于对国家公务员行使职权进行监控的主体、客体、内容、权限、方式、程序、行政救济及法律责任的法律规范的总称。公务员监控在国家政治生活及整个监控系统中占据着极为重要的地位，公务员监控的本质是法律监控，即严格依据法律规定和严格依照法定程序对公务员的公务行为进行监控。

从历史上看，对公务员公务行为的监控远远晚于行政权的产生，仅是在近代资产阶级革命胜利后，其才得以逐渐形成制度。资产阶级革命后，人们清楚地意

---

[1]　[英]伯特兰·罗素著，吴友三译：《权力论（新社会分析）》，商务印书馆1991年版，第189页。

识到：一切有权力的人都容易把权力运用到极限，无限制的权力必然导致腐败。为了防止行政机关及公务员滥用权力，必须对其实施监控。[1]从国内实践看，对公务员公务行为的监控也是近年来才得以充分重视。根据马克思主义理论，我们习惯性地认为："通过革命取得政权的政党或阶级，按其本性都会产生这样的一种要求，这就是使新生的，由革命建立起来的法律基础无条件地被认为是神圣的"。[2]也就是说，"无产阶级"天然地会主动地遵守法律，公务员是人民的公仆，人民是国家的主人。在这种前提下，新中国成立后设立的行政监督体系，基本上没有发生作用。但是20世纪80年代以来，公务员，尤其地方公务员贪赃枉法、假公济私屡有发生，行政机构人数庞大却效能低下，种种现象说明公务员的公务行为必须受到有效的监控。因此，近年来我国公务员监控法律制度得到了充分重视，功能也日益完善。

具体说来，公务员监控法的涵义主要有以下内容：

（一）监控主体广泛

从监控主体的角度来划分，对公务员的监控可分为国家监控、社会监控和政党监控。即监控的主体有：权力机关、监察机关、行政机关、司法机关；人民政协、社会团体、新闻舆论、人民群众；中国共产党、民主党派。

在这些监控主体中，对公务员进行监控的主要承担者是中国共产党、行政机关、监察机关、权力机关以及人民群众等。这样框定，一是由于中国共产党是我国社会主义建设的领导核心，不仅具有领导权，而且也具有监控权。二是由于公务员是行政机关的执行者，行政机关理所当然地要对公务员执行行政管理的公务行为进行监控。三是由于公务员代表国家意志，依法执行公务，对人民负责，所以，人民群众以及代表民意的权力机关也必须具有监控的权利。四是监察机关作为专门规范公务员行使权力的机关，也当然具有监控权。

（二）监控客体特定

行政法学将监控法的监控客体，即公务员的法律行为分为两类，一是公务行为，二是个人行为。[3]所谓公务行为，是指公务员代表行政机关的意志，以行政

---

[1]　资产阶级法学家洛克、孟德斯鸠等在其多部著作中都体现了这种思想。参见［英］洛克著，叶启芳、瞿菊农译：《政府论》，商务印书馆1964年版，第89页；［法］孟德斯鸠著，许明龙译：《论法的精神》（上册），商务印书馆2012年版，第185页。

[2]　参见《马克思恩格斯全集》（第27卷），人民出版社1972年版，第430页。

[3]　公务员具有普通公民、国家公务员和行政主体代表等多重身份，因此，其行为具有双重性，即其既可为公务行为，也可为个人行为。参见方世荣主编：《行政法与行政诉讼法》，中国政法大学出版社1999年版，第81～82页。

机关的名义作出的行政法律行为，包括合法行为与违法行为，均具有国家强制力，其法律后果一般由行政机关承担，这种公务行为由公务员法律制度来调整。公务员的个人行为则不是公务行为，即公务员以个人名义作出的法律行为，代表的是个人的意志，不具有国家强制力，其法律后果均由个人承担，与行政机关无关。这种个人行为不在公务员法律制度调整范围之内，只能由调整公民的一般法律行为的规范加以规制，不属于公务员监控法的客体。具体地说，公务员监控法的客体是公务员执行国家法律规范及国家政策的公务行为。至于判断公务员的行为是公务行为还是个人行为，可以根据时间要素、名义要素、公益要素、职责要素和命令要素等，进行综合分析和确认。[1]

（三）监控内容法定

根据法律法规规定，对公务员监控的内容特指公务员行使国家行政权力的公务行为的合法性和合理性。对公务员非公务行为中的违法行为进行的批评、控告，不属于公务员监控的范围和处置。

（四）监控活动规范

根据《公务员法》第15条第2项规定，公务员"非因法定事由、非经法定程序，不被免职、降职、辞退或者处分"。这说明监控活动必须遵守一定的规范：其一，公务员的行为必须为法律法规所明确规定是违法、违纪时才受追究，不能依据任何推断和想象认定其违法、违纪。其二，对公务员的监控必须依法定程序办理，必须是有权监控的机关依法进行调查、判断、处理。

（五）监控的性质

公务员监控是一项法律监控，主要表现在监控主体对监控客体进行监控的内容、权限、方式、程序等都必须由法律法规明文规定，不得随意增加或减少。必须根据相应的法律法规对监控对象作出监控决定，不得滥用、错用法律法规。

（六）监控的宗旨

监控的宗旨是为实现行政管理的法制化，保证国家法律、法规正确贯彻实施；保证公务员制度高效、有序地运行，促进公务员依法行政，促进监控对象为政清廉，尽职尽责；促使公务员不断提高工作质量和效率；监控、纠正、惩戒监控对象违反国家法律、法规和政策的行为，维护社会主义法制的尊严。其核心是促使公务员严格依法行使职权。

另外，还需要说明的是，宪法学、政治学及其分支行政学都在研究对公务员

---

〔1〕　参见王连昌主编：《行政法学》，中国政法大学出版社1994年版，第98～101页。

监控的法律制度，不过它们侧重于对公务员的宪法监控、政治监控，而公务员监控法则侧重于对公务员的法律监控。

二、公务员监控法的特点

公务员监控法有其自身的特点和规律，正确认识和把握公务员监控法的特点，有助于切实实施对公务员公务行为的监控。把公务员监控法的特点归纳起来，主要有以下几点。

(一) 监控内容具有广泛性

公务员监控法内容的广泛性主要来源于两个方面。一方面，公务员监控法是监控公务员公务行为的法律，而公务行为既涉及国家管理，又覆盖社会管理，既涉及政治、经济、科技、文化，又包含公安、民政、军事、外交等。公务行为的广泛性，决定了公务员监控法内容的广泛性，即要对公务员的所有公务活动进行全面监控。这种全面监控主要表现如下：其一，监控内容是全面的，内容涉及上述的各个方面。其二，情况分析是全面的，不管是进行专项检查还是全面检查，对检查出的情况都要进行综合分析，以便在了解现状的基础上预测发展趋势。其三，行使职权是全面的。监控过程中通常要履行教育、服务、惩处等多项职能，要行使检查、调查、处理、建议等多种权力，既检查情况，处理问题，还要帮助其改进工作。其四，监控形式是多样的。主要有：独立监控，联合监控；直接监控，间接监控；综合监控，单项监控；事前监控，事中监控，事后监控。另一方面，公务员监控法规定的内容也十分广泛，通常包括：公务员监控法的立法宗旨、依据、基本原则和适用范围；监控机关的性质和监控对象；监控机关的职责、权限及可以采取的监控措施；对监控对象的监控范围；监控机关进行监控的程序规定；监控机关可以作出的监控决定；监控对象不服监控决定的救济方式和途径；监控机关及监控对象违法违纪的法律责任等。

(二) 表现形式具有多样性

就形式而言，公务员监控法的特点在于以散见于各种法律、法规、规章及规范性文件中的大量规范为存在形式。公务员公务行为内容的广泛性、复杂性和易变性，使公务员监控法无法以一个单一的法规来规范所有内容，它通常由分散的各种法规来达到监控公务员公务行为的目的。虽然我国制定了《监察法》等专门的监控法，但对其具体实施依赖于配套的法规、规章，党内对公务员的监控还依赖于配套的党内法规。这是由于《监察法》等专门的公务员监控法中的规定往往具有一般性，具体的细则性规定有赖于下位法以及党内法规作出。因此，公务员监控法存在于效力等级不同、名目繁多、数量众多的各类法律规范性文件与党内法规中。

（三）监控对象具有确定性

虽然行政管理活动的内容广泛、复杂，但公务员监控法的调整对象是确定的，即始终以公务员为调整对象。而且这种调整对象也是基于国家人事制度确定的具有国家公职身份的公务员。正如有的学者指出的那样，"如果说公务员制度是资产阶级在反对封建特权过程中对旧人事制度进行改革的胜利成果，那么法律便是人事制度改革的工具，法律是确立近代公务员制度内容的形式。"[1]公务员监控法这种调整对象的确定性，决定了公务员监控法独立存在的必要性。

（四）实体程序规范一体性

在一个法律文件中，规定行政监控权力的取得、运行及依法作出的监控决定等内容的规范是紧紧相连的。如果仅仅规定行政监控权力的取得，而不同时规定其行使的程序是行不通的。实体与程序的一体性，不仅是科学性、规范性的要求，更是行政活动本身的效率性特点所决定的。对公务员的监控行为实际上是管理、执行和服务，因此，享有权力与行使权力当然具有一体性。也就是说，公务员监控法既非单纯的实体法，又非单纯的程序法，而是既有实体性规范，又有程序性规范的混合体。

三、公务员监控法的地位

公务员监控法的地位，主要是指它在整个法律体系中的地位以及它与其他法律法规的关系。公务员监控法的地位可以概括为：公务员监控法是行政法的专门法；公务员监控法是保证行政法依法实施的监督法；公务员监控法是维护公共利益和公民合法权益的保障法。

（一）公务员监控法是行政法的专门法

法律体系是由一个国家各个部门法以及部门法的专门法所共同组成的有机整体，各种法律共同配合，构成一个国家的法律秩序，缺少任何一种法律都难以建立完整且有效的法律秩序。法律只有将所有的社会关系都纳入其调整范围，社会才称得上是法治社会，这个法律体系才称得上是完整的法律体系。因此，由于调整对象的特殊性和调整内容的广泛性，公务员监控法在我国法律体系中占有不可替代的地位。我国法律体系按照规范的性质可以分为三个层次：第一层次是根本法，即宪法；第二个层次是部门法，如刑法、行政法、民法；第三个层次是专门法，即部门法下面的分支。公务员监控法属于行政法部门法的专门法，为第三个层次。

---

〔1〕　参见皮纯协、胡建森：《国家公务员法律制度探索》，中国广播电视出版社1990年版，第31页。

(二) 公务员监控法是保证行政法依法实施的监督法

法律赋予行政机关行政权力，以维护社会秩序和社会公共利益。然而，由于行政权力客观上存在扩张性以及对个人权利的优越性和侵犯性，因此，必须对行政机关所享有的行政权、公务员所拥有的行政执法权加以监控和制约。在各类监控方式中，最为有效和直接的监控是行政法监控。行政监控法即公务员监控法，通过规定行政权力的范围、行使方式及法律责任等，以达到有效监控行政权力主体，防止违法滥用行政权力的目的。公务员监控法对于防止和纠正行政机关超越职权、失职渎职、贪赃枉法、滥用职权、不当行政等具有十分重要的作用，是其他法律无法替代的。公务员监控法以监控行为能否直接产生法律后果为标准，可以将对公务员的监控分为法制监控和一般监控。

法制监控，是法定的国家机关通过法定的程序和方式对公务员的公务活动实施的监控，这种监控能够直接产生法律后果。例如，监察机关依法查处公务员职务违法的案件，可以追究其行政责任。对公务员行为的法制监控是一种最为规范、最为有效的监控，也是一种最为基本的监控方式。各级监察委员会依法监控公务员的职务违法和犯罪等情况，受理公务员及其近亲属的申诉，在进行认真、严密调查的基础上，及时作出客观、公正的处理决定，行使其监控职能。

一般监控，是指不直接产生法律后果的监控。有些监控不直接产生法律后果，只有当监控意见或建议被有权的国家监控机关采纳以后才产生法律后果，从而导致公务员的行为被撤销或变更等。例如，通过对公务员活动提出批评、建议，或者对公务员的违法行为进行控告、揭发的方法来督促公务员依法行政。这种监控的方式往往是社会性监控，社会团体、群众组织和公民等的监控都属于这种一般监控。

(三) 公务员监控法是维护公共利益和公民合法权益的保障法

行政权力的行使必然改变或重新确立公民、法人或者其他组织之间的权利义务关系，必然会影响到公民、法人和其他组织的权益。由于行政权力具有强制性等特点，公务员在行使行政权力的过程中，非常容易侵犯公民、法人和其他组织的合法权益，给行政相对人造成重大损失，甚至还会破坏统一的法律秩序，从而影响公共利益。为了保障公民、法人和其他组织的合法权益，必须建立一套规则，对行政权力的取得、运用等加以监控，以免公民、法人和其他组织的合法权益和公共利益受到侵犯。这类规则也是行政法的重要组成部分，公务员监控法就是这样的维护公共利益和公民合法权益的法律规范。

第二节　公务员监控法的功能

法的功能是指法作为一种特殊的社会规范本身所固有的性能或者功用。[1]也就是说，不论法是否直接作用于社会关系，法的功能或者作用都是客观存在的。法的这些功能是基于法的属性、内部各种要素及其结构所决定的某些潜在的能力。根据这种理论分析，公务员监控法的功能主要表现为：公务行为规范化的功能、公务行为公正化的功能和公务行为效能化的功能。

一、公务行为规范化的功能

规范化是现代行政的重要标志。行政机关及公务员要维护宪法、执行法律、贯彻行政纪律，一切公务行为都必须有法律依据，操作要规范化。公务员监控法的内在机制可以促进并保证公务员充分履行行政职责，规范行政行为，防止专断，增强自身的"免疫"能力，促进自身的清正、廉洁。

（一）公务行为规范化的含义

规范是人类社会生活中普遍存在的现象。就一般意义上说，规范就是一种标准、一种准则，这种标准或准则，既可以是人们约定俗成的，也可以是人们有意识地制定的。行为规范是指人们的行为所必须遵守的一般规则，是调整人与人之间，个人与社会、组织、团体之间以及人与自然之间相互关系的规则、规定、办法，包括法律规范、道德规范、宗教规范、非正式组织的规章、习俗、礼仪、共同生活准则等。公务员行为规范，则是指公务员在履行职务和日常生活中应当遵守的准则和法规，是为公务员规定的活动原则、工作程序、办事规则、言行标准、行政纪律、生活准则和社会公德。这是调整公务员之间关系、公务员与国家机关、其他组织及社会之间关系的行为准则。它告诉公务员在执行公务时必须做什么、应该做什么、可以做什么、不能做什么，以约束公务员的行为，保障行政管理正常地进行。公务员不论其官职大小、地位高低以及隶属关系如何，都必须认真对待、严格遵守行为规范，任何公务员均不得违反、超越或无视公务员行为规范。

公务员行为规范的构成要素一般来源于两个方面：一方面是具有法律效力和行政效力的行为规范，它由许多含有公务员行为规范性质和内容的法律、法规所组成。新中国成立以来，国家和政府各部门对工作人员已经制定了许多有关公务

---

[1]　参见卢云主编：《法学基础理论》，中国政法大学出版社1994年版，第43页。

行为的行政法规、条例、规定、守则等，这些都具有行为规范的性质。[1]这类行为规范是成文的，分散于现行的宪法、法律、法规、规章以及规范性文件之中，一般是以义务性规范的形式体现出来，这是我国公务员行为规范的主要来源。另一方面是早已存在的、约定俗成的规范，如习惯、规矩等道德规范。这种规范不具有法定的强制性，主要靠社会舆论、内心信念等形式保证实施。这种规范有些是成文的，有些是不成文的，它建立在人们自觉的基础上，主要靠精神的力量来支持。

（二）监控保障公务行为规范化

公务员监控可以相对于行政决策、执行而作为一个独立的行为形态存在。决策、执行、监控的有机统一，才能构成一个完整的、统一协调的运行机制，才是一个完整、科学的管理系统。从这个意义上说，公务员监控是公务员制度不可缺少的一个重要环节。健全的、科学的公务员监控法律制度，是公务员法律制度规范化的重要标志。

如果说早期资本主义国家设立对行政机关及其公务员进行监控的行政法律制度是从防止王朝复辟和保障基本人权的角度去制约行政权的话，那么，在现代社会中，对行政权的制约理由，已远远超出了原有的范围。20世纪以来，政府的职能日益复杂化，行政权力不断地向社会的各个方面渗透，滥用行政权力的可能性在更多的领域内存在，对行政机关及其公务员的公务行为进行监控的意义日益突出。丹宁勋爵在《法律的训诫》中指出："今天的权力结构与19世纪的权力结构大不相同，在过去，政府只关注国防、外交，把工业留给了实业家和商人，把福利事业留给慈善机构，它不为任何事情、任何人制定计划，那时候的信条是……个人主义和自由主义，在本世纪，政府在很多方面拥有广泛的权力，它们行使不受约束的自由裁量权，它们管理建筑、就业、计划、社会安定及其他很多运动……"[2]行政机关及公务员行政权力的扩张及滥用、误用的事实存在，迫使监控法律制度在权力所在的各个地方，架起一道道防护网，以督促权力依法规范行使。目前，我国还处于社会主义初级阶段，在社会主义市场经济建立的同时，各种封建意识、资产阶级思想时刻在侵蚀着公务员队伍，违法违纪现象时有发生，国家公务员行为规范得不到很好执行。通过公务员监控法律制度，我们就可以使公务员的各种公务行为处于日常的监控之下，及时发现违反法律规范的行

---

〔1〕　例如，人事部（已撤销，现为人力资源和社会保障部）2002年2月21日以人发〔2002〕19号文颁发的《国家公务员行为规范》。该规范也是目前主要的专门规范公务员行为的规范。

〔2〕　［英］丹宁勋爵著，龚祥瑞等校：《法律的训诫》，群众出版社1985年版，第59页。

为并予以纠正，从而保障公务行为规范化。

另外，从客观方面来看，国家行政管理及公共事业是动态的、网络性的事务，具有多目标、多层次、多因素的特点，而管理的实施者——公务员的能力、品德、素质的种种不同，使得现实情况与应该实现的目标经常甚至必然存在差异。为了及时找出问题的症结，实现人与事的动态的、恰当的结合，也必须建立公务员监控法律制度，促使公务员公务行为的规范化，保证管理目标的顺利实现。

总而言之，公务员作为国家行政权力的行使者，必须执行国家权力机关通过的法律和决议，必须执行党和国家的路线、方针、政策。因此，行政机关及其工作人员所实施的行政管理活动必须符合宪法和法律要求，公务行为必须具有规范性。这就要求对公务员进行自上而下与自下而上相结合、内部与外部相结合的广泛的监控。公务员监控是保证公务员按照宪法、法律和国家的路线、方针、政策规范公务行为的重要制度。公务员监控法律制度，一方面明确了公务员法律关系主体的种种行为规范，另一方面又明确了不执行或违反这些行为规范应承担的法律责任，也就是说只能这样做而不能那样做，从而强化了监控的强制性和规范性。所以，公务员监控法是公务员的公务行为规范化的重要工具。

二、公务行为公正化的功能

现代政府的职能可以概括为管理和服务，并以此来完成对社会政治、经济、文化以及其他方面事务所应承担的责任。不论是管理还是服务，对所有管理和服务的对象都应当公正对待。公务员监控法的功能之一，便是保障公务员的公务行为针对不同对象不存在差异，或者在差异发生以后得到及时的纠正和补救，使得公务行为具有公正性。

（一）公务行为公正化的含义

公务行为公正化是指公务员在公务活动和作出决定的过程中都应坚持和体现公平和正义的原则。具体而言，公务行为公正化是指严格执行法律，切实保障公民、法人和其他组织的合法权益，真正做到有法可依、有法必依、执法必严、违法必究。它是以实体公正和程序公正的结合，一般公正与个别公正的统一以及公平与效率的一致为特点的。

从内容来说，公务行为公正化主要体现在两个方面：一是要求做到严格执法，就是说在公务活动中，公务员要严格依法行政。马克思指出："法律是普遍的。应当根据法律来确定的案件是单一的。要把单一的现象归结为普遍的现象就需要判决。"[1]马克思对司法裁判陈述的上述观点也适用于行政机关及公务员的

---

[1]　参见《马克思恩格斯全集》（第 1 卷），人民出版社 1972 年版，第 178 页。

公务行为。也就是说，行政执法应当具有公正性。严格执法是全社会对公务员的期望和正当要求，而法治社会能否真正建立，在很大程度上取决于公务员能否真正做到严格执法。二是要求作出正确的行政行为。对人民群众及相对人来说，对他们的切身利益最为相关的是公务员作出的行政行为是否具有公正性。我国的法律充分体现了公正的价值，因此严格执法也就是要充分实现法律的公正价值。

（二）监控保障公务行为公正化

权力本身具有两重性，它既可以用来为人民谋利益，体现整个社会的共同利益，推动和促进社会经济和文化的发展；也可以用来为个人或者少数人谋取私利，阻碍社会经济和文化的发展。当权力意志无限膨胀，权力不受制约地被滥用时，不仅会导致权力本身的丧失，而且是社会不稳定的直接原因，甚至成为社会乃至人类的灾难。由于各种因素的制约以及公务员素质上的差异，在行政活动中容易出现公务员处理不公正，甚至违纪违法、公务腐败等现象，它将直接或间接地导致对公民、法人或其他组织合法权益的损害。"从理论上讲，凡是存在国家权力的地方，就具有产生腐败的可能性，任何一种国家权力，当它被滥用、被异化时，就可能滋生贪污、受贿等腐败现象。"[1]

绝对权力必然导致绝对腐败，这已经是历史和现实反复证明的真理。美国宪法之父麦迪逊指出，"如果人都是天使，就不需要政府了。如果是天使统治人，就不需要对政府有任何外来的或内在的控制了。"[2]公务员也同样具有普通的自然人的特性，也可能出现个人意志的无限制膨胀，导致不公正的公务行为。为了保证权力在法律和制度的规定内公正行使，就必须对权力主体——公务员，采取一定的监控手段。所以，孟德斯鸠在《论法的精神》中说："要防止掌权者滥用权力，就必须以权力去制约权力。"[3]权力运用的制约，关键是权力运用的"监控"，权力监控是权力得以运用的根本保证。建立、健全公务员监控法律制度，是保证公务员公务行为公正以及廉政建设的重要内容，是防止他们滥用手中的权力，谋取私利的重要措施，能促使公务员在管理国家和社会事务中，公正地执行法律，始终遵循为人民服务的宗旨。

我国是人民民主专政的国家，人民群众是国家的主人。一切国家行政机关及其公务员都应该全心全意地为人民服务，维护人民群众的利益。但是，实际生活

---

[1] 谭世贵：《廉政学》，法律出版社1995年版，第206页。

[2] ［美］汉密尔顿等著，程逢如等译：《联邦党人文集》，商务印书馆1980年版，第264页。

[3] ［法］孟德斯鸠著，张雁深译：《论法的精神》（上册），商务印书馆2020年版，第184页。

中，行政机关及其公务员的不公正行政行为侵害公民合法权益的事情屡有发生。为此，必须通过公务员监控法对公务员违法失职行为予以制裁，纠正其失误之处；对公民所受的损失予以补偿和赔偿，保障公民的合法权益。

三、公务行为效能化的功能

在现代行政法中，保证公务员权力的规范和公正行使被视为公务员监控法的最基本功能，在此基础之上，公务员监控法的另一目的就是要促使公务员公务行为的效能化，即行政管理高效，这是公务员监控法的又一功能。

（一）公务行为效能化的含义

效能，也称为效率，是指从一个给定的投入量中获得最大的产出，即以最少的资源取得同样多的效果，或者以同样的资源消耗取得最大的效果。[1]所谓高效率是经济学上的名词，指用更低的成本来取得与已获得总利润相等的利润。[2]也就是说，在单位成本内，实现利润的最大化。行政高效率，要求行政机关在成本低、社会负面影响小、效益明显的环境下运作。

（二）公务行为应当效能化

从我国《宪法》所确定的体制来看，行政权从属于立法权，行政机关是权力机关的执行机关，因此，行政机关执行立法机关制定的宪法、法律，及其他授权机关制定的法规、规章、规范性文件是其分内之责。行政行为可以表现为领导、组织、指挥、制定规则、执行规则等，但是从最根本上说，一切行政行为归根结底都是"执行"行为，即执行国家权力机关的意志，而国家意志必须得到毫不拖延的执行。也就是说，行政行为即公务员的公务行为必须高效。

从行政行为本身的耗费来看，国家为行政机关及公务员的各种公务活动支付各种费用，如公务员的工资和福利、调查费用、执行费用等，这些费用都由国家承担。[3]因此，从节约社会资源、追求利益最大化的角度来说，公务员的公务行为也必须效能化。

从实现社会公正的角度来看，公务员的公务行为也必须具有效率性，"消除不必要的延误"。[4]公务员作出行政行为必须及时，无故延期、久拖不决，将使得相对人花费大量的时间和精力、不断投入费用到行政行为中去，让相对人付出

---

[1] 张文显：《法学基本范畴研究》，中国政法大学出版社 1993 年版，第 273 页。

[2] 参见［美］查尔斯·沃尔夫著，谢旭译：《市场或政府：权衡两种不完善的选择》，中国发展出版社 1994 年版，第 15 页。

[3] 除此之外，还可能存在一种因公务员错误的公务行为所产生的费用，这就是波士纳所说的"错误耗费"，即不公正的行为给社会造成了经济资源的耗费。

[4] ［英］丹宁勋爵著，李克强等译：《法律的正当程序》，法律出版社 1999 年版，第 1 页。

极大的经济成本，即使后来得到公正的处理，也是得不偿失。这就是西方法谚所说的："迟来的正义等于无正义。"因此，行政行为必然要有严格的时效性，而时效性也充分体现了效能原则。

（三）监控保障公务行为效能化

现代国家要求行政效能化，包括行政效率高和行政效益好。但是公务员公务行为的高效率在不受约束的情况下是绝对不可能实现的，这是因为办事成本的高低，负面影响之大小，效益是否明显，均对行为作出者不构成直接的影响，也就是说，如果不督促他遵循公务行为效能化的要求，政府行政机关及公务员很可能不会主动关心效能问题，往往只图省事、省力地作出行政行为。这样，行政行为低效能的结果便由社会大众去承受。因此，必须通过监控法律制度，促使政府行政行为的效能化。

政府行政机关对国家行政事务的各项管理，都是由公务员的公务行为来具体实施的。各种政策、法律、法规需要他们贯彻落实，纷繁复杂的社会问题需要他们代表政府行政机关进行恰当的处理。政府行政管理是否具有效能性，关键在于公务员的公务行为是否具有效能性。公务员的公务行为不当，将会降低行政管理的效率，损害公民、法人或其他组织的合法权益。因此，只有加强对公务员的监控，才能保证政府行政工作正常地进行，提高行政效能，实现行政目标。

公务员监控法还有助于克服官僚主义作风。邓小平同志指出："官僚主义现象是我们党和国家政治生活中广泛存在的一个大问题。"官僚主义现象的存在，有着极为复杂的历史和社会根源，但其中一个重要的原因就在于缺少有力的行政监控。抵制和克服官僚主义的最好办法就是把行政机关及其公务员置于人民群众的监控之下，促使行政机关及公务员正确履行自身职责，提高行政效率。[1]

综上所述，公务员公务行为的正确与否直接关系到行政工作质量和效率。通过对公务员的监控，可以全面开发人的潜能，充分调动公务员的积极性与创造性，变"要我干"为"我要干"，由一般被约束、被管理的对象转化为主动进取、事业心很强的国家公务员。由此，可以保证行政机关及其公务员严格执行国家的法律法规，认真贯彻党和政府的路线方针政策，从而保证政府工作的高效运转，保证社会管理目标的顺利实现。

---

〔1〕 现实生活中，通过新闻媒体等进行监督，就能让行政机关迅速解决多年得不到解决的问题。这样的通过监控克服官僚主义，提高行政效能的案例经常见之于广播电视、报刊杂志。

第三节　公务员监控法的构成

公务员监控法的构成，包括公务员监控的主体、监控的对象以及行为构成，即应当阐明对公务员公务行为的监控由谁进行、监控谁以及监控什么等内容。这些方面的有机结合，体现了公务员监控法构成的基本内涵。

一、公务员监控法的主体构成

（一）监控主体概述

公务员监控主体，是指能够按照自己职责、权力对公务员公务行为进行监控并能够对此承担责任者。

西方国家公务员监控主体，主要由议会、司法机关、行政机关等组成。议会监控主要是指立法机关对行政公务人员的监控。不同的国家对公务员的议会监控方式也不同。有的设立专门的监控机构和专职的监控人员进行监控，如法国、英国的议会督察专员制度，有的则通过一般的监控形式来进行监控。议会监控的主要方式有质询、弹劾、提出不信任案等。司法机关的监控，又称审判监控，指法院通过行使司法审查权的方式对公务员实行监控，是一种被动的监控方式，即只有当行政管理相对人就公务员的公务行为提出行政诉讼时，法院才依法进行审查，并作法律上的裁决。美国采用的就是这种形式。行政监控，是公务员监控的主要形式，包括普通监控和专门监控。普通监控指行政机关按隶属关系进行的监控。专门监控是指专门的监控机关进行的准司法性监控。

我国在总结公务员管理工作经验的基础上，借鉴西方国家的一些做法，逐渐确立了我国的国家公务员监控主体，这些主体主要有中国共产党、权力机关、监察机关、行政机关、司法机关、社会组织。实际上，它们又可以分为对公务员的内部监控和外部监控两类。

（二）外部监控

1. 中国共产党的监控。我国公务员制度区别于西方公务员制度的最大特征就是"非政治中立"。我国《公务员法》第4条明确规定："公务员制度坚持中国共产党领导，坚持以马克思列宁主义、毛泽东思想、邓小平理论、'三个代表'重要思想、科学发展观、习近平新时代中国特色社会主义思想为指导，贯彻社会主义初级阶段的基本路线，贯彻新时代中国共产党的组织路线，坚持党管干部原则。"由此，中国共产党成为公务员监控的一个最重要的主体。中国共产党的监控方式主要有：通过党的各级组织部门对各级公务员的主要负责人的考察、选拔、任免、培训，进行组织监控；通过各级行政机关内部的党组织做公务员的政治思想工作，把握舆论导向，进行思想监控；通过各级党纪部门查处公务员中的党员违纪违法案件，以保证公务员的廉洁奉公，进行党纪监控。

2. 权力机关的监控。权力机关的监控，指各级人民代表大会及常务委员会对公务员的公务行为进行的监控，是具有国家最高法律效力的监控。根据我国宪法与法律的规定，权力机关对公务员的监控主要通过以下方式实现：一是通过听取和审查行政机关的工作报告，监控公务员整体活动情况；二是通过质询、视察、人民来访来信等检查公务员执行公务的状况；三是罢免公务员中的政府组成人员。

3. 监察机关的监控。我国监察机关对公务员进行准司法性的监控。这种监控形式最为重要，既属于外部监控，也属于专门监控。各级监察委员会依法监控公务员的职务违法和犯罪等情况，受理公务员及其近亲属的申诉，在进行认真、严密调查的基础上，及时作出客观、公正的处理决定，行使其监控职能。本书中对公务员的监控体制和监控程序就以此为例进行说明。

监察机关对公务员的准司法监控，其内容体现在它的职责上。《监察法》第11条概述了我国监察委员会的职责。该条规定：监察委员会依照本法和有关法律规定履行监督、调查、处置职责：①对公职人员开展廉政教育，对其依法履职、秉公用权、廉洁从政从业以及道德操守情况进行监督检查；②对涉嫌贪污贿赂、滥用职权、玩忽职守、权力寻租、利益输送、徇私舞弊以及浪费国家资财等职务违法和职务犯罪进行调查；③对违法的公职人员依法作出政务处分决定；对履行职责不力、失职失责的领导人员进行问责；对涉嫌职务犯罪的，将调查结果移送人民检察院依法审查、提起公诉；向监察对象所在单位提出监察建议。

4. 司法机关的监控。司法机关的监控是指人民法院、人民检察院对公务员的公务行为实施的司法监控。这种体现国家的意志、有国家的强制力作后盾、具有威慑力的监控方式，主要通过对案件的监督和审理活动实现监控职能。

5. 社会监控。社会监控是指社会组织、人民群众和社会舆论，依法对公务员的公务行为实行的监控：

（1）人民政协监控。人民政协主要通过提出建议案、专题调研和视察等方式，对公务员的公务活动进行监控和督导。

（2）人民群众及群众团体的监控。人民群众及群众团体主要通过以组织的名义向监控机关提建议，以个人的名义向有关部门提意见、批评、申诉、控告等形式，依法对公务员进行监控。

（3）社会舆论监控。社会舆论监控主要指通过电台、电视台、报刊等新闻媒介，以政府的新闻发布会、新闻报道等形式传播政府工作的信息和动态，增加公务的透明度，便于人民群众监控。通过采访、民意测验、剖析、评论将公务员的公务行为公布于众，或把信息反馈给政府，实现舆论监控的目的。

（三）内部监控

内部监控指行政机关对公务员进行的监控，行政机关是一种十分重要的监控主体。相比其他监控，它更直接、更有力，也更重要。强有力的内部监控是公务员制度良性运作的保证和基础。内部监控主要包括：一般监控、职能监控、专门监控。

1. 一般监控。一般监控除了一般意义下政府行政机关相互之间按隶属关系而进行的对公务员公务行为的监控之外，还包括各级政府对公务员管理机构的监控。

2. 职能监控。职能监控是指各级政府的人事部门对公务员实施的监控。《公务员法》第 12 条规定："中央公务员主管部门负责全国公务员的综合管理工作。县级以上地方各级公务员主管部门负责本辖区内公务员的综合管理工作。上级公务员主管部门指导下级公务员主管部门的公务员管理工作。各级公务员主管部门指导同级各机关的公务员管理工作。"从公务员管理机构的作用来看，它负有监控的职能，即监控公务员法律和法规的贯彻执行情况；对违反法律法规的现象和出现的偏差加以纠正。它既是监控的主体，又是监控的对象。

3. 专门监控。行政机关专门监控是指由行政系统内容设立的监察机构对公务员所进行的监控。我国在 2018 的专门的监察机关设立之前，行政监察机关就行使这种职能，而专门的监察机关成立之后，这一职能改由监察机关行使。但世界上许多国家仍然存在行政系统内部的专门监控，如美国、加拿大等。

（四）监察机关专门监控的特点

监察机关的专门监控是一种特殊的监控方式，总结起来，其特点主要有以下几个方面：

1. 专门性。专门性也可称作主体的特殊性，这是监察机关监控的一个最大特点。专门监控的主体是监察机关，包括各级监察委员会，以及派驻或派出的监察机构、监察专员。除此之外，其他任何单位都不能开展专门监控。在我国，对公务员公务行为的监控是全方位、多层次的，但唯有监察机关的监控具有专门性。

2. 权威性。监察机关具有国家法律赋予的检查权、调查权、建议权和处分权，其工作依据是法律法规。在监控过程中，其可以行使权力、采取措施，对监控对象进行监控检查和科学评估，对存在的问题进行处理，向有关部门提出监控建议，对违法违纪者予以惩戒等。监察机关行使上述权力具有强制性，从而确保了专门监控的权威性，这种权威性正是专门监控能取得实际效果的重要保证。

3. 综合性。专门监控的综合性表现为两个方面。一是监控检查的范围广泛。监察机关开展的专门监控是对公务员的公务活动进行的全面监控，这不同于其他行政机关的监督活动，只限于对某一方面的行政行为和执法执纪情况进行监控。二是监控检查的层次较高。我国《宪法》确认了监察机关的法律地位，根据《宪法》第 3 条第 3 款，国家监察机关由人民代表大会产生，对其负责，受其监督。《监察法》第 4 条对监察机关与其他机关、单位、团体、个人的关系作出了厘定："监察委员会依照法律规定独立行使监察权，不受行政机关、社会团体和个人的干涉。监察机关办理职务违法和职务犯罪案件，应当与审判机关、检察机关、执法部门互相配合，互相制约。监察机关在工作中需要协助的，有关机关和单位应当根据监察机关的要求依法予以协助。"

4. 主动性。专门监控的开展，不以任何事件的发生和问题的出现为前提。监察机关可以根据实际需要，对监控对象的工作全过程或某一环节进行监控检查。专门监控与司法机关和某些经济执法监控部门的监控不同，不是问题发生后按法定程序去检查，而是可以依据国家赋予的职权，主动进行检查。既可以针对监控对象存在的问题进行有目的的检查和纠正，也可以开展一般性的例行监控检查，从而发现问题，及时纠正，改进管理，推动工作。

5. 服务性。开展专门监控的目的，不是要干预、代替监控对象的具体工作，也不是直接处理监控对象的业务事宜，而是通过检查，提出合理化建议，促进监控对象廉洁自律，提高工作效能。专门监控的服务性体现在四个方面：①为公务员创造良好的行使职权的条件，保持政令畅通；②协助公务员改进工作方法，提高管理水平；③增强监控对象的勤政意识，克服官僚主义，改进工作作风；④促进公务员公务行为的法制化和科学化，维护社会的稳定，推动社会的进步。

二、公务员监控法的对象构成

公务员监控法的监控对象当然就是公务员，由于政治体制和习惯不同，世界各国公务员的范围不尽一致。英国及一些英联邦国家的公务员，亦称文官（civil servants），是指政府机关中常务次官以下的工作人员，不包括首相、国务大臣、政务次官等由选举产生或政治任命的政务官员，也不包括法官和企业事业单位的文职人员以及军人。美国、加拿大等国的公务员，也称政府雇员，是指所有由政府雇用的文职人员，包括公共事业单位的人员和政府经营的企业单位的管理人员，但众参两院议员及其雇员和法官不属于公务员。这些国家公务员又根据产生方式不同分为若干类，其中选举或政府任命的公务员和采取其他特殊方式任用的公务员不适用公务员法。尽管各国公务员范围宽窄各异，但一般来说，大多数国家的公务员是指政府机关中非选举产生和非政府任命的工作人员。[1]在我国，根据《公务员法》第2条、《监察法》第15条，公务员监控法的监控对象是：各级行政机关，以及法律、法规授权的具有公共事务管理职能的事业单位中除工勤人员以外的工作人员。

公务员监控法对象构成有下列特点：

第一，各级政府的组成人员都属于公务员，但他们的产生和任免依照国家有关法律规定办理。根据《宪法》和《地方各级人民代表大会和地方各级人民政府组织法》的规定：国务院组成人员，包括总理、副总理、国务委员、各部部长、各委员会主任、审计长、秘书长。省、自治区、直辖市人民政府的组成人员，分别包括省长、副省长，自治区主席、副主席，市长、副市长和秘书长、厅长、局长、委员会主任等。自治州、县、自治县、市、市辖区的人民政府组成人员，分别包括州长、副州长，县长、副县长，市长、副市长，区长、副区长和局长、科长等。乡（镇）、民族乡（镇）人民政府，包括乡长、副乡长（镇长、副镇长）等。政府组成人员有任期限制，总理、副总理、国务委员连续任期不得超过两届，每届5年。

我国公务员没有分政务类与业务类，这主要是从我国政治制度来考虑的。西方国家一般实行两党或多党政治，为了减少政党竞争对政府正常行政工作的影响，将公务员分为两类。一类为政务类公务员，包括内阁成员及其助手。他们由选举产生的政府任命，有严格的任期，与政党共进退。另一类为业务类公务员，也称为职业文官，通常包括副部长以下的人员。他们一般由考试录用，职务常任，非经法定事由，不可以任意辞退。这样每次政府领导人更迭，影响的只是上层少数人员，大部分职业文官保持基本稳定，国家机器能照常运转。我国实行的是共产党领导下的多党合作与政治协商制度，不存在因执政党更替而影响政府稳定的问题，所以没有必要将公务员分为西方国家那样两种性质不同的类型。但是考虑到我国《宪法》及有关法律规定，政府组成人员由国家权力机关选举或决定任命，故对属于各级政府组成人员的公务员，在产生和任免上作出例外规定，其他方面均按公务员制度执行。

第二，工勤人员不列入公务员。这里所说的工勤人员，是指在工勤岗位上工作的人员，如机关食堂、车队、清洁服务队等单位的工作人员。这些人虽然也由国家财政出资雇用，但不属于公务员。其原因主要在于两方面：一是其工作性质不同。他们不行使行政机关的职能，而是为行使职能的人提供后勤服务。二是有

---

[1]　参见姜海如：《中外公务员制度比较》，商务印书馆2013年版，第3~7页。

利于精简人员、减少财政开支。从发展方向看，机关的后勤服务应逐步实现社会化。所以，在机关工勤岗位上的工作人员，都不列入公务员。

第三，具有公共事务管理职能的事业单位的工作人员实行参公管理。由于历史原因，我国行政管理中政府与公益事业性组织不分的现象比较严重，有些行使国家行政权力、从事着行政管理活动的单位，却被列为事业编制。为了加强对这些人员的管理，1993年国务院专门发布《国家公务员制度实施方案》，对《国家公务员暂行条例》（1993年）的实施范围再次作出明确：除各级国家行政机关工作人员外，其他行使国家行政职能、从事行政管理活动的人员，也纳入公务员制度管理范围。需要注意的是，国务院各部委、直属机构、办事机构、部委管理的国家局等所属的学会、协会、研究会等组织不属于公务员制度范围。

三、公务员监控法的行为构成

公务员监控法的根本任务在于发现和纠正公务员公务行为中的一切违反国家法律规范的行为，以预防和纠正公务行为中的偏差和失误，保证公务行为的正常和高效进行。公务员监控法的根本任务决定了公务员监控法监控对象的行为构成大体上可以分为公务行为合法性、公务行为合理性以及公务行为效率性等三个方面。

（一）公务行为合法性监控的构成

行为合法是指公务行为的存在和实施必须依据法律并符合法律规范的要求，其具体要求是：①任何职权都必须基于法律授予才能存在；②任何职权的行使都必须依据法律，遵守法律；③任何职权的委托及其运用都必须具有法律依据，符合法律要旨；④任何违反上述规定的公务活动，非经事后法律认可，均属"无效"。实践中，对公务员公务行为是否具有合法性的监控具体可分为下面几种：

1. 公务员失职行为。失职行为，主要指公务员不履行法定职责的行为。国家通过法律、法规等形式规定了公务员一些应尽的义务，这种义务是一种作为的义务，即当某种特定情形发生时，公务员根据法律规定必须作出一定的行为。例如，符合法定条件的公民或组织申请营业执照，工商行政管理机关无正当理由就不能拒发，拒发就是工商行政管理机关及其公务人员的失职行为，就意味着未履行法定职责。

2. 公务员越权行为。行政机关及其公务员是行政权力的享有者和行使者。但是，行政权力的行使并不是无限的，而是有范围限制的。这个限制是法定的、多方面的，如事项上的限制、地域上的限制、手段上的限制、程度上的限制、条件上的限制等。公务员行使权力的范围也构成了公务员行使权力的限制范围。在行使权力时，公务员的公务行为超越了法定的事实和理由会影响到行政活动的严肃性与科学性，应依法监控。不论超越权限是故意还是过失，是纵向还是横向，是善意还是恶意，是结果良好还是恶劣，越权都是违法行为。例如，吊销营业执照就只能由国家工商行政管理机关及其公务员来行使，其他行政机关及其公务员行使就是越权行为，要对此依法监控，并予以纠正。

3. 公务员滥用权力行为。公务员滥用权力在我国学界也称为行政滥用职权，是指"行政主体在行使行政权力或履行行政管理职能的过程中对法律赋予的行政职权不规范或者超常规的使用。"[1]即行政机关及其公务员在法定的权限范围内，出于不正当的目的或者基于不正当的理由行使行政权力。美国行政法学家施瓦茨在揭示行政自由裁量权滥用时，指出了下列滥用职权的形式："①不正当的目的；②错误的或不相干的原因的考虑；③以错误的法律或事实为根据；④遗忘了其他有关事项；⑤不作为或延迟；⑥背离了既定的判例或习惯。"[2]尽管施瓦茨对上列形式的揭示是立足于行政自由裁量权的，但是，他的理论对各国行政滥用职权具体表现形式的确定起到了非常重要的启迪作用。我国有学者对行政滥用职权的形式做了这样的概括："要对滥用职权的表现形式加以系统概括还比较困难，需要通过司法实践不断总结探索、积累经验，也需要进一步加强立法或司法解释工作，使之不断丰富、完善。这里仅就滥用职权的主要表现概述如下：①动机和目的违法，追求不当利益。即行政机关在实施具体行政行为时，其行政职权的行使不是为了维护国家和公共利益，而是基于管理者个人或小团体的私利，假公济私，使行政权力成为个人谋私的工具。②工作方式和工作态度武断专横。主要指行政机关在实施具体行政行为时，不考虑相关因素或考虑不相关因素，一意孤行，任意行事。③行为后果显失公正。是指行政机关所实施的具体行政行为违反一般人的理智（常识）或者违反社会公认的公平规则（观念），使其行为明显偏袒。"[3]这一概括表明我国学者关于行政滥用职权的理论深深受到国外相关理论的影响。我们认为，公务员滥用权力主要表现为以下方面：

（1）违反法律授权的目的。这主要是指公务员作出的公务行为是在法律规定的范围内作出的，但作出此行为的目的是违背法律的。如行政机关及其公务员鉴于行政经费紧张，为了改善工资福利待遇，增加收入来源，而对行政相对人滥用罚款处罚，对本应适用人身罚的而任意适用财产罚，或者不分情况、不加区别地一律处以最高限额罚款。

---

〔1〕　关保英：《行政法教科书之总论行政法》，中国政法大学出版社 2009 年版，第 481 页。

〔2〕　［美］伯纳德·施瓦茨著，徐炳译：《行政法》，群众出版社 1986 年版，第 571 页。

〔3〕　罗豪才主编：《中国司法审查制度》，北京大学出版社 1993 年版，第 407～409 页。

（2）不相关的考虑。公务员的公务行为的作出，考虑了不应当考虑的事情，或者不考虑应当考虑的事情，这都是不相关的考虑。例如，行政机关及其公务员在行使自由裁量权时，不根据当时当地的客观情况作出决定，而是对各种有关情况全然不加考虑，凭"想当然"办事，主观臆断；或者在作出决定时，考虑是否能给本人或本单位带来经济利益，或是为了挟嫌报复；等等。

（3）违反公正法则。例如，行政机关及其公务员在实施行政处罚时对处于同一条件下的公民给予不同的处罚，或者重责轻罚，或者轻责重罚。公然偏袒一部分行政相对人而歧视另一部分行政相对人，强制性地使行政相对人承受与其行为极不相称的法律义务。

（4）权力行使不稳定。例如，行政机关及其公务员在行使自由裁量权时，无任何确定标准，今天这样，明天那样，对甲这样，对乙那样，任意行为，使被管理者手足无措，对自己的行为没有预期感。

（5）公务行为不合常理。这主要指公务员在行使行政权力时，处理的结果与事实有较大的差距。

4. 公务员程序违法行为。"把实体法和程序法的区别同权利与补救之间的区别等同起来，是十分错误的。因为补救本身就是各种权利，而在程序中也有各种权利。事实上，在实体法与程序法之间不可能截然地划出一条线，不管基于什么目的，都不能在同一地方截然区分实体法与程序法。"[1]正是从这个意义上讲，程序和实体一样重要，两者不可偏废。行政机关及其公务员应该根据程序规定公正地从事公务行为，公务行为的公正性，不只是通过结果，更要通过过程本身来实现。程序是控制公职人员滥用权力的特有设置，正如罗尔斯在谈到司法公正的程序保障时所言："有一些规定自然正义观的准则，它们是用来保护司法诉讼的正直性的指针。如果法律是向理性人提出的指令的话，法庭就必须考虑以某种适当的方法来运用和贯彻这些规范；就必须作出有意识的努力来确定一个违法行为是否已经发生，是否要对它处以正确的惩罚。所以，一个法律体系必须准备按照法规来进行审判和受理申诉；它必须包括可保障合理审查程序的证据法规。当在这些程序方面出现偏离时，法治要求某种形式的恰当程序；即一种合理设计的、以便用于与法律体系的其他目的相容的方式来弄清一个违法行为是否发生、并在什么环境下发生的真相的程序。例如法官必须是独立的、公正的，而且不能判决他自己的案子。各种审判必须是公平的、公开的，不能因公众的吵闹而带有偏

---

[1] ［英］戴维·M. 沃克著，北京社会与科技发展研究所译：《牛津法律大辞典》，光明日报出版社1988年版，第521页。

见。自然正义的准则要保障法律秩序被公正地、有规则地维持。"〔1〕

公务员程序违法，是指公务员在行使行政权力时违反法律规定的必经程序，即违反了法定的步骤、方式、时限和顺序等。程序违法一般有以下几种情况：

（1）程序缺漏，即应该经过的程序不经过。

（2）程序滥加，即违反法律规定增设不必要的程序。

（3）程序颠倒，即颠倒实施公务行为的各个步骤的先后顺序。

（4）形式违法，即没有遵守法律对公务行为形式的特殊规定。

（5）时限错误，即在法律规定的时限之外进行其公务行为。

（二）公务行为合理性监控的构成

合法与合理的统一是行政机关及公务员依法行政的基本要求。对于行政自由裁量行为，"合法"的不一定合理、适当，常会出现"形式合法的违法行为"，即违背了法律的意志、法律的精神，出现"显失公正"的现象，这实际上还是一种违法行为。行政合理性原则就是为了控制自由裁量行为，保证公务活动的公平而规定的，因而，行政合理性原则就是要求行政自由裁量行为符合法律的精神和宗旨，具备客观性、公正性、合理性。实践中，对公务员此类公务行为的监控主要涉及公务员违反公务道德行为的构成。

公务道德是国家行政机关及其公务员在行使公共权力、从事公务行为过程中，通过内化的信念和善恶标准，理性地调节个人与集体、个人与社会之间各种关系的行为规范。公务道德作为一种职业道德，是根源于公务员内在的价值观念和行为准则的主观力量，是公务行为趋向于善的一种内在动力。但是，内在的善并不是在任何情况下都可以成为一种自为的善，它需要在环境中寻找稳固的支撑点，需要有适应于公务道德生长的制度保障。如果没有相应的监控法律制度作为保障，公务道德就是一种偶然的力量，是一种只能在行政人员的某一个体中发挥作用的善，而不是一种具有普遍意义的行为规范，所以要通过公务员监控法使公务道德获得制度保障，使之成为公共行政体系中的一个不可缺少的价值因素。

公务道德历来被视为职业道德，备受各国重视。当今世界各国的行政管理制度，包括公务员制度，都把公务员的公务道德建设作为其有机构成之一。许多国家除了在公务员法中对公务道德作出规定之外，还制定了一系列关于公务道德的单行法规。美国 1978 年颁布了《政府道德法》，1992 年颁布了《美国行政部门雇员道德行为准则》；英国制定了《地方政府雇员行为规范》；韩国 1993 年修订了 1981 年制定的《韩国公职人员道德法》等有关行政道德法律规范。西方发达

〔1〕　［美］约翰·罗尔斯著，何怀宏等译：《正义论》，中国社会科学出版社 1988 年版，第 225 页。

国家公务道德方面的法律规范，对于防止行政官员的腐败起了非常重要的作用。

我国《公务员法》第 14 条列举了公务员应当履行的 8 项义务，其中第 6、7 项义务中的部分内容涉及道德义务，"带头践行社会主义核心价值观""恪守职业道德，模范遵守社会公德、家庭美德""清正廉洁，公道正派"。但道德义务条款的规定较为原则，且缺乏惩治措施，多起到宣示作用，难以具体操作。为便于贯彻执行，公务道德的规范应明确具体，不给"灰色收入"乃至"灰色权力"留有余地。长期以来，部分公务员违法乱纪行为时有发生，其中重要原因之一就是没有把公务道德标准落实到实处，因此，加强对公务员公务道德的监控就是当务之急。公务道德的监控对于预防行政权力滥用，保证公务活动规范合理实施，具有十分重要的作用。

（三）公务行为效率性监控的构成

公务行为的效率就是看公务活动的投入是否取得了较大的收益，我国对公务员公务行为的效率进行考核的重点是"绩"。"公务员考核中的绩，是指完成工作的数量、质量、效率和所产生的效益。它包括，完成工作本身的绩效情况和完成工作所产生的绩效情况两方面。"[1]监控公务员公务行为的工作效率，就是对公务员的公务行为进行全面监控并给予总体评价。行政管理工作是由一系列的事务性工作组成的，但是只有工作的数量，没有工作的质量，行政机关的管理目标就难以实现。监控法通过对行政效率进行监控，可以推动公务员改善行政管理，提高行政效率。

对公务员公务行为效率性进行监控要重点解决的问题是：有无争权力、推义务的行为；有无违反正常规程乱指挥，造成混乱局面的行为；有无只重执行，轻视服务的倾向；有无部门之间搞摩擦、人际关系紧张、影响工作进度的情况；有无因故意拖延、扯皮等而严重影响公务行为效率的行为。总之，通过对上述行为的监控，并预防和纠正这些行为，可以保障公务员的公务行为具有效率性。

---

[1]　应松年主编：《公务员法》，法律出版社 2010 年版，第 182 页。

第十四章 公务员监控体制法

第一节 监察机关和监察人员

一、监察机关的设置模式

西方各国的监察制度渊源于古希腊城民主监察制度，形成于英国议会的弹劾制度和法国的行政诉讼制度，瑞典督察专员制度和美国违宪审查制度。西方各国商品经济的发展，资本主义的产生、资产阶级民主政治家洛克"两权分立"和孟德斯鸠"三权分立"思想的影响，都是促成西方各国监察制度的重要因素。[1]

然而，早期西方资本主义政治家和思想家认为，三权分立制度能够解决国家权力运行的一切问题。国家制度的设计主要是对整个国家权力结构之间的分工与制衡。随着经济管理和社会事务的发展，行政权力的扩张，行政机关组织机构内部及其工作人员的行政违法和官僚主义日趋显现。违法的或者不合理的行政行为同样在侵扰行政相对人的合法权益。因此，行政法学在关注行政权力扩张与限制的外部行政法问题的同时，也在逐步建立和完善起监察制度等行政法律制度，从而全方位地对行政权力的享有、运行与救济实施法律控制。

现在的国外监察制度主要有以下几种模式：

第一，议会设立的监察机构。一般认为，由瑞典创设的议会行政监察专员制度，是现代西方国家最典型的、最有影响力的行政监察制度。它是从瑞典一项古老的"司法专员"制度加以发展改造而来的。尔后，英国吸收了瑞典的传统，发展了"议会行政专员"制度。随之，这一制度被北欧和受英国法影响的某些国家所仿效，从而成为西方国家一项普遍的行政监察制度。它的特点是由议会选出一个专门机构或人员来对行政机关及其所属部门工作人员的违法、官僚主义、滥用职权等行为实施监督。

第二，政府设立的行政监察机构。日本就属于此类。日本的最高行政监察机关设于首相府，称为行政监察局。下设计划调查、行政对话两个部门，有 10 名

[1] 参见皮纯协等编著：《中外监察制度简史》，中州古籍出版社 1991 年版，第 6 页。

高级检察官，分别掌管内阁各省、厅的监察事务。中央行政监察局下按区域划分设立了管区行政监察局和行政监察事务所。日本现有7个管区行政监察局，1个行政监察支局和39个行政监察事务所。日本行政监察机关主要职责有：①负责推进政府行政决策组织和运行等方面的全面改善工作；②了解和听取各行政监察管区内居民呼声，监督政府改进行政管理中发生的各类问题；③组织对话活动，以促进解决国民由不良行政所造成的困苦不满。

第三，相对独立的行政监察机构。一般属行政机关系统，但独立于行政机关的监察机构。加拿大属于此种。20世纪70年代末，加拿大各省建立了监察专员制度，监察员先由广告征聘，由立法机关的特殊委员会推荐提名，由省副总督任命，或由总督提名，议会2/3多数票通过任命。他们的待遇与法官差不多，其权力十分广泛，包括调查处理政府机关、社会团体和社会公共部门的官员或雇员的违法失职、玩忽职守及官僚主义行为，处理不正当的行政程序和行政决定。监察的主要方式是：①走访申诉当事人及有关部门，对申诉案件进行调查，并同有关行政官员商量如何处理申诉案件；②对各种案件写出报告，向被监察部门提出批评建议，督导他们改正不良行为。监察员还经常运用现代化通信手段巡回监察，广泛接触社会，为公众申诉提供便利条件。

第四，内部隶属的行政监察机构。设于行政机关内部各部门的监察机关。如美国各部门内的监察长就属此类。1978年美国制定了《监察长法》，规定在各部和各独立机构内设监察长，其职责是监督本单位的审计和调查，指导协调本部门的工作，发现及防止官僚主义违法行为，并提出纠正措施，促进节约和提高效益。[1]

二、我国监察机关的设置

我国古代监察制度有别于外国监察制度，就是它有两条主线。一是御史制度（也称台官制度）。二是给谏制度（也称谏官制度）。设御史"纠举百官，以肃吏治"，设谏官"讽议左右，以匡人君"。监察制度的产生、发展、变化从组织机构、人员设置、职责规章上所反映的是由简到繁、又由繁到简。民国时期有设置参议院和监察院，但只能监察小官而不能监察大官，使之形同虚设。[2]

新中国成立后，20世纪50年代行政机关系统中曾设有监察机关，新中国成立前夕通过的《共同纲领》第19条规定："在县市以上的各级人民政府内，设人民监察机关，以监督各级国家机关和各种公务人员是否履行其职责，并纠举其中之违法失职的机关和人员。人民和人民团体有权向人民监察机关或人民司法机

---

〔1〕　参见蔡定剑：《国家监督制度》，中国法制出版社1991年版，第193页。
〔2〕　参见皮纯协等编著：《中外监察制度简史》，中州古籍出版社1991年版，第5页。

关控告任何国家机关和任何公务人员的违法失职行为。"同时通过的《中华人民共和国中央人民政府组织法》（以下简称《中央人民政府组织法》）规定，在政务院设立人民监察委员会，在政务院的领导下，负责指导全国各级监察机关的工作，监察全国各级国家机关和各类公务人员。中央人民政府政务院人民监察委员会还在中央直属各机关、各国营企业部门、人民团体及新闻机关设置监察通讯员。随后，政务院决定在各大行政区、省、市、县人民政府设人民监察委员会，在省人民政府专员公署设人民监察处。

1954年第一次全国人民代表大会后，政务院改为国务院，政务院人民监察委员会也改为国家监察部；相应地在省、直辖市、设区的市人民委员会中设置了监察厅、局、处。县和不设区的市及市辖区的人民委员会中不设置监察机关，而适当扩充了省、直辖市、设区的市和专员公署监察机关的组织，加强了这些监察机关的干部力量。1959年监察部被撤销，地方各级监察机关也随之撤销。十一届三中全会以后，为建设社会主义民主，健全社会主义法制，加强对国家行政机关及其工作人员的监督，监察又重新被提到议事日程上来，1982年《宪法》规定，国务院领导和管理全国监察工作，县以上各级人民政府管理本行政区域内的监察工作。为实施《宪法》规定，更好地开展监察工作，1986年第六届全国人大常委会第十八次会议作出了《关于设立中华人民共和国监察部的决定》，决定设立监察部，作为国务院主管监察工作的职能部门。1987年国务院发出了《关于在县以上地方各级人民政府设立行政监察机关的通知》，这就使行政监察机关在政府系统中得以恢复重建。

1990年国务院常务会议通过了《中华人民共和国行政监察条例》（以下简称《行政监察条例》），以行政法规的形式，明确规定国务院和县以上地方各级人民政府设立行政监察机关，作为各级人民政府行使行政监察权的职能部门。

1997年通过了《中华人民共和国行政监察法》（以下简称《行政监察法》），其第7条明确规定："国务院监察机关主管全国的监察工作，县级以上地方各级人民政府监察机关负责本行政区域内的监察工作，对本级人民政府和上一级监察机关负责并报告工作，监察业务以上级监察机关领导为主。"

为了保证监察机关能够经常及时准确地了解情况，卓有成效地履行监察职能，发挥其职能作用，《行政监察法》第8条规定："县级以上各级人民政府监察机关根据工作需要，经本级人民政府批准，可以向政府所属部门派出监察机构或者监察人员。监察机关派出的监察机构或者监察人员，对派出的监察机关负责并报告工作。"监察机关根据工作需要可以在一定地区政府部门和单位设置派出监察机构或者派出监察人员。派出监察机构或者派出监察人员，是根据工作需要，区别不同情况，坚持精简效能的原则而确定的，并由派出它的监察机关负责划拨有关人员编制。派出监察机构或者派出监察人员作为监察机关的组成部分，根据派出它的监察机关的要求，代表派出它的监察机关履行监察职责，完成派出它的监察机关交办的各项任务。

2018 年中共中央《关于深化党和国家机构改革的决定》提出要"推进党的纪律检查体制和国家监察体制改革"。具体而言，要"深化党的纪律检查体制改革，推进纪检工作双重领导体制具体化、程序化、制度化，强化上级纪委对下级纪委的领导。健全党和国家监督体系，完善权力运行制约和监督机制，组建国家、省、市、县监察委员会，同党的纪律检查机关合署办公，实现党内监督和国家机关监督、党的纪律检查和国家监察有机统一，实现对所有行使公权力的公职人员监察全覆盖。完善巡视巡察工作，增强以党内监督为主、其他监督相贯通的监察合力。"

2018 年 3 月 11 日发布的《宪法修正案》明确了监察机关的宪法地位。将原《宪法》第 3 条第 3 款"国家行政机关、审判机关、检察机关都由人民代表大会产生，对它负责，受它监督。"修改为："国家行政机关、监察机关、审判机关、检察机关都由人民代表大会产生，对它负责，受它监督。"在第三章"国家机构"中专门增加一节，作为第七节"监察委员会"；增加五条，分别作为第 123 条至第 127 条。这五条明确了监察委员会的宪法地位、人员组成、主任任期，各级监察委员会之间的关系，监察委员会与全国人大及其常委会的关系，监察委员会享有的监察权等内容。此外，对涉及监察机关的其他内容一并作了修订。

2018 年 3 月 20 日全国人民代表大会发布的《中华人民共和国监察法》（以下简称《监察法》）是对《宪法》有关监察规定的具体化，对监察机关的级别、职责、监察范围、管辖权、监察权等作出了较为具体的规定。国家监察委员会是最高监察机关，省、自治区、直辖市、自治州、县、自治县、市、市辖区设立监察委员会。国家监察委员会领导地方各级监察委员会的工作，上级监察委员会领导下级监察委员会的工作。各级监察委员会还可以向本级中国共产党机关、国家机关、法律法规授权或者委托管理公共事务的组织和单位以及所管辖的行政区域、国有企业等派驻或者派出监察机构、监察专员。监察机构、监察专员对派驻或者派出它的监察委员会负责。

三、监察人员应当具备的素质

监察人员的素质是整个监察干部队伍政治思想水平、理论业务水平、文化科学水平及心理特征等方面的综合反映。监察干部队伍的素质如何，又直接关系到监察工作水平、效率和质量的高低。因此，对监察人员的素质有更高的要求。

《监察法》第56条规定："监察人员必须模范遵守宪法和法律，忠于职守、秉公执法，清正廉洁、保守秘密；必须具有良好的政治素质，熟悉监察业务，具备运用法律、法规、政策和调查取证等能力，自觉接受监督。"此条文也正反映了对监察人员的素质要求，主要包括政治素质、文化素质和业务素质。

（一）政治素质

监察人员应具备的思想政治素质具体来说包括以下几个方面：

第一，具有坚定正确的政治方向。监察人员必须坚定不移地贯彻党在社会主义初级阶段的基本路线，坚持四项基本原则，坚持改革开放的总方针总政策，坚决维护和忠实地执行党和国家的路线方针政策，旗帜鲜明地反对和抵制一切违背党和国家的正确路线和方针政策的错误言行和倾向。

第二，坚持实事求是和秉公执法。监察人员在履行职责中必须坚持实事求是一切从实际出发，坚持以事实为根据，以法律、法规为准绳，重证据，重调查研究，严格按照规定的程序办事，做到有法必依、执法必严、违法必究，不徇私枉法，秉公办事。

第三，具有敢于坚持真理、坚持原则的大无畏精神。监察人员为了国家和人民的利益敢于坚持真理，疾恶如仇、是非分明、刚正不阿，监察工作就是要同那些违反国家政策和法律法规及违反政纪的行为作坚决的斗争，监察人员必须站在国家和人民的立场上，不徇私情，不谋私利，不怕得罪人，不计较个人得失，坚决维护法律和政纪的尊严。

第四，遵纪守法、清正廉明。执行者必先守纪，查赃者必须自廉。监察干部的思想政治素质高不高，不仅看其对党和国家路线方针政策态度如何，还要看自己能否模范地遵纪守法，因此每个监察干部都要自觉地加强政治学习和党性修养，树立秉公办事、廉洁奉公的思想。

第五，具有较高的政治理论水平和政策水平。监察人员要具有较高的理论修养，要熟悉我国现行法律和政策，并能够自觉地运用国家法律和政策去正确地分析和处理监察工作中遇到的实际问题。同时，监察人员还应当忠于职守，热爱本职工作，工作扎实严谨，表里如一，严守国家秘密等。

（二）文化素质

由于监察机关的监察对象是政府各个部门及其工作人员，这些工作人员从事着各方面的行政管理工作，这就对监察人员自身的文化素质提出了更高的要求。

第一，具备较高的文化基础知识和较宽的知识面。它包括文学、语法、逻辑、历史、地理、时事、政治、数学、理化、生物等方面的基础知识；还包括马克思主义哲学、政治经济学和科学社会主义及马克思主义的国家学说等基本理论。

第二，掌握与监察工作比较密切的有关学科知识。由于监察工作需要经常与一些业务监督部门的工作发生联系，如与海关、银行、商检、工商、税务、审计、政法工作等。同时，这些部门的案件有些交叉。因此还要重点地掌握一些这方面的专业知识。

第三，了解最新的科学成果，掌握科学技术发展的新动态。对信息论、系统论、控制论以及科学学、未来学等边缘科学要有所了解，还要尽可能多掌握点电脑技术，以适应办公自动化和办案手段现代化的需要。

第四，掌握科学的思维方法，具备较好的语言、文字表达能力。监察人员应具有较好的思维能力、掌握科学的思维方法，能运用辩证的观点和方法去观察、分析和处理问题，在复杂多变的情况下能迅速地进行判断和推理，及时准确地作出决策。还应掌握语言文字方面的基本功，在与不同的工作对象谈话时，能做到恰如其分，准确表达要说的意思，能够顺利完成与工作有关的公文写作任务，做到文字流畅，条理清晰，符合逻辑。

（三）业务素质

监察工作是一门专业性较强的工作，它有其自身的规律和要求，监察人员光有为人民服务的愿望还不够，还必须掌握为人民服务的本领，努力学习和掌握监察工作的业务知识和技能，成为本职工作的内行。

第一，熟悉监察业务。监察人员必须掌握监察专业知识及其相关的业务知识，并善于在实际工作中熟练地运用。这些知识包括党和国家有关监察方面的法律、法规、规章、方针政策，关于党纪方面的具体要求，调查、处置技术，进行执法检查、开展宣传教育等方面的业务技能，以及监察公文写作等知识，专业知识越精通越全面越熟练越好。同时，由于监察工作内容复杂，涉及面广，每个监察干部还应同时掌握一两门其他方面的知识，才利于自己工作的开展。

第二，有较强的观察分析和判断问题的能力。监察人员在进行政纪案件查处及执法检查工作中，要有迅速果断而又准确的判断能力，能及时发现问题，作出全面而又客观的分析判断，特别是对一些重大问题和带倾向性的问题要反应敏锐，抓住问题的要害，提出切实可行的解决问题的办法。监察干部要有意识地培养和锻炼这方面的能力。

第三，有扎实的调查研究基本功。调查研究是监察人员从事监察工作的最基本的工作方法，是监察干部必须掌握的基本功。每个监察干部都应以科学的态度对待科学研究，并能熟练掌握和运用调查研究方法，为解决问题提供有效的、及时的帮助。

四、对监察人员的管理

2018 年 12 月 29 日全国人大常委会发布了新修订后的《公务员法》，新法将监察官纳入公务员范围。首先，第 2 条对公务员范围作出的一般性规定并未作出修改，该条规定："本法所称公务员，是指依法履行公职、纳入国家行政编制、由国家财政负担工资福利的工作人员。"从该定义来看，监察机关工作人员属于公务员范围。其次，第 3 条第 2 款将原规定"法律对公务员中的领导成员的产生、任免、监督以及法官、检察官等的义务、权利和管理另有规定的，从其规定。"修改为："法律对公务员中领导成员的产生、任免、监督以及监察官、法官、检察官等的义务、权利和管理另有规定的，从其规定。"即增加了"监察官"三个字。该条有两个作用，一是起到例外规定的作用。《公务员法》是规范公务员管理领域的专门法，相对于其他法律规范中有关公务员管理的规定属于一般性规定，当两者之间发生冲突时，不仅可以适用《立法法》有关"特别法优于一般法"的冲突处理规则，还可以适用该条款。二是起到明确监察官与法官、检察官一样，属于公务员的作用。增加"监察官"三个字也是在国家机构改革、《宪法》作出修订、《监察法》出台的背景之下，及时完善我国公务员管理制度、明确监察人员法律地位、保护监察人员合法权益的立法举措。

由于监察人员属于公务员范畴，进而有关监察人员管理的内容与对公务员的管理内容基本一致。这里主要结合《监察法》有关监察人员的规定，就对监察人员管理的特别之处加以阐述。

第一，对监察人员的监督。《监察法》第 55 条确立了监察机关内部监督机制。该条规定："监察机关通过设立内部专门的监督机构等方式，加强对监察人员执行职务和遵守法律情况的监督，建设忠诚、干净、担当的监察队伍。"当然，监察机关内部监督的实效尚待实现，内部监督的方式、程序（启动、调查、终止）、内容等尚待明确。[1]

第二，报告制度。《监察法》第 57 条规定了报告制度，明确了登记备案程序。具体指"对于监察人员打听案情、过问案件、说情干预的，办理监察事项的监察人员应当及时报告。有关情况应当登记备案。发现办理监察事项的监察人员未经批准接触被调查人、涉案人员及其特定关系人，或者存在交往情形的，知情人应当及时报告。有关情况应当登记备案。"

第三，回避制度。《监察法》第 58 条规定了监察人员应当回避的四种情形：是监察对象或者检举人的近亲属的；担任过本案的证人的；本人或者其近亲属与

---

〔1〕　参见张云霄："国家监察体制改革法治化进程初探"，载《法学杂志》2018 年第 5 期。

办理的监察事项有利害关系的；有可能影响监察事项公正处理的其他情形的。第四种情形系兜底性规定，延续了我国回避制度的常态化做法。该条还明确了"监察对象、检举人及其他有关人员"有要求监察人员回避的权利。《公职人员政务处分法》也作了类似规定，第47条规定，参与公职人员违法案件调查、处理的人员有下列情形之一的，应当自行回避，被调查人、检举人及其他有关人员也有权要求其回避：①是被调查人或者检举人的近亲属的；②担任过本案的证人的；③本人或者其近亲属与调查的案件有利害关系的；④可能影响案件公正调查、处理的其他情形。

第四，保密义务。《监察法》第59条第1款就监察人员的保密义务作出了概括性规定："监察机关涉密人员离岗离职后，应当遵守脱密期管理规定，严格履行保密义务，不得泄露相关秘密。"第2款规定了针对监察人员的特殊的职业责任："监察人员辞职、退休三年内，不得从事与监察和司法工作相关联且可能发生利益冲突的职业。"我国对审判人员也存在类似的规定。[1]

监察监督工作是一项同党内和社会上的各种不正之风和违法乱纪行为做斗争的工作，因而监察监督干部是既让一些人畏惧又被一些人仇恨的人。有些人甚至打击报复，个别地方还发生杀害监察干部的案件。因此，我们在谈到对监察人员管理的同时，也不应忽视对其的保护。监察监督人员在执行公务中受到非法阻碍或打击迫害的，有权向各级党组织和各级人民政府请求帮助和保护，党组织和政府也应采取有效的措施，保护监察干部，必要时可以追究对方的法律责任。

第二节　监察机关的职责

监察机关的职责是指监察机关在行使监察职能时必须履行的法定义务。为了保障行政机关及公务员正确行使职权，对其实施监督的主体非常广泛，各个监督主体必须在其职责范围内履行其职责，明确监察机关的职责范围就很有必要；一个国家的行政机关体系庞大而且分布在不同的地域，分为不同的级别和层次，要

---

[1]　《最高人民法院关于审判人员在诉讼活动中执行回避制度若干问题的规定》第8条规定："审判人员及法院其他工作人员从人民法院离任后二年内，不得以律师身份担任诉讼代理人或者辩护人。审判人员及法院其他工作人员从人民法院离任后，不得担任原任职法院所审理案件的诉讼代理人或者辩护人，但是作为当事人的监护人或者近亲属代理诉讼或者进行辩护的除外。本条所规定的离任，包括退休、调离、解聘、辞职、辞退、开除等离开法院工作岗位的情形。本条所规定的原任职法院，包括审判人员及法院其他工作人员曾任职的所有法院。"

做到及时而有效的对其执法执纪进行监察，就要在不同地域设置不同级别和层次的监察机关。要解决上述种种问题，就需要对监察机关的职责作出明确说明，这就是关于监察的事态管辖、地域管辖和级别管辖问题。

一、监察的事态管辖

（一）事态管辖的概念

为了确保行政机关及公务员正确履行其各项职责，圆满完成《宪法》、法律规定的各项任务，正确行使各种行政权力，我国对行政机关及公务员设置了一套较为完整的监督体系。这个监督体系包括党内监督、民主监督、法律监督和舆论监督。管辖在一般意义上是指司法机关受理案件的分工和权限划分，"管辖者，分配诉讼事件于各法院间之范围也"。这里引入监察制度用以说明监察机关的职责。监察的事态管辖就是为了划分监察机关与其他监督主体之间的职权范围和权限而引进的概念。监察的事态管辖就是指监察机关依法对行政机关公职人员进行监察的职责范围，以及与其他监督主体在行使监督职能时的分工和权限范围。

监察的事态管辖涉及两个方面的问题，一是监察机关具体对行政机关公职人员进行监察的职责范围，即监察的内容。这不仅明确了监察机关的职责，而且是划分其与其他监督主体权限范围的前提。二是监察机关与其他监督机关的分工和权限划分，这既能保障监察机关正确及时行使职责，又能加强监察机关与其他监督机关的协调配合，防止推诿扯皮。

（二）监察的内容

监察的对象，主要是行政机关公职人员的执法和执纪情况。监察的内容，就是监察机关对行政机关公职人员的执法执纪情况进行监督的具体责任和任务。我国是世界上最早建立监察制度的国家之一，在秦代形成了与现代意义的监察相一致的职责，即负责监督中央和地方官吏，"察举非法"，随着封建制度的发展和完善，监察机关的职责也日趋发展和完善，其职责范围包括了监察百官行为、监察政府部门公务活动、监察司法审判，为维护封建专制统治发挥了重要的作用；辛亥革命后建立的南京临时政府设立了参议院，其实行使了监察权，其职责范围非常广泛，改变了历代监察机构只能监督百官不能弹劾国家元首皇帝的状况。[1]综观现代世界各国大都建立了监察制度，职责也大同小异，其相同点都体现在对行政机关公职人员的执法执纪活动的监督。[2]

在新中国成立前苏区就建立了行政监察制度，其职责是对中央到地方的各级

---

〔1〕 参见石俊超、刘彦伟编著：《比较监察制度》，中州古籍出版社1991年版，第43~57页。
〔2〕 参见石俊超、刘彦伟编著：《比较监察制度》，中州古籍出版社1991年版，第26页。

苏维埃政权机关、国有企业在内的企业和合作社企业进行监督；[1]新中国成立以来，政务院通过和颁布的监察机关组织条例对其任务作了明确的规定：监察所辖区域内各级政府机关、企业部门及其工作人员是否履行其职责，有无违反国家政策、法令或损害国家和人民利益的行为，纠举其中违法失职的机关部门或人员，并予以惩戒或纠正，指导或领导所属各级监察机关的监察工作，颁发决议和命令，并审查其执行，接受及处理人民和团体对政府机关、企业部门及其工作人员违法失职行为的控告。[2]以后其监察职责进一步完善，但"文化大革命"时期监察机关被撤销，十一届三中全会决定恢复建制，根据国务院《设立国家行政监察机关的方案》的规定，其职责与《行政监察法》规定的基本一致。根据1997年全国人大常委会通过的《行政监察法》第18条的规定，行政监察的主要内容是：①检查国家行政机关在遵守和执行法律、法规和人民政府的决定、命令中的问题；②受理对国家行政机关、国家公务员和国家行政机关任命的其他人员违反行政纪律行为的控告、检举；③调查处理国家行政机关、国家公务员和国家行政机关任命的其他人员违反行政纪律的行为；④受理国家公务员和国家行政机关任命的其他人员不服主管行政机关给予行政处分决定的申诉，以及法律、行政法规规定的其他由监察机关受理的申诉；⑤法律、行政法规规定由监察机关履行的其他职责。2010年全国人大常委会修订该法时，除了在表述上略有变化，在实质内容上延续了该规定。这些职责可以概括为：执法执纪检查、控告检举受理、违纪调查处理、申诉受理、其他。

2018年《监察法》发布，《行政监察法》被废止。《监察法》扩大了监察机关的职权并概述为监督、调查、处置三项职责。具体而言，监督指对公职人员开展廉政教育，对其依法履职、秉公用权、廉洁从政从业以及道德操守情况进行监督检查。调查指对涉嫌贪污贿赂、滥用职权、玩忽职守、权力寻租、利益输送、徇私舞弊以及浪费国家资财等职务违法和职务犯罪进行调查。处置指对违法的公职人员依法作出政务处分决定；对履行职责不力、失职失责的领导人员进行问责；对涉嫌职务犯罪的，将调查结果移送人民检察院依法审查、提起公诉；向监察对象所在单位提出监察建议。较之以往行政系统内部设置的监察机关，国家机构改革之后，对公职人员的廉政教育被纳入监察机关的职责范围；监察机关不仅对违法、违纪行为进行监察，而且对行政机关和公务员的犯罪行为、道德操守情况进行监察；相应的处置权也得到进一步扩大。由于监察机关已经从行政系统独

---

[1]　参见石俊超、刘彦伟编著：《比较监察制度》，中州古籍出版社1991年版，第144页。
[2]　参见石俊超、刘彦伟编著：《比较监察制度》，中州古籍出版社1991年版，第153页。

立出来，其不再受理公务员和其他行政机关工作人员不服主管行政机关行政处分决定的申诉。按照《公务员法》第95条的规定，申诉机关为同级公务员主管部门或者作出人事处理的机关的上一级机关。[1]同时，根据《监察法》第3条，各级监察委员会的监察对象是行使公权力的公职人员，监察委员会不再就行政机关作专门监督。

（三）监察委员会监督与党内监督的区别

党内监督和国家监察都是中国特色治理体系的重要组成部分，一体两面，具有高度内在一致性。国家监察是对公权力最直接、最有效的监督，监察全覆盖和监督的严肃性、实效性，直接关乎党的执政能力和治国理政科学化水平。制定《监察法》，就是要通过制度设计实现对所有行使公权力的公职人员监察全覆盖，补上国家监察的短板，体现依规治党与依法治国、党内监督与国家监察有机统一。

党内监督的主要内容是：①遵守党章党规，坚定理想信念，践行党的宗旨，模范遵守宪法法律情况；②维护党中央集中统一领导，牢固树立政治意识、大局意识、核心意识、看齐意识，贯彻落实党的理论和路线方针政策，确保全党令行禁止情况；③坚持民主集中制，严肃党内政治生活，贯彻党员个人服从党的组织，少数服从多数，下级组织服从上级组织，全党各个组织和全体党员服从党的全国代表大会和中央委员会原则情况；④落实全面从严治党责任，严明党的纪律特别是政治纪律和政治规矩，推进党风廉政建设和反腐败工作情况；⑤落实中央八项规定精神，加强作风建设，密切联系群众，巩固党的执政基础情况；⑥坚持党的干部标准，树立正确选人用人导向，执行干部选拔任用工作规定情况；⑦廉洁自律、秉公用权情况；⑧完成党中央和上级党组织部署的任务情况。党内法规为党内监督的合规进行提供了规范依据。

党内监督的方式包括党委（党组）的日常管理监督、巡视监督、组织生活制度、党内谈话制度、干部考察考核制度、述责述廉制度、报告制度、插手干预重大事项记录制度，以及纪委的执纪监督、派驻监督、信访监督、党风廉政意见

---

[1]《公务员法》第95条规定：公务员对涉及本人的下列人事处理不服的，可以自知道该人事处理之日起30日内向原处理机关申请复核；对复核结果不服的，可以自接到复核决定之日起15日内，按照规定向同级公务员主管部门或者作出该人事处理的机关的上一级机关提出申诉；也可以不经复核，自知道该人事处理之日起30日内直接提出申诉：①处分；②辞退或者取消录用；③降职；④定期考核定为不称职；⑤免职；⑥申请辞职、提前退休未予批准；⑦不按照规定确定或者扣减工资、福利、保险待遇；⑧法律、法规规定可以申诉的其他情形。对省级以下机关作出的申诉处理决定不服的，可以向作出处理决定的上一级机关提出再申诉。受理公务员申诉的机关应当组成公务员申诉公正委员会，负责受理和审查公务员的申诉案件。公务员对监察机关作出的涉及本人的处理决定不服向监察机关申请复审、复核的，按照有关规定办理。

回复、谈话提醒和约谈函询制度、审查监督、通报曝光制度等。党内监督要求把纪律挺在前面，运用监督执纪"四种形态"，经常开展批评和自我批评、约谈函询，让"红红脸、出出汗"成为常态；党纪轻处分、组织调整成为违纪处理的大多数；党纪重处分、重大职务调整的成为少数；严重违纪涉嫌违法立案审查的成为极少数。在合署办公体制下，纪委的监督、执纪、问责与监委的监督、调查、处置是对应的，既有区别又有一致性，纪检机关的监督和监察机关的监督在指导思想、基本原则上是高度一致的，目的都是为了惩前毖后、治病救人，抓早抓小、防微杜渐。

党内监督的内容、方式和要求，也都适用于国家监察的监督。一定要准确把握、高度重视监察委员会的日常监督职责，把纪委监督与监委监督贯通起来。严格监督本身就是反腐败高压态势的组成部分。监察机关履行监督职责的方式包括教育和检查。廉政教育是防止公职人员发生腐败的基础性工作。廉政教育的根本内容是加强理想信念教育，使公职人员牢固树立马克思主义的世界观、人生观、价值观和正确的权力观、地位观、利益观，使讲规矩、守法律成为公职人员的自觉行动，不断增强"不想腐"的自觉。监督检查的方法包括列席或者召集会议，听取工作汇报，实施检查或者调阅、审查文件和资料等，内容是公职人员依法履职、秉公用权、廉洁从政从业以及道德操守情况。

二、监察的地域管辖

监察的地域管辖是指确定同级监察机关对行政机关公职人员进行监察的分工和权限范围。《监察法》第16条第1款规定："各级监察机关按照管理权限管辖本辖区内本法第十五条规定的人员所涉监察事项"。那么，如何理解"本辖区"？这里运用体系解释方法，首先联系该法第7条有关监察机关设置的规定："中华人民共和国国家监察委员会是最高监察机关。省、自治区、直辖市、自治州、县、自治县、市、市辖区设立监察委员会。"其次联系该法第8、9条中有关各级监察机关职责范围的规定："国家监察委员会……负责全国监察工作""地方各级监察委员会……负责本行政区域内的监察工作"。可见，我国监察机关的级别与人民政府的设置一致，进而各级监察机关地域管辖的范围是按照行政区划来划分的，遵循了方便原则。

三、监察的级别管辖

（一）级别管辖的概念

级别管辖，是指划分上下级监察机关之间对行政机关公职人员进行监察的分工和权限范围。级别管辖是从监察机关的组织系统即纵的方面来划分每一级监察机关对行政机关公职人员进行监察的分工和权限范围，只有这样才能在上下级监察机关之间，对不同级别行政机关公职人员进行监察的权限有明确的分工，从而确定哪一级监察机关对哪些行政机关公职人员享有管辖权，保障监察权的正确和有效的行使。

监察机关在履行监察职责时，必然会触犯违法违纪者的各种利益，尤其是触犯握有权势的领导者的既得利益，这就不可避免地会受到各方面的、大大小小的对监察工作的非法干预。如果监察机关屈服于特权行为的压力，则不仅其自身的威信无从产生，而且也没有存在的必要。《行政监察法》生效期间，我国的行政监察机关是人民政府内设的专门机构，增加了其排除非法干预、依法独立行使职权的难度。监察机关独立出行政系统之后，其独立地位得到了有效保障。《宪法》第127条第1款规定："监察委员会依照法律规定独立行使监察权，不受行政机关、社会团体和个人的干涉。"《监察法》第4条第1款重复和强调了该独立性原则。级别管辖必须贯彻落实这一原则。

（二）我国级别管辖的现状

为了充分保障监察机关依法独立而有效地履行监察职责，《监察法》明确了一般级别管辖和管辖权转移。

一般级别管辖，是指确定级别管辖的一般标准。《监察法》第16条第2款规定："上级监察机关可以办理下一级监察机关管辖范围内的监察事项，必要时也可以办理所辖各级监察机关管辖范围内的监察事项。"遗憾的是，尚未有细则性规定对"必要时"作出解释，这属于立法赋予上级监察机关在管辖方面的裁量空间。为了有效约束上级监察机关的管辖权，应当及时作出细则性规定框定裁量范围。该条第3款还就指定管辖问题作出规定："监察机关之间对监察事项的管辖有争议的，由其共同的上级监察机关确定。"

管辖权转移，是指下级监察机关管辖范围内的监察事项由上级监察机关管辖。《监察法》第17条规定："上级监察机关可以将其所管辖的监察事项指定下级监察机关管辖，也可以将下级监察机关有管辖权的监察事项指定给其他监察机关管辖。监察机关认为所管辖的监察事项重大、复杂，需要由上级监察机关管辖的，可以报请上级监察机关管辖。"

第三节　监察权限

一、国外监察机关的权限

国外监察机关的权限主要包括：

第一，调查权。监察机关最重要、最基本的权限是调查权。各国监察机关在其监察范围内都享有充分的调查权。任何被调查的对象都不得拒绝。但对涉及国家安全或国防机密的文件，有些国家就限制了监察机关的调查权。

第二，建议权。建议权是继调查权之后的一项监察权力。新西兰 1975 年《行政监察专员条例》对于建议的规定是：当监察专员认为有关事项应当重新考虑；失职行为应当更正；某项决定应予撤销或改变；决定建议行为或不行为所根据的习惯应予变更；所根据的法律应予重新考虑；应对决定提出理由，加以说明；应采取任何其他措施时，可向有关部门或组织提出并作出它认为合理的建议。新西兰行政监察专员经常建议的内容是对公民赔偿损失，或颁发道歉令。在行政监察专员的建议不被尊重实行的情况下，即通知总理或议会，使该项建议公开。

第三，批评权。批评权是与建议权同等重要的监察权力。瑞典芬兰丹麦挪威的监察官，主要的武器就是批评。将批评记载在议会的年度报告上，这种报告在政界影响较大，会给公务员造成很大的压力。

第四，惩戒权。监察机关进一步的权力是促使违法乱纪或玩忽职守的政府官员或工作人员受到审判和惩戒。瑞典等国的司法监察专员有起诉权，丹麦的监察专员虽没有起诉权，但可以提请要求起诉。这些国家的监察官都可以提请主管机关对违法乱纪或玩忽职守的官员或工作人员作出惩戒处分。在挪威，监察官没有起诉或提请惩戒处分的权力，唯一可以做的就是批评和建议。[1]

大多数国家的监察机关都拥有上述权限。在调查之前，一般国家的监察机关当然有权受理人民的申诉，也有权主动发现问题加以调查。监察机关一般不直接拥有惩戒权与审判权。但苏联人民监督委员会有权对违法的公职人员提出警告、训斥、严重训斥；对造成物质损失的公职人员科以罚款；甚至可以对公职人员实行解除职务的处分。它本身兼有一部分惩戒权，而不仅仅是建议惩戒。此外，监察机关还应该拥有立法提案权。在民主国家中，公民或社团都有这种权利，政府也有委任立法权，监察机关提出与监察有关的法律案，或对某些法律提出修正案，都是应有的职权。

二、我国监察机关的权限

我国古代的谏官和御史，官品虽然不高，但权力很大，地位很尊。因是皇帝的耳目之官，拥有独立自主的弹劾权，又可风闻奏事，他们的言论和身体都得到皇帝的保护，因为他们只是强化皇权的御用工具。[2]当然这些与现代的监察权是

---

〔1〕 参见陈哲夫主编：《监察与监督》，北京大学出版社 1994 年版，第 411 页。
〔2〕 参见皮纯协等编著：《中外监察制度简史》，中州古籍出版社 1991 年版，第 7 页。

不可同日而语的。根据《监察法》，我国监察机关的权限主要有：

（一）检查权

1. 检查权的概念和特征。检查权是监察机关对监察对象依法履职、秉公用权、廉洁从政从业以及道德操守情况进行监督、检查的权力。检查权是监察机关履行职责的一项较为基本的权力，对检查权的行使往往是监察工作的开始，也往往贯穿监察工作的始终。从一般意义上讲，各个行政部门都具有检查权，这是实现国家行政管理权所必需的，但作为监察机关履行职责的一项法定权力，检查权有其特定的内涵。与行政部门的检查权相比，监察机关的检查权具有以下几个特征：

（1）从性质上看，监察机关行使的检查权是国家通过立法赋予监察机关的一项权力。这种权力的内容、行使程序、保障措施以及法律效力等都有明确的规范规定。它既不同于司法机关所享有的作为司法权的检查权，也不同于一般行政机关作为工作手段而使用的检查措施，而是一项能够产生法律后果的权力。

（2）从适用范围上看，监察机关享有的检查权的实施范围较为广泛，既包括公职人员的违法犯罪行为，也包括公职人员不适当、违反道德操守的行为。监察机关检查权的范围已然覆盖了行政机关所享有的检查权。

（3）从行使措施上看，监察机关行使检查权可以依法采取一些具有强制性的措施，行政机关的行政检查措施则难以具有强制性。

2. 检查权的行使方式。检查权的行使方式包括一般检查和专项检查。一般检查是指监察机关依照法律法规，通过列席被检查机关相关会议，巡视调阅相关文件资料以及听取工作报告等方法，对被检查机关的行政行为及其执行和遵守国家法律法规政策的情况所进行的宏观上的全面检查。这种检查的特点是内容广泛，未预定检查的具体目标，不论被检查机关有无违法违纪问题，监察机关都可以对其进行一般性检查，以便掌握全面情况。[1]

专项检查是指监察机关根据上级监察机关的决定，或者根据本地区本部门工作的需要以及一般检查的结果，在一定时期内组织专门力量，对行政机关公职人员特定的、具体的工作事项进行的集中检查。这种检查的特点是针对性强，较之一般检查有更明确的范围和重点，而且内容单一，往往是一般检查的延续和深入。《监察法》第37条也作出规定："监察机关对监察对象的问题线索，应当按照有关规定提出处置意见，履行审批手续，进行分类办理。线索处置情况应当定期汇总、通报，定期检查、抽查。"

---

[1]　参见吴德让等主编：《行政监察实务》，上海交通大学出版社1992年版，第84～85页。

（二）调查权

1. 调查权的概念和特征。调查权是指监察机关对监察对象涉嫌贪污贿赂、滥用职权、玩忽职守、权力寻租、利益输送、徇私舞弊以及浪费国家资财等职务违法和职务犯罪进行验证、取证、核实的权力。调查权是监察权的重要组成部分，它往往是检查权的深化，同时又是监察机关行使建议权和惩戒权的前提。未经调查，监察对象的违法违纪事实就无法查清，监察机关的建议权和惩戒权也就无法落实。监察机关的调查权具有以下几项特征：其一，调查权行使的国家化，监察委员会的调查权在法律授权范围内体现出国家权的权力面向，具有毋庸置疑的国家权威性；其二，调查措施的强制性，在反腐职能的定位引导下，《监察法》为调查权的行使配套了 12 项强制性不同的监察措施；其三，调查权的综合性，较之其他国家机关所享有的调查权，监察委员会的调查权具有构成复合性与调查对象二元化的特征。[1]

2. 调查权的适用范围。《监察法》第 3 条明确了监察机关调查权的适用范围，即所有行使公权力的公职人员的职务违法行为和职务犯罪行为。职务违法行为是指公职人员在履行职务过程中触犯法律的行为；职务犯罪行为则是指公职人员在履行职务过程中触犯刑法的行为。违法行为的外延较大，是犯罪行为的上位概念，所有犯罪行为都属于违法行为。本书第十二章第四节在阐述公务员刑事责任时，对贪污贿赂型、渎职型、侵权型三种严重的公务员职务犯罪进行了概述，这里不再赘述。

3. 调查权的行使方式。调查权主要是通过案件调查的方式来行使的，调查的目的主要在于查清违法犯罪事实，收集证据，以严肃、慎重、准确地追究违法、犯罪者的责任。其步骤一般包括：

（1）初步核实。监察机关可以通过问题线索处置、调查等方式，摸底排查监察对象是否涉嫌职务违法犯罪，进行初步核实。

（2）立案。经过初步核实，对监察对象涉嫌职务违法犯罪，需要追究法律责任的，监察机关应当按照规定的权限和程序办理立案手续。

（3）确定调查方案。监察机关主要负责人依法批准立案后，应当主持召开专题会议，研究确定调查方案，决定需要采取的调查措施。立案调查决定应当向被调查人宣布，并通报相关组织。涉嫌严重职务违法或者职务犯罪的，应当通知被调查人家属，并向社会公开发布。调查方案一经确定，调查人员应当严格执行

---

[1] 参见左卫民、安琪："监察委员会调查权：性质、行使与规制的审思"，载《武汉大学学报（哲学社会科学版）》2018 年第 1 期。

调查方案，不得随意扩大调查范围、变更调查对象和事项。

（4）实施调查。监察机关对职务违法和职务犯罪案件，应当进行调查，收集被调查人有无违法犯罪以及情节轻重的证据，查明违法犯罪事实，形成相互印证、完整稳定的证据链。

（5）对调查结果作出处置。《监察法》第45条规定：监察机关根据监督、调查结果，依法作出如下处置：①对有职务违法行为但情节较轻的公职人员，按照管理权限，直接或者委托有关机关、人员，进行谈话提醒、批评教育、责令检查，或者予以诫勉；②对违法的公职人员依照法定程序作出警告、记过、记大过、降级、撤职、开除等政务处分决定；③对不履行或者不正确履行职责的负有责任的领导人员，按照管理权限对其直接作出问责决定，或者向有权作出问责决定的机关提出问责建议；④对涉嫌职务犯罪的，监察机关经调查认为犯罪事实清楚，证据确实、充分的，制作起诉意见书，连同案卷材料、证据一并移送人民检察院依法审查、提起公诉；⑤对监察对象所在单位廉政建设和履行职责存在的问题等提出监察建议。监察机关经调查，对没有证据证明被调查人存在违法犯罪行为的，应当撤销案件，并通知被调查人所在单位。第46条规定：监察机关经调查，对违法取得的财物，依法予以没收、追缴或者责令退赔；对涉嫌犯罪取得的财物，应当随案移送人民检察院。

（6）补充调查。对监察机关移送的案件，人民检察院经审查认为需要补充核实的，一方面在必要时可以自行补充侦查，另一方面也可以退回监察机关补充调查。退回监察机关补充调查的，监察机关应当在一个月内补充调查完毕。补充调查以二次为限。

（三）政务处分决定权

政务处分决定权，具体指监察委员会对违法的公职人员依法作出政务处分决定的权力。《监察法》第45条第1款第2项规定："对违法的公职人员依照法定程序作出警告、记过、记大过、降级、撤职、开除等政务处分决定"。本书第十二章第三节在阐述公务员行政责任时就该等政务处分类型作出了阐释，这里不再赘述。需要注意的是，根据《公务员法》第61条第2款，对同一违纪违法行为，监察机关已经作出政务处分决定的，公务员所在机关不再给予处分。

（四）建议权

1. 建议权的概念和特征。监察机关的建议权，是监察机关在检查、调查的基础上，依法就一定事项向监察对象所在单位提出建议的一种监察权力。[1]与一

---

〔1〕 参见刘虹、董秀芬编著：《效能监察》，中国方正出版社2004年版，第195页。

般的建议权力相比，监察建议权有以下特征：

（1）从性质上看，监察建议权是国家授权的特定机关依法定程序在一定的职责范围内行使的，其他任何机关不得随意行使，而一般机关、团体、公民对行政活动提出的建议，是法律赋予其民主监督的一项权利，不具有国家行政权力的性质。

（2）从适用范围上看，监察建议权的适用范围在法律法规上都有明确的规定。

（3）从适用对象上看，监察建议只能针对监察机关管辖范围内的监察对象提出，超出这一范围则无效。

（4）从行使权力的效力上看，监察建议提出后，监察对象负有采纳建议的义务，否则就须承担相应的法律后果。

（5）从保障措施上看，监察机关提出监察建议后，有关单位拒不执行监察机关作出的处理决定，或者无正当理由拒不采纳监察建议的，由其主管部门、上级机关责令改正，对该单位给予通报批评；对负有责任的领导人员和直接责任人员依法给予处理。

2. 建议权的适用范围。根据《监察法》第45条第1款第5项，监察机关对监察对象所在单位廉政建设和履行职责存在的问题等提出监察建议。

需要注意的是，根据《监察法》第31条，涉嫌职务犯罪的被调查人主动认罪认罚，并且存在该条列举的四项情形时，经监察机关领导人员集体研究并报上一级监察机关批准，监察机关可以在移送人民检察院时提出从宽处罚的建议。这里的建议并不属于监察建议。监察建议仅指监察机关向监察对象所在单位提出的监察建议。同理，《监察法》第32条中的建议也不是监察建议。[1]《监察法》第45条第1款第3项提到了问责建议，也不是这里所阐述的监察建议。

3. 建议权的行使方式。监察机关行使建议权的方式是依法提出监察建议，制作监察建议书，并督促监察对象采纳。监察建议依据建议内容的不同可以作不同类型的划分。例如防范性建议，指监察机关在监督、监察对象行政决策的过程中，对那些不符合国家法律、法规、规章和政策等而作出的决定、命令、指示等及时提出的建议。目的在于防止依据不合法、不合理的行政规范性文件作出的具体行政行为，侵害公共利益、行政相对人的权益等。再如纠正性建议，指监察机关在监督检查监察对象行政行为的过程中，发现存在瑕疵、不当等问题而提出及

---

〔1〕《监察法》第32条规定："职务违法犯罪的涉案人员揭发有关被调查人职务违法犯罪行为，查证属实的，或者提供重要线索，有助于调查其他案件的，监察机关经领导人员集体研究，并报上一级监察机关批准，可以在移送人民检察院时提出从宽处罚的建议。"

时纠正、日后避免的建议。监察部（已撤销）于1989年发布的《关于使用〈监察通知书〉、〈监察建议书〉的规定》还明确了奖励性建议，具体指"对于模范执行国家法律、法规和政策，忠于职守、廉洁奉公、政绩突出的被监察单位或个人，建议对其表彰、奖励时"，可以向被监察单位发出监察建议。2010年修订的《行政监察法》第23条在列举可以提出监察建议的情形时，未再列举奖励性建议，但作了兜底性规定"其他需要提出监察建议的"。运用同质性解释方法，由于第23条列举的前7项都是被监察对象存在的问题，这里的其他情形也应当是存在的问题而不是需要给予的奖励。再来看《监察法》第45条第1款第5项："对监察对象所在单位廉政建设和履行职责存在的问题等提出监察建议。"这里虽然有一个"等"字，但提示的更为明确，是"存在的问题"，同样运用同质性解释方法，这里的"等"字只能解释为廉政建设和履行职责以外，监察对象所在单位存在的问题。至此，可以初步得出这样的结论，奖励性监察建议在我国不再存在。

二、我国的监察措施

监察权是国家通过立法形式为监察机关履行监察职责所设置的，要保证监察机关正确充分地行使监察权，就必须赋予其一定的行使权力的措施和手段。这也是监察法制化和规范化的客观需要。为了确保监察机关充分行使监察权，《监察法》明确了监察机关在行使监察权过程中，针对不同情况可以采取的12项措施。技术调查、限制出境、通缉等措施，则由监察委员会审批、交由公安机关等其他机关实施。

第一，谈话。谈话是一种严厉程度较轻的监察措施，既包括与可能发生职务违法的监察对象的谈话，也包括对违法情节较轻的监察对象的谈话。《监察法》第19条规定："对可能发生职务违法的监察对象，监察机关按照管理权限，可以直接或者委托有关机关、人员进行谈话或者要求说明情况。"第45条第1款第1项规定："对有职务违法行为但情节较轻的公职人员，按照管理权限，直接或者委托有关机关、人员，进行谈话提醒、批评教育、责令检查，或者予以诫勉"。第45条第1款还赋予了监察机关委托其他机关或人员采取谈话措施的权力，并明确了委托采取谈话措施的程序、谈话的内容和目的。

第二，讯问。讯问既可以独立进行，采取留置措施中也往往伴随着讯问措施的实施。就独立进行而言，根据《监察法》第20条第2款，监察机关对涉嫌贪污贿赂、失职渎职等职务犯罪的被调查人，可以进行讯问，要求其如实供述涉嫌犯罪的情况。就与留置措施的共同实施而言，《监察法》就监察机关的程序义务等作出了规定。第44条第2款规定："监察机关应当保障被留置人员的饮食、休息和安全，提供医疗服务。讯问被留置人员应当合理安排讯问时间和时长，讯问笔录由被讯问人阅看后签名。"

第三，询问。根据《监察法》第21条，监察机关在调查过程中，可以询问证人等人员。当然，人大及其常委会也可以采取询问的措施。根据《监察法》第53条第3款，县级以上各级人民代表大会及其常务委员会举行会议时，人民代表大会代表或者常务委员会组成人员可以依照法律规定的程序，就监察工作中的有关问题提出询问或者质询。

第四，查询。监察机关既可以在境内采取查询措施，也可以请求赃款赃物所在国采取查询措施。《监察法》第23条第1款规定："监察机关调查涉嫌贪污贿赂、失职渎职等严重职务违法或者职务犯罪，根据工作需要，可以依照规定查询、冻结涉案单位和个人的存款、汇款、债券、股票、基金份额等财产。有关单位和个人应当配合。"第52条规定："国家监察委员会加强对反腐败国际追逃追赃和防逃工作的组织协调，督促有关单位做好相关工作……②向赃款赃物所在国请求查询、冻结、扣押、没收、追缴、返还涉案资产……"

第五，冻结。以往，监察机关在必要时，只能"提请人民法院采取保全措施，依法冻结涉嫌人员在银行或者其他金融机构的存款"，[1]而没有独立的实施冻结的措施。《监察法》确认了监察机关独立享有实施冻结措施的权力，并且实施场域与查询一致。《监察法》第23条第2款还规定了解除冻结措施的条件、程序："冻结的财产经查明与案件无关的，应当在查明后3日内解除冻结，予以退还。"

第六，搜查。《监察法》第24条第1款规定了搜查的措施："监察机关可以对涉嫌职务犯罪的被调查人以及可能隐藏被调查人或者犯罪证据的人的身体、物品、住处和其他有关地方进行搜查……"该条还明确了搜查的程序性要件：一是在搜查时，应当出示搜查证，并有被搜查人或者其家属等见证人在场；二是搜查女性身体，应当由女性工作人员进行。公安机关还有依法协助、配合的义务：监察机关可以根据工作需要提请公安机关配合。

第七，调取。《监察法》第25条第1款规定："监察机关在调查过程中，可以调取、查封、扣押用以证明被调查人涉嫌违法犯罪的财物、文件和电子数据等信息……"调取、查封、扣押的实施须遵守两项程序性要件：一是采取该等措施时，应当收集原物原件，会同持有人或者保管人、见证人，当面逐一拍照、登记、编号，开列清单，由在场人员当场核对、签名，并将清单副本交财物、文件

---

〔1〕　参见《行政监察法》（2010年）第21条。

的持有人或者保管人。二是对调取、查封、扣押的财物、文件，监察机关应当设立专用账户、专门场所，确定专门人员妥善保管，严格履行交接、调取手续，定期对账核实，不得毁损或者用于其他目的。对价值不明物品应当及时鉴定，专门封存保管。

第八，查封。启动查封措施的条件、程序与采取调取措施的一致，《监察法》第 25 条第 3 款还规定了解除查封、扣押的条件、程序："查封、扣押的财物、文件经查明与案件无关的，应当在查明后 3 日内解除查封、扣押，予以退还。"

第九，扣押。启动扣押措施的条件、程序与采取调取、查封措施的一致，解除扣押的条件、程序与解除查封的一致。采取查封、扣押措施旨在防止监察对象藏匿或者毁灭证据、转移赃款赃物等。监察机关采取该等措施时应当注意：一是需要查封、扣留的文件、资料、物品和非法所得必须是能够或者可能证明违法犯罪行为真实情况的证据；二是必须本着严肃慎重的态度，并严格按照法定程序进行；三是在查封、扣押期间，要妥善保管好被查封、扣押的物品，不得损毁、丢失或挪作他用，以便在案件查结后，按有关规定处理。

第十，勘验检查。《监察法》第 26 条规定了勘验检查的措施："监察机关在调查过程中，可以直接或者指派、聘请具有专门知识、资格的人员在调查人员主持下进行勘验检查……"该条还明确了勘验检查的程序要件："勘验检查情况应当制作笔录，由参加勘验检查的人员和见证人签名或者盖章。"

第十一，鉴定。《监察法》第 27 条规定了鉴定的措施："监察机关在调查过程中，对于案件中的专门性问题，可以指派、聘请有专门知识的人进行鉴定……"该条以及第 25 条第 2 款还明确了鉴定的程序要件："鉴定人进行鉴定后，应当出具鉴定意见，并且签名"；"对价值不明物品应当及时鉴定，专门封存保管"。

第十二，留置。2017 年党的十九大报告强调，要"用留置取代'两规'措施"。"这是一项重要的制度创新，将'两规'纳入法治化轨道，是法治建设的重大进步，是以法治思维和法治方式反对腐败的重要体现。"[1]其后发布的《监察法》第 22 条确定了监察机关采取留置措施的权力，列举了可以采取该措施的情形并作了兜底性规定，赋予了监察机关较为广泛的留置决定权。该条规定：被调查人涉嫌贪污贿赂、失职渎职等严重职务违法或者职务犯罪，监察机关已经掌握其部分违法犯罪事实及证据，仍有重要问题需要进一步调查，并有下列情形之

---

〔1〕 李庚："为什么要赋予监察机关相应的监察权限——确保惩治腐败的有效性和威慑力"，载《中国纪检监察》2018 年第 6 期。

一的，经监察机关依法审批，可以将其留置在特定场所：①涉及案情重大、复杂的；②可能逃跑、自杀的；③可能串供或者伪造、隐匿、毁灭证据的；④可能有其他妨碍调查行为的。对涉嫌行贿犯罪或者共同职务犯罪的涉案人员，监察机关可以依照前款规定采取留置措施。留置场所的设置、管理和监督依照国家有关规定执行。

需要注意的是，基于"一人为私，两人为公"的公法理念，调查人员采取讯问、询问、留置、搜查、调取、查封、扣押、勘验检查等调查措施，均应当依照规定出示证件，出具书面通知，由2人以上进行，形成笔录、报告等书面材料，并由相关人员签名、盖章。调查人员进行讯问以及搜查、查封、扣押等重要取证工作，应当对全过程进行录音录像，留存备查。

第十五章　公务员监察程序法

　　现代社会是法治的社会，法治关键是依法行政。从某种意义上来说，正是程序法决定了法治与人治的区别，也正是程序法决定了依法行政的程度。公务员监控法如果脱离了程序法的保障与约束，可能造成监察权力无法实现，也可能造成监察权力的滥用。因此，"程序是法律的中心"的观念在自治型法的精神气质之中占有一个主要部分。[1]对程序情有独钟的英美国家，在20世纪行政权急剧膨胀、自由裁量权泛滥成灾的时候，更是将着眼点从对行政行为的司法审查转向了对行政行为过程的程序控制。[2]通过规定严格的监察程序以约束和规范监察权，保障监察对象的合法权益。监察程序是指监察机关在履行职责过程中必须遵循的步骤、方式、方法的总称。严格执行公务员监察程序具有重要意义：其一，有利于规范和约束监察权。习近平总书记强调，在赋予监察委员会必要权限的同时，也要加强监督制约、防止权力滥用。监察程序一方面对行政权作动态的表述，另一方面又对其有着规范和约束作用，通过监察程序的可预定性功能，立法机关为监察权的运作预先铺设了轨道，要求它必须沿着轨道运行，否则即为违法。这样，可达到对监察权的有效控制，防止其滥用。当然，监察程序除了具有规范和约束功能，还能够保障监察权的顺利行使。其二，有利于避免对监察对象合法权益的侵犯。当权力行使的程序为法律所确定之后，也就同时具有了公开性，监察对象能够知晓监察权的行使是否符合法定程序。当监察权的运作程序违法并对自身合法权益构成威胁或造成损害时，监察对象便得以通过主张以获得救济。对于监察机关而言，依程序行使权力，有利于克服主观随意性、行为专横和滥用权力，从而可以在很大程度上避免对监察对象的合法权益造成侵害。其三，有利于监察对象及时获得救济。监察程序包含了救济程序，对不服监察机关处理决定的，规定了申请复审、复核等救济程序。如果监察机关作出的政务处分决定、问责建议、监察建议等处理决定不适当，可能侵害监察对象合法权益的，监察对象便可通过救济程序维护自身合法利益。

---

〔1〕　〔美〕诺内特、塞尔兹尼克著，张志铭译：《转变中的法律与社会迈向回应型法》，中国政法大学出版社1994年版，第73页。

〔2〕　参见李娟："行政法学控权理论研究"，载《行政法论丛》1999年第1期。

第一节 初步核实

一、初步核实的概念

初步核实是指监察机关对受理和发现的反映监察对象涉嫌违法犯罪的问题线索，进行初步了解、核实的活动。初步核实是监察机关调查工作的重要环节，初步核实过程中所查明的有无违法犯罪事实情况，以及所收集到的证据材料，是是否立案调查的重要依据，为案件调查工作奠定一定的基础。初步核实在制度设计上游走于监督检查和审查调查之间，具备"监督与调查衔接"的架构，其实体上的功能具有独立性，不依附于监察程序中的其他环节，监察机关可以直接根据初步核实的结果作出相应的处分建议；其程序上的功能具有依附性，是为立案与否进行前置性的准备。[1]

二、启动初步核实的事由

启动初步核实的事由主要来自于线索处置。一方面，监察机关通过畅通来信、来访、来电、网络等报案、举报渠道，建设覆盖面较为广阔的检举、报案、举报平台，及时受理检举、举报、控告等途径，来获得问题线索。这里，我们需要区分举报和报案的概念。报案是指有关单位和个人（包括案件当事人）向监察机关报告其知道的公职人员涉嫌职务违法犯罪的事实或者线索的行为；举报则是指当事人以外的其他知情人向监察机关检举、揭发公职人员涉嫌的职务违法犯罪事实或者线索的行为。另一方面，监察机关通过巡视巡察、信访、案件监督管理、其他机关的案件移交等途径，来获得问题线索。对获得的问题线索，监察机关建立问题线索处置、调查、审理各部门相互协调、相互制约的工作机制，设立相应的工作部门履行线索管理、监督检查、督促办理、统计分析等管理协调职能。对问题线索主要作如下处理：

第一，对问题进行集中管理、分类处置、定期清理。信访举报部门归口受理同级党委管理的党组织和党员、干部以及监察对象涉嫌违纪或者职务违法、职务犯罪问题的信访举报，统一接收有关纪检监察机关、派驻或者派出机构以及其他单位移交的相关信访举报，移送本机关有关部门，深入分析信访形势，及时反映损害群众最关心、最直接、最现实利益的问题。巡视巡察工作机构和审计机关、行政执法机关、司法机关等单位发现涉嫌违纪或者职务违法、职务犯罪问题线索，应当及时移交纪检监察机关案件监督管理部门统一办理。监督检查部门、审

---

[1] 参见马康："监察程序初步核实功能论纲"，载《武汉科技大学学报（社会科学版）》2021 年第 2 期。

查调查部门、干部监督部门发现的相关问题线索，属于本部门受理范围的，应当送案件监督管理部门备案；不属于本部门受理范围的，经审批后移送案件监督管理部门，由其按程序转交相关监督执纪部门办理。

第二，结合问题线索所涉及地区、部门、单位总体情况，综合分析，在收到问题线索之日起1个月内提出处理意见、制定处置方案，针对不同情况，按照谈话函询、初步核实、暂存待查、予以了结四类方式进行处置。对重要检举事项和反映问题集中的领域要深入研究，提出处置要求，做到件件有着落。对于问题轻微，不需要追究纪律责任的，可以采取谈话提醒、批评教育、责令检查、诫勉谈话等方式处理。对于线索反映的问题虽具有一定的可查性，但由于时机、现有条件、涉案人一时难以找到等种种原因，暂不具备核查条件的，可以暂存待查。对于线索反映的问题失实，或者没有可能开展核查工作的（包括但不限于：职务违法事实情节轻微且不需要追究法律责任的，已建议有关单位作出恰当处理的，被反映人已经去世的等），应当予以了结。对于具有可查性的涉嫌违纪或者职务违法、职务犯罪问题线索，则应当扎实开展初步核实工作，收集客观性证据，确保真实性和准确性。

三、初步核实的基本程序

结合《监察法》《中国共产党纪律检查机关监督执纪工作规则》有关初步核实的规定，初步核实的基本程序如下：

第一，制定工作方案，成立核查组，履行审批程序。被核查人为下一级党委（党组）主要负责人的，纪检监察机关应当报同级党委主要负责人批准。初步核实方案一般包括初步核实的依据，核查组人员组成，需要核实的问题，初步核实的方法、步骤、时间、范围和程序等，以及应当注意的事项。核查组的人数可根据所反映主要问题的范围和性质来确定，最少不少于2人，对案情复杂、性质严重、工作量大的，可以适当增配人员。初步核实方案应当报承办部门主要负责人和监察机关分管负责人审批。

第二，了解情况，收集证据，鉴定勘验。核查组经批准可以采取必要措施收集证据，与相关人员谈话了解情况，要求相关组织作出说明，调取个人有关事项报告，查阅复制文件、账目、档案等资料，查核资产情况和有关信息，进行鉴定勘验。对被核查人及相关人员主动上交的财物，核查组应当予以暂扣。需要采取技术调查或者限制出境等措施的，纪检监察机关应当严格履行审批手续，交有关机关执行。

第三，撰写报告，签名备案。初步核实工作结束后，核查组应当撰写初步核实情况报告，列明被核查人基本情况、反映的主要问题、办理依据以及初步核结果、存在疑点、处理建议，由核查组全体人员签名备查。

第四，初核结果处置。承办部门应当综合分析初步核实情况，按照拟立案审查调查、予以了结、谈话提醒、暂存待查，或者移送有关党组织处理等方式提出处置建议。初步核实情况报告应当报纪检监察机关主要负责人审批，必要时向同级党委主要负责人报告。

四、初步核实的任务

"初步核实是监察机关调查工作的重要环节，对于是否立案调查具有重要的依据，能为案件调查站稳'第一个台阶'。"[1]初步核实阶段的主要任务是了解核实所反映的主要问题是否存在，以及是否需要给予所涉及的监察对象政务处分。监察机关调查的对象大都是公职人员，特别是一些重大案件，涉及一定层级的领导干部，社会影响大，如果稍有不慎出现偏差，不仅会给调查工作带来困难，还会产生不良的政治和社会影响。因此在初步核实工作中，核查组要突出重点，抓住主要问题收集证据、查清事实，也要注意保密，尽量缩小影响。核查组经批准可采取必要措施收集证据，比如与相关人员谈话了解情况，要求相关组织作出说明，调取个人有关事项报告，查阅复制文件、账目、档案等资料，查核资产情况和有关信息，进行鉴定勘验等。如需要采取技术调查或者限制出境等措施的，监察机关应当严格履行审批手续，交有关机关执行。

第二节　监察立案

一、监察立案的概念

监察立案指具有管辖权的监察机关，经过初步核实，认为监察对象涉嫌职务违法犯罪，需要追究法律责任的，按照规定的程序办理立案手续。监察立案必须符合法定的条件，根据《监察法》第 39 条第 1 款，立案必须符合四个条件，缺一不可：

第一，已经经过初步核实。初步核实是立案的必经程序，只有经过了解情况、收集证据、鉴定勘验等初步核实程序，才能进入立案程序。监察机关认为监察对象存在违法、犯罪、违纪行为是立案的首要条件。监察机关的这种认为，并不意味着是凭主观臆想推断出来的，而是建立在确实可靠的材料上的认为。

第二，监察对象涉嫌职务违法犯罪，需要追究法律责任的。正如《中国共产党纪律检查机关监督执纪工作规则》第 37 条第 2 款所阐述的："凡报请批准立案

---

[1]　马康："监察程序初步核实功能论纲"，载《武汉科技大学学报（社会科学版）》2021 年第 2 期。

的，应当已经掌握部分违纪或者职务违法、职务犯罪事实和证据，具备进行审查调查的条件。"仅认为有违法、犯罪、违纪行为的，尚不能立案，还必须掌握一定的犯罪事实和证据。当然，监察机关掌握的职务违法或者职务犯罪的事实，仅指初步确认的部分职务违法或者职务犯罪的事实，而不是全部职务违法或者职务犯罪的事实，全部事实要到调查阶段结束之后才能查清，而且还要经过审理之后才能认定。

第三，需要追究法律责任。有职务违法或者职务犯罪的事实，只是立案的必备条件之一，但并不是所有职务违法或者职务犯罪的事实都需要立案查处，能否立案还要看是否需要追究法律责任，如情节显著轻微不需要追究法律责任的，就不需要立案。是否需要追究法律责任，要根据有关法律法规的规定来确认。

第四，按照规定的权限和程序办理立案手续。这里讲的"规定的权限和程序"，主要是指《中国共产党纪律检查机关监督执纪工作规则》第 38 条的规定，即对符合立案条件的，由承办部门起草立案审查呈批报告，经纪检监察机关主要负责人审批后，报同级党委（党组）主要负责人批准，予以立案审查。有关负责人应当严格审核把关，认为符合立案条件的，批准立案；认为不符合立案条件的，不批准立案，由监察机关作出其他处理；认为需要对某些问题作进一步了解的，退回立案报告，由承办部门作进一步了解。

二、监察立案的程序

结合《监察法》《中国共产党纪律检查机关监督执纪工作规则》有关立案事项的规定，立案的基本程序如下：

第一，起草立案报告。立案报告一般包括三大部分：①首部。首部内容包括：案件的名称、呈报单位、承办人、案件来源、举报单位（或个人）、立案对象等。②正文。应当包括：被立案对象的基本情况；立案的理由；初步认定的事实与证据，其他违法、犯罪、违纪行为的嫌疑情况等；立案的依据，即认定违法、犯罪、违纪行为性质的法律规范依据等。③尾部和落款。应当写明提请立案部门的全称，报告制作完成报送审批的日期，并加盖公章，承办人员应署名等。

第二，宣布立案调查决定。立案调查决定应当向被调查人宣布，并通报被调查人所在单位等相关组织，例如向被审查、调查人所在党委（党组）主要负责人通报。这既是保障他们的知情权，也是要求他们积极配合调查。被调查人涉嫌严重职务违法或者职务犯罪的，还应当通知其家属，并向社会公开发布。这主要是因为，涉嫌严重职务违法或者职务犯罪的被调查人很可能已经被采取留置措施，需要让其家属知情，同时，向社会公开发布，既是监察机关接受社会监督的一种方式，也是加强反腐败斗争宣传、形成持续震慑的一种手段。

第三，请示报告。纪检监察机关应当严格执行请示报告制度。中央纪委定期向党中央报告工作，作出的立案审查调查决定等事项应当及时向党中央请示报告，既要报告结果也要报告过程。执行党中央重要决定的情况应当专题报告地方各级纪检监察机关对作出立案审查调查决定等重要事项，应当向同级党委请示汇报并向上级纪委监委报告，形成明确意见后再正式行文请示。

三、监察立案的法律意义

监察立案在监察工作中具有重要的意义。首先，立案是调查处理监察案件的法定、必经程序。这里不存在颠倒程序的拟制，没有立案便没有案件调查处理的整个过程。在办理案件时，要特别注意遵守程序规定，没有经过批准，禁止私自立案调查。立案是监察程序正式启动的重要外部标志，社会公众得以通过公开发布的立案调查报告获取信息，也对其他公职人员起到警醒作用。其次，立案是依法监察的表现。只有经过立案，监察机关的调查处理活动才能真正做到依法监察。能够有效避免监察的随意性，从而在办案程序上保障监察对象的合法权利不受侵犯，避免、减少冤假错案。再次，立案对及时揭露、证实和处理违法、犯罪、违纪行为具有重要意义。凡应当立案的，只有及时立案，及时进行调查处理，才有利于迅速发现和收集证据，证实违法、犯罪、违纪事实，使违法、犯罪、违纪行为及时得到应有的制裁和处理。就"法法衔接"即涉嫌职务犯罪的监察案件何时开始适用《刑事诉讼法》的问题，有学者建议"既不能以统一的监察立案作为适用《刑事诉讼法》的时间起点，也不能以监察委员会移送案件作为与《刑事诉讼法》衔接的时间标志，而应当考虑在监察委员会内部设置党纪政纪调查部与刑事调查部，在监察委员会调查程序中区分职务违法与职务犯罪，分别设置监察立案与刑事立案两套立案程序，以便解决监察案件'法法衔接'环节的诸多问题。"[1]笔者赞成此观点，通过体制安排上的优化也有利于进一步发挥立案环节的优势，解决"法法衔接"的问题。

第三节　监察调查

一、监察调查的概念

"监察程序在内部控权模式下形成了立案—调查机制，通过严格的层次性结

---

〔1〕　姚莉："监察案件的立案转化与'法法衔接'"，载《法商研究》2019年第1期。

构与预职能分设制约形成了程序控权。"[1]监察机关主要负责人依法批准立案后，便应当主持召开专题会议，研究确定调查方案，采取相应的调查措施开展对公务员违法、犯罪、违纪案件的调查工作。调查公职人员涉嫌职务违法和职务犯罪，是监察委员会的一项经常性工作。它是监察委员会开展廉政建设和反腐败工作，维护《宪法》和法律尊严的一项重要措施。对公职人员涉嫌职务违法和职务犯罪的调查，突出地体现了监察委员会作为国家反腐败工作机构的定位，体现了监察工作的特色，这项工作做好了，能有效地强化"不敢腐"的震慑，减少和遏制腐败行为的发生，维护《宪法》和法律尊严，保持公权力行使的廉洁性。调查的主要内容，包括涉嫌贪污贿赂、滥用职权、玩忽职守、权力寻租、利益输送、徇私舞弊以及浪费国家资财等职务违法和职务犯罪行为，基本涵盖了公职人员的腐败行为类型。

二、调查的程序与方法

（一）召开专题会议，确定调查方案

监察机关主要负责人依法批准立案后，应当主持召开专题会议，根据被调查人情况、案件性质和复杂程度等，集体研究确定调查方案，决定需要采取的调查措施。一般来说，调查方案的内容应包括：应当查明的问题和线索，调查步骤、方法，调查过程中需要采取哪些措施，预计完成任务的时间，以及应当注意事项等。案件调查是严肃的政治任务，必须加强统一领导。调查方案是对调查工作的总设计、总安排，是进行调查工作的具体计划和部署。调查方案一经确定，案件调查人员应当严格遵照执行，严格根据调查方案确定的调查范围、调查对象和事项开展工作，不得擅自更改方案内容。遇有重大突发情况需要更改调查方案的，应当报批准该方案的监察机关主要负责人批准。

（二）采取调查措施要严格遵守程序性规定

具体而言：一要依照规定出示证件。出示证件的目的是证明调查人员的真实身份，以便相关单位和人员积极有效地配合。如询问证人时应当出示工作证件，即出示能够证实调查人员身份的有效工作证。

二要出具书面通知。监察机关决定采取调查措施时，应当制作书面通知，交由调查人员向相关单位或个人在现场出示，以证明调查人员的行为经过监察机关合法授权。如进行搜查必须向被搜查单位或个人出示搜查证明文件，否则相关单位或个人有权不予配合。

---

[1]　马康："论监察程序调查机制——以《中国共产党纪律检查机关监督执纪工作规则》为切入的分析"，载《郑州航空工业管理学院学报（社会科学版）》2020年第2期。

三要由 2 人以上进行。规定采取调查措施，应当由 2 名以上调查人员进行，如《公职人员政务处分法》第 42 条规定：监察机关对涉嫌违法的公职人员进行调查，应当由 2 名以上工作人员进行。监察机关进行调查时，有权依法向有关单位和个人了解情况，收集、调取证据。有关单位和个人应当如实提供情况。严禁以威胁、引诱、欺骗及其他非法方式收集证据。以非法方式收集的证据不得作为给予政务处分的依据。主要是基于以下几方面的考虑：①实际工作的需要，有利于客观、真实获取和固定证据；②有利于互相配合、互相监督，防止个人徇私舞弊或发生刑讯逼供、诱供等非法调查行为；③有利于防止一些被调查人诬告调查人员有人身侮辱、刑讯逼供等行为。

四要形成笔录、报告等书面材料，并由相关人员签名、盖章。笔录、报告等书面材料是证据的重要载体，有利于保证证据的客观和真实。要求由相关人员签名、盖章，是对笔录、报告等书面材料的核对与认可，以防止歪曲被调查人、证人的真实意图，或者出现强加于人的主观臆断甚至捏造事实等情况。

五要做好录音录像工作。调查人员进行讯问以及搜查、查封、扣押等重要取证工作，应当全程录音录像，目的是留存备查，这既是对重要取证工作的规范，也是对调查人员的保护。录音录像应当符合全程的要求，如果不能保证全程录音录像，录制设备的开启和关闭时间完全由调查人员自由掌握，录音录像就不能发挥证明取证工作合法性的作用。需要注意的是，监察机关对调查过程的录音录像不随案移送检察机关。检察机关认为需要调取与指控犯罪有关并且需要对证据合法性进行审查的录音录像，可以同监察机关沟通协商后予以调取。所有因案件需要接触录音录像的人员，应当对录音录像的内容严格保密。

（三）请示报告

对调查过程中的重要事项，调查人员应当集体研究后按程序请示报告。反腐败工作高度敏感，无论对什么级别的公职人员进行调查，都必须加强请示报告。在案件调查工作中，不仅要报告结果，也要报告过程。案件调查重要进展情况，调查人员要及时向监察机关领导人员口头报告，之后再正式行文请示，不能先斩后奏，更不能造成既成事实，搞倒逼、"反管理"。这既是对上负责，也是工作程序，更是一项基础性工作。

需要注意的是，职务违法犯罪行为的复杂性，决定了调查方案不可能面面俱到，对调查方案没有预见，或者调查过程中突发的情况，调查人员按程序请示后，可以根据实际工作需要，对调查方案进行适当的调整，以便查清案件事实；如果情况十分紧急，不及时处理可能会造成严重不利后果，实在来不及按程序请示的，调查人员经集体研究后也可以临时作出处置，但事后应当立即按程序向监察机关领导人员请示报告。换言之，请示报告环节在整体程序中，属于可颠倒且具有合法性的程序拟制。总之，调查人员要讲政治、顾大局，严格执行调查方案，强化程序意识，按程序工作，严格落实请示报告制度和集体研究，杜绝个人专断，以案谋私。

（四）留置措施

留置关涉公民人身自由，监察机关适用留置措施时应当尤为遵守程序性规定，防止侵害监察对象的合法权益。

第一，严格遵守留置的审批权限。各级监察机关采取留置措施，都应当经本机关领导人员集体研究决定，不能以个人意志代替集体决策、以少数人意见代替多数人意见。就批准权限而言，市级、县级监察机关决定采取留置措施，还应当报上一级监察机关批准；省级监察机关采取留置措施，还应当报国家监察委员会备案。

第二，严格限制留置期限，及时解除留置措施。一般情况下，留置期限不得超过3个月。这里的3个月是固定期限，不因案件情况的变化而变化；不能因发现"新罪"（监察机关之前未掌握的被调查人的职务违法犯罪）而重新计算留置期限。特殊情况下，可以延长一次，延长的时间也不得超过3个月，因此留置期限最长不得超过6个月。省级以下（含省级）监察机关延长留置期限的，除了经本机关领导人员集体研究决定外，还应当报上一级监察机关批准。有监察机关工作人员反映留置期限时间不够，希望延长。但是，留置时间过长会增加社会对留置措施的疑虑和担心，安全风险责任也加大。具体办案过程中，可以通过把留置前的工作做得更扎实以提高留置期间的办案效率，以解决实际难题。

第三，可以提请公安机关协助执行留置措施。监察机关不配备类似检察院、法院"法警"那样的强制执行队伍，因此，在采取留置等措施过程中，需要公安机关的协助配合。一般来说，公安机关协助监察机关执行留置主要有两种情况：一是监察机关对被调查人采取留置措施，将其带至留置场所，可能需要公安机关配合执行，以防止相关单位或个人阻挠。二是将被调查人留置在特定场所后，也可能需要公安机关派人进行看护，以保证被留置人员的安全，保障留置期间讯问等相关调查工作的顺利进行。

三、调查取证的工作要求

监察机关调查取得的证据，要经得起公诉机关和审判机关的审查，经得起历史和人民的检验，只有这样，监察机关办理的案件才能真正成为铁案。如果证据不扎实、不合法，轻则检察机关会退回补充调查，影响惩治腐败的效率；重则会被司法机关作为非法证据予以排除，影响案件的定罪量刑；对于侵害当事人权益、造成严重问题的，还要予以国家赔偿。所以，各级纪委监委一定要有强烈的法律意识，从一立案就要严格依法、严格按标准收集证据，不能等到临近移送司法、甚至进入司法程序后，再去解决证据合法性的问题，这是以法治思维和法治方式惩治腐败最直接、最基本的要求。要从正反两方面规范监察机关的调查取证工作，保证监察机关依法、全面收集证据，查清犯罪事实。

一方面，监察机关要依法全面收集证据。依法全面收集证据主要是指，监察机关调查人员必须严格依照规定程序，收集能够证实被调查人有无违法犯罪以及情节轻重的各种证据。这要求我们收集证据必须要客观、全面，不能只收集一方面的证据。监察机关调查人员在收集完证据之后，要对收集到的证据进行分析研究，鉴别真伪，找出证据与案件事实之间的客观内在联系，形成相互印证、完整稳定的证据链。另一方面，严禁以非法方式收集证据。严禁以非法方式收集证据主要是指，严禁刑讯逼供，严禁以威胁、引诱、欺骗及其他非法方式来获取证据。特别是以刑讯逼供、威胁、引诱、欺骗方式取得的被调查人和涉案人员的口供，是其在迫于压力或被欺骗情况下提供的，虚假的可能性非常之大，仅凭此就作为定案根据，极易造成错案。其中，刑讯逼供包括以暴力殴打、长时间不让睡眠等方式对被调查人和涉案人员逼取口供。通过思想政治工作让被调查人和涉案人员主动交代，争取从宽处理；对被调查人和涉案人员宣讲党和国家的政策，宣传法律关于如实供述自己罪行可以从轻处罚的规定，不属于强迫犯罪嫌疑人证实自己有罪。

四、留置期间监察机关的工作要求

"对反腐败机构的调查措施进行规范，尤其是对限制人身自由措施的适用进行规范，关乎反腐败调查权行使的正当性。"[1]留置期间监察机关的工作还须遵守以下基本要求：

第一，通知被留置人所在单位和家属。采取留置措施后，被留置人与外界失去联系，如果监察机关不通知被留置人所在单位和家属，他们可能会误以为被留置人已经失踪或死亡，引起不必要的猜测，因此，除通知有碍调查的以外，监察机关应当在采取留置措施后 24 小时以内，通知被留置人所在单位和家属。通知是原则，不通知是例外。有碍调查的情形消失以后，监察机关应当立即通知被留置人所在单位和家属。有碍调查主要是指通知后可能发生毁灭、伪造证据，干扰证人作证或者串供等情况，如被调查人被留置的消息传出去，可能会引起其他同案犯逃跑、自杀、毁灭或伪造证据；被留置人的家属与其犯罪有牵连的，通知后

---

[1] 阳平："'两规'到留置的演进历程、逻辑及启示"，载《法学杂志》2021 年第 5 期。

可能引起转移、隐匿、销毁罪证。

第二，保障被留置人员的合法权益。留置期间，监察机关应当保障被留置人的饮食、休息和安全，对患有疾病或者身体不适的，应当及时提供医疗服务，这既是保障被留置人的合法权益，也有利于保证调查工作的顺利进行。讯问被留置人应当合理安排讯问时间和时长，一般情况下，讯问时间应当尽量安排在白天或者夜晚12点之前，讯问持续的时间也不得过长。调查人员讯问被留置人时，应当制作讯问笔录，必要时也可以让被留置人亲笔书写供词，讯问笔录应当由被留置人阅看后签名，以保证笔录的真实性。

第三，刑期折抵。根据《刑法》第41、44、47条，判决执行以前先行羁押的，羁押1日折抵管制的刑期2日，折抵拘役、有期徒刑的刑期1日。参照上述规定的精神，对被留置人的留置期限也应当适用刑期折抵。具体的折抵规则是，涉嫌犯罪的被留置人移送司法机关后，被依法判处管制、拘役或者有期徒刑的，留置1日折抵管制的刑期2日，折抵拘役、有期徒刑的刑期1日。

第四节　监察处置

一、监察处置的概念

监察案件经过审理，由监察机关案件审理委员会审议决定或由监察机关负责人直接审定，作出处理决定后，即进入了案件处置阶段。监察机关案件审理部门在这一工作阶段的任务是：根据审理委员会的审议意见或者监察机关负责人的审定意见，遵循案件处理工作基本程序规定的处理方式、处分权限和工作步骤，对政纪案件实施行政处理，实现查处政纪案件，终结案件。在处置工作中，既要防止监察机关滥用处置权限，也要保证监察机关依法履行处置职责。

二、监察处置的原则

（一）独立行使监察处置权

这个原则的基本要求是：必须坚持在法律适用上人人平等。监察机关对所有监察对象，不论民族、职业、出身、性别、教育程度等，都应一律平等地适用法律，不允许有任何特权。必须坚持以事实为根据，重证据、重调查研究；必须坚持把监察建立在严格的程序基础上，保证国家法律的统一实施，既不能滥用或超越职权、违反规定的程序，也不能利用职权，放纵违法、犯罪、违纪行为。

（二）监察处置法治化

在监察领域要做到有法可依、有法必依、执法必严、违法必究。监察案件的审理要以客观事实为依据，对事实情况既不夸大也不缩小，要做到客观公正。在有充分证据证明案件的情况下，要依照法律、法规的具体规定处理案件。各级监察机关要依法处理，要敢于同涉嫌违法犯罪的监察对象进行斗争，坚决执行法律、法规，克服一切阻力，保证法律要求的实现。无论公职人员级别多高、权威多大，只要存在违法犯罪行为，就应当承担相应的法律后果。而对案件处置出现重大失误的，纪检监察干部涉嫌严重违纪或者职务违法、职务犯罪的，将实行"一案双查"，既追究直接责任，还要严肃追究有关领导人员责任。

（三）权责对等，严格监督

这总结了党的十八大以来管党治党的做法和经验，体现了行使权力和责任担当相统一的思想，有多大的权力就要承担多大的责任，权力就是责任，有权必有责，有责要担当，不担当要问责，也体现严管就是厚爱，信任不能代替监督。需要强调的是，监察机关既要监督乱作为，也要监督消极的不作为、慢作为，保证公权力正确行使。

（四）惩处与教育相结合

惩前毖后、治病救人，是我们党的一贯方针，是我们党从丰富的实践经验和深刻的历史教训中总结出来的。历史证明，只有坚持这一方针，才能达到既严明法纪、又团结同志的目的。惩戒与教育相结合，宽严相济原则是惩前毖后、治病救人方针在监察工作中的具体体现。反腐败斗争的政策性、政治性强。惩戒与教育相结合，宽严相济原则体现了党的十八大以来监督执纪"四种形态"的思想和理念，同时也是从当前反腐败斗争形势依然严峻复杂的实际出发的具体要求。

三、监察处置的方式

（一）谈话提醒、批评教育、责令检查、予以诫勉

即通常所说的"红红脸、出出汗"，指根据党内监督必须把纪律挺在前面，运用监督执纪"四种形态"不断净化政治生态的精神，对有职务违法行为但情节较轻的公职人员，可以免予处分，而是代之以谈话提醒、批评教育、责令检查，或者予以诫勉等相对更轻的处理。与《监察法》第19条规定的预防性质的提醒谈话措施相比，这里的提醒谈话属于调查之后的处理结果。对这种方式，有管辖权的监察机关可以直接作出上述处理，也可以委托公职人员所在单位、上级主管部门或者上述单位负责人代为作出。对谈话提醒、批评教育、责令检查、予以诫勉四种处理方式，监察机关应当结合公职人员的一贯表现、职务违法行为性质和情节轻重，经综合判断后作出决定。

（二）政务处分

对职务违法的公职人员，监察机关应当依法作出政务处分决定。在统一的公

职人员政务处分规定出台以前，对不同的公职人员，监察机关可以参照现行有关处分规定进行政务处分，如针对公职人员有《公职人员政务处分法》；针对公务员有《公务员法》《行政机关公务员处分条例》；针对事业单位工作人员有《事业单位工作人员处分暂行规定》等。监察机关给予公职人员政务处分，应当坚持实事求是和惩前毖后、治病救人的原则；应当做到事实清楚、证据确凿、定性准确、处理恰当、程序合法、手续完备；应当使公职人员所受的政务处分与其职务违法行为的性质、情节、危害程度相适应。

（三）问责

"有权必有责、有责要担当、失责必追究"，监察机关开展廉政建设和反腐败斗争，要紧紧抓住落实主体责任这个"牛鼻子"，把问责作为从严治政的利器，对在党和国家事业中失职失责的领导人员进行问责。问责的主体是监察机关，或者有权作出问责决定的机关。问责的对象是负有责任的领导人员，而不是一般工作人员，以突出领导干部这个"关键少数"；也不是有关单位，因为监察对象是行使公权力的公职人员，而不包括其所在单位。问责的情形是领导人员不履行职责或不正确履行职责，如管理失之于"宽、松、软"，该发现问题没有发现，发现问题不报告不处置，造成严重后果的；推进廉政建设和反腐败工作不坚决、不扎实，管辖范围内腐败蔓延势头没有得到有效遏制，损害群众利益的不正之风和腐败问题突出等。问责的方式是，监察机关按照管理权限直接作出通报、诫勉、组织调整或组织处理、处分等问责决定，或者向有权作出问责决定的机关提出问责建议。

（四）移送起诉

移送的主体是有管辖权的监察机关，包括接受指定管辖的监察机关；移送的对象是涉嫌职务犯罪的被调查人，以及监察机关制作的起诉意见书、案卷材料、证据等；移送的条件是经调查认为犯罪事实清楚，证据确实充分的；接受移送的主体是检察机关。对监察机关移送的案件，应由检察机关作为公诉机关直接依法审查、提起公诉，具体工作由现有公诉部门负责，不需要检察机关再进行立案。

（五）提出监察建议

监察建议是指监察机关依法根据监督、调查结果，针对监察对象所在单位廉政建设和履行职责存在的问题等，向相关单位和人员就其职责范围内的事项提出的具有一定法律效力的建议。这里所说的"具有一定的法律效力"，是指监察建议的相对人无正当理由必须履行监察建议要求其履行的义务，否则，就应当承担相应的法律责任。因此，监察建议不同于一般的工作建议。一般来说，监察机关遇有下列情形时，可以提出监察建议：拒不执行法律、法规或者违反法律、法规，应当予以纠正的；有关单位作出的决定、命令、指示违反法律、法规或者国家政策，应当予以纠正或者撤销的；给国家利益、集体利益和公民合法权益造成损害，需要采取补救措施的；录用、任免、奖惩决定明显不适当，应当予以纠正的；依照有关法律、法规的规定，应当给予处罚的；需要完善廉政建设制度的等。

（六）撤销案件

监察机关在调查过程中，发现立案依据失实，或者没有证据证明存在违法犯罪行为，不应对被调查人追究法律责任的，应当及时终止调查，决定撤销案件，并将撤销案件的原因和决定通知被调查人及其所在单位，并在一定范围内为被调查人予以澄清。对此作出明确规定，对于保护公职人员的合法权利，及时终止错误或者不当的调查行为，是十分必要的。需要注意的是，为保障被调查人的合法权益，一经发现不应追究被调查人法律责任，应当撤销案件，而其已经被留置的，监察机关应当立即报告原批准留置的上级监察机关，及时解除对被调查人的留置。

（七）财物处理

一方面，对被调查人违法取得的财物，监察机关可以依法予以没收、追缴或者责令退赔，目的是防止职务违法的公职人员在经济上获得不正当利益，挽回职务违法行为给国家财产、集体财产和公民个人的合法财产造成的损失。"没收"，是指将违法取得的财物强制收归国有的行为，没收的财物一律上缴国库。"追缴"，是指将违法取得的财物予以追回的行为，追缴的财物退回原所有人或者原持有人；依法不应退回的，上缴国库。"责令退赔"，是指责令违法的公职人员将违法取得的财物予以归还，或者违法取得的财物已经被消耗、毁损的，用与之价值相当的财物予以赔偿的行为。责令退赔的财物直接退赔原所有人或者原持有人，无法退赔的，应当上缴国库。

另一方面，对被调查人涉嫌犯罪取得的财物，监察机关应当在移送检察机关依法提起公诉时随案移送，以保证检察机关顺利开展审查起诉工作。对随案移送检察机关的财物，监察机关要制作移送登记表。与检察机关办理交接手续时，双方应当逐笔核对财物情况以及相对应的犯罪事实，做到心中有数。

需要注意的是，在法院依法作出判决后，检察机关应将未认定的涉案财物退回监察机关，监察机关应当视情况作出相应处理，对违法取得的财物，可以依法予以没收、追缴或者责令退赔；对被调查人的合法财物，将原财物予以归还，原财物被消耗、毁损的，用与之价值相当的财物予以赔偿。

第十六章　公务员监控救济法

第一节　公务员抗辩权

一、公务员抗辩权的概念

抗辩权是法学中的一个基本概念。公务员的抗辩权制度是从民法和诉讼法中的抗辩权制度中引申而来的，为了对公务员抗辩权制度有更进一步的了解，本书先介绍一下民法中有关抗辩权制度的内容，以使读者对公务员享有的抗辩权有更深的理解。

民法中的抗辩权有广义与狭义之分。广义的抗辩权是指当事人用来防御和对抗对方所享有的一切主张与权利，它包括以下三种：其一，权利未发生的抗辩权。该抗辩权主张对方的请求权根本未发生。如当事人主张借贷合同未成立、未生效，因此当事人之间不发生任何债权。其二，权利消灭的抗辩权。其主张对方的权利因某种法定的原因已经消灭。例如当事人之间虽有借贷关系，但由于债务人已按时偿还，债权人的债权归于消灭。或虽然借贷关系成立，但已超过诉讼时效而归于消灭。其三，权利排除的抗辩。此抗辩权为当事人并不否定对方当事人权利之存在，相反是在肯定对方的权利存在与有效的前提下，认为有权利拒绝给付，这种抗辩权就是狭义的抗辩权，即民法通常意义上的抗辩权。

民法中的抗辩权，究其根本来说是一种对抗，一种辩解。这种对抗权行使的目的和效果是为了妨碍和阻碍请求权人的请求权的实现，使其权利不生效，其并不否定相对人所享有的权利的存在和效力，即民法的抗辩权指民事权利人享有的对抗对方当事人请求权的权利。因此我们可以得出民法的抗辩权具有以下基本特征：其一，它主要是针对请求权的权利。其二，其法律效力在于阻止请求权的实现效力，从而使抗辩权人能够拒绝向债权人履行义务。基于民事法律关系中的双方的平等地位决定了处理这一法律关系的特点，也要求具有平等性。双方地位既然平等，就应当允许申辩、允许对抗，只有这样才能更充分地保护双方当事人的合法权益。例如双务合同中的抗辩权的行使就是基于在法律规定的范围内当事人可以按照自己的意愿充分地享有合同自由，因此在双方出现纠纷时，允许双务合同中的当事人主张抗辩。

公务员的抗辩权对应着民法中的抗辩权，具体是指对行政机关作出的有关决定不服而根据法定事由所享有的对抗行政机关请求权的权利。由于抗辩权是针对请求权而设置、主张和行使的，因而从某种意义上来说抗辩权可谓请求权的"克星"，通过抗辩权的行使可以使对方行政机关的请求权消灭或者延期发生效力。它是公务员所享有的基本权利之一，保护公务员的合法权益免受不当或违法行为的侵犯。为公务员设定抗辩权制度对于平衡公务员与作出行政处理决定的有关机关之间的权益等方面具有不容忽视的重要作用，因而抗辩权制度在公务员法中的确立不是偶然。从法理上来说，它蕴含着公平、正义、秩序等内在精神。

公务员的抗辩权也相应地具有下列特点：

第一，相对性。即抗辩权是相对于行政机关对该公务员作出的处理决定这一请求权而言的。在立法上，抗辩权制度总是相对于请求权制度而设置的；在实践中，公务员的某种具体的抗辩权的行使也是因为行政机关某种相对应的请求权的主张而开始的，即对其作出的处理决定不服，而行使抗辩权。因此，抗辩权始终是与请求权相伴随而发生和存在的，是与请求权相对应的一种权利。

第二，防御性。即公务员的抗辩权总是针对其不服的处理决定而主张和行使的，没有行政机关对其的请求权的主张就不会有公务员的抗辩权的产生和行使。请求权是一种要求对方为某种行为或不为某种行为的权利，因此从权利形态的角度来看，请求权实际上是一种要求对方变更现状的具有攻击性的权利形态。例如，对公务员的降职、降级，或扣发工资等决定。相反，公务员抗辩权的行使则是对请求权主张的被动反应。也即它是在对方提出变更现状之请求的条件下而行使的，因此从权利形态上来看，它是一种消极的主张维持现状的具有防御性的权利形态。

第三，对抗性。即公务员行使抗辩权的目的在于对抗行政机关的请求权，阻止其发生效力或者使其消灭。

抗辩权制度具有悠久的历史，早在罗马法时期，就有了关于抗辩权制度的立法规定，在理论上罗马法学家亦作了初步的研究。但是在罗马法时期，诉讼法与实体法还没有像现在这样彼此分离，那时的法学家们虽然曾对法律做过诸多分类，但他们从未将实体法与诉讼法区分为不同的法律部门。相反，在他们看来，诉讼法是保护权利和制裁不法行为的法规，它和实体法是不可分割的，而实体权利必须有诉权的保障，否则即形同虚设，因此罗马人认为，先有诉权而后才能谈到权利。[1]

---

〔1〕　参见周枏：《罗马法原论》（下册），商务印书馆1994年版，第855页。

正是基于这种认识，在罗马法时期，诉讼规范和实体规范理所当然地被视为一个整体，实体权利与诉讼权利往往没有明确的区分，私法上的抗辩权与诉讼中的抗辩因而也未作清晰的界定。因此，在罗马法时期，抗辩权往往被看作是诉讼过程中的一种救济手段，也即"赋予被告的一种辩护手段"。[1]其目的在于平衡当事人之间的权益，因为在实践中，"往往会发生这种情形，即原告所提起的诉讼本身是有合法根据的，但是对被告来说是不公平的。"[2]抗辩的特征就在于，它不是直接攻击原告的请求，而是提出另一事实以抵消原告主张的效力。因此，抗辩与单纯否认原告主张的防御方法不同。

在罗马法中，针对不同的情况，规定有内容不同的抗辩，例如，一方因被胁迫、欺诈而作出了承诺，如果对方对其提起有效的诉讼，主张其应为给付时，那么他就有权提出基于胁迫或欺诈的抗辩。再如，甲对乙所提起的诉讼经过判决后，甲后来又以同一事件起诉的，乙有权提出基于确定判决的抗辩。而且，根据其作用和性质的不同，罗马法还将抗辩权分为永久性的抗辩和暂时性的抗辩。永久性的抗辩具有消灭诉权的作用，永远可以对原告提出，而且永远消灭其请求原因，例如欺诈抗辩、基于胁迫和既成约定（即约定根本不得请求支付）的抗辩等。暂时性的抗辩是一种起延缓作用的抗辩，即它仅在一定期间内阻止原告提出请求，从而起到延缓履行的作用。例如，约定不得在一定期间（例如5年）内起诉而发生的既成约定的抗辩，即属于这种抗辩。如果一方企图在约定期间内起诉的，经对方提出既成约定的抗辩或其他类似抗辩后，则必须把诉讼推迟，以待期间届满后再进行起诉；一旦期间届满，原告将不再受任何阻碍，可以提起诉讼。

众所周知，罗马法之后长达数百年的历史中，由于封建社会制度对经济发展的抑制和宗教在整个社会中占据了极为重要的地位，罗马法长期受到冷落。至中世纪，随着"三R"运动（即文艺复兴、宗教改革和罗马法复兴）的开展，"详细拟订的罗马私法便立即得到恢复并重新取得威信。"[3]由于接受其影响的程度、范围等方面的不同，形成了当今世界两大法系的区别。其中，"大陆法系最古老的组成部分直接来自公元6世纪查士丁尼皇帝统治时期所编纂的罗马法。罗马法包括人法、家庭法、继承法、财产法、侵权行为法、不当得利法、契约法和法律救济手段。凭借这些法律，人们在这些范围内的权益便可得到司

---

[1]　[罗马]查士丁尼著，张企泰译：《法学总论——法学阶梯》，商务印书馆1989年版，第227页。

[2]　[罗马]查士丁尼著，张企泰译：《法学总论——法学阶梯》，商务印书馆1989年版，第227页。

[3]　《马克思恩格斯选集》（第1卷），人民出版社1972年版，第70页。

法上的保护。虽然，这些实际生效的法律规范发生了变化，有些是巨大的变化，但从公元533年查士丁尼颁布《法学阶梯》的前三篇（人法、物法、债法）到19世纪出现的较重要的民法典中，都实际涉及了相同的一些问题和关系。这些问题的主要方面，就是民法学家们所说的'民法'。大陆法法学家认为，这些问题形成了一个相互关联的法律体系，并构成了法律制度的基本内容。这些信念深深植根于欧洲和世界其他接受罗马法传统的地区，并成为普通法法学家所说的'大陆法制度'的主要特征之一。政府活动的扩张和公法重要地位的提高，并没有从根本上动摇这个信念。对多数大陆法法学家来说，'民法'仍然是基本法。"[1]

由此可见，民法法系是从私法体系到具体制度、原则、概念、术语等都受到罗马法深刻影响的法系。近现代意义的抗辩权制度也正是在民法法系形成的过程中，在继承罗马法的基础上发展到了一个新的水平，其主要表现是：首先，将实体法上的抗辩权与诉讼上的抗辩区分开来，现代意义的抗辩权主要是指基于实体法上的规定而享有的对抗对方请求的一种权利，而非原先罗马法意义上的仅在诉讼上对对方的一种抗辩或否认。其次，随着法律制度的不断发展和完善，并出于适应社会生活的目的，先后创立了实体法上的各种抗辩权的概念，如不安抗辩权、同时履行抗辩权、催告抗辩权和先诉抗辩权等，而且对各种抗辩权的成立要件、适用范围、行使的效果等不仅从立法上进行了具体规定，而且从法理上进行了阐释和论证。最后，在保证抗辩权充分行使的基础上，为了达到平衡当事人各方利益和维护社会公共利益的目的，对各种抗辩权行使的限制作出了明确的规定。

我国是一个历史悠久的文明古国，在长达几千年的发展过程中，法律也得到了相当程度的发展。但是在漫长的奴隶社会和封建社会中，由于重刑轻民、民刑不分的缘故，民事法律制度和法学理论相对来说还是很不完善的。在中国古代，虽然也有关于债的规定，但是还没有产生出抗辩权的概念，只是到了近现代，由于受西方法治思想的影响，才在清末开始学习和借鉴西方法律制度。至南京国民政府时期，仿照西方大陆法系国家立法例，制订了"六法全书"，抗辩权制度及其理论遂较为全面地引进我国。新中国成立后，废除了国民党政府的"六法全书"，但是由于当时的特定历史条件所决定，并没有建立起新的健全的民事法律制度。之后，随着"文化大革命"等政治运动的开展，法制建设基本上处于停滞状态，包括抗辩权制度在内的许多民事法律制度均未得到确立。改革开放以

---

[1]　[美]约翰·亨利·梅利曼著，顾培东、禄正平译：《大陆法系》，法律出版社2004年版，第6页。

来，由于加强了民主与法制建设，民事立法也得到了空前的发展，作为民法重要内容之一的抗辩权制度也随着整个民事立法的发展得以逐步地确立和完善。在1986年4月12日颁布的《中华人民共和国民法通则》（以下简称《民法通则》）中，虽没有明确使用抗辩权的概念，没有对各种具体的抗辩权也没有作出规定，但是根据《民法通则》中有关时效的规定，当事人可以依据时效消灭而取得抗辩权，即因为时效消灭而享有拒绝对方的履行请求的权利。这也算是《民法通则》对抗辩权的规定。2020年5月28日十三届人大三次会议表决通过的《民法典》中对同时履行抗辩权、先履行抗辩权、不安履行抗辩权、诉讼时效抗辩权等都作出了明确的规定。

就我国公务员制度的发展而言，从1993年的第一部《国家公务员暂行条例》颁布到2006年《公务员法》的实施，再到2017年、2018年对《公务员法》的修订，我们国家公务员制度日臻完善。特别是和公务员自身密切相关的抗辩权制度得到了较大的发展。因此完善公务员的抗辩权制度不仅是对公务员自身权益的一个保障，而且对我国整个公务员制度以及抗辩权制度的完善有着非常重要的作用。

二、公务员抗辩权行使的条件

抗辩权要起到维护公务员的权益的作用，必须要由其主动积极地行使才能达到目的。那么公务员如何行使抗辩权呢？

（一）抗辩权行使的特点

根据抗辩权的特点和性质，公务员在行使抗辩权时一般具有下列特点：

第一，抗辩权的行使具有主动性。公务员虽然享有某种抗辩权，但如果其不主动提出并主张该项权利，其自身权益便不能得到有效的保护，因此主动性是抗辩权行使的特点之一。对于受理申诉的有关机关而言，如果公务员不主张自己的抗辩权，复审复核机关也不应主动援引此项权利而作出相应的判决。

第二，抗辩权的行使具有防御性。抗辩权是对作出处理决定不服，提起申诉时而享有的权利，如果没有相应的处理决定，即使当事人享有某种抗辩权，也不能以此来要求它改变自己的权利或者承诺不行使自己的决定。也即抗辩权的行使必须在有关机关作出决定后，不服提起申诉时行使的。

（二）抗辩权行使的条件

1. 抗辩权行使的时间。根据上述抗辩权行使的特点，抗辩权应该在不服有关机关对公务员作出的处理决定，提起申诉时才能行使。为了促使抗辩权人及时行使自己的权利，维护正常的社会经济秩序，则有必要对抗辩权行使的最后期限加以界定。一般情况下，如果公务员知道自己享有某种抗辩权，那么他会在有关机关作出处理决定，而提起申诉时，行使自己的抗辩权与之对抗，否则自己便要承担履行义务的责任。因此一般认为公务员在受理申诉的机关决定受理后到申诉决定作出之前都可以享有抗辩权。

2. 抗辩权行使的场合。因为抗辩权属于实体法上的权利，所以抗辩权的行使既可在诉讼外行使，亦可在诉讼中行使，即不论是在法庭还是在法庭外均可以。比如说原处理机关为公务员管理机关时，申诉的程序为：国家公务员在接到处理决定的一定期限内，可向原处理机关申请复核，请求重新处理自己的问题。如果公务员有其他的考虑，也可以不经过复核直接向上一级行政机关或者监察机关提出申诉。公务员提出申诉，可以在原处理机关复核不服时提出，也可以不经过原处理机关复核直接向原处理机关的上一级行政机关或监察机关提出，受理申诉的机关应该在一定的期限内对公务员的申诉作出裁决。据此，公务员可以在作出决定的原行政机关行使抗辩权，也可以在上一级行政机关或者监察机关行使抗辩权。

3. 抗辩权行使的主体。抗辩权的行使是由于公务员不服有关机关对其作出的处理决定，而向原处理机关或者原处理机关的上一级行政机关或监察机关提起申诉时，为维护自己的合法权益而享有的一项权利。因此，原则上来说，它应当由受到行政处分的国家行政机关工作人员享有；受处分的人丧失行为能力或死亡的，可以由其近亲属代为提起申诉时，也可以由他们代为行使。这一条件限定了抗辩权享有人的范围。

（三）抗辩权行使的限制

抗辩权制度的目的本来在于维护公务员的合法利益，赋予其一定的救济手段，但是在行使抗辩权的过程中，公务员有可能滥用该项权利，因而在某些情况下有必要对抗辩权的行使加以合理的限制。为了限制抗辩权人滥用其权利，达到平衡双方利益或维护社会公共利益的目的，立法和理论便在赋予公务员抗辩救济手段的同时，对其行使进行了一定的限制。就抗辩权制度总体而言，对其行使的限制主要有以下几种情形：

第一，违背公平合理的原则。前面已经说过抗辩权制度蕴含着公平、正义、秩序等内在精神，因此抗辩权的行使必须符合公平、正义、秩序的要求。如果抗辩权的行使违背了这一精神，就有可能导致权利被滥用，使社会公共利益受到损害，故而对违背公平正义精神而行使的抗辩权必须加以限制。

第二，抛弃抗辩权。公务员抛弃抗辩权有两种情形。第一种情形是公务员明知自己享有抗辩权，但在申诉时不行使自己的抗辩权是为主动抛弃。即使在履行处理等决定之后公务员反悔，法律也不再支持其此种抗辩权的主张。第二种情形是公务员不知道自己享有抗辩权而履行了是为被动抛弃。在这种情形下，如果抗辩权人履行决定之后不主张其抗辩权而再申诉的，其抗辩权就因被动抛弃而消灭。如果公务员申诉结案之后又主张其享有的抗辩权时，为了保护已经发生的法律关系的稳定性，也不允许抗辩权人以抗辩权是被动抛弃为由而支持其行使抗辩权，从而使已经结案的申诉案件不能结案。但是如果公务员确有确切的证据和事实依据的话，法律可以赋予该公务员重新启动再申诉程序，但必须符合相关法律的立案规定。

第三，原处理决定撤回。抗辩权是防御性和对抗性的权利。因为不服处理决定才能够行使，如果原处理机关撤回其决定的话，则抗辩权人就不得再行使其抗辩权，否则即与其性质不符。但是，公务员享有的抗辩权本身并没有消灭，它只是在此种情形下不能行使而已。如果行政机关再次作出处理决定的主张，则公务员仍然可以行使其抗辩权来与之对抗，从而可以多次行使而达到维护自己权益的目的。

三、公务员抗辩权的保障

抗辩权是依法给予公务员的，受到法律的保护，任何机关与个人都不得随意侵犯。国家通过立法的形式保障公务员的正当权益是公务员制度中的一个重要的不可分割组成部分。实行公务员的权利保障，目的就是使公务员的合法权益不受侵犯，使他们的抗辩权得到法律保障，并对公务员的行为及有关法律，实施法律监督。公务员的权益不仅要通过国家立法的形式对其作出详细的规定，而且要建立和完善相应的国家机构来贯彻实施这些法律规定。公务员的权利保障机构，是指依法代表国家和政府行使保护公务员的合法权利不受非法侵犯的执行机构。

当前世界各国建立了不同形式的公务员权利保障机制。如英国法院建立了"文官特别庭"，受理公务纠纷。美国设立"功绩制保护委员会"，该委员会的职责就是监督政府部门执行有关人事制度的情况，审查人事管理局制定的某些规定，受理政府部门及公务员的人事诉讼，责成有关部门纠正侵权行为，对诉讼对象酌情给予制裁等。德国负责受理裁定公务纠纷的机构是行政法院。日本由设在人事院内的公平局负责处理公务案件。

健全的权利保障制度应是具有相互制约机制的权利保障制度。只有建立具有相互制约机制的权利保障制度，才能在实际的运行中确保公务员的合法权益不受侵犯，同时也可以防止公务员滥用抗辩权。所谓的权利保障机制，是指一系列的保护公务员的合法权益的法定要求和法定的行为规范。比如国家行政机构有义务保护公务员，使得他们的抗辩权得到实现，如果没能得到实现的话，则必须弥补所造成的损失。所谓的权利制约机制，是指国家公务员进行各种执法监督制度。建立和完善公务员的权利保障制度是我国公务员制度建设的一个重要的内容。只有以国家立法的形式，对公务员的权利保障作出详尽的规定，公务员在行使抗辩权时才能够有法可依，才能运用法律武器保护自己的抗辩权不受非法的侵犯。健全这一权利保障和制约制度有一个长期的实践的过程，只有不断地从实践中总结经验教训，才能不断地完善我国的保障制约制度，使公务员的抗辩权得到真正地实现。

第二节　公务员的申诉

一、申诉的概念

公务员申诉制度是关于公务员对涉及本人的人事处理决定不服，有权向原处理机关申请复核，或向同级公务员主管部门或者人事处理决定机关的上级机关申诉理由，要求重新处理；受理机关必须按照有关规定作出处理的制度。所谓公务员的人事处理决定是使公务员的管理机关对公务员的违法违纪行为所进行的精神处罚、物质处罚和职务处罚等方面的处理决定。精神处罚是使公务员声誉受损的处罚，主要有通报批评、警告、记过、记大过等形式。物质处罚是指公务员经济利益受损的处罚，主要有减薪、停薪、不加薪或取消某种津贴等形式。职务处罚是使公务员名誉、地位、物质各方面都受损的处罚，主要有薪级、撤职、开除等形式。对公务员的人事处理决定，不论是非因法定事由和非经法定程序作出的，还是因法定事由和经法定程序作出的，公务员只要不服，都有申诉的权利，处理决定机关也有受理的责任。因为即使原处理决定机关的人事处理决定是根据法定事由和经法定程序作出的，也不是最终决定。公务员如有不服，仍可以依法申诉。

公务员对监察机关作出的涉及本人的处理决定不服的，可以向监察机关申请复审、复核，复核制度与公务员申诉制度的程序性质类似。[1]《监察法》第60条也规定了申诉制度，但复核制度与公务员申诉制度的实体内容完全不同，不能

---

[1]　《监察法》第49条规定，监察对象对监察机关作出的涉及本人的处理决定不服的，可以在收到处理决定之日起1个月内，向作出决定的监察机关申请复审，复审机关应当在1个月内作出复审决定；监察对象对复审决定仍不服的，可以在收到复审决定之日起1个月内，向上一级监察机关申请复核，复核机关应当在2个月内作出复核决定。复审、复核期间，不停止原处理决定的执行。复核机关经审查，认定处理决定有错误的，原处理机关应当及时予以纠正。

等同视之。[1]《公职人员政务处分法》第 55 条也规定了申诉制度，"公职人员对监察机关作出的涉及本人的政务处分决定不服的，可以依法向作出决定的监察机关申请复审；公职人员对复审决定仍不服的，可以向上一级监察机关申请复核。监察机关发现本机关或者下级监察机关作出的政务处分决定确有错误的，应当及时予以纠正或者责令下级监察机关及时予以纠正。"除此之外，其他法律中也有关于申诉制度的规定。例如，《全国人民代表大会和地方各级人民代表大会选举法》规定：对公布的选民名单有不同意见的，可以向选举委员会提出申诉。[2]《刑事诉讼法》也规定了辩护人、诉讼代理人、当事人、利害关系人、被害人、被起诉人、法定代理人等可以向有权机关申诉或控告的制度。[3]这些法律中明确的申诉制度具有制度差异，须注意区分。

当前世界各国都建立了各种形式不同的公务员权利保障机制，总的说来一些法治发达国家的公务员申诉制度还是比较健全的。

1. 英国公务员的申诉。英国公务员因品行、工作效率等原因而受免职或提

---

[1]《监察法》第 60 条规定：监察机关及其工作人员有下列行为之一的，被调查人及其近亲属有权向该机关申诉：①留置法定期限届满，不予以解除的；②查封、扣押、冻结与案件无关的财物的；③应当解除查封、扣押、冻结措施而不解除的；④贪污、挪用、私分、调换以及违反规定使用查封、扣押、冻结的财物的；⑤其他违反法律法规、侵害被调查人合法权益的行为。受理申诉的监察机关应当在受理申诉之日起 1 个月内作出处理决定。申诉人对处理决定不服的，可以在收到处理决定之日起 1 个月内向上一级监察机关申请复查，上一级监察机关应当在收到复查申请之日起 2 个月内作出处理决定，情况属实的，及时予以纠正。

[2]《全国人民代表大会和地方各级人民代表大会选举法》第 29 条规定：对于公布的选民名单有不同意见的，可以在选民名单公布之日起 5 日内向选举委员会提出申诉。选举委员会对申诉意见，应在 3 日内作出处理决定。申诉人如果对处理决定不服，可以在选举日的 5 日以前向人民法院起诉，人民法院应在选举日以前作出判决。人民法院的判决为最后决定。《民事诉讼法》第 181 条规定：公民不服选举委员会对选民资格的申诉所作的处理决定，可以在选举日的 5 日以前向选区所在地基层人民法院起诉。

[3]《刑事诉讼法》第 49 条规定：辩护人、诉讼代理人认为公安机关、人民检察院、人民法院及其工作人员阻碍其依法行使诉讼权利的，有权向同级或者上一级人民检察院申诉或者控告。人民检察院对申诉或者控告应当及时进行审查，情况属实的，通知有关机关予以纠正。第 117 条规定：当事人和辩护人、诉讼代理人、利害关系人对于司法机关及其工作人员有下列行为之一的，有权向该机关申诉或者控告……第 180 条规定：对于有被害人的案件，决定不起诉的，人民检察院应当将不起诉决定书送达被害人。被害人如果不服，可以自收到决定书后 7 日以内向上一级人民检察院申诉，请求提起公诉……第 181 条规定：对于人民检察院依照本法第 177 条第 2 款规定作出的不起诉决定，被不起诉人如果不服，可以自收到决定书后 7 日以内向人民检察院申诉……第 252 条规定：当事人及其法定代理人、近亲属，对已经发生法律效力的判决、裁定，可以向人民法院或者人民检察院提出申诉，但是不能停止判决、裁定的执行。第 275 条规定：监狱和其他执行机关在刑罚执行中，如果认为判决有错误或者罪犯提出申诉，应当转请人民检察院或者原判人民法院处理。

前退休的处分时，在决定处分前，应将事实及理由以书面的形式通知受处分者，并接受其答辩。公务员受一般惩处时，可向上级长官或公务员工会申诉；受免职或提前退休惩处时，如任职已达 52 周岁以上又未达领取年金的最低年龄的人员，可向公务员上诉委员会提出上诉，上诉委员会即根据上诉案件的事实和理由，以书面的形式通知原处理机关答复。

2. 美国公务员的申诉制度。文官委员会有权决定是否允许公务员申诉。申诉应由文官委员会指定的听诉员当面进行。除非文官委员会另行指定地点，申诉应在文官委员会设在华盛顿的办事处进行，文官委员会的代表不得在会上向被告提出有关指控的证据，文官委员会的律师在申诉会后，可向见证人进行复查，申诉审查员有权决定是否允许提出辩护状，以及提出辩护状的时间。

3. 法国公务员的申诉制度。公务员对惩戒说明可以提出书面或口头的申辩，并选定证人协助自己辩护。人事管理协会了解事实之后，可向惩戒权者提出适当的建设性质的意见。如惩戒权者不顾人事管理协会的建议，而给予较重的处罚时，被惩戒人经人事管理协会的许可，可于接到惩处通知之后的 1 个月内向最高文官制度协会提出申诉。最高文官制度协会，可于接到申诉案之后 1 个月内，决定拒绝申诉案或向部长提出取消原处分或修正原处分的建议。部长参考最高文官制度协会的建议，可向国务院提出上诉，经国务院决定的惩处，不得再提出上诉。

4. 联邦德国的公务员申诉制度。对联邦德国纪律处分法院的非最终决定，可在公布 2 周之内提出申诉；对联邦纪律法院的判决，可在判决送达 1 个月之内向联邦行政法院提出上诉。联邦行政法院应将通过的决议写出成文，说明决议的原因，并将决议送交当事官员以及联邦纪律检察官。

5. 日本公务员对处分的请求审查。当公务员受到违背其本意的降任、休职的行政处分或受到免职、停职、减俸、申诫的惩处时，可于 2 个月之内提出复查请求书。人事院或它的指定机关如受理请求时，应即组织公开委员会开始调查，必要时应举行口头审理或书面审理。人事院根据公开委员会调查结果，应即判定。当事人对人事院的判定不服的，需请求再审。

由此可见，申诉在西方发达国家的公务员制度中，受到了很大的重视，已经具备较完善的制度，申诉制度对完善我国公务员制度以及对维护公务员的合法权益，调动他们的积极性起到了很大的作用，因此我们需要借鉴国外先进的做法，进一步完善我国公务员的监控救济制度。

二、申诉的受理

根据《公务员法》第 95 条，申诉受理的程序性要件如下：

第一，提出申诉的人是受到人事处理的公务员本人。这一条件限定了提起申诉的人的范围，即不是所有的行政机关工作人员或行政机关任命的人员都可以提起申诉，只有这些人中受到人事处理的人才可以提起申诉。国家行政机关的工作人员对别人受到的行政处分不服的，不可以提出申诉。这一条件的规定，既合理地保证了受处分人的申诉权，同时也合理地保证了有权机关能正常地进行工作。

第二，被申诉的机关是作出人事处理决定、复核决定的行政机关。申诉人要明确自己的申诉对象，被申诉对象是作出人事处理决定或者复核决定的单位。由于复核单位是原处理机关，进而作出人事处理决定的单位和作出复核决定的单位一致。除此之外，公务员的申诉必须是公务员对已经存在的涉及公务员本人的人事处理决定不服。若没有任何人事行政处理决定存在，例如行政处理决定尚未作出，那么公务员不得提出申诉。

第三，提出复核、申诉的范围明确。《公务员法》第95条第1款列举了8项可以申请复核、申诉的事项，包括：①处分；②辞退或者取消录取；③降职；④定期考核定为不称职；⑤免职；⑥申请辞职、提前退休未予批准；⑦不按照规定确定或者扣减工资、福利、保险待遇；⑧法律、法规规定可以申诉的其他情形。

第四，申诉要向有管辖权的机关提出。对公务员申诉有管辖权的机关包括：同级公务员主管部门或者作出该人事处理的机关的上一级机关。

第五，其他程序性要件。提出申诉应当在接到行政机关人事处理决定之日起30日内或者接到复核决定之日起15日内提出。因不可抗力等正当理由在规定的期限内未能提出申诉的，经受理申诉机关批准可以延长期限。如申诉人无正当理由，超过规定期限提出申诉，受理机关可以不予受理。

一般而言，申请复核应当递交复核申请书，同时附上原处理机关的处理决定。复核申请书应当载明下列内容：①申请人的姓名、单位、职务及其他基本情况；②申请复核的事项、理由及要求；③提出复核申请的日期。如果复核申请书没有写明以上内容的，受理机关应把申请书发还给申请人，要求其限期补正。国家公务员提出申诉时，应当向受理申诉机构递交申诉申请书，并附上原处理机关作出的人事处理决定，对复核决定不服的申诉还应当附上复核机关作出的复核决定。申诉书应当载明下列内容：①申诉人的姓名、单位、职务及其他基本情况；②原处理机关的名称；③申诉的事项、理由及要求；④提出申诉的日期。

三、申诉的范围

第一，处分。我国《公务员法》和《公职人员政务处分法》规定的处分有警告、记过、记大过、降级、撤职、开除等六种。如《公职人员政务处分法》

第 40 条规定：有下列行为之一的，予以警告、记过或者记大过；情节较重的，予以降级或者撤职；情节严重的，予以开除：①违背社会公序良俗，在公共场所有不当行为，造成不良影响的；②参与或者支持迷信活动，造成不良影响的；③参与赌博的；④拒不承担赡养、抚养、扶养义务的；⑤实施家庭暴力，虐待、遗弃家庭成员的；⑥其他严重违反家庭美德、社会公德的行为。吸食、注射毒品，组织赌博，组织、支持、参与卖淫、嫖娼、色情淫乱活动的，予以撤职或者开除。公务员对本人的处分决定不服的，可以申请复核和申诉。

第二，辞退或者取消录用。辞退是机关依法解除与公务员任用关系的行为。公务员有下列五种情形之一的，用人机关可以予以辞退：①在年度考核中，连续2 年被确定为不称职的；②不胜任现职工作，又不接受其他安排的；③因所在机关调整、撤销、合并或者缩减编制名额需要调整工作，本人拒绝合理安排的；④不履行公务员义务，不遵守公务员纪律，经教育仍无转变，不适合继续在机关工作，又不宜给予开除处分的；⑤旷工或者因公外出、请假期满无正当理由逾期不归连续超过 15 天，或者一年内累计超过 30 天的。

新录用的公务员，试用期为一年，试用期满合格的予以任职，不合格的取消录用。新公务员被取消录用资格的，也可以提出复核或申诉。辞退和取消录用都是解除公务员与机关的任用关系。

第三，降职。降职就是降低公务员的职务。公务员在定期考核中被确定为不称职的，按照规定程序降低一个职务层次任职。

第四，定期考核定为不称职。公务员的考核分为平时考核和定期考核。定期考核采取年度考核的方式，定期考核的结果分为优秀、称职、基本称职和不称职。由于定期考核的结果是调整公务员职务、级别、工资等的依据，如果被评为不称职，就会影响公务员的职务、级别、工资的晋升，连续 2 年被评为不称职，就可以被辞退，对公务员的权利影响较大。

第五，免职。免职就是免除公务员担任的现任职务。包括两种情形：一种是正常的免职，如公务员转换职位任职、调离原工作岗位等，都需要办理免职手续。还有一种免职是因公务员的过错或不当而免职，如不胜任工作、工作失误等，公务员对免职提出复核或申诉，一般是就后一种情形进行的。

第六，申请辞职、提前退休未予批准的。辞职就是公务员因个人原因主动辞去公职。除法定不得辞退或提前退休的情形外，任免机关应当准许公务员辞职或者提前退休，因为这是公务员选择职业的自由。如果任免机关不批准公务员辞职或不按规定批准公务员提前退休，公务员就可以提出复核申请或向上级机关申诉。

第七，未按规定确定或者扣减工资、福利、保险待遇。工资、福利和保险待遇是国家为公务员提供的物质生活保障，任何机关不得违反国家规定自行更改公务员工资、福利、保险政策，擅自提高或者降低公务员的工资、福利、保险待遇。任何机关不得扣减、拖欠公务员的工资。

第八，法律、法规规定可以申诉的其他情形。这项是指其他法律、法规规定的公务员可以申诉的其他情形。

四、申诉的程序

公务员申诉一般包括三个程序，即复核程序、申诉程序和再申诉程序。

第一，复核程序。复核程序是公务员对涉及本人的人事处理决定不服，向原处理机关陈述理由，并请求重新处理的行为。原处理机关应当及时进行复核。

申请复核的期限是从公务员知道或者可以知道该人事处理决定之日起 30 日内。起算日是自该公务员接到人事处理决定之日起的次日，最后一日是法定节假日或休息日的，则可以顺延至法定节假日或休息日后的第一个工作日。申请复核是一个可选择的救济程序，公务员可以不经复核，直接提出申诉。

第二，申诉程序。申诉程序即公务员向原处理机关的同级公务员主管部门或者作出该人事处理决定的机关的上一级机关或者行政监察机关提出申诉的程序。公务员提出申诉应符合以下规定：①申诉人。在正常情况下，被处理的公务员本人才能成为依法提出申诉的申诉人。正常情况是指公务员本人不仅具有申诉的权利能力，也具有申诉的行为能力。也就是说公务员能以自己的行为行使申诉的有关权利和履行申诉的有关义务。在特殊情况下，申诉人的资格可以由近亲属继承或代理。这包括两种情况：一是有申诉权的公务员死亡，其近亲属可以继承申诉权。二是有申诉权的公务员发生了无行为能力或限制行为能力的情况，其近亲属可以代理申诉权。②申诉形式。申诉形式一般应采用书面形式，这能够较好地、详尽地表达申诉人的意见和要求，也有利于申诉的受理机关清楚、准确地了解情况。③申诉要求。申诉人必须明确表达申诉的理由、申诉请求，并且能够提出明确的事实根据。④申诉期限。经过复核后，对复核结果不服的，申诉的时限是自接到复核决定之日起 15 日内；不经复核直接提起申诉的期限是，自知道该人事处理决定之日起 30 日内直接提出申诉。

第三，再申诉程序。公务员对第一次申诉的结果不服，还可以再向上一级机关提出再申诉，再申诉决定为终局决定。但是，两次申诉是有条件的，公务员对省级以下机关作出的申诉处理决定不服的，才可以向作出申诉决定的机关的上一级机关提出再申诉。但对省级机关如省政府、国务院组成部门等机关作出的申诉决定不服的，不能再申诉。

第三节　公务员的控告

一、控告的概念

公务员控告制度是关于公务员对于机关及其领导人侵害其合法权益的行为，向上级机关或者有关专门机关提出控告，受理机关必须按照有关规定作出处理的制度。在日常的机关行政工作中，公务员在履行职责、执行公务、实现权力的过程中，常有可能受到有关国家机关或行政领导人员的干预，因而造成公务员的实际权利受到侵害，法律应当为公务员提供解决和救济的途径。

在我国，控告权是《宪法》赋予公民的一项政治权利。国家公务员作为公民的一部分，无疑也享受公民的申诉控告权。但就国家公务员在国家政治、经济、社会生活中所处的特殊地位而言，其享有的申诉控告权与一般公民享有的这些权利既有联系也有区别。其联系是，有关国家公务员的申诉控告规定离不开《宪法》的原则精神，实质上是对《宪法》规定的公民权利的具体化。其特点在于：①控告的主体是公务员，即各级行政机关中除工勤以外的工作人员。国家公务员是具有特别身份的公民，它享有一般公民没有的法定国家公务员权利，并履行国家公务员的义务。②控告的对象是行政机关及其领导人员，而非一切国家机关及其工作人员。③控告的客体是行政机关及其领导人员侵犯公务员合法权益的行为，且只限于侵犯公务员个人与国家公务员身份有关的那部分权益。公务员在执行公务的时候也可能会触犯某些个人或集团的利益，这些个人或集团为了保护私利，就有可能凭借权势对执行公务的公务员施加压力，甚至以非法的手段给予公务员降职、免职、辞退等处分。此时，公务员的执行公务权和身份保障权等正当权益就会受到侵害。法律上应采取补救的措施。

二、控告的内容

《公务员法》第98条规定："公务员认为机关及其领导人员侵犯其合法权益的，可以依法向上级机关或者监察机关提出控告……"公务员的合法权益是指法律赋予公务员的权利和利益，包括公务权益和个人权益两大类。公务权益即与公务员公务活动有关的权益，主要有执行公务保障权和公务身份保障权。前者是指公务员有权获得履行职责的权利和工作条件，如排除妨害权、公款公物使用权、了解国家机密权等；后者是指非因法定事由和非经法定程序，公务员不应受到人事处分。个人权益即与公务员个人生活和学习有关的权益，主要有三种权益。政治生活权，即公务员参与国家政治活动，表达个人意愿和见解的民主权利，如出版权、批评建议权、申诉控告权、信仰自由权等。但这种权利与一般公民相比，有一定的限制，如不得参加反对国家的游行、集会和示威的活动。经济保障权，即公务员在物质生活待遇方面享有的权益，如获得劳动报酬权、享受福利保险权、享受法定休假权、按规定辞职择业权等。素质发展权，即公务员追求开发自身潜能、优化个人德才的权益，如政治理论学习权、业务知识培训权等。另外，还有《宪法》和法律规定的其他权益。

公务员的合法权益都是由法律确立，并受法律保护的。和其他公民的权益一样，也是不可侵害的。当公务员的合法权益遭到机关及其领导人的践踏和剥夺时，公务员有权控告；国家也应依法予以恢复和补偿其权益，并依法惩处违法侵权者。

由此可见，公务员的控告制度与申诉制度是不同的，至少包含以下四点区别：

第一，申诉和控告的对象不同。申诉所针对的是公务员的人事处理机关对公务员作出的人事处理决定。控告所针对的则是机关及其领导人侵害公务员合法权益的行为。

第二，申诉人和控告人自身的情况不同。申诉人自身涉嫌违法违纪，需要受到人事处理，但其个人认为处理是不公正或有误。控告人一般没有违法违纪行为，其合法权益不应受到侵害，但由于种种原因而被侵害了。

第三，申诉和控告对象不同。申诉一般是先请求原处理机关复核，原处理机关如果不予复核或公务员对复核决定仍不服，再向同级公务员主管部门或上级机关申诉。控告则可直达上级机关或专门机关。

第四，申诉和控告被受理后的处理不同。申诉被受理后，有关机关一般只作书面审理和处理决定。控告被有关机关受理后，有关机关则要立案调查，并区别违法侵权行为的不同情节予以处理。对违法不犯罪的行为人可直接作出处理决定；对违法犯罪需判刑的行为人，要移送司法机关依法给予制裁。

三、控告的程序

为了保护公务员的合法权益，纠正违法违纪行为，受理控告的机关应当按照规定及时处理公务员的控告。上级行政机关或专门机关对公务员控告的处理程序大致分为受理控告、立案调查和案件处理三个步骤。

第一，受理控告。受理控告是指控告人提出控告后，上级或者专门机关经过对控告书和有关证据的审查，认为符合控告条件，决定立案的活动。审查控告书和证据的四个条件是控告人是否具有资格；被控告人是否明确；控告事实是否清楚；控告请求是否具体。如果上述内容有遗漏，受理机关可以限期让控告人予以补正。如果不符合以上条件，受理机关应驳回控告，并说明理由。如果符合以上条件，受理机关则应受理控告，并确定立案调查。受理机关确定立案调查后，应立即书面通知双方当事人，同时必须维护当事人的合法权利，对控告人的情况应当保密，不准将控告材料转给被控告人；也不得歧视、刁难和压制控告人。

第二，立案调查。立案调查是指上级或专门机关对控告人控告的违法侵权案件，经过一定的立案程序后进行的查证活动。其目的在于查清事实，收集证据，为严肃、慎重、准确地追究被控告人的责任奠定基础。

第三，案件处理。受理控告的机关对公务员提出的控告立案调查后，应当区分不同情况作出处理决定，并将处理决定以书面形式送达控告人、被控告机关、被控告人和控告人所在机关。根据有关规定作出处理决定的时限为6个月，最长不超过1年。有关机关和人员在接到处理决定后，应当在规定的期限内执行，并将执行情况通报给作出处理决定的机关。

对于立案调查的案件，经调查认定违法违纪事实不存在，或者不需要追究行政责任的，应予以撤销，并告知被调查部门的上级机关或者被调查人员的所在单位。重要案件的撤销，应当报本级领导机关和上一级专门机关。

四、控告的法律意义

建立国家公务员申诉控告制度，确立国家公务员的申诉控告权利，不仅是保证国家公务员的切身利益和合法权益不受侵害的重要手段，而且也是对行政机关及其工作人员依法行政实行监督的重要措施，其意义在于：

第一，有利于健全和完善公务员制度。国家公务员制度是个完整的制度体系，其中各项制度的实行情况直接关系政府的行政效率和国家公务员的切身利益，需要有力的保障和严格的监督，这正是申诉控告制度的作用所在。申诉控告制度对于公务员制度中的其他具体制度具有重要的保障作用、监督作用，申诉控告制度的建立和完善，有利于其他制度的建设，最终有利于整个公务员制度的完善。

第二，有利于维护公务员合法权益。从理论上说，国家行政机关及领导人对所属的公务员应当一视同仁、公平对待，但在实践中，由于现实的复杂性及个别领导人感情用事，对下级亲疏不一，也产生了许多不公平的事情，使公务员的权利受到不同程度的侵害。建立申诉控告制度，使公务员通过一定的程序向有关部门反映，纠正对公务员不适当的处理，维护公务员的合法权益。

第三，有利于维护社会稳定。如果公务员受到了不适当的处理或其权益受到了不法侵害，而又没有行之有效的途径解决时，就会严重挫伤公务员的积极性和创造性，影响工作的效率，而且还会产生许多遗留问题，如不断地上访，影响工作秩序及社会的稳定。而建立了申诉控告制度，公务员可以通过正常的渠道反映，使问题得到妥善的解决，就不会采取一些不合法的手段，减少了不安定因素。

第四，有利于调动公务员的积极性。当国家公务员受到不当处理或合法权益遭到不法或不当侵害时，可以通过行使申诉控告权利，依法要求纠正错误决定并得到与其损失相适应的赔偿，从而保障国家公务员权利的实现和免受不法侵害。实行申诉控告制度，当公务员受到不公正的处理时能够得到公平合理的解决，就会心情舒畅地工作，充分发挥自己的聪明才智，建功立业。反之，如果公务员的合法权益得不到保障的话，势必影响广大公务员的工作积极性。

第五，有利于及时惩处违法违纪行为。通过国家公务员的申诉与控告，可以监督、检查行政机关的处理决定是否妥当，及时揭露和惩处行政机关及其工作人员的失职、渎职和越权、滥用职权、懈怠职权、打击报复、栽赃陷害以及其他违法乱纪和侵犯国家公务员权利的行为，保证国家公务员管理机关的公正、廉洁。应该说，绝大多数的公务员是好的，能够遵纪守法、廉洁奉公，但也确实有少数公务员滥用职权、玩忽职守，侵害其他公务员的合法权益。而申诉控告制度的实行有利于及时揭发这些人的违法违纪行为，并使他们受到应有的惩罚，从而保证国家机关的廉洁、高效。